博雅立教 学术精进

——上海市民立中学教育教学研究引领学校高质量发展

◎卢晓菁 主编

上海教育出版社
SHANGHAI EDUCATIONAL PUBLISHING HOUSE

图书在版编目（CIP）数据

学术精进 博雅立教 / 卢晓菁主编. — 上海：上海教育出版社，2023.9
ISBN 978-7-5720-2282-1

Ⅰ. ①学… Ⅱ. ①卢… Ⅲ. ①上海民立中学 – 办学经验 Ⅳ. ①G639.286.51

中国国家版本馆CIP数据核字(2023)第172468号

责任编辑 方文琳 李 祥
封面设计 金一哲

学术精进 博雅立教
——上海市民立中学教育教学研究引领学校高质量发展
卢晓菁 主编

出版发行 上海教育出版社有限公司
官　　网 www.seph.com.cn
地　　址 上海市闵行区号景路159弄C座
邮　　编 201101
印　　刷 上海颛辉印刷厂有限公司
开　　本 787×1092 1/16 印张 26 插页 1
字　　数 554 千字
版　　次 2023年10月第1版
印　　次 2023年10月第1次印刷
书　　号 ISBN 978-7-5720-2282-1/G·2020
定　　价 89.00 元

如发现质量问题，读者可向本社调换 电话：021-64373213

序

教育大计，教师为本。教师是立教之本、兴教之源。在教育高质量发展的新阶段，如何让科研引领、创新驱动成为教师专业能力提升的一种制度、一种文化、一种生态，这是一个学术话题，更是一个实践命题。通过科研引领，营造学术氛围，增强学术信念，激活每一位教师的创造力，成为学校改革创新的敏感因子，是新时代学校教育高质量发展的必经之路。

上海市民立中学作为一所具有120年历史底蕴、区首批实验性示范性高中，一直以来以静安区重大科研项目为指引，不断丰富和完善学校确立的博雅教育理念，追求学术精进，培养博雅型人才，成为静安区教育高质量发展的有机组成部分和活力源泉。今年正值民立中学建校120周年，作为庆祝学校120周年华诞的系列活动，学校编辑出版了近十年来以教育教学研究引领学校高质量发展为主线的著作，值得品味。

这本著作以全景、聚焦和特写的方式，不仅回答了学校如何规划发展、如何引领发展、如何落实发展的整体行动路径，并且回答了教师是怎样发现问题、怎样解决问题、怎样提炼总结个体行动方式的，这本身也成为了一种求解学校发展创新的学术行动。在我看来，这本著作有以下几个特点：

一是全面呈现学校发展规划。学校发展规划是在诊断学校现状后，确定下一阶段发展目标愿景而形成的计划文本，是学校治理创新的集中体现。学校发展规划的制定和实施都是系统性工程，它总体上反映了学校当前的发展状况。民立中学紧跟上海教育发展步伐，瞄准静安区的教育攻关方向，落实立德树人根本任务，实施“双新”“双减”的有效措施，发挥完中优势，打造学习共同体，营建激发学生创造力的学术组织，凸显了学术治校的基本范式。从这本著作呈现的学校发展规划中，我们看到了近十年来民立中学博雅教育的发展历程，这既为本校教师、本区教师兴校施教提供了依据、借鉴，也为关心和研究中学教育发展规律的教育同人和各界人士提供了鲜活的案例。

二是系统呈现教师学术活动。民立中学有举办年度教育教学展示活动的传统，这项活动自2016年随“静安教育学术季”活动的举办而被称为“民立中学学术季活动”，这一学术活动现已成为学校盘活科研机制、助推科研创新、激发科研潜力以及培育科研文化的重要载体和平台。这本著作让我们系统地看到了学校在举办这项活动时所确定的引领性主题、特色性实践、均衡性参与等策略和智慧，更蕴含着民立中学一批骨干教师脱颖而出的秘诀。民立中学为什么能在教师培养工作中取得可喜成绩，这与学校结合区情校情，合理选择、有序推进龙头课题、创新项目、教师研修等主题内容，合力推动教师学术成长是分不开的。

三是广泛呈现教师学术成果。作为一种群众性教育科研，中学教师的学术研究主要是立足于学校实践和教师本职工作，按照学生发展的需要重塑教育结构、教育内容和教学组织方式，更深刻地认识教育现象，更有效地解决实际问题。因此，对教育问题的解决，从“经验型”转化为“经验＋科学实证型”，是每一位教师都需要遵循的。然而，教师的学术成果具有很强的个性化特征，尊重专业不同发展阶段教师的学术成果，尊重问题不同解决层次研究的学术表达，才能实现从一棵树的自由成长到一片森林的枝繁叶茂。这本著作呈现出来的民立中学广大教师的学术成果，正是静安教育个性生态化的一种体现，也是激活静安教育创造力的深厚基础。

近十年来，广大民立教师建功新时代，逐梦新征程。透过这本著作，我们从教师论文的视角、学术成果的高度看到了民立中学近十年来的传承、坚守和创新。广大民立教师躬耕课堂，潜心钻研，锐意进取，已经成为民立中学发展新常态下的核心动力。党的二十大报告强调，教育、科技、人才是全面建设社会主义现代化国家的基础性、战略性支撑；并明确提出培养高素质教师队伍。作为一个静安教育人，我衷心希望民立中学在建设高质量博雅教师队伍的征途中，不拘一格，勇毅担当，培养更多更好的能促进静安教育高质量发展的生力军。

世纪轮转，弦歌不辍，百廿载风雨润桃李，双甲子春秋谱芳华。120 年来，学校历经沧桑，虽然易过名、迁过址，但办学之路从未中断，民立的育人精神一直激励着一代代民立教育人薪火相传，赓续“为民而立”的初心。我作为一个曾在民立工作、在民立成长的教育人，衷心祝愿民立中学在新甲子的起点上，以更加执着的精神、更加坚实的步伐，为中学教育的高质量发展做出新的更大的贡献。

上海市静安区教育局局长　陈宇卿

2023 年 5 月

目　录

第一板块　规划先行，引领博雅教育发展

第二板块　学术搭台，激发教师教育主张

第三板块　勤学致知，推进教育理念落地

第四板块　笃行致远，深耕学科实践研究

第五板块 敦品励学，促进学生全面发展

第六板块　党建护航，赓续“为民而立”初心

第一板块
规划先行，引领博雅教育发展

学校发展规划是学校落实区域教育发展规划的行动纲领，是学校自主发展的目标蓝图，是学校生发办学动力、形成办学特色的决策方案。一所学校的发展规划在很大程度上反映了学校传承和创新的整体思路和重要举措。

上海市民立中学以新世纪确立的“博雅教育”为基本理念，以锻造博雅之师和培育博雅新人为基本目标，从不同视角聚焦博雅教育的内涵发展，一般以四年为周期制定学校发展规划。近十年来，学校发展规划的主题从深化多样态课程育人行动到学校“四梁八柱”美好教育育人机制的构建，再到“一核六维六翼”高质量育人方式的探索，既是响应静安教育重大科研课题对个性化教育的深入探索和循证实践，也是践行教育百年不变的“为民而立”的初心。

1. 上海市民立中学发展规划(2013—2017 年)
(精要版)

第一部分　规划基础与发展目标

一、规划基础

在迎来建校 110 周年之际,作为上海百年名校,在全体教职工辛勤耕耘下,学校在办学成效、课程教学改革、校园环境改造等方面日益得到社会的认可,尤其是在“博雅教育探索”“用学科德育提升教学价值”“项目制促教学改革创新”“游泳特色打造”上取得了突破性成果。

作为“二期课改”的实验学校,我校大力推行国家与地方课程的二次开发,体现我校“博雅教育”的特色。为贯彻“用学科德育提升教学价值”,我校让各学科融入学生的育德活动,更有效地促进了学校博雅教育目标的实现。在学科德育的理念指导下,形成学科德育管理制度体系,保障学科德育得以落实。

为促进教学改革创新,我校推行教研组项目管理模式,加强备课组与教研组的课程研究能力,强化备课组与教研组的团队研究,丰富备课组与教研组的研究成果表现形式。

二、发展目标

学校办学目标:未来的四年,坚持把博雅教育作为办学方向,依托静安区龙头课题,着眼于学生的终身发展,以“用博雅课程建设奠基学校文化”为引领,以提升师生博雅素养为办学目标,发展成为具备现代人文特质的基础教育示范学校。同时,民立中学将探索建设现代“文理相济、人文见长”学校,并将其融入学校的办学过程,将学校打造成特色鲜明的示范学校。

学校培养目标:学校将形成以国家与地方基础课程校本化实施为重点,整合校内外各项资源,拓展和挖掘学校课程的广度与深度,搭建学生实践体验的平台,丰富学生的经历,切实提高教育教学的有效性与生活性,更好地服务于学生的个性化发展,追求“精深广博之学问,高尚儒雅之举止”的培养目标。此外,我们在“博雅民立”“游泳民立”的基础上提出了“个性民立”“数字民立”“国际民立”的发展目标。

第二部分　发展思路与实验课题

一、发展思路

用博雅教育统领学校发展,用课程建设奠基学校文化,用网络构建现代德育体系,用数字化推进个性化课堂教学，用项目建设提升学校的管理品质，以推进四项工程（博雅学子培育工程、博雅课程建设工程、博雅优质教师培养工程、博雅文化塑造工程）为抓手，规划学校未来四年。

二、实验课题

学校未来四年首先“以学校活动课程建设促进学生个性化发展”作为第一阶段（目前至2015年9月）和第二阶段（2015年10月至2017年9月）的实验课题。同时，学校努力申报“用博雅课程建设奠基学校文化”课题，科学引领教育探索，着眼学生的终身发展和终生幸福，在学校博雅课程体系再建构、校本系列教材编写和实施、博雅学校文化的营造与博雅教师团队的建设四个方面取得较大进展。

第三部分　规划实施与推进策略

一、博雅学子培育工程

完善学校德育操作体系：树立“一个理念”，设计“两个化”，关注“三个融合”，建设“四支德育主干队伍”，认识“五个结合”。同时，逐步促进德育科研，探索数字化德育管理和个性化德育培养，提高德育实效。

开展各种主题教育：进一步落实“两纲教育”实施，研究新形势、开拓新途径、探索新方法，深入推进“弘扬民族精神、传承民立文化、升华生命意识、培养责任情怀、浸润感恩品质”等主题的系列活动。

加强社会实践社团建设：完善学校社团机制，与校本课程、社区活动相结合，逐步形成学生特色课外活动系列。依托社区和校外教育基地，积极为学生社会实践搭建平台，推进学生社会实践社区化、基地化、系统化建设，打造一支在市区有一定影响力的志愿者队伍。

搭建综合素质发展平台：结合体育、语文等学科的特色，整合已有学科平台，发展学生的个性。

二、博雅课程建设工程

完善学校课程文化建设：在原有课程建设基础上提升课程文化建设，使课程文化成为学校博雅文化的有机组成部分。成立“学校课程研究与发展中心”，调整完善学校课程计划。

推进不同类型课程统整：通过建设富有特色的学科教学资源库、推广学习设计项目，优化基础型课程。丰富和梳理博雅拓展型课程，积累整合学校现有课程资源，从中精选并培育特色品牌课程。以学校课题研究院建设为中心，提升研究型课程质量。

促进学科统整、学段统整、学程统整建设：整合我校科研成果推介教学交流论坛，积累相关课程资源；推进“上海市民立中学学科实施细则”的实践研究，建设特色学科群；整合信息技术与课堂教学资源，促进数字化教学。

推进科技创新教育：学校将从课程、活动、竞赛等各方面进行全面的设计，力争在四

年内实现一节（科技节）、一院（学生课题研究院）、一室（科技辅导工作室）、一课程（开发思维创意课程）以及充分开发一走廊（科技）资源教育价值的工作目标。

探索综合评价研究：完善学校拓展型课程的学分制管理方案，并继续完善教学质量保障体系，从制度层面上保证教学质量。

三、博雅优质教师培养工程

坚持“人才强校”，依托科研，加快推进学校课程建设和教学改革，打造一支“三有一强”（有思想、有修养、有风格、育德能力强）的教师队伍。通过学科竞赛、演讲论坛、师德评价等手段激发教师内在动力，提升教师职业道德。从形成团队精神、凸显学术地位、规划人员培养诸方面入手，使学科教研组成为促进教师专业化发展的基地。通过推行项目管理模式，完善共营机制，持续促进团队建设。在此基础上，构建符合学校发展要求的、有利于教师专业发展的多元评价体系，促进教师多元发展。

四、博雅文化塑造工程

坚持“文化立校”，将创建优美的物质文化、科学的制度文化、优雅的行为文化和丰富的精神文化相结合，进一步浓郁、彰显“博雅”文化内涵，使学校文化既符合时代特点又富有个性特征，充分发挥学校文化“铸品牌、树形象”的功能。学校文化建设工程的内容框架主要从学校环境文化、制度文化、精神文化、行为文化、活动文化等方面来构建。在策略上以项目为先导，逐步推进学校文化的整体发展。

第四部分　规划评价机制与实施保障

四项工程的实施效果将采用课堂观察、学生访谈、教师访谈、家长访谈、教师问卷、学生问卷，以及审核这些工程的实施档案、部门会议记录等方法进行评价。

支持学校四年发展规划顺利实施、有效发展的保障系统包括物质、人力、精神和制度四个层面。

2. 上海市民立中学发展规划(2018—2021 年)
(精要版)

第一部分　规划基础与背景分析

民立中学是静安区一所公办完全中学,静安区首批实验性示范性高中。在全体教职工的辛勤努力下,学校努力发扬百年老校的优良传统,以"博雅教育"办学思想为指引,以"具有鲜明人文教育特色"为办学方向,坚持走个性化教育的探索之路,毕业生的优良率、升学率一直稳定保持在区重点中学较高水平,得到社会各界的广泛认可。

通过前几轮规划的导引和全体教职工的努力奋斗,民立中学在继续保持"传统游泳特色品牌"的同时,在课程建设、德育创新、队伍建设等方面取得了较为丰硕的成果,为学校新一轮的发展奠定了坚实的基础。

在迈向时代的教育新征程中,学校发展面临两大挑战:一是生源结构的复杂性对协同化育人水平提出新要求,二是完中管理的复杂性对一体化发展水平提出新要求。

党的十九大对我国社会主要矛盾做出了新的重大判断。新时期我们要研究民立中学各项事业发展中不平衡不充分的表现形式,抓主要矛盾,读懂、做好"新时代考卷",办好静安人民满意的教育。

第二部分　办学思路与目标体系

一、发展目标

办学目标:

一个价值内核——为民而立;

两个发展特征——实验性、现代化;

三个办学定位——示范化、品牌化、国际化。

育人目标:

培养具备"精深广博之学问,高尚儒雅之举止"的博雅学子。

二、办学思路

新的四年规划期间,学校办学的整体思路是"用更美好的教育不断提升学校发展内涵"。

为了更美好的民立教育,我们新的四年里将努力围绕立德树人、课程教学、队伍管理、品牌文化等四个方向,展开八个维度的深入实践和探索,将新时期民立发展的"四梁

八柱”建立起来。

三、学校的“一训三风”

校训：勤学笃行；

校风：诚谨博雅；

教风：因材而笃；

学风：敦品励学。

第三部分　核心任务与主要措施

一、构建更有系统实效、更富体验内化的德育体系

切实把立德树人作为学校德育的根本任务，打造目标清晰、内容完整、资源丰富、评价合理的“五立”德育工作体系。

基于完中的特点，德育课程设计上遵循一体化，强调目标一体化、路径一体化、活动一体化。同时，七个年级的德育课程目标具有可持续的特性，希望通过学校、家长、社会协同构建融合性的德育课程——诚谨书院课程。

二、丰富更有质量品位、更富吸引力和挑战性的博雅课程

初中学段加强以“绿色指标”为引导的学业质量研究，高中阶段以课程改革带动育人模式变革，构建优质资源支持下的校本课程体系。

加强课程资源的开发和利用，整合并深化现有学校课程，创建 STEM＋创新创客课程群，丰富人文系列综合课程，开发体育与健康系列课程，优化高考改革背景下研究性学习指导管理策略。

三、打造更有思维含量、更富学习深度的高效课堂

优化和拓展混合式学习路径，基于数字化技术精准针对个体差异，激发每一位学生主动而积极地思考，促进其核心素养的有效提升。

构建民立教学云平台，全面推进混合式教学模式的应用。制定基于规准的校本学科学习要求。探索实施高中走班教学管理模式和学分绩点制度。着力提升中考制度改革背景下初中发展内涵。尝试推进长短课时。

四、应用更有时代特征、更富创新智慧的技术设施

坚持教育教学、学校管理、校园生活三个维度的发展方向，加快实现教育信息化，努力打造一流的数据化、网络化、移动化的智慧校园。

创设新型学习空间资源和环境，加强校园网多元化建设，丰富教育教学 App 内容，推进数字化“家校互动”项目建设，提升校园信息化基础设施建设管理水平。

五、建设更有学识情怀、更富发展活力的教师队伍

继续扎实推进逐级分层个性化研训培养体系，完善教师职业规范与师德规范培训课程，争取在新一轮发展规划中，培养市区级名师、特级教师 1—2 名以及骨干教师若干名。

设置特级教师工作室，尝试设置民立学术假，建立校级管理实训基地，完善教师激励机制，继续深入推进教师专业发展中心建设。

六、健全更有效能效益、更富人文关怀的管理机制

加强学校领导班子建设，建立健全符合学校未来建设和发展的现代学校管理制度体系和运行机制，努力构建科学、人文、和谐的管理制度。

组建民立中学学术委员会，建立健全学校部门管理机制，构建绩效发展性评价体系，梳理和修订教务、教辅规章制度，强化民主管理，完善监督机制。

七、创建更有民立特色、更富凝聚激励的学校文化

坚持“文化立校”，将创建优美的物质文化、科学的制度文化、优雅的行为文化和丰富的精神文化相结合，进一步彰显博雅文化内涵。

建设规范共识的制度文化、素养导向的课程文化、智能响应的数字文化、美丽温馨的环境文化，创设丰富多彩的文化活动。

八、塑造更有辐射影响、更富卓越声誉的教育品牌

在积极关注体育人才培养的同时，更着眼于学生的可持续发展，关注学生的生命成长，全力打造“体育民立”品牌。

积极尝试依托数字化平台关注学生体质健康，通过纵横联动推动游泳队伍建设，通过承办“民立杯”“五星体育杯”等市级赛事展现学校的社会担当。

第四部分　规划实施与保障措施

建立“民立中学发展规划实施领导小组”，对规划实施进行组织领导。发展项目责任人与实施团队一起组成一个项目实施小组。建立邀请专家驻校的常态化指导机制。学校实验项目和重点发展项目均作为科研课题实施项目化管理。

由党总支牵头，工会和教师、家长代表组成“民立中学规划实施监督委员会”，对规划的实施落实情况进行定期监督评估。

3. 上海市民立中学发展规划(2022—2025年)

上海市民立中学创办于1903年，具有深厚的办学传统与人文沉淀，是上海市静安区公办完全中学，静安区首批实验性示范性高中。因材而笃，敦品励学；弦歌不辍，薪火相传。建校近120年来，学校始终秉承"为民而立"的办学宗旨，以"勤学笃行"为校训，培养了一大批建设国家的栋梁之材。进入新世纪以来，民立中学融合时代元素，确定了"勤学以致博，笃行而达雅"的办学理念，"博雅教育"成为民立中学的学校品牌，得到社会各界的广泛认可。

"十四五"时期是民立中学博雅教育以习近平新时代中国特色社会主义思想为指导，把握新发展阶段，贯彻新发展理念，构建新发展格局，向实现高水平教育现代化迈进的重要时期。为了更好地贯彻落实党和国家的教育方针，办好人民满意的教育，促进学生全面而有个性地发展，依据《中国教育现代化2035》《上海教育现代化2035》《上海市教育发展"十四五"规划》《上海市教育数字化转型实施方案(2021—2023)》《静安区教育事业改革与发展"十四五"规划》等文件，制定本规划。

第一部分　发展基础与形势要求

一、发展基础

在上一轮规划(2018—2021年)中，民立中学以"为更美好的教育不断提升学校发展内涵"为主题，围绕立德树人、课程教学、队伍管理、品牌文化四个方向，展开八个维度的深入实践和探索，将新时期学校发展的"四梁八柱"基本建立起来。在上级主管部门的领导和关心支持下，在全体师生员工的共同努力下，民立博雅教育的德育体系更有系统实效、更富体验内化，博雅课程更有质量品位、更富吸引力和挑战性，高效课堂更有思维含量、更富学习深度，技术设施更有时代特征、更富创新智慧，教师队伍更有学识情怀、更富发展活力，管理机制更有效能效益、更富人文关怀，学校文化更有民立特色、更富凝聚激励，教育品牌更有辐射影响、更富卓越声誉，顺利完成规划目标和各项任务。

更美好的教育，体现在更多弘扬、更多选择和更多获得等方面，是本轮规划学校进一步内涵式发展的坚实基础。在上一轮规划实施期间，民立中学坚持赓续奋斗，接续前行，顺利完成学校领导班子的工作调整。一批年富力强的青年教师成为组室管理、教育创新的中坚力量，现有特级教师、正高级教师和静安区学科带头人9人，校学科带头人9人。学校的"一训三风"更加深入人心。坚持学生立场，开设六大系列、百余种活动课程和校本课程，为民立学子的个性化发展提供广阔舞台，在线上线下相融合的混合式学习循证中提升师生的核心素养。

尤其是在2020年抗疫期间“停课不停学”的历练，成为民立中学践行校域在线教学“四全育化”新模式的契机。后疫情时期，民立师生进一步认识到“四全育化”模式的价值不止于在线教学本身，它已成为学校内涵式发展的一种自准量规，这使得民立博雅教育的社会美誉度得到进一步提升。四年来，民立学子每年获得上海市级及以上青少年德智体美劳各方面的竞赛奖项达百余项，民立教师在全国、上海市和静安区获得各类教育教学奖项和荣誉称号达两百余项，民立中学获得静安区先进基层党组织、首批教育系统党建示范点、第一届教育科学研究成果奖、上海市基础教育信息化应用典型优秀案例、上海市优秀教师专业发展学校等多项荣誉。民立博雅教育发展进入高水平教育现代化建设新阶段。

二、形势要求

新时代背景下，世界正经历百年未有之大变局，我国正处在实现中华民族伟大复兴的关键时期，人民群众对高品质生活的追求，要求教育实现更高质量发展。党中央、国务院和上海市颁布了关于教育的一系列重要文件和实施方案，为民立中学教育改革与发展指明了前进的方向。遵循教育规律，树立科学的教育发展观、人才成长观，培养时代新人，为民族复兴筑牢稳固根基。

在普通高中新课程新教材全面实施、深化普通高中育人方式改革持续推进、上海市高考和学业水平考试部分科目进行调整等形势下，学校需要制定符合校情的课程实施、教师研修、项目研究等方案，才能确保教学秩序平稳有序、教育质量同步提升。同时，在推进义务教育优质均衡发展的大背景下，有效落实“双减”精神、深入跟进静安区“初中再加强工程”的实施、科学应对上海市新中考改革的教学研究、切实提高义务教育课后服务质量等，成为学校面向初中学段教育教学管理工作的新要求。

面对新的环境和形势，为解决人民群众日益增长的高质量教育需求和教育事业发展不平衡不充分之间的矛盾，学校需要做出崭新的科学规划。对照社会发展和教育发展的趋势，对照上海市发达城区迈向高水平教育现代化的目标，可以看出民立博雅教育发展还存在一些问题，主要表现在：完全中学教育教学一体化管理不够深入，完中的优势没有得到充分发挥；学校特色多样发展得不够平衡不够充分，厚重校史资源的教育价值挖掘利用显得不够；“双新”和“双减”理念下的育人方式改革、评价方式改革、教学模式创新等不够深化；教师专业发展的关键能力和学术水平有待进一步提高；全域运用数字技术赋能教育的深度和广度不够，线上线下融合教育实践需要进一步优化；学校融合治理机制和协同育人体系等不够完善。面对当前更具战略性、变革性的新机遇和更具系统性、紧迫性的新挑战，民立中学将积极探索，科学谋划，在融合发展中加快推进博雅教育更高水平、更高质量发展的步伐。

第二部分　指导思想、发展思路与发展目标

一、指导思想

以习近平新时代中国特色社会主义思想为指导，深入贯彻党的十九大精神，学习习近平总书记关于教育的重要论述。按照党中央、国务院和上海市关于教育工作的总体部署，全面落实静安“精品教育”的建设要求，加强党对教育工作的全面领导；坚持系统观念，注重改革创新，牢记“教育‘为民而立’”的使命，更加关注每一位学生的终身发展；服务构建博雅教育新发展格局，深入推进学校教育整体综合改革，把“让师生和家长有获得感和幸福感”作为新一轮学校改革与发展工作的出发点和落脚点，办好人民满意的高质量教育；培养德智体美劳全面发展的社会主义建设者和接班人，用办学实绩筑牢静安“民生幸福工程”的基石。

二、发展思路

牢牢把握时代特征和教育发展趋势，立足“两个大局”背景，坚持稳中求进工作总基调，抓住重大机遇，努力开创民立博雅教育融合发展新局面。围绕立德树人根本任务和教育高质量发展的主题，坚持问题导向、目标导向、结果导向，统筹学校教育新一轮改革与发展。

1. 坚持初高中一体化促进高质量发展

坚持和完善党领导教育发展的体制机制，为实现博雅教育高质量发展提供根本保证。完善博雅教育立德树人机制，打通完全中学初高中学段课程领导的壁垒，实现初高中不同管理层次课程领导力的一体化统整，营造和形成完中育人的浓郁氛围和联动机制。

2. 坚持教育评价改革促进高质量发展

以全面提升学生发展核心素养为导向，引导教师潜心育人的评价制度更加健全，促进学生全面发展的评价办法更加多元。改进结果评价，强化过程评价，探索增值评价，健全综合评价。把立德树人、促进学生健康成长的成效作为检验一切工作的根本标准。

3. 坚持线上线下融合促进高质量发展

科学合理利用国家和市、区优质数字资源，构建不同形态、灵活高效的教学场景和教学共同体，助推学生实现自主学习、探究学习、协作学习等多种形式的智能化学习。研究探索数据驱动的因材施教策略，深入实践有温度的智能教育。

4. 坚持治理体系融合促进高质量发展

本着“德育为本、教学为核、师资为重、科研为引”的工作原则，准确识变、主动求变、积极应变，强化协同意识，突出从整体上看待和解决学校发展问题。营造更加绿色、更加安全的教育教学环境，提升学校管理人员利用智能技术治理学校的能力。

三、发展目标

到 2025 年，学校教育现代化全面深入推进，高质量博雅教育体系总体建成，形成与

“国际静安　卓越城区”建设相匹配的公平卓越、协同融合、特色多样的学校教育新格局，培养具有全球胜任力、未来判断力的新时代博雅型人才，让每一位民立学子都有人生出彩的机会。主要的发展目标是：

1.“五育”融合高质量育人体系健全

德智体美劳全面育人体系更加优化，实现立德树人融入教育教学各环节。完中德育一体化工作体系运行高效，学校、家庭与社会协同育人功能全面提升。心理健康教育、劳动教育体系基本完善。学生在体育、美育、科技创新等方面的个性特长得到充分发展。

2. 博雅创新型教师队伍建设富有成效

以教师发展为核心的制度文化环境更加优化，基本建成一支德才兼备、专业精进、能支撑博雅教育高质量发展的高水平师资队伍。教师队伍学段分布、资历分布、岗位结构趋于合理，教师的国际视野、育德智慧、信息素养和跨学科教学水平明显提升。

3. 博雅教育高质量发展开创新局面

学校教育教学实践探索充满生机活力，契合新课程、新教材理念的博雅校本课程体系、教学体系和评价体系基本建成，校域教育教学中“四全育化”模式在常态中有效实施，博雅教育高质量融合发展机制顺畅高效。学校发展迈上“以学术的方式来育人”的新高度。

4. 学校品牌辐射影响能力稳步增强

学校培养具有“精深广博之学问，高尚儒雅之举止”的新时代中学生的教育空间更加广阔，诚谨博雅校风得到进一步弘扬，博雅教育品牌内涵更加丰富。高质量地完成一批在区域内外乃至更大范围内有影响力的教育教学研究课题、实训项目和创新案例。

第三部分　主要任务与实施路径

本轮规划，民立中学构建“一核六维六翼”实施体系，推动学校高质量发展。“一核”是指学校新四年发展的核心目标，即“立德树人，构建高质量博雅教育发展新格局”；“六维”是指学校发展六个维度的实施途径，即构建都市学校德育生态、提升博雅课程实施效能、健全“五育”并举育人体系、研制多维互动强师规划、发挥科研驱动引领效能、加强党对教育全面领导；“六翼”是指推进规划落实的六个重点项目，即致力于静安区分类协同学术高中建设、推进静安区“双新”区校联动项目、实施初高中一体化项目化学习行动、创建高水平体育后备人才基地学校、深入实践博雅教育数字化转型发展、全面完善校内外协同育人创新机制。

一、构建都市学校德育生态，培育“有德有造”时代新人

民立中学是一所拥有丰厚校内外教育资源的完全中学和百年老校。近十多年来，学校以市级课题为引领，持续探索“博雅教育育人”“学科德育育人”“活动课程育人”，培育“有理想、有本领、有担当”的博雅学子。守正创新，围绕立德树人根本任务，探索“六育”育德途径校本建设，坚持全员全境全过程全方位育人，坚持家校社联动，推进育人工作一

体化，促进学生全面发展，为每一位学生“有德有造”和个性发展打好基础。

在传承“勤学笃行”校训的基础上，新时期民立中学德育着力培养学生核心素养，凸显完中一体型德育工作特色、转型重构体验型文化育人内容、守正创新都市型活动课程实施、立体规划生长型育德培训机制；构建都市学校道德生成的“四型”德育生态环境，融合大“家文化”；在真实情境中，开展社会化的学生活动，融合信息化手段，推进德育迈向情境化、社会化、信息化，努力形成新时期更优品质的德育工作。

1. 凸显完中一体型德育工作特色

优化初高中一体化德育目标、内容、实践、队伍体系，完善纵向衔接、横向协同的工作机制，建立德育要素融通一体、学段衔接一体、各方协同一体的德育工作新格局，实现立德树人成效进一步提升。

完善行规目标一体化设计。基于学校德育育人目标和完中七个年级学生年龄心理学识差异，将七年级看成一个整体，设计行规目标，让学生行为规范教育形成系统和系列，学生在适切的目标下获得全面而有个性的发展。充分尊重学生身心发展规律，把握学生成长的差异性和关键期，我校将逐步优化“预备年级——有修养、初一年级——有爱心、初二年级——有自律、初三年级——有责任、高一年级——有德性、高二年级——有公益心、高三年级——有担当”的行规教育目标一体化设计。

促进德育内容一体化融合。横向把优秀传统文化、场馆文化（上海自然博物馆、毛泽东旧居陈列馆、中共二大会址纪念馆等）、红色文化、生态文明、校史文化等重大主题教育的内容一体化地融入教学活动、德育实践、团队活动以及社团活动，建设一体化视域下的“民立少先队特色活动内容”“民立共青团特色活动内容”，将知识传授、能力培养与理想信念教育有机融合，突出正确价值观，强化核心素养的培育。纵向将七个年级兼顾共通性和差异性做整体思考，进一步彰显民立完中德育工作特色，进一步提高育人能力工作的效果。

强化管理机制一体化落实。坚持思想性、科学性、规律性原则，以培养博雅学生、全面发展的未来公民为宗旨，融通年级组、团队和教师、家长、社区资源等德育要素，衔接初高中学段，协同各方，在导师制、初高中牵手、志愿者服务、活动设计、课程开发以及班主任与心理教育互动等方面形成一体化落实机制。

2. 转型再构体验型文化育人模式

发挥共青团、少先队的思想性、先进性、自主性、实践性优势，突围传统德育“人学空场”的现象，融合优质地域文化，探索校本性体验型文化育人方式，向贴近个体生活实际、激发个体学习动力、促进个体未来发展的“人学主题”回归。强化德育实践、情感培育和行为习惯养成，增强育德的吸引力、感染力、针对性和实效性。

持续发挥校园环境文化育人效能。民立德育依托丰厚的史蕴文化、精美的绿色校园等资源，树立“家文化”“我的校园我来建”的理念，从校园文化体验的角度，将德育渗透到校园建设的每一个角落，形成“学生与校园文化建设”动态互动，开展殷夫文艺节创意文化体验和校园布置体验等活动，共同打造静态的校园德育生态环境，发挥校园文化独特的育人功能。同时，提升学生的参与感、成就感。结合我校悠久的校史文化和校友文化，让学生进行校史讲解员体验、校史交流体验，并与校友对话，在学习校史和传统文化的过程中培养学生爱国爱校的情怀。

开展地域文化视域下的文化育人体验。地域文化是区域人类共同创造、享用、传承的思维方式、价值取向和行为选择等的总和。它作为中华传统文化的重要组成部分，在继承和弘扬中华优秀传统文化、培育和践行社会主义核心价值观的时代背景下，其所具有的特殊意义和价值日益受到重视。民立德育将整合校园周边的红色、场馆、名街、名园、会展等地域文化，推进团队和个体项目的实施；通过传播、交流、整合等文化互动形式，开展富有时代特点的育德工作，转变文化育人方式，积极构建"点—线—面—体"系统互通、逐层递进的实践路径。

开展"信息技术＋"文化体验。结合学校的龙头课题，融合线上线下、现实和云平台，开展云上文化体验，进行"新闻秀""团史课程""云展示""主题升旗仪式"等云文化体验，推进混合式育人实践。巩固市级项目"德育视域下微视频制作实践"的成果，组建师生两级微视频制作团队，并将制作的作品上传到音频分享平台。探索"互联网＋"文化育德，引导好网络时代学生的情感，让学生展现更多的个性，增强其对社会的适应性。

3. 守正创新都市型活动课程实施

巩固、发展上一轮市级科研项目"中心城区学校活动课程建设和实践"的成果，持续创新探索都市型活动课程育人。通过活动课程使学生领悟特定的价值追求，体验道德情感，培养道德信念，形成良好行为习惯。

建设"都市型心理教育活动课程"促进学校德育发展。当下，社会发展节奏越来越快，各种资讯纷至沓来，学生面临困惑和压力，亦缺乏解决事情的正确方式和处理危机的能力，所以学校的心理教育活动课程需要与时俱进。基于我校开展心理教育的良好基础和优质师资，学校将依托并挖掘著名心理学家、青少年心理咨询专家张声远老先生的教育积淀和优质资源，协同区域教育力量，积极探索实践，形成典型案例群，铸造"民立张声远"心理品牌并形成学术成果。同时，推进初高中一体化生涯规划课程，助力形成积极向上、主动参与、正向价值取向的学生生涯发展规划图景。

建设"都市型德育实践活动课程"促进学校德育发展。不同德育活动课程的目标不同，主题就不同。德育活动课程，要树立"大活动"理念，发挥优秀团、队资源优势，携手年级组、班主任，构建活动课程育人的"大棋局"，将零散的课外活动、少先队活动、团委学生会活动、综合社会实践活动、主题班会、四大节日的活动等统筹考虑，并整合成民立活动课程图景。亦将偶发因素的事件应景提取设计为德育活动课程的目标，并将各类活动课程主题化、系列化，使德育活动课程的目标更系统、更科学。活动课程建设需要对"都市学生""都市活动"以及社会化实施做重要考量，在其加持下，更好地组织开展以学生为主体的校内外社会实践，让学生通过实践体验能促进其德育素质不断提升和完善的活动，以更好地激发他们的创造力，加强他们传统美德等的培养。

建设"学科特色的德育活动课程"促进学校德育发展。在"双新"背景下，立足学生核

心素养培养，协同整合适合都市学生学习需求的多方资源，挖掘各学科思想内涵，设计学科活动课程，着力体现都市化和现代化特征，探索更好地将育德内容细化落实到各学科课程教学目标之中，融入渗透全过程，形成可示范的“学科德育优秀案例”群，同时推进“全员导师制”，形成全员育人生态。

4. 立体规划生长型育德培训机制

持续开展“诚谨班主任工作坊”育德研训。培育有理想、有本领、有担当的青少年，教师培养是关键。“诚谨”源自百年民立的历史传承，取“忠诚谨慎”之意，是民立先贤们忠诚于国家和民族并以谨慎之态度和作风做人、做事、做学问的自勉规准。现在的民立教师日益年轻化，班主任是学校骨干教师培养的“蓄水池”。建立“诚谨班主任工作坊”就是要青年班主任一方面牢记传承百年民立的育人使命，接力好“为民而立”“谋祖国之强”的办学追求；另一方面激励其在课程开发、实践引领、文化建设、精准施教等方面以自己的行动诠释“诚谨博雅”的时代内涵。根据“诚谨博雅”的新时代民立追求，完善“诚谨班主任工作坊”管理，由校德育学科带头人领衔，聘请校内外专家团队组成“班主任工作坊导师团”，打造 2.0 版“诚谨班主任工作坊”，培育优质班主任队伍。

研发“校本文化资源”育人内容。校本文化资源是学校独有的资源，民立中学从创办至今，其历史发展过程中特有的理念、精神、体制、机制、制度，深远的历史、事件，特有的人物及人物故事，特有的建筑、文物以及专业特色等资源，只要其中渗透着人文精神，都属于校本文化资源。在迎接民立 120 周年之际，深入挖掘校友文化资源，尤其是红色资源、烈士殷夫的史蕴资源，持续组织教师、学生进行学校的校本文化建设，丰富德育资源；同时通过开发，实现自身的自培和互培，以及通过成立民立校史馆小小讲师团（组建“殷夫校史讲师团”）、开展校史文创等职业体验，完成学校文化的师生内化。

研磨“自主管理生态”育心模式。发挥德育学科带头人作用，加强学生干部培训，树立自主意识。校团委、学生会、各年级部组建多种学生自主管理小组，引导学生在自我服务中自我管理、自我教育，习得良好的生活、学习和行为习惯。

未来四年，民立将构建学校、教师、学生、社会、网络“五位一体”的优质都市学校德育生态，提升教师现代德育素养，促进学生“有德有造”、全面而有个性地发展。

二、优化博雅课程规划体系，提升“双新”课改实施效能

学校教育过程的基本形式是课程活动，学校文化建设的关键在于学校课程建设。课程既是学校教学的内容体系，也是学校文化的核心载体。

学校通过优化课程系统的结构和开发丰富的校本课程，满足学生个别化的选择，激发学生的创造力，最终服务于健全人格的养成和核心素养的培育。在课程建设中，坚持以“五育”并举为目标，以“双新”教育改革为导向，积极尝试以学科核心素养引领课程教学改革，以课程教学改革推动育人评价方式的变革，以育人评价方式的变革引导科学教育质量观的回归。

1. 依据“双新”课程方案，制订校本课程计划

学校坚持以《中共中央　国务院关于深化教育教学改革全面提高义务教育质量的意

见》《国务院办公厅关于新时代推进普通高中育人方式改革的指导意见》《教育部关于印发普通高中课程方案和语文等学科课程标准（2017 年版 2020 年修订）的通知》《教育部关于印发义务教育课程方案和课程标准（2022 年版）的通知》等相关文件为依据，以民立中学博雅课程文化为支柱与统领，结合学校实际，制定上海市民立中学年度课程计划及三年课程规划，逐步确立义务教育阶段（初中学段）国家课程、地方课程和校本课程的设置，逐步完成高中阶段由基础型、拓展型、研究型课程向必修课程、选择性必修课程、选修课程的过渡及完善实施。

在确保科学规范地实施国家课程的基础上，学校聚焦校本课程开发，充分对标学科核心素养，不断变革育人方式，强化学科实践探究，推进跨领域综合学习；针对完中特质，进一步完善校本课程体系，建立完善的教材选用管理制度，探索校本课程教学内容与社会、自然的联系，培养创新思维和能力。这些促进学生将知识与现实生活和未来发展建立联系，为学生终身学习能力的形成奠定基础。

2. 基于学科核心素养，推进学习活动设计

基于国家对创新人才核心素养培养的需求、社会对个性化教育的诉求，以及在“双新”课改、“双减”政策下的高考、中考等招生考试制度改革进一步深化等背景下，上海市民立中学以“三新”课程教学改革为指引，以深度教研螺钉运作模型为依托，直面教育教学痛点难点，开展深度教学活动设计，引领专业学科组不断提升专业自觉度，积极探索创新评价维度。

以原有人文学科项目化跨学段活动设计为基础，逐步推进自然学科的跨学段梳理，逐步建立“五育”并举的全学科初高中一体化学习活动设计，进一步探索完中初高中一体化创新人才培养的贯通模式，以此不断提升学生人文素养和科学素养，培育学生探索解决问题、勤于动手、善于反思的意识，以现代化教育来助推提升学生核心素养的教学改革。

进一步推进新技术赋能教育，推动学校教育数字化转型和应用。在学校龙头课题“‘三新’背景下基于数据驱动的混合学习设计与实践研究”的指引下，依托混合式学习路径探索、混合式学习资源梳理、混合式学习活动设计，着力升级校园数字化教育教学平台，优化校园数字化学习应用场景，提升校园数字化学习体验。为提升师生信息素养、加强师生信息技术应用能力和信息思维培养、增强师生网络和信息安全意识，学校积极探索自适应学习平台，促进师生教育理念和教学模式的变革，用科技为教育注入新活力。

3. 贯彻“双减”政策精神，实施作业优化行动

学校切实履行作业管理主体责任，加强作业全过程管理，加强年级组、学科组作业统筹协调，进一步完善民立中学校园作业管理细则，建立作业总量审核监管和质量定期评价制度。学校在课堂教学提质增效的基础上，切实发挥好作业育人功能，尝试通过线上线下相结合，布置合理有效的作业，帮助学生巩固知识、形成能力、培养习惯，帮助教师检测教学效果、精准分析学情、改进教学方法，促进学校完善教学管理、开展科学评价、提高教育质量。

学校坚持落实“双新”“双减”政策精神，积极优化学校作业设计，强调科学性、针对性、适量性和多样性的原则，逐步建立全学科全学段、指向学科核心素养的基于单元设计的作业体系。学校加强各教学环节等系统性设计，坚持“教、学、考一致”，作业设计充分体现单元的整体性意识并体现多学科统筹管理。根据各学科的学段特点及学生的实际需要和完成能力，探索分层作业、弹性作业和个性化作业，科学设计探究性作业、实践性作业和跨学科综合性作业，探索并实践数字化教育转型背景下线上线下融合作业。学校坚持“五育”并举，尝试统筹科学探究、体育锻炼、艺术欣赏、社会与劳动实践等不同类型校本作业。

4. 对标学业质量标准，探索教学述评方式

在已有区、校两级义务教育阶段(初中学段)迭代升级项目的基础上，民立中学以完中一体化管理为契机，继续坚持科学的教育质量观，以核心素养培养为导向，坚持问题导向、目标导向、结果导向，探索初中学生一体化学业规划指导，尝试建立以教育个性化为指导的初中质量提升管理评价体系。在初中学业阶段性、总结性等级评价的基础上，逐步加强教学过程中的形成性评价，创新融合育人的评价模式，在初中全学科尝试引入学术性、评述性评价。适度利用大数据手段，逐步构建涵盖道德素养、学习素养、体育素养、美育素养、劳动素养的“五育”并举的学生成长大数据框架，推动“五育”融合的人才评价机制的建立。

在区域高中学校“分类协同”发展的基础上，民立中学继续完善选课走班教学管理机制，深入推进生涯规划指导，提高学生自主选择能力，探索符合学校学科发展特点的学习评价标准，充分发挥教育评价的导向作用。高中各学段尝试基于学科学习评价，进行教学各环节改革试点，依据学生实际学习水平，逐步推进“免作业、免测评”的分层教学策略，促进学生全面而有个性地发展。

三、健全“五育”并举育人体系，凸显博雅教育全人理念

落实立德树人根本任务，全面发展素质教育，构建“五育”并举育人发展体系，健全学校、家庭、社会协同育人机制，强化学科整体育人功能，推动实现课程教学、组织管理、学校文化等教育生态的整体变革，凸显博雅教育全人理念，为学生终身发展奠基。

紧紧围绕博雅教育内涵特色发展，以学校育人目标为统领，将“五育”融入教育教学全过程。强化体育锻炼进一步提升体育育人水平，增强美育熏陶进一步深化美育育人内涵，实施劳动铸就全面规划和实施劳动教育，聚焦科技创新全面加强和改进科技教育，深入探索实施“‘五育’并举，融合育人”的育人途径和创新举措。

1. 进一步提升体育育人水平

体育是实现立德树人根本任务、提升学生综合素质的基础性工程，也是加快推进教育现代化、建设教育强国和体育强国的重要工作。贯彻落实国家体育课程标准，深化体育课程教学改革，提高课堂教学质量，以学生发展为本，扎实落实“教会、勤练、常赛”的体育教学模式，继续做大做强“体育民立”品牌，着力打造数字化、信息化、云技术、多维健康智慧校园。

坚持校内与校外相结合。以丰富大课间活动，深化学生体质健康数字化平台建设，创新拓展体育节项目，扶植学生体育特色社团，借力市、区阳光体育联赛构建竞赛体系等举措，开展升级版阳光体育活动，传承并弘扬中华传统体育文化、举办校园体育精品赛事，帮助学生在体育锻炼中享受乐趣、增强体质、健全人格、锻炼意志，助推学生体质健康水平、监测优良率稳步提升。

继续打造特色运动项目品牌。依托全国体育传统（游泳）项目学校，结合学校实际，整合优质资源，突出强势项目优先发展，重点培育1—2个特色运动项目，形成学校“游泳＋N”特色体育项目发展布局，竞体带群体，双翼齐飞，百花齐放。

重视体育专业师资团队建设。发挥体育创新工作室、学科带头人的引领示范作用，强化教师的内驱力，发挥教师的个性化特长，形成专业素养高、学术水平精的体育师资梯队。

2. 进一步深化美育育人内涵

深化美育教育，着力提升学生审美和人文素养。坚持“以美育人、以美化人、以美培元”，将美育融入教育全过程。不断丰富校园文化和学校艺术教育，充分挖掘和运用各学科蕴含的丰富美育资源，推进课程教学、社会实践和校园文化建设深度融合，积极构建“课内外全结合、家校社全参与”的美育模式。提升学生审美素养，大力推动美育教育。

依据课程标准，推进课程结构、教学过程及教学评价改革，促进美育教学质量稳步提升。以校本课程、学生艺术社团建设为抓手，积极开发艺术特色课程，因材施教培养学生艺术兴趣，提升艺术特长，精心打造艺术课程品牌，开发数字化艺术课程，构建形成具有民立特色的校本艺术课程体系，全面提升学生美育素养，提高美育师资队伍水平，培育名师。

以校园环境为实践基地，拓展美育实践活动。创意开发系列校园艺术活动，精心建设美育特色项目和品牌项目，融入理想信念教育、社会主义核心价值观及中华传统文化等，助力校园文化建设，树立文化自信，提升学生核心素养，为民立学子创设更加多姿多彩的艺术展示舞台。同步开发校内外美育活动实践基地，加强校内外资源共享。

3. 全面规划和实施劳动教育

全面推进劳动教育，构建具有新时代特征、博雅教育特色的劳动教育体系，让学生在劳动中树德、增智、强体、育美，引领带动师生家长增强劳动观念、培养劳动精神、形成良好的劳动习惯，构建整体联动、融合共生的“全劳动”教育生态，发挥劳动教育综合育人功能。

构建全学科融入的课程体系，开齐开足劳动教育课程。通过设立劳动教育必修课程，开发校本特色课程，开设兴趣社团等，健全“必修＋选修”“普及＋提高”的劳动教育课程结构，形成具有综合性、实践性、开放性、针对性的劳动教育特色课程体系。

聚焦劳动教育基地建设，拓宽全路径劳动实践空间。落实好校园、班级劳动等常态化劳动实践活动，开发利用校内外空间场所、单位机构等社会资源作为学生劳动教育基地，制度化、规范化、课程化地设计与组织学生开展校外实践基地劳动教育活动，让学生

深入体验集体劳动生活，增强学生的实践能力和创新精神。

聚焦教师队伍培养，营造全主体参与的劳动氛围。建立一支专兼职相结合的劳动教育师资队伍，定期开展教师劳动实践、专项培训和技能展示活动，营造崇尚劳动、热爱工作的良好风尚。结合劳动节、主题党日、班队会活动等，创新设计劳动主题实践活动，举办“劳模工匠大讲堂”等活动，发挥榜样作用，讲好劳动故事。依托家长学校，家校共育，加强家庭劳动教育指导。探索劳动教育的评价机制，将劳动素养纳入学生综合素质评价体系。

4. 全面加强和改进科技教育

坚持科技教育的博雅特色，构建协同管理机制，强化全员科普责任，提升科普能力和师生科学素养。建设通畅的“行政分管—教师辅导—班委联络—学生参与”四级科技教育管理网络。广泛对标市、区文件精神，合理布局、灵活设置学校科技教育校本课程，规范校本课程的开设计划、实施记录和评价方式。激发教师投入科技教育的热情，制定教师辅导科技活动的绩效方案。增强学科实践活动中科技教育的融入力度，让科技活动成为博雅教育“五育”并举的新载体和新亮点。实施民立中学“博雅学子英才计划”，建立从个性辅导、研究经历、综合评价到成才追踪的完整科技创新人才培养、宣扬通道。

促进校际合作、校内外联动，寻找关键突破点，拓展民立学子科技活动空间，逐渐做强学校科技教育的特色项目。以市、区科技教育课程新资讯和科创竞赛活动新动态为依据，选择适合初高中学子的活动项目，做好“普及项目”与“特色项目”的平衡。把弘扬科学精神贯穿于博雅教育全过程，立足校情，强化“学生课题研究院”传统项目的建设，并逐步辐射初中；创建“BYB(博雅双语)科普剧场”新型项目，组建学生社团，让具有博雅特色的科技项目惠及更多民立学子。基于新课程背景和学校博雅苑、科技走廊等活动空间，定期组织学生开展科技项目的展示和体验活动，持续办好博雅民立校园科技节。

四、研制多维互动强师规划，打造高水平博雅教师队伍

高质量教师是博雅教育高质量发展的坚实基础和中坚力量。秉持强校必先强师的工作方针，把教师队伍建设作为学校教育事业改革发展的重中之重，立足博雅教育新发展阶段，弘扬“因材而笃”优良教风，落实立德树人根本任务，全面提升教师专业素养和综合能力。遵循教师成长发展规律，创新教师专业发展的培训培养机制和实践操作路径，全方位支持教师专业自觉。拓展教师专业进阶途径，研制从见习教师、岗位新手、特色教师和成熟教师等在内的“为师博雅”强师计划，促进每位教师认识自身的专业发展优势、弱项和需求，引导教师做好完中一体化新常态下的跨学段、跨学科、线上线下、家校社的融合贯通，为教师适时创造发展机会和量身打造展示平台。

1. 组建博雅名师工作室

以学科带头人等高端教师和其他优秀教师为主体，组建民立中学“博雅名师工作室”，发挥学校名优师的辐射引领作用，促进名优师之间的联合攻关研究。作为学校面向成熟教师专业发展的孵化器，工作室是以攻关项目为实施载体，由 2 名及以上的名优教师领衔组建的校内学术性研究平台。攻关项目以培育博雅学子全面发展为根本目标，以

学校发展的重要课题、课程改革的关键问题为切入口，以学生发展、教学创新、跨学科融合等为研究对象，旨在为学校博雅教育高质量发展阶段面临的新矛盾、新问题提供科学有效的解决策略和实践方法。

学校科研室牵头制定组建“博雅名师工作室”的申报、运行和考评工作方案。工作室项目的申报由名优师共同完成，项目内容原则上不与学校组室创新实践项目和市、区基地研究项目相重叠，符合申报要求的项目经审核后择优立项。项目通过调研、研讨、教学、总结、展示等方式予以推进，学校根据项目的研究价值、实施效果、辐射影响等因素进行绩效评估。多元互鉴，同侪互助，师徒互助，多方合力提升工作室项目的研究层级，工作室聘请学科专家定时指导，吸纳具备一定研究基础的相关教师定点开展工作。

2. 开设博雅教师研修论坛

设置学校和部门两级“民立中学(部门)‘博雅笃行’研修论坛”，扩大在某一方面有特色亮点或创新实践的特色教师的专业影响力。两级博雅教师论坛的宗旨相同，其目的都是通过宣传教师在育德、教学、科研和团队建设等方面的优秀典型，彰显学校贯彻德智体美劳“五育”并举、促进学生全面而有个性地发展的博雅教育理念，推动学校教师在相互学习交流中更好更有效地实现育人方式的转变。两级博雅教师论坛的对象面向不同教职工群体，研讨内容的广度和深度各有侧重，相互联结，共同展示和反映出学校博雅教育的鲜活案例和整体概貌。

学校党政办公室和部门负责人协商确定学校以及部门博雅教师论坛的时间、人员和流程等事项，把握论坛选题方向。面向博雅教育高质量发展阶段，学校博雅教师论坛的选题重点突出学校教育中具有共性的新理念、新成效，部门博雅教师论坛的选题重点突出部门教育与研究中特色鲜明的新探索、新实践。学校博雅教师论坛的时间以学校教职工大会予以保证，部门博雅教师论坛以部门会议、组室研修或其他约定时间予以保证。论坛资讯通过学校校刊、公众号予以发布，论坛资料由科研室予以整理归档。

3. 促进共赢团队互助成长

创新、完善教研团队研修方式，激发教研组长团队深入学习的内驱力。在加强常态教研组活动监督之外，不断完善教研组公开研修，创设教研组长常态论坛、博雅教师讲座，并借助校学术季论坛等为教研组长及组内教师搭建面对不同听众的交流展示平台，以调动学校教师常态化地进行教育教学研究的积极性。

深化教研团队常态化的研习内容，聚焦育人方式变革，持续推进课程与教学改革。同时，推进初高中学段一体化辐射管理，以对新课标、新教材的学习、落实、反思、交流等方式并结合区域要求及学校课题，进一步推进教师信息技术应用能力和水平的提升，大力支持校本数字资源建设，以重点推进混合式学习新样态的设计与实践。

继续推进教师教学智慧的薪火相传，建立职初教师合作共赢团队，构建骨干教师任务式学习研修机制，激活教师自主发展内驱力，稳步完善教师梯队发展研训体系，与见习教师规范化培训形成进阶发展模式，切实培育区、校两级青年菁英教师以及学校骨干教师团队。

4. 深化见习教师规范培训

精细组织管理，使培训更全面、系统、有效。针对提升教师适应未来教育发展新样态能力的目标，学校将细化调研年轻教师职业发展需求，大力开发更多适合职初教师的培训课程，努力提升每一位教师的学科素养和育人育德能力，以拓宽教师专业发展的路径。学校构建可供选择的校本见习教师培养课程体系，形成见习教师团队研修与个性化自主研修结合等机制，助力每一位教师专业成长。

创新培训方式，助力师生成长。尝试以项目式学习设计的方式设计教师规范培训课程。以头脑风暴等方式加强见习教师参与培训的投入度，推动教师培训与教学实践直接对接。借助钉钉、微信等交互性强的沟通平台，及时有效地解决见习教师存在的困惑、问题，追踪教师的成长轨迹。高质量地服务于教师专业成长，努力提高不同阶段教师专业发展的针对性和实效性。

强化培训重点，分阶段推进实践。培训过程始终突出以多种方式提升教师人文素养的重点，将教师人文素养建设贯穿于见习教师培训甚至教师生涯全过程，强化师德师风，提升教师育德意识和育德能力。第一阶段重点推进常规教育、教学能力的培养。第二阶段重点考察新课程教学改革理念的学习与实践。第三阶段则可以鼓励见习教师探索信息技术与教育前沿理论研究成果在自身教育教学中的应用，包括鼓励尝试跨学科综合课程探索、项目式学习设计的学习及实践。

五、发挥科研驱动引领效能，推进博雅教育创新发展

学校教育科研是学校教育事业的重要组成部分，对学校教育改革发展具有重要的支撑、驱动和引领作用。持续办好人民满意的教育，需要教育科研更好地探索规律、破解难题、引领创新，需要深化群众性教育科研活动的设计与实践。在民立中学博雅教育迈向高水平教育现代化的重要时期，民立中学将以学校龙头课题为统领，以素质教育校本化创新和高质量教师发展评价为核心，以学校学术季活动为载体，构建同向发力、双核驱动、多点融合的博雅教育科研发展新格局。学校通过科研队伍建设、科研活动开展、科研先进评选、科研成果提炼等多种途径，进一步凝聚学校教育科研合力，提高学校教育科研工作质量和服务水平，推动学校博雅教育高质量可持续发展。

1. 以高层级龙头课题统领博雅教育创新

扎实推进民立中学业已开题研究的上海市教育科学研究一般项目"'三新'背景下基于数据驱动的混合学习设计与实践研究"。在校域层面上通过获取、分析和运用学与教的数据，全面完善单元学历案的设计和实施，创建系统化联通教师的"教"和学生的"学"双方信息的云学历案载体；梳理在线教学期间学校教师博雅教育"云活动"优秀案例，进一步拓展和优化基于核心素养发展、彰显博雅特质的完全中学混合式学习路径；高质量完成课题的结题汇报工作，同步完成课题研究成果的编辑出版和推广辐射工作，呈现数据驱动、以学定教的混合式学习设计新范式，促进中学教学方式的转型升级。

积极申报"十四五"市、区级教科研课题，推动博雅教育创新发展。赓续百廿年民立"为民而立"的精神血脉，秉持"学生中心"和"学习中心"的育人立场，以静安区立项的全

国教育科学“十四五”规划2022年度教育部重点课题“激活学生创造力：发达城区教学深度变革的实践性循证研究”为引领，研究中学教育高质量发展的基本内涵，分析博雅教育高质量发展的有利条件和制约因素，探索拓展激发学生创造力的校本路径，发挥教育评价对博雅教育发展方向的指挥棒作用，开展促进学校高质量发展的教学深度变革的实践性循证研究。立足民立中学博雅教育新发展阶段，超前谋划，集思广益，积极申报静安区教育发展“十四五”龙头课题的子课题以及市级教育科研项目，并以此作为引领学校建设精品博雅教育的风向标和试验田。进一步鼓励和支持学校教师深度参与学校龙头课题的研究和实践，不断筑牢科研强校的根基。

2. 以高融合扎根项目服务于博雅学子学习

融合校外红色场馆资源，扎实推进“初心百年路”项目。与毛泽东旧居陈列馆、中共二大会址纪念馆等基地建立联系，开展相应志愿者活动。以建团百年和党的二十大为切入点，加强青少年思想政治教育，深化爱国主义教育。

结合完中一体化优势，积极开展“博雅学子心手相连”项目。以同伴融合为切入点，在已有“大手牵小手”项目的基础上，进一步形成高中年级与初中年级结对机制，通过线上线下的渠道开展相应的优秀学生学科分享、高中生活展示和科普展示等系列课程。

融合校友资源和校史资源，成立“校史宣讲团”项目。结合民立中学120年校庆，推出以礼仪培训、校史讲解和学校特色展示为主体的校史宣讲团，邀请校友为宣讲团进行历史介绍，开展线上线下校史宣讲。

融合学生社团资源，深化社团活动课程化项目。在进一步传承优质社团的基础上，依据顶层设计，开发一批有特色、有时代特点的社团，构建人人参与社团的制度体系，规范学生社团活动，定期开展社团展示活动，融合线上线下的优势，形成独特的校园社团文化，打造精品社团，形成民立品牌特色。

融合课题研究和学生竞赛，开展学生学术季项目。在“三新”背景下，基于真实情景，以学生为中心解决实际问题，培养学生的探究能力。学生学术季项目，从学术季开幕仪式感的营造、在教师指导下完成探究的过程到博雅学子学术季平台交流展示的成功体验，引导学生初步学会探究，体验克服困难、合作共赢、创新设计、经历研究、收获成果的全过程，培育学生研究和创新的能力。

3. 以高品质专业发展评价博雅教师成长

搭建平台助力高品质博雅教师专业发展。以推进学校龙头课题研究为主线，引领和指导高品质教师立足第一线开展教育教学的研究，深入挖掘教育教学的内涵，积极探索数字化转型背景下教育教学方式的转变，研究拓展在“双新”背景下提升学生核心素养的有效途径，进一步提升教师专业水平和教育教学的品质。

充分发挥青年教师团队项目引领示范作用，推动骨干教师和青年教师的专业发展。学校关注已经立项区级中青年骨干团队项目研究进展，指导项目研究、监督项目实施，搭建成果汇报和交流展示的平台，示范和引领骨干教师立足第一线开展教育教学实践和研

究，充分发挥团队项目研究形式的优势，开展教育教学特色创建、学科教学实践改革与创新。尤其是培养中青年教师立足第一线开展教育教学实践和研究的意识，激发教师实践创新活力，鼓励教师在学科研究、课程建设、教学设计、课堂实践、教学评价等领域通过团队合作形成具有区域及以上影响力的成果，提升他们在教育教学领域特别是学科教学中的话语权和知名度。

发挥教师评价的促进作用，建立更全面的博雅教师专业发展评价机制，从教育教学能力、改革与创新能力、协作能力、现代信息技术运用能力、课程开发能力、课题研究能力等多维度评价博雅教师的专业发展。将过程性评价与总结性评价相结合，重点关注教师专业发展的积极性变化，积累阶段性成果，形成资源库，助推博雅教师专业发展。

4. 以高水平学术活动展示博雅教育成果

建立面向区域内外和友好学校的年度学术季活动机制，展示学校博雅教育最新成果。以"三定""三线"模式确定学术季活动的整体架构，确保学术季活动的规模和质量：以定管理组织、定举办时段、定活动形式的"三定"方式，确定学术季活动的组织管理和基本面貌；学校教师的教育成果、项目实践、课题研究是学术季活动展示内容交会的"三线"，这三个方面代表性强，反映学校最新教育教学改革动向的优秀案例，被选为学术季展示素材。通过学术季活动盘点学校教育教学管理改革的成效，同时让学术季活动成为促进学校高质量发展的科研实践。

精选学术季活动主题，助推博雅教师新人亮相，保证学术季的"源头活水"。坚持引领性和内需性两条学术季主题的选题路径，将呼应区域重大科研项目的子课题研究和解决完中一体化关键问题的学校自主研究进行整合，突出学校高质量发展的特色亮点。均衡学术季活动参与对象，做好学科学段成熟教师和岗位新手在学术季主题论坛和公开课教学活动中的人员搭配，创设团队式论坛、系列式论坛、总分式论坛等多样化学术方式，促进教师以求真、求证的学术理念开展校本实践。

六、加强党对教育全面领导，践行博雅教育行稳致远

坚持党的领导是中国特色社会主义最本质的特征，是办好中国特色社会主义教育的根本保证。坚持和加强党对教育工作的全面领导，牢牢把握立德树人根本任务，解决好"培养什么样的人、如何培养人、为谁培养人"这一教育的根本问题，并将之全方位贯穿到学校教育工作的全过程，努力培养德智体美劳全面发展的社会主义建设者和接班人。

学校将以坚持和健全党领导教育发展的体制机制建设为根本、以加强党的组织建设和党员培养为核心、以加大群团工作的支持保障力度为支撑、以促进党建与教学有机融合发展为重点，通过深化党组织制度体系建设、加强党支部建设管理、强化高素质专业化党员干部队伍培养锻造、优化党建品牌特色项目、创新师德师风建设举措、形成主题教育常态化机制等举措，全面贯彻落实党总揽学校工作全局、协调各方的领导核心地位，以高质量党建引领学校高质量发展，为博雅教育行稳致远保驾护航。

1. 坚持党对教育工作的全面领导

以习近平新时代中国特色社会主义思想为指导，深入学习贯彻习近平总书记关于教

育的重要论述，加强党对教育工作的全面领导，坚持中国特色社会主义办学方向，聚焦立德树人根本任务，以党的政治建设为统领，坚持党管办学方向、党管改革发展，进一步发挥党组织的政治核心作用和战斗堡垒作用，全面贯彻党的教育方针。

突出思想引领，强化党的创新理论武装，持续推进习近平新时代中国特色社会主义思想进教材、进课堂、进头脑。建立健全学校党的组织体系、制度体系和工作机制建设，加强领导班子自身建设，落实全面从严管党治校责任。统筹规划、政策指导、协调推进，形成党的领导纵向到底、横向到边的全覆盖工作格局，为办学治校、教育教学、人才培养提供坚强政治保证。

开展党内系列主题教育，不断巩固深化“不忘初心、牢记使命”主题教育成果，探索建立主题教育工作常态化机制。结合实际，通过精心谋划、创新形式、挖掘资源、搭建平台、实践体验等方式、手段，提升主题学习教育实效；引导干部、党员、教师增强“四个意识”、坚定“四个自信”、做到“两个维护”。

2. 加强党的组织建设和党员培养

落实“党建责任制、党风廉政建设责任制和意识形态责任制”全面从严治党三大主体责任，坚持以组织建设为基础，做好学校基层党建工作。将党的建设与教育改革发展同谋划、同部署、同推进、同考核。立足新一轮发展，迎接建校120周年，持续实施党建质量提升工程。根据上级党委要求，适时推进实施党组织领导的校长负责制。配齐配强党组织班子成员，做到组织健全、人员到位；健全组织管理运行机制，加强对二级支部管理，持续提升党组织建设能力。

加强党员队伍建设与培养，履行党组织教育党员的功能和责任；从讲政治的高度，加强党员培养的力度，布局谋划干部、党员、教师队伍建设。着力加强领导班子和干部队伍建设、严把党员发展质量、优化党员培养梯队结构、强化党的政治理论与法规学习、创新开展师德师风教育。在学校已有市、区级党建品牌项目的基础上，力争再创党建新品牌。

持续推进完善年度博雅教师评选、党员民主评议、优秀党员“三岗争创”活动等举措，充分发挥党支部及广大党员、教师的战斗堡垒和先锋模范带头作用，进一步推动党建与教育中心工作深度融合，引领不忘立德树人初心，牢记为党育人、为国育才使命，更好地当先锋、做表率、做贡献，对标市党建示范点要求。

3. 加大群团工作的支持保障力度

切实加强党组织对工会、共青团、少先队等群团组织的领导，并将此纳入学校党建的整体格局。实施党建+“工会、共青团、少先队、家委会等”行动，充分发挥学校党组织的组织优势，把教师、学生、家长等各种力量团聚在党组织旗帜下，把思想和行动统一起来，为了教育事业的发展共同努力。

加强党组织对群团工作的指导和保障，坚持从学校发展和群团工作需要出发，推荐选拔有思想、有才干的中青年骨干教师担任群团组织的管理工作。坚持重大活动、重要事项都有群团组织参与谋划，实施党建+“项目建设”，如课后服务、志愿者服务、疫情防

控等，从人员、经费、时间、空间、场所设施等方面予以政策支持。

引导群团组织充分发挥示范主导作用。针对群团组织贴近师生、深入师生的特点，党组织指导群团发挥桥梁和纽带作用，发扬民主，关注师生思想动态，开展调查研究，通过完善和落实谈心谈话制度、加强信息互通交流等，实现信息数据、活动阵地和资源的共享，积极维护师生合法权益，关心、解决好广大师生急难愁盼问题。指导群团组织开展丰富多彩的主题活动，主动为师生成长搭建更多的交流互动、实践展示的舞台，共同构建服务于党员、服务于师生群众的新平台，助力师生全面发展，推动群团工作水平不断提升。

4. 促进党建与教育教学有机融合发展

坚持将党建与教育教学改革有机融合，实施党建＋"教学管理、学科德育、师资培育、教研教改、特色发展"等创新实践项目质量提升工程，探索研究党建工作与教育教学业务能力融合的途径、方法、载体和机制。坚持"五育"并举，遵循教育规律，围绕增强"五育"教育的实效，推进"双减""双新""全员导师制""中、高考制度改革"等政策落地落实、提质增效，加强理论研究和实践创新，把好课堂教学主阵地政治关、科学关、质量关，努力培养德智体美劳全面发展的社会主义建设者和接班人。

用党建理念引领提升教师教育教学综合能力，依托课程建设、思政课堂教学、德育活动、科技创新、劳动实践等，全面提升教育教学质量。健全教师培养机制，将政治素养和业务能力培训有机结合，优良作风与师德品行高度契合，以"博雅四有党员教师"为牵动，引导党员教师主动"亮身份、守承诺、明责任、创实绩"，重视把业务骨干培养成党员，把党员培养成业务骨干，充分发挥每一名党员干部的聪明才智和先锋模范作用，为他们提供广阔的施展才华的空间和舞台，让他们为学校教育事业发展、教育质量提升、管理规范高效等贡献更多的力量，激励教师在成就事业中实现自己人生的价值，成为推动学校改革发展的骨干中坚力量。

第四部分　重点项目清单

在本轮规划中，民立中学将学校内涵提升、"双新"区域联动、完中教学创新、基地人才培育、数字化转型和全域协同育人等六个方面作为博雅教育高质量发展之翼，予以重点关注，以期取得新的突破。

一、致力于静安区分类协同学术高中建设

在静安区首批实验性示范性高中建设和发展的基础上，学校依据《静安区普通高中分类协同发展建设要点》，以培养具有学术素养、专业精神、坚毅品质的高素质博雅学子为目标，以学术性教育者、学术性教育行为、学术性教育环境重塑新型博雅教育形态，创建静安区学术性普通高中，让学校在高质量发展中弥漫求真、创新的学术气息，让学术基因成为博雅教育内涵发展的有机组成部分。项目建设内容包括：

倡导学术精进，激发教师研究潜能。引导教师树立正确的教育价值观，不断学习科学的教育方法，以研究者的眼光审视教学实践中的各种问题，勤于反思，勇于探究，善于

总结,“走上从事一些研究的幸福道路”。鼓励教师自主开展形式多样的教育教学创新活动,支持教师组织学术攻关团队、开设创新类校本课程、创新实施导师制工作方式等教学学术活动。编制教师学术活动指南,保障教师学术活动自由。

弘扬学术精神,打好学生成长底色。引导学生在博学雅行中养成具有高度责任感、强烈好奇心、专注执着、自信自律等特征的学术素养。鼓励学生发掘与自身生活世界紧密相连的“真问题”,模拟学术方法开展“真研究”。制定校本化的学生学术素养等级水平,分类分层基于课程培养学生学术兴趣、基于活动提升学生学术素养、基于评价生成学生学术能力,并逐步由高中向初中辐射。鼓励学生组建学科特色显著、跨学科深度融合的学生学术活动团队,支持相关学生自主选择及安排学科学习活动。

培育学术文化,改善学校办学机制。主动与知名大学专业院系、国家认定的研究机构等合作交流,积极引入高级别学术资源,提升学校办学能级。推进学校学术价值引领、课程学术化进程和学校可持续发展,使学术力量成为学校治理体系中的重要组成部分。遵循科学性、渐进性、稳定性原则,推进民立中学学术性学科建设。提升学校学术委员会职能,均衡不同职级教师在学术委员会中的组成结构,发挥学术委员在学校行政决策和教师自主发展之间的桥梁作用。

二、推进静安区“双新”区校联动项目

作为基层学校,为进一步响应本市普通高中课程改革,提高新课程、新教材实施质量,民立中学结合学校实际,以区、校两级“双新”联动项目为实践契机,学校不断深化校本研修内涵,结合本校实际开展新课程、新教材实施重点难点问题的研究,大胆改革创新,积极探索形成可借鉴、可推广的学校实施新课程、新教材的经验做法和典型案例。

同学科教材同教对比项目。通过区域采用不同教材教学的校际合作,共享教学数据、协同教研组织、同课异构,进一步把握学科核心素养、基于对课程内容和学习活动观等概念的深入定义,进一步确立学科育人功能,掌握在“双新”背景下学科单元教学设计的基本原则和操作路径。

完中一体化课程建设。在新课程、新教材背景下以及党和国家高度重视课程育人价值的前提下,率先把握完中优势,充分运用线上线下多元平台,开展专题学习评价方法(尤其是过程性评价、差异性评价)的设计与研讨。提供初高中学段统编教材课堂评价新途径,增强课堂互动,丰富评价模式,深化学科教学研究,坚持探索初高中德育一体化、课程一体化、教学一体化、评价一体化、师资配置一体化。

学校体质健康课程的新构建。学校以提升学生体育核心素养的课堂教与学为目标,践行“五育”融合的基本理念,构建丰富的“学、练、赛”一体教育新生态。并发挥学校体质健康发展中心体育、心理、卫生跨学科整合的优势,创新体育与心理课程的融合建设。

三、实施初高中一体化项目化学习行动

学习不仅仅是学习知识、了解真相,更重要的是要调动所有知识、能力、品质等,引导

学生在真实情境中发现问题，创造性地解决问题，又在解决问题中发现新的问题，进而进阶思维，突围虚假学习、机械学习。学习需要独立思考，更需要在合作中同伴互助互济，产生良性的“化学反应”，这正是项目化学习的主旨所在。

作为区域项目化学习实验校，我校和高校、社会专业团队等专家力量携手，组建“初中、高中项目化团队”，进课程、课堂、班级，指导学生开展项目化学习，在学生成果、项目开发、机制运行、团队成长、项目辐射等方面取得多元收获，更重要的是逐渐更新行政团队、家长、教师团队的教育教学理念，增强项目开发自信、提升指导素养，在校园中逐渐形成项目化学习生态。

组织已有实施经验的项目或有阶段性成果的教师归纳、整理、反思，以课题、论文、小结等形式进行学术研究，并形成更多适合课后辅导时段开展的项目，并逐渐丰富成课程群，为初高中学段学生的课外生活、课题研究提供多一个选择。

未来四年，随着中高考新政推出、多项加持，为了满足多培养优质高端人才、引领时代进步的社会需求，民立将发挥完中优势，将原先已经形成的初中项目化学习、高中项目化学习以及项目化学习运作机制，整合为初高中项目化学习一体化整体架构。以学校重点项目为引领，明确项目目标，研制初高中一体化项目化学习行动方案，组建“校内外组合、项目化指导攻坚团队和大众团队组合”，罗列研究清单，探索项目行动路径。发挥完中一体化优势，在作品推介演绎、知识学习、项目设计、问题提出并实施解决及作品呈现等方面实施初高中项目化学习良性互动，将初高中学生学识、能力、合作的“温差”，开发成为新能源，形成合作新图景。

学校将设计激励机制，搭建“学生成果（作品）展演”平台，分享解决真实情境问题的机会和经历，进一步发展自己的创造性，推动初高中项目化学习行动的高质量运行。基于此，提升学生批判性思维、合作力、沟通力、创造力，不断形成自己的价值观和世界观，更重要的是形成具有“开放性、互动性、连通性、时代性、都市性”的初高中一体化项目学习生态，推动民立中学整体发展。

四、创建高水平体育后备人才基地学校

体育后备人才是竞技体育发展的根基。作为国家级传统项目学校、上海市优秀体育后备人才（游泳）二线运动队学校，中国中学生体育协会游泳分会副主席单位，历经几代民立人前仆后继，学校体育传统项目建设传承创新、业绩辉煌骄人，培养了大量享誉海内外泳坛的名将和优秀体育人才。

新时期，为促进学校体育工作再上新台阶，助推学校特色项目高位发展，学校认真贯彻实施《体育强国建设纲要》，申报创建国家级高水平体育后备人才基地校。学校将创建工作作为契机，挖潜进位、突出优势，围绕“优先发展、育人为本、改革创新、追求卓越”的创建工作方针，树立培养“文化素养、竞技水平”双向优质发展的一流体育人才、全力打造高水平运动队为工作目标，坚持学校传统项目办训特色和优势理念，深化体教结合，加大政策、经费、人员扶持力度，优化基础设施，软、硬件建设领先。

依托区域体育“一条龙”项目体系建设要求，科学合理制定实施新一轮人才发展战略

布局，建立并完善游泳项目“一条龙”建设管理、人才培育、绩效评价奖励等制度、机制，建设多元化的数字信息技术管理平台。以人本、科学的教育理念为先导，以完善的组织保障、制度体系建设为基础，以创新的运动训练和文化教学模式为核心，强化前瞻性的科学研究、打造一流的师资队伍、斩获全国乃至国际游泳赛事奖项、提升高水平运动员运动等级，实现创建新高。以丰硕的运动训练、文化教学、高水平游泳专业品牌赛事承办成果实现创建辉煌，锻炼打造一流游泳队伍和体育人才。力争为国家游泳事业发展培养输送更多优秀体育后备人才，做出新的更大贡献。

五、深入实践博雅教育数字化转型发展

在上海全面推进城市数字化转型的背景下，立足“教育‘为民而立’”的时代发展要求，将数字化转型作为推进学校博雅教育现代化建设与高质量发展的重要引擎和关键特征，以信息技术全方位赋能学校教育治理和教育教学各环节，推进教育理念更新和教学变革，构建“数字民立　智慧校园”生态圈，促进博雅教育更高层次的优质均衡、个性多元。项目建设内容包括：

发挥“四全育化”管理优势，逐步建设校级数字基座。依据市教委推动教育信息化从“新鲜感”走向“常态化”的数字基座建设部署，学校将以新理念、新基建、新实践、新模式，逐步打造承载博雅教育使命的民立智慧校园，将国家、市、区教育平台资源常态化地应用于学校教育教学中。按照全教育主体、全融合技术、全课程开发、全部门管理原则建设集约统一的数据中心，实施“一数一源、多元校核、动态更新”规范运作方式。鼓励教师参与软件开发，建立更多个性化教育应用系统。推进校园物联网建设，提升学校专用场馆和教学空间的智慧化程度。

加强数字校本资源建设，推进优质资源共享。二次开发国家中小学智慧教育平台、上海微校等专业平台的课程资源，构建资源地图，发挥公共教育资源的应用价值。推进数字化校本教材的建设和应用，开发适宜复用、便于共享的新型可视化课程资源。研究建设学科知识图谱，逐步探索智能学习资源推送和自适应学习辅助应用。建设智慧互联教研系统，促进公开课教学由教师个人“承包完成”模式转变为由多师协作、智慧共享的教师团队“协作完成”新模式。

创新教育场景应用，深化线上线下教育融合。全面统筹推进学校“课程、教学、作业、测试、评价”和“研究、服务、实践活动、家校互动”等教育应用场景的数字化建设。聚焦课前、课中、课后关键环节，打造“课前备课 1 帮 1”“课堂教学 1 加 1”和“课外辅导 1 对 1”三类智能助手，帮助教师减轻低智慧重复劳动，促进线上资源赋能线下教学，实施基于智能技术的个性化辅导。着力建设校本化云学历案系统，让云学历案更好地推动数据驱动的因材施教。

六、全面完善校内外协同育人创新机制

民立作为一所先贤辈出的百年名校，历史上对接中心城区社会需求，培养精通外语的高端人士，也与老上海大学革命前辈呼应，积极参与革命运动，涌现出了殷夫等众多具有家国情怀的革命先烈。近几年，民立与威海社区、毛泽东旧居陈列馆、陕西北路历史文

化名街展示交流中心、中共二大会址纪念馆等机构有深度的协同育人合作，成果丰硕。新时期，民立家长、社会对我校学生的多元发展有了更高品质的期许，我们将进一步完善校内外协同育人创新机制。

梳理过去四年的协同经验，新的四年民立继承传统，继续实施开放办学。立足建设"家校社网"育人共同体，进一步明确目标、协同内容和协同路径。以课题或项目引领，以互联网时代的互联网思维，探索"家庭、学校、社会与互联网"四方融合协同育人机制，形成协同系统，四方相互影响又相互合作，产生协同效应，丰富学习资源，外延学习边界，扩大学生学习空间。

借助信息技术、优化家委会运作机制、牵手社区（社会），搭建家长学校（论坛或沙龙）、社校互动、校友讲座（对话）、学生响应成长记录等平台，加强交流，差异施行，提供学生成长的更多"稀土"，促进更高水平的协同资源共享共建，叠加协同效能，并推选一批"家校社网"合作先进个案和团队。

多方进一步加强合作，形成教育合力，美化学生成长育德生态环境，助力学生健康成长、个性生长。同时，及时记录、分析、校正协同育人实践，提炼案例和理论，编写《博雅民立》专刊，推介"校内外协同育人"民立行动，以此辐射并反哺优化"学校行动"，惠及全体学生。

第五部分　保障措施

一、做好顶层设计，明确规划实施主体

建立本轮规划实施工作领导小组和实施工作组。规划设计民立中学未来的奋斗目标和发展路径，全面落实构建"一核六维六翼"实施体系，加强对重大问题的分析研判、重大战略性任务的统筹指导。工作领导小组从实际出发，制定学校实施规划的具体方案、年度计划和政策措施，对规划实施项目小组进行组织、指导，分阶段、分步骤组织实施。规划实施工作组充分发挥各学科组室的主观创造性，负责发展项目实施方案的具体制定和实施，确保项目发展目标的达成，推动学校教育教学工作高质量发展。

二、完善联动机制，营造良好实施环境

积极发掘完全中学的一体化优势，积极配合市、区联动协同推进，以各项目为载体，调动各方资源，凝聚家庭、社会合力协同推进，巩固发展更加公平而有质量的基础教育。通过区校联动、项目推进，有序稳步落实高中阶段"双新"工作，继续落实义务教育阶段五项管理工作，并把项目实施绩效纳入考核评估内容，鼓励二线职工学理念、明方向、重整合、出实效，积极发挥项目执行过程中的保障与辅助作用，共同提升学校办学水平。

三、坚持依法治校，创建平安和谐校园

落实"八五"普法规划，完善教育普法机制，重点开展习近平法治思想、宪法法律宣传教育。以依法治校、依法治教基本标准为抓手，明确教职工职业规范要求，完善学校法治工作制度体系。完善校园突发事件等预案，健全学生伤害事故调解机制和师生权益纠纷

校内申诉制度，完善法律支持和服务机制，维护师生和学校的合法权益。

四、发挥督导作用，确保规划有效落实

依托区域教育督学工作，配合政府教育督导部门定期开展规划落实情况检查评估，并及时调整；及时完善学校督导评估体系，定期对各部门、各项目组规划落实情况开展检查评估，高质量开展聚焦教育教学改革核心领域的专项督导工作，促进学校依法自主办学和主动发展；定期向学校教代会、家委会通报监督评估情况，接受各方意见与建议并及时调整，确保学校发展规划落到实处。

第二板块
学术搭台，激发教师教育主张

教师是学校教育高质量发展的第一资源，学校教育理念的传承和创新是通过教师的教学实践和教育主张实现的。开展学术活动是让教师原本沉默的育人经验和教学思考得到及时提炼、有效提升、广泛交流的一种教研机制。作为响应“静安教育学术季”而命名的“民立中学学术季活动”，已成为民立中学高质量发展的强大引擎。

学术论坛是民立中学年度学术季活动的重要内容。学校结合区域教育重大科研课题和学校自身发展规划，确定年度学术季论坛主题，并以“问题总论＋学科分论”的中心辐射式和“共通案例＋自主探索”的条线聚焦式两种论述方式，从校长主旨论坛和学科专题论坛两部分共同呈现学校教育实践的学术化，激发教师教育主张。

1. 笃实办好学术季活动，推动学校教育科研高质量发展

——以上海市民立中学的实践探索为例

卢晓菁

（中学语文高级教师，校长、党总支书记）

【摘　要】对中学教育科研而言，深化群众性教育科研活动的创意设计，让学校弥漫学术气息，具有重要的探索意义。以通过举办年度集中学术活动为中心，辐射带动学校教育科研全面发展，上海市民立中学积累了趋向成熟的实践策略。“民立中学学术季活动”已成为学校盘活科研机制、助推科研创新、激发科研潜力以及培育科研文化的重要载体和平台。

【关键词】学术季；教育科研；中学；实践策略

学校教育科研是学校教育事业的重要组成部分，对学校教育改革发展具有重要的支撑、驱动和引领作用。《教育部关于加强新时代教育科学研究工作的意见》指出，“办好人民满意的教育，迫切需要教育科研更好地探索规律、破解难题、引领创新”。对中学教育科研而言，抓住新时代带来的新机遇，深化群众性教育科研活动的创意设计，促进教师以求真、求证的学术理念开展校本实践，让学校弥漫学术气息，具有重要的探索意义。

作为地处上海市静安区的一所百年老校，上海市民立中学有着丰富而厚实的文化积淀，“洪炉鼓铸，讲学术兮商量”的校歌传唱至今，一直激励着学校师生因材而笃、敦品励学。近十多年来，学校在展示学科德育、活动课程、混合式学习、单元设计等方面的课题研究成果以及教师教育教学新面貌的实践中，逐渐形成了举办年度集中学术活动的惯例，并随“静安教育学术季”的举办而命名为“民立中学学术季活动”。

从最初学校年度教育教学展示活动到近六年正式命名的“民立中学学术季活动”，举全校之力策划、改进和反思这一群众性教育科研活动，已成为民立中学校本化建设科研制度、甄选科研主题、锻造科研队伍以及培育科研文化的重要载体和平台，成为学校教育高质量发展的强大引擎和有机组成部分。

笔者作为学校学术季的策划者、组织者和参与者，归纳提炼了民立中学在通过举办学术季活动以促进学校教育科研发展中趋向成熟的实践策略。

一、建立学术季活动惯例，盘活学校科研管理机制

（一）以“三定”方式，确定学术季活动架构

民立中学学术季活动内容由学校学术活动日开放活动和教师学术成果奖评奖活动

两大部分组成。以定管理组织、定举办时段、定活动形式的“三定”方式确定学术季活动的架构，使其成为学校一年一度的重大教育教学项目。

学术活动日开放活动的组织管理由校长率领学校科研室、教导处和德育处等行政职能部门共同完成，职能部门分别负责协调学术论坛、公开课教学和学生活动的实施进展和质量打磨。学术活动日开放活动的时间通常选在每年 11 月底或 12 月初的某个周五，时间节点与静安教育学术季时段、学校常规教学进程及年度财务结算时限三者相统一。学术活动日开放活动的内容通常由学生课程化活动、教师公开课教学以及校长、教师和专家主题论坛三个板块组成，通过线下和线上相融合的形态实现交流互动。

（二）以“三线”交会，集中呈献科研嘉年华

学校将学术季活动的目标定位为：立足教育科研视角，全面盘点年度教育科研实绩，重点展示教育教学新探索、新成果，厚实学校教育内涵，促进学校创新发展和教师可持续发展。因此，学术季活动在实质上是一种点、面结合的学校教育教学展示行动和教育科研推进行动的整合。学术活动日开放活动所呈现的内容是学校层面组织的“集体学术照”，而教师学术成果奖评奖活动则是学校科研室层面组织的“单人学术照”。

民立中学制定的教师学术成果奖评奖内容包括课题研究、校本贡献和成果发表三个方面，其过程性管理和年终总盘点由学校科研室组织实施。从过程性管理看，课题研究以“课题立项单位＋校科研室”为条线管理，校本贡献以“学校职能部门＋校科研室”为条线管理，成果发表以“教师＋校科研室”为条线管理。科研室依托学术季平台，集中时段评选三条线路的学术成果，并汇总优秀案例为学术活动日开放活动供给典型素材。学校教师也在这一科研管理运行机制的激发下，不断将个人的学术探究搬上学校学术季舞台，提高了参与学术活动的积极性和主动性。

二、精选学术季活动主题，助推学校教育科研创新

教育科研的基本功能是在教育实践中发现问题和通过智慧解决问题。教育科研从问题出发，以问题解决为归宿。同样，作为以教育科研为依托、展示学校教育教学最新面貌的学术季活动，其主题承载着发现了什么教育问题、如何解决教育问题的导向功能。因此，学校学术季活动主题的确立过程，就是学校教育科研在行稳致远中谋求高质量发展主攻方向的选择过程，区域科研方向和学校发展需求是确立学术季主题的两条主要依据。

（一）引领性选题，呼应区域重大科研项目

“走向个性化：发达城区教育内涵提升的实证研究”“激活学生创造力：发达城区教学深度变革的实践性循证研究”，是民立中学所在的静安区在“十二五”“十三五”教育科研中被列为的教育部重点课题，因此“如何有效践行个性化教育”的问题，便成为多年来学校学术季的主要选题方向。首先，学校结合校情申报区域重大项目的子课题，作为学校教育科研的主线，用以引领学校教师扎根校本开展教育教学创新；然后，根据子课题的研究阶段，并契合区域学术季的主题，学校学术季年度主题的确立思路也就自然而然地清晰了。

譬如，在“十三五”期间，学校认为发达城区深化教育个性化需要立足现实需求，关注时代特征与教育发展趋势，因而在区域重大项目研究价值范畴中从“数字化路径助推个性化学习”的视角切入，申报立项了学校子课题“完全中学提升学生核心素养的混合学习路径拓展与优化研究”。在子课题研究期间，学校活动随静安教育学术季活动主题同频共振，分别确立了“混合学习变革教学生态，博雅教育拥抱学生发展”“混合·进阶——厚植博雅素养之路”等学校学术季活动主题。

（二）内需性选题，解决学校关键教育问题

民立中学作为静安区一所公办重点完全中学，有其发展的历史必然性和自身规律。完全中学不同学龄段的学生在同一所校园内生活学习，虽然会增添学校教育的管理程式，但更多的是利于增强教师“长视野”观察学生成长，共同学习贯彻高、初中分步实施或重点推进的课程、教学、评价等方面的教育改革精神。因此，如何在时代发展要求中“一体化”地促进学校高、初中学段教育教学管理的协调发展，是完全中学在教育科研选题中面临的一个关键问题。因此，学校每年在考虑学术季活动主题时，总是取高、初中教育问题的公约数，乃至以“一体化”作为活动主题的关键词之一。

譬如，随着新课程、新教材（即“双新”）在普通高中逐步实施、以发展素质教育为导向的“新高考”和“新中考”在稳妥推进的过程中，完全中学的教育教学迎来多重挑战和机遇。在此情况下，学校选择了“完全中学‘双新’＋一体化探索和实践”的学术季活动主题，从全域育人的角度，在义务教育新课标尚未出台之际，提供了一种以科研方式推动“双新”理念在完全中学落地生根的实践案例。又如，在探索用学科德育提升教学价值的过程中，学校选择“初高中社会主义核心价值观教育一体化的实践探索”的活动主题，提供了一个在活动课程化中落实培养学生核心素养的校本案例。

三、均衡学术季活动对象，激发全员教育科研潜力

学校科研队伍建设是学校教育科研发展的第一要务。学校学术季活动虽然从组织层面看是一种校本科研行为，但其质量的优劣依赖于学校教师科研素养的高低。师本是校本的基础，每位教师都是一个研究个体，每位教师也相应都是研究主体，他们可以从自己的教育教学情境中发现问题，从事相关研究并将自己的研究融入学校的发展。作为学校学术季活动窗口的主题论坛和公开课教学，由于受到活动时间的限制，每年参与的教师人数一般只有 10 人左右。为扩大学术季活动的参与面，学校从以下三个方面进行了全域活动设计。

（一）平衡学科学段对象，助推科研成长

学校根据学术季的活动主题，以科研状态和教育教学实绩进行教师推荐，优者先行，全员跟进，确保在主题更换的大周期内，不使一个学科和一个学段的教师掉队。同时，鼓励科研优势学科组聚焦特色发展、科研先进型教师追求学术精进。在均衡性办活动的策略带动下，学校涌现出高比例的特级教师和区学科带头人队伍，多个学科组在区域内外获奖，一些原本怵于教育科研的教师，也通过学术季活动的历练在教育科研方面进步明显。

（二）创设多元参与场景，激发科研热情

中学教育活动场景中的科研活动，更多的是开展微课题研究，即教师在教学间隙结合自己的教学经验，借助教学积累素材对教学体验和感悟进行文本总结。相较于学校学术季的自觉行动，教师自发组织或承担各级各类教育科研活动而进行的微课题研究，数量众多，发掘其中的价值并加以推广，是学校学术季进行多元展示的基础和必然。为此，在学术季期间，除主题论坛和公开课教学的个人参与外，学校采取了将主题论坛中的单一论题设计为由教师团队协作完成、复合论题设计为由主论坛和分论坛组合完成，将年度教科研成绩显著的教师聘请为论坛主持人，将踊跃参与教科研活动的教师聘请为学术季活动协助人员等措施。教师多元参与场景的创设，有效激发了教师（尤其是青年教师）将日常教学问题提升为教育科研问题的兴趣和动力。

（三）孵化校本创新项目，拓展科研途径

教育科研的精彩在于过程。学校学术季虽然只是指向一个年度中特定时间节点的展示交流、学术评奖活动，但其活动资源从根本上来自年度乃至多年学校教育科研过程的积累和沉淀。伴随着年度学术季的举办，民立中学创新开发并逐渐形成了“组室（个人）素质教育创新实践项目”的特色项目，其主旨是基于年度学术季主题，及时发现教育教学问题并进行年度改进。这一为学术季孵化展示内容的扎根式研究项目，现已发展出组室全员参与、项目化联动、跨学科联动、跨学段联动等多样化的科研共同体形态，形成“人人有项目”的良好生态，有效滋养了学术季活动土壤。

四、提炼学术季活动成果，培育学校教育科研文化

随着学校学术季活动举办届次的增加，民立中学以学术季活动为中心来辐射带动学校教育教学全域的态势逐渐形成，学校教育科研的氛围、风气和制度不断向好，即显示出教育科研的文化力量。学校科研是教师“单打独斗”式的个人行为还是群体合作行为，这是衡量学校科研文化（包含环境文化、制度文化和精神文化）发展是否成熟的一个重要标准。民立中学通过对群体性学术季活动的成果提炼，为学校教育科研的高质量发展奠定了文化基础。

（一）提炼专家观点，形成科研精神文化

民立中学学术季主题论坛的“重头戏”是学校教师论坛之后的专家点评，一般聘请2—3位专家学者，专家学者的研究领域与学术季主题高度相关。譬如，在“聚焦单元学历案，营建教学新生态”的年度学术季活动中聘请的两位专家，他们在单元教学和学习设计领域都有着丰硕的学术成就。

专家学者具有较为系统的教育理论和研究方法，视野开阔，熟悉众多教育案例和经验报告。专家学者专业引领的实质是理论、经验对实践的指导，理论、经验与实践的对话，理论、经验与实践关系的重建。因此，专家学者对学术季论坛主题及教师发言进行评议、总结的过程，也成为学校教师对科研意识、科研信念和共同价值观等科研精神文化重建的过程。

（二）播报活动实景，形成科研环境文化

通过互联网、区域电视台和新闻报刊等多种媒体，全程实景播报学校学术季开放日活动，已成为民立中学学术季活动的标准配置。从教育科研视角看，学术季活动实录的传播和留存，其作用绝不只是宣传学校教育教学现状和发展趋势，更深刻的意义在于形成全媒体、全景式的科研环境文化，这从学术季新闻稿对活动内容的总结提炼上就可见一斑。

学校学术季活动作为学校教育教学展示的窗口，具有广泛的社会影响。观看学术季活动报道的人员，不仅有在校的、历届的学生及其家长，还有市、区内外结对学校、兄弟学校的教师以及关注学校教育的各类人士，等等。媒体报道是一面镜子，往往给人以第一感受和冲击，在客观上提升了学校教师的自我归属感和科研效能感，这其实是一种科研环境文化的作用。

（三）整理活动成果，形成科研制度文化

在年度学术季的新闻稿发布和媒体报道之后，民立中学会组织所有开放日公开课授课教师和主题论坛发言教师进行活动反思，包括视频观课后的教后反思、专家点评后的主题发言再思考以及对活动策划组织、实施效果等的亲身感受等。学校科研室以此为基础，收集包括活动策划、活动内容、专家点评和活动报道等证据资料，编辑文本并付印成册。

此外，由学校科研室组织学术评奖的学校教师学术性成果，包括课题研究、校本贡献和成果发表等内容，也结集成册予以付印。因此，这两本科研文档就成为民立中学年度学术季活动的一种物化成果。以历年物化成果反观当年学术季活动过程并予以示范和改进，也就成为无须约定的制度设计。当制度通过事先预设的多种方式让广大教师知晓、传递、认同和强化，制度就升华为一种制度文化。经过十多年来的活动历练，民立中学学术季活动的制度文化确实已在学校教师心中扎根，成为促进教师科研兴教的自觉行为。

总体来说，推进学校教育科研高质量发展，着力点在教育科研活动的创意设计，方向盘在教育科研评价的改革创新。民立中学的实践表明，学校年度学术季活动能够成为一种有效的群众性教育科研活动，活动的举办让更多的教师浸润到教育科研活动之中，成为校本问题的发现者和问题解决的主角。同时，学校年度学术季的活动过程，也是一个不断进行教育科研评价的过程。

在民立中学学术季活动中，论坛教师推荐和自荐、专家学者点评、公开课评课、活动后反思以及学术奖励等，每一个过程都存在着不同方式的评价，而举办学术季活动，本身就是一次学校主动进行自我评价和接受社会评价的教育科研过程，是促进学校科研发展的“科研”。当然，当下民立中学举办学术季活动是业已出发的实然之举，而办好学术季才是未来教育科研高质量发展的应然要求，需要学校教师在笃实前行中不断积累实践智慧。

参考文献

[1] 马骏.新时代群众性教育科研活动需要创意设计[J].上海教育科研,2020(06):57-59.

[2] 张坤香.基于教师专业成长的微课题研究[J].教育理论与实践,2018,38(20):26-28.

[3] 杨骞.学校文化建设中的相关因素分析[J].教育研究,2009(01):106-110.

[4] 郑金洲.学校教育科研中存在的八大问题[J].人民教育,2007(06):49-52.

[5] 吴增强.论学校科研文化建设[J].中国教育学刊,2006(01):36-38,48.

[6] 曾天山.教育科研的视野与方向[M].北京:教育科学出版社,2009.

(2021年获区教育科研征文一等奖)

2. 耕耘混合式教学　厚植博雅素养

——上海市民立中学在混合式教学中构建学习进阶的探索之路

卢晓菁

《中国教育现代化2035》中提出,全面落实立德树人根本任务,要加快信息化时代教育变革,利用现代技术加快推动人才培养模式改革,实现规模化教育与个性化培养的有机结合。由此,基于物联网、大数据、人工智能等新技术,构建智能化教学,逾越二元结构(即面对面教学和在线教学两个独立过程),形成混合式教学,探索促进核心素养发展的学习方式变革,让因材施教、个性化教学得以实现,将是教育现代化的重要内容,也正是当前学校教育在新时代面临的挑战和机遇。

近几年来,民立中学一直把教育信息化作为学校系统性变革的内生变量。我们认为,混合式教育教学,究其实质,是"以学生为中心"理念下的优质教育资源的组合、应用和创新。我们通过在新型学习空间、多维研训体系、师生线上线下教育教学活动经历等系统化的学习过程中,关联人、技术、环境、方法等要素,以提高学习绩效的教育教学方式总和,积极营造校域混合式教育生态。

学有规律,教有优法。今年,我们进一步深化研究,以"完全中学提升学生核心素养的混合学习路径拓展与优化"课题的推进为契机、以教育个性化为基准,遵循学习进阶规律,有效地导向正确、优化和可靠的学习境界,着力探索在混合式教学中促进学习进阶、

提升博雅素养的实践路径，逐步实现信息化教与学应用师生全覆盖。

一、诚谨育德，引领学习进阶的航向

“诚谨”源自百年民立的历史传承，取“忠诚谨慎”之意，是民立先贤们忠诚于国家和民族并以谨慎之作风做人、做事、做学问的自勉规准。面对信息时代知识表征的变革和网络“原住民”学子认知方式的变化，我们牢记并传承百年民立的育人使命，将“诚谨博雅”树立为新时代民立的校风，在混合式教学的思考、感悟和行动中，坚定把握教育教学变革的正确方向，赋予“为民而立”“谋祖国之强”的办学追求以新时代的内涵和实现途径。

我们把准德育的时代脉搏，面向人人，创新校本德育体系、德育形式、德育活动各环节，培养学生适应信息时代创新创造的“心智模式”，引导学习进阶的正确方向。我们基于完全中学的特点，在七个年级的德育课程设计上遵循一体化的进阶德育体系，强调目标一体化、路径一体化、活动一体化，统整开发了诚谨书院系列特色德育课程，涵盖基础型、拓展型和创新型德育课程三个进阶层次，逐步完善符合不同学段、分类进阶的德育课程框架，并以“诚谨班主任工作坊”的形式组织推进实施。

基础型德育课程是面向全体学生的必修课程，以培育学生的核心素养为重点，如“传承红色基因”“不忘初心、牢记使命”等主题教育，十四岁生日、十六岁荣誉身份证颁发、十八岁成人仪式，以及国防教育、主题班会、毕业典礼等专题教育、仪式教育。

拓展型德育课程是德育课程体系的第二层级，是面向全体学生的选修课程，以激发兴趣、拓宽视野为重点，如社会实践课程、研学课程、少先队员及共青团员代表大会等。

创新型德育课程是德育课程体系的第三层级，以培养学生的个性特长为重点，如学生领导力课程、社团课程、未来杯拓展课程等。而民立校园 App 平台、微课微视频、多媒体资源等混合式教学环境，是德育进阶课程的重要支持，亦更好地满足了学生思想道德发展的自身经验和进阶需要。民立中学“利用微视频制作课程提升学生媒介素养的实践研究”“初高中社会主义核心价值观教育一体化的实践探索”等市级德育课题获得上海市教学成果奖(基础教育类)二等奖。

二、混合式教学，优化学习进阶的构建

大量研究表明，学生的认知思维发展过程具有“进阶”的特点，而这种“进阶”过程的描述将有利于把握学生认知中的关键问题，从而促进学生的认知构建及学习效能。混合式教学通过应用“适当的”教学技术以契合“适当的”学习风格，能够更好地解决学生认知发展路径和认知发展过程中的“脚踏点”，即优化学习进阶的构建，形成课程、教学和评价一致性指向育人方式革新的教育合力。

1. 丰富课程，满足学习进阶的标杆

学习不只是为了能知道一系列的学科知识，更重要的是能围绕核心素养、共通概念即学习进阶之“阶”来构建认知体系，形成适合个人终身发展和社会发展需要的必备品格和关键能力。

基于学习进阶的混合式教学，需要聚焦核心素养对学校课程进行更新整合，才能满

足学生个性化的学习进阶目标。作为上海市“二期课改”实验基地校，我们在高标准落实国家课程标准的前提下，参加首批上海市中小学新科学新技术创新课程平台（简称“‘双新’科创课程平台”）的项目，使中药化妆品制作、3D技术、地理遥感等“双新”科创种子课程落地、生根、发芽、开花和结果；我校参加了问题式学习（Problem-Based Learning，PBL）项目培训组，用项目形式主动探索并解决真实世界的问题，并于2019年12月PBL项目组总结汇报中做交流发言。我们始终为建设更有质量品位、更富吸引力和挑战性的博雅课程群列而努力。

到目前为止，学校构建博雅人文、STEAM教育、身心健康、自然情怀和社会交往等近百门系列校本课程群列。进而，学校又在此基础上，深度开发、开设了一系列面向不同学习进阶目标需求的校本课程，如论坛前置微视频《我选择，我成长》中的英语戏剧社、创艺工坊、博雅苑空间、学生体适能和学生电视台等课程。多维统整形成的博雅课程群列，直指学生发展核心素养的三个方面六大目标，成为学校打造“博雅教育”品牌的重要载体。

基于学习进阶的混合式教学，是我校博雅课程群列中每一门校本课顺利实施的基本保障和基本形态。首先，校本课的选课管理、成绩评价和成果分享依赖于“博雅民立”App移动校园平台；再者，这些校本课程的学习过程离不开课堂技术和网络资源的支持。譬如，在学生电视台校本课中，学生可以参与拍摄学校各种节日活动，也可以尝试联合理化生学科制作科学视频。初中生可以进行趣味实验小视频的制作，高中生则可以利用数字化信息系统（Digital Information System，DIS）设备和虚拟演播室制作课题探究的微视频。其中学习达到高阶的学生参加了微视频创作竞赛，并获得上海市青少年校园影视创意实践活动一等奖。

2. 智慧教学，优化学习进阶的路径

学生的认知发展过程是复杂、连续的过程，在不同的学习情境下，学生的认知可能会沿着不同的方向发展，“应为学生设定怎样的学习路径”，教师对“进阶”进行如何的教学设计，这是学习进阶探索的核心所在，教学的智慧就在于此。在深入推进混合式教学的过程中，学校越来越多的教师不断寻找着学习进阶的最优化路径。

教学微视频是拓展面授渠道、支持泛在学习和个性化自定步调学习的主要资源。混合式教学的基本形式之一就是制作微视频重塑教学流程。近年来，利用微视频进行课前、课中和课后的导学助学，已经成为我校教师教学的常态。譬如，语文组把语文专题与线上微视频教学结合践行“大语文”的教学理念，数学组利用几百个微视频辅助作业讲解，政治组利用微视频进行课堂诊断与评价的系列设计，等等。

混合式教学的另一种基本形式是利用数字技术增强学习效果。这体现在——基于技术创设激发学习兴趣、支持知识建构过程的教学内容呈现。譬如，历史组利用思维导图促进知识的分类化和系统化，理化生实验组利用数字化信息系统DIS实时呈现测量数据的可视化和拟合规律，地理和生物组联合进行校园屋顶花园跨学科系列探究活动案例设计，等等。

学习平台亦是集聚教学资源、促进教学互动、表征学习进阶节点的多功能教学媒介。随着混合式教学实践的深入推进，教师在构建、使用学习平台的理念和能力上有了长足的提升。基于平台的混合式教学营造出更加多元的教学场景，为学习进阶路径提供更多可能。譬如：物理组多年来依循从网络研修平台、个性化学习平台、电子书资源制作到混合式学习资源拓展的研究路径，呈现出从“技术支持教”到“技术支持学”的实践深入过程；体育组运用自主开发的体适能混合式教学平台，制作线上云教学视频 App 以及线下多媒体自学系统，建立体适能校本课体系，给予针对学生个体的个性化运动方案，并通过各类数据交叉分析，完成了近两年民立中学学生体质现状分析报告；同时，基于学校游泳特色品牌项目建设的民立中学健康校园工作室，应用 3D 加速传感实时记录学生运动情况，能实现 24 小时校园内外运动健康管理，用鲜活的案例诠释了混合式教学研究的价值。

此外，更有越来越多的教师利用民立中学教学云平台，以及其他第三方网络平台等，创设符合学生认知、促进思维发展的智慧教学情境。

3. 数据评价，精准学习进阶的层级

新课程标准之新，不仅在于凝练了学科核心素养的基本内涵，还在于规定了核心素养内容要素的水平划分，不同水平的素养表现就是相应学习进阶的一种层级刻画标度。学习之“阶”的确立过程是一个迭代的过程，学生与知识之间的主客体相互作用产生的实测数据，是精准描述学习进阶层级的重要依据。毋庸置疑，混合式教学相对于传统教学而言，在学习评价方面更具有精准绘制个性化学习数据画像的巨大优势。

近年来，我校基于三级学业质量监控体系，从教师开发、应用的多种教学云平台或学习软件到学习评价的技术应用、目标导向和激励机制等方面，进行了持续、深入的探索，朝着更加精准、更加智能的学习分析方向不断迭代。

譬如：化学组坚持顶层设计、分步优化教学云平台题库，开发 H5P 互动微课和个性化错题本，实现学生课后作业在线完成、假期作业在线批改反馈、评价以及跟踪记录等；信息组坚持建设和升级信息科技混合式学习平台，以课程资源专题模块化习题为主线，引导学生个性化地选择习题进行训练和自动批阅，并智能化地针对学习难点进行语音提示帮助，实现实时回放、调整学习进度等助学功能。

学习评价本身是一种价值判断，混合式教学遵循新课程改革从“三维目标”到“核心素养”转变的育人理念，逐步建立起必备知识、关键能力、学科素养、核心价值四个圈层环环相扣、层层叠加的评价内容和评价机制。譬如，我们依据各学科新课程标准和上海市招生考试改革系列文件，在学校组织的期中考试及部分学科阶段性学习质量调研中，引导教师进一步规范命题的双向细目表，突出考试调研的素养导向和能力目标维度，并利用安脉网学校综合管理平台中的考试质量分析系统，查看结构化和个性化的质量分析报告。另一方面，作为对学生博雅素养的成长定标和综合素质发展的奖励表彰，我们设置了多维度、多层级的年度学生表彰会，包括综合素养、学业优秀、科创踊跃、运动领先等不同类型，旨在建立激励多元发展的学生评价制度。

三、锻造师资，奠基学习进阶的根本

教师是教育发展的第一资源，混合式教学促进学习进阶的最根本要素在于教师的专业发展。深化混合式教学，从形式上看是引领教师主动适应信息化、人工智能等新技术变革，积极有效开展教育教学；但从本质上看是为教师专业发展搭建平台，是建设高素质、专业化、创新型教师队伍的一种有效措施。

作为上海市首批见习教师规范化培训基地、上海市人事人才先进集体和静安区师训先进集体，民立中学根据学校教师专业发展现状锚定进阶起点，在学校良好的混合式教学生态中，通过规范培训、项目驱动、先进引领等进阶途径，建设新时代更有学识情怀、更富发展活力的教师队伍。

入职新教师是教师队伍的“源头活水”，助力新教师在职业生涯的起步阶段扣好“第一粒扣子”，是民立中学作为培训基地校的责任和主动作为。六年多来，我们在认真完成原上海市师资培训中心制定的规范化培训任务的基础上，将混合式教学理念浸润到课堂微技能培训中，一批批新教师专业发展稳健，并崭露头角。2019 年，入校一年的见习教师分别获得静安区初中语文教学技能赛评选一等奖，静安区初中行为规范主题教育课展评活动一等奖，见习教师规范化培训基本功大赛“新苗奖”一、二、三等奖，其中有一位见习教师被推选参加市级比赛。

教师的专业进阶离不开学校的培养机制及其实现途径。伴随着学校新一轮办学规划的实施推进，民立中学形成了“组室创新实践项目评审”和“个人创新实践项目评审”并驾齐驱式的项目驱动教师专业发展创新模式，并制定《上海市民立中学年度素质教育创新奖评审方案》，有效增强了广大教师直面教育变革、勇于创新实践的凝聚力和自我效能感。其中，组室项目评比由教导处牵头，重在激励全员参与实践，团队共赢；个体项目评比由校学术委员会牵头，重在激励个人或核心团队成员的创新贡献和学术成果。近三年，民立中学素质教育创新实践项目紧密围绕区域课题、学校规划、学校课题，尤其是不断深入推进混合式教育教学模式的实践研究，引领组室和个人发展。

在学校创新项目评比机制的驱动下，教师的专业成长不断走向新的境界。2019 年度，顺应新中考改革精神、契合高中新教材内容，学校初高中历史、初高中政治、高一语文等五个组室创新项目即时立项，对接教育改革，体现博雅教师的专业自觉；而“新高考背景下基于微信公众平台的混合式教学模式在高中地理中的实践研究”课题研究则引领着不同层级的成熟教师持续不断地迈向更高阶。

教师的工作需要一辈子进行专业的学习，成熟教师的发展进阶过程可划定为学习理解、应用实践和迁移创新三个中间水平。民立中学在深化混合式教学的研讨、研究过程中，涌现出一批能够自觉应用混合式教学理念、创造性地进行教育教学实践探索、形成强有力的牵引作用和示范效应的队伍。譬如：学校德育团队策划了预备年级和高一年级携手创建“文创博雅教室”活动，凝聚家校合力，共建美丽教室，营造温馨、个性的混合式教学空间；学校的特级教师、区校学科带头人、教研组长和技术应用先进的其他多位教师，分别将自己在混合式教学方面的实践探索以上海市“双名工程”项目、上海市教师培训共

享课程、区域内外或学校内外的汇报讲座公开课等形式，进行广泛的传播辐射和深化研究。

没有信息化，就没有教育现代化，天生携带信息化基因的混合式教学，是推动教育变革从技术应用向能力素质拓展的一种有效教学模式。多年来，民立中学从“数字技术助推个性化课堂”到“混合式学习提升核心素养”的探索目标演进，我们在混合式教学的沃土上坚持不懈地耕耘着；从“关注教学技术应用”到“关注学习生态建设”，再到如今“关注学习进阶建构”，各阶段研究解决的重难点不同，但探索的价值追求一直未变，那就是更好地培养“精深广博之学问，高尚儒雅之举止”的博雅学子。

混合式教育教学让德育多了一种视野，课程多了一种载体，教学多了一种模式，评价多了一把尺子，教师多了一项技能。相信学校的教育教学管理工作也会基于此逐步进阶到更高的现代化水平，为国家的教育现代化中长期规划而不懈努力！

（2020 年区级学术季交流）

3. 发掘完全中学一体化优势，开启博雅教育“‘双新’＋”征程

卢晓菁

随着《国务院办公厅关于新时代推进普通高中育人方式改革的指导意见》和《中共中央 国务院关于深化教育教学改革全面提高义务教育质量的意见》两个文件的出台，新课程、新教材（即“双新”）正在普通高中逐步实施，以发展素质教育为导向的“新高考”和“新中考”正在稳妥推进中，疫情防控常态化背景下的混合式教学正在全面重塑教育生态，中学教育教学改革进入新的阶段。民立中学作为上海市中心城区的一所完全中学，需要以务实求精进、以突破求超越、以创新求发展，横跨 100 多年老校“博雅教育”的新探索、新发展阶段。

新课程、新教材是新时代立德树人的国家意志体现，世界教育发展新潮流、区域教育改革新政策赋予了“双新”实施更多的选择路径。因此，落实到学校校本化的“双新”实施行动是一项全新的挑战和机遇，需要学校进行全局性、系统性的顶层设计和统筹规划。在“双新”实施的开局之初，民立中学积极发掘完全中学的一体化优势，从“‘双新’＋课程领导”“‘双新’＋项目研究”和“‘双新’＋学校治理”等视角，不断丰富“博雅教育”内涵，努

力提升学校教育教学管理品质。

一、课程领导一体化，指向核心素养目标

教育改革，观念先行；"'双新'＋"行动，领导力为要。课程领导力是以校长为核心、教师为基础的课程领导共同体，是在基于国家课程校本化的实践中所体现出来的教育思想和行动能力。基础教育如何攻克校本实施的难关从而减小课程改革理想与现实之间的落差，提升课程领导力是其首要任务。

自21世纪以来，民立中学提出了博雅教育的理念，是希望师生能够有"精深广博之学问，高尚儒雅之举止"。这表明民立人在长期的教育探索中已认识到教育的目的不是给学生一种职业训练或专业强化，而是培养一种身心全面发展的理想的人格，或者说发展丰富而健康的人性。在"双新"背景下，我们打通完全中学初高中学段课程领导的壁垒，以全面提升学生发展核心素养为导向，实施初高中不同管理层次课程领导力的一体化统整，形成完中育人的浓郁氛围和联动机制。

在学校层面，学校成立"上海市民立中学课程委员会"，顶层设计"双新"实施方案，并从校域层面做好服务和管理工作，确保"双新"实施行动目标落实到位。学校利用教职工大会、党员会、年级组会、教研组长会等各种途径，开展"双新"实施和育人方式变革行动的学习动员，并通过"学校—教研组—备课组"三级教学质量督导体系进行监督和评价。

在教师层面，学校赋予教师更多的课程领导权，鼓励教师基于"双新"、基于校情积极开设博雅校本课程，组建课程协同教学小组。学校现已形成包括生涯规划、项目化学习、跨学科教学、STEM＋等多种完中一体化教学的师资联合体。同时，学校引导全体教师及时更新教学设计理念，尽快从关注单一的知识点、课时转变到关注单元教学设计上来，并将本年度的博雅民立暑假教师实践与思考作业定为"我与学科单元教学设计"。

在完全中学，虽然面临着"双新"和考试评价在不同学段、不同学科实施时间上的差异，但同步一体化提升学校课程领导力，其价值在于抓住了"学生发展核心素养"这一最大公约数，从而更好、更快地探索育人方式变革的路径。

二、项目研究一体化，聚焦教学内涵发展

核心素养培育呼唤新的教学方式，新的教学探索需要团队的智慧、可行的方案、扎实的行动和适切的评价，其中校本化的创新实践研究项目是其重要的载体和平台。"民立中学年度素质教育创新实践项目"正是我们在探索高质量博雅教学之路上逐步萌生、规范和壮大起来的校本行动。

近年来，民立中学创新项目的申报对象以教研组为主体，旨在突出对学科核心素养培育的行动实践。譬如，2019—2020学年在我校高、初中16个教研组申报的项目中，研究内容集中在所任教学科新课程资源开发、新教学形态应用、新学业评价实施等方面的探索，为博雅课程教学的迭代创新进行探路和引领。

随着高、初中新教材、新评价的开启和明晰，我们又适时、灵活地增加了以备课组、骨

干教师组合和年级组等为申报主体的专项研究，如先期使用的高中思想政治、语文、历史三科的统编新教材和初中历史、实验操作和跨学科案例等均在项目研究申报之列。通过项目研究，在实践中规划、在规划中再实践。一年多来，这些新教材、新评价的落地行动，推进有序，成果喜人。

作为完全中学，我们一体化地推进项目开展，包括项目申报、中期评估和结项答辩的一体化流程，基于教师间互动、学科间联合、年级间交流的一体化实施，依据博雅教育理念、创新实践价值标准的一体化评价等。我们一年多来的实践表明，"'双新'+项目研究"一体化推进，拨开了完全中学新教学探索路上多头多任务表面的纷杂迷雾，看见的是探索完整中学教育阶段大规模因材施教的育人方向和统一路径。

三、学校治理一体化，构建混合式育人机制

"双新"实施行动是学校教育面向新时代育人方式变革的一项系统性工程，需要学校内部治理体系、治理方式同步进行转型升级，凸显理念认识的一致性、参与方式的协调性、参与主体的多元性和发展过程的长远性等教育治理现代化思维。面对当代信息技术、知识生产的飞速发展与普及，人类社会越来越扁平化，学生、教师及其管理团队间已形成线上线下便捷的全域联结，混合式育人机制的构建是"双新"实施行动在学校治理层面的迫切要求。

近年来，我们以龙头课题"完全中学提升学生核心素养的混合学习路径拓展与优化研究"为引领，初高中一体化践行"双新"改革理念，积极利用数字化资源赋能传统教育，有效探索了在混合式教学中提升师生博雅素养的实践方法。尤其在2022年年初的居家在线教学期间，学校实施以全在线育主体、全融合育技术、全开发育课程、全部门育管理的"四全育化"校园治理新模式，是混合式育人机制下学校治理一体化的一次线上探索实践。

后疫情时代，混合式学习将成为教育新常态，"四全育化"模式也将成为我们线上线下治理一体化的新常态。线上线下混合育人的价值在于更好促进三个转变：教师从"应试"教育理念向"全面育人"教育理念转变；学生从以"升学"为目标追求向以"升学与生涯规划相结合"为目标追求转变；博雅教育从"经验依赖"向"数据驱动"方向转变。

苏霍姆林斯基强调，"应记住，要进行教育，首先要关切地、深思熟虑地、谨慎小心地触击青年人的心灵"。混合式学习新常态下的学校治理，更应该注重教育的温度。为促进教师混合式育人能力的提升，自疫情后复学以来，民立中学进行了多层面的制度设计和实践行动，如突出"诚谨班主任工作坊"的家班共防共育、先期在高一年级试点"全员导师制"、构建青年教师项目化学习实践共同体等，这些实践探索，共同指向对真实人、用真心话、在真场景中实现灵魂间唤醒的育人新面貌。

完全中学作为一种既有初中学段又有高中学段的学校制度，有其存在发展的历史必然性和教育优势，一体化发展是完全中学管理模式所面临的现实诉求和价值取向。虽然"双新"实施发轫于普通高中，但作为发展素质教育的攻坚之举，同样赋予了"初中质量再加强"工程的行动方向。我们相信，以课程领导为抓手，以项目实施为载体，以学校治理

为保障，积极探索完全中学立德树人一体化新机制的实践，必将促进民立中学博雅教育在新的历史起点上获得新突破，也将成为中学教育在新时代朝向高质量发展洪流中奋楫前行的有益尝试。

（2021 年区级学术季交流）

4. 聚焦单元学历案，营建教学新生态

卢晓菁

2021 年是“十四五”开局之年。上海市民立中学是一所具有 100 多年文化底蕴的完全中学，区首批实验性示范性高中。我们以《静安区教育事业改革与发展“十四五”规划》为引领，拉开了我校市级教育科学研究项目“‘三新’背景下基于数据驱动的混合学习设计与实践研究”、静安区普通高中“双新”联动项目、义务教育“双减”项目化学习等课程与教学改革的新探索序幕。

在“双减”背景下，我们提出学术标准更高的、基于核心素养的单元学历案设计似乎不合时宜，甚至似有互相矛盾之嫌，但其实两者的目标是一致的。

“双新”课改、“双减”政策理念的核心在于：立足时代发展，建立核心素养与课程教学的内在联系，明确学科落实立德树人根本任务的独特贡献与育人价值；重点在于：对碎片化技能教得少些、机械性反复操练少些，对学科的知识基础、主要探究方式和核心实践挖得深些。

基于校本的教学改革与实践创新项目，只有与常态化的课堂教学相伴相随，才能将“双新”“双减”理念落地生根；而常态化课堂教学的变革，必须从教学方案的专业化做起。这就需要我们重新审视教学方案在这种联系中所起的作用问题。

一、直面教案质量的“点”“面”失衡现象

教学之源，始于备课；教学之效，行于实践。

作为学校教学管理的基本要求，撰写教案、进行课堂教学应该是常规教学的应有之义。很大程度上，教案质量决定着教学质量的高低。但我们从学校三级教学视导中可见，教师的教案质量存在着“点”“面”失衡现象。

在评比类的“点”上教学：经过多次打磨，几乎每份教案都很规范、完整，教学流程清晰。

在常态化的“面”上教学：不少教案是以教参的内容加上学习训练为主要构成，鲜见让学生“何以学会”的过程性设计。

更重要的一点是，我们发现，在教师日常工作中，即使有让学生“何以学会”的过程性教学，大多也是以一种零散、随机的经验性行动存在，这就难免会发生教得辛苦、学得茫然、评得狭窄等背离课程育人初衷的现象发生。

因此，如何将课程价值内涵、教学设计理念与学生学习经历等在教案中呈现出来，使得教有所用、学有所依、评有所查，是我们在“双新”“双减”背景下探索教学方案专业化实践中需要直面的问题。

二、探索基于素养本位的教学方案形式

我们知道，“双新”背景下，单元设计是撬动课堂转型的一个支点，学科核心素养目标达成的教学形式就是单元教学。

单元教学目标关注的，不再是文本知识的再生产，而是强调迁移既有知识，进而把知识运用到新情境中去解决问题。为此，教师需要突破教学内容碎片化的桎梏，从关注单一的知识点、课时转变为关注大单元，重视真实情境中知识点之间的联结及其运用，实现教学设计与核心素养目标的有效对接。

作为教案迭代的单元教学设计，其实际意义不该虚化为教育管理与评价的应景之作，只是告诉他人为什么教和教了什么；或者不该退化为知识点和学习训练的呈现文本，只是告诉学生需要学什么和需要做什么。这两种只注重教之源头或学之结果的教案和学案设计，其共同的问题都是弱化了学生学习的真实过程。让学生看见自己完整的学习经历、感受学习过程的乐趣、体会学习之后的收获，这是教学方案的应有价值。

与素养本位相匹配的教学方案形式，需要站在学生立场，关注教学过程中育人目标的整体性、评价任务的进阶性、问题情境的真实性和学习场景的融合性等多个维度。因此，我们确定了“单元学历案”这一基于学生视角、导向核心素养目标的新型教学方案。

三、明确单元学历案的概念和基本属性

华东师范大学崔允漷教授在长期关注新课程理念、新教学行动的专业路径探索中，提出了“学历案”的概念，这一概念在基础教育界获得了广泛认同和积极响应。崔教授认为，学历案就是指教师在班级教学的背景下，为了便于学生自主或社会建构经验，围绕某一相对独立的学习单位，对学生学习过程进行专业化预设的方案。

随着单元教学理念的深入，学历案的实践者们很自然地提出了“单元学历案”一词。我们认为，单元学历案是基于学生素养发展，遵循单元教学理念，包含学习主题、学习目标、学习任务、学习环节、学习评价等完整学习信息的教学应用方案。我们界定的单元学历案，具有以下三种基本属性。

其一，它是一种促进师生互动的教学载体。教师作为教学主导，解构课程标准、教材内容或项目内涵，建构单元学历案的主体内容；学生作为教学主体，参与课程学习，经历教学活动，完成学习任务及其评价反馈。单元学历案既是教师和学生日常教学活动的物质资料，更是师生间问辩答疑、思维碰撞的精神家园。这样，单元学历案就成为畅通师生

互动交流的桥梁和纽带。

其二,它是一种基于学生立场的学习手册。基于知识本位的传统教案,在一定程度上发挥了教学实践的"设计图"作用;而基于素养本位的学历案,其落脚点应在"学生何以学会"的设计方案,发挥了教学实施过程的"施工图"作用。当然,教学的"施工"不同于建筑的施工,其本质是在教师的帮助下,学生更好地进行自主或社会建构经验。因此,单元学历案是指引学生学会什么、何以学会的学习手册,是学生学习活动的导引图和实录单。

其三,它是一种"教、学、评"一体化的单元方案。基于课程标准,在教学过程中实施"教、学、评"一体化,促进每一位学生核心素养得到不同程度的发展,是当下实现有效教学的基本趋势。实施"单元学历案",以"学"为核心,面向"核心素养—课程标准—单元设计—学习评价"等环环相扣的教学链环;聚焦"单元学习经历"这一课程结构与教学实施的基本单位,用目标引领、任务驱动、资源支撑等要素促进学生进入深度学习,在学生学习全路径中实现教中评、学中评。

四、聚焦单元学历案的校本意义价值

单元学历案是传统教案和学案的一种扬弃与超越,它承载着从传统"知识点＋课时"教学走向"核心素养＋单元"教学的创新追求。

在当前"双新"实施和"双减"政策的大背景下,作为拥有从预备到高三共计七个年级的民立中学,不同学科和不同学段进入新课程、新教材、新中考和高考阵列的时序虽然不尽相同,但不同学科和学段的教师对追求学生素养发展的教学创新目标是一致的。因此,编制和实施单元学历案,对营建优质校本教学新生态具有很强的现实意义和导向功能。

从学业减负增效的实践来看,单元学历案成为护航学生个性发展的利器。中学生校内课业负担重主要缘于学习目标的超纲、超前和学习任务的超量、超时,从而导致教师教得多、学生学得苦却"没有学会"的尴尬局面。构建以课程标准计划为基础的"学科课程"单元学历案,全过程学习设计和信息录入,正是实证学习总量、学习时长、是否学会等调控学业负担的技术手段;开发以学生生活经验为基础的"项目课程"单元学历案,形成项目化学习、跨学科活动、双前沿课程、生涯规划指导等促进"活动性、协同性、反思性学习"的课程教学形态,以满足学生全面而有个性的发展需要。

从教学转型发展的探索来看,单元学历案将是构建混合式教学生态的基石。随着《上海市教育数字化转型实施方案(2021—2023)》的发布,上海教育数字化转型的大幕已全面开启,在数字化全方位赋能教育综合改革的浪潮中,如何常态化实施数据驱动的因材施教,成为新常态下学校"教、学、研"的当务之急。

民立中学将借助业已形成的校域混合式教学生态优势,以单元教学观念统筹混合式教学的设计和实践,融通单元学历案的线上和线下应用,构建基于云学历案的混合式教学新生态,拓展"五育"融合的学校育人新场景,让百年老校"为民而立"的博雅教育理念焕发出数字化新光芒。

(2022 年区级学术季交流)

5. 建设创新研究院，激活学生创造力

卢晓菁

随着基础教育领域新课程、新教材、新评价的稳步实施和扎实推进，学校教育教学进入深度变革的关键时间窗口。国家新一轮课程修订的突破点在于聚焦新时代课程育人新要求，凝练核心素养；相应地，学校教育教学改革的核心设计应把握核心素养的情境性、实践性特征，突出教学活动的自主性和融合性，促进创造性学习的实现。其中，进一步深化和完善研究性学习的校本管理机制，对全面撬动学校育人方式改革、激活学生创造力有着深远而积极的意义。

一、源于创造力解放的思考

作为亲身经历者，随着上海课程改革的步伐，我们欣喜地看到研究性学习已经逐渐成为民立中学促进学生核心素养提升的重要途径。但是，近年来在学校素质教育创新改革设计和广大教师的深入实践中，我们也发现：一方面得益于学校推进了诸如校本课程开发、"全员导师制"、创新实验室建设、项目化学习等促进学生个性发展的多项改革举措，从数量上实现了"人人有课题"的学习面貌；而另一方面，学校这些系列改革措施并没有形成促进学生创造性学习的聚合力量，很多学生在课题研究方面依然力不从心，研究性学习对学生创新精神和实践能力的培养作用还远没有体现出来。

针对上述情形，我们进行了大量师生访谈和多轮教学视导，得出的结论是学校在"强教"方面的设计多而"强学"方面的设计少，"教"的管理线和"学"的落脚点之间缺乏"最后一步"的有效衔接机制，使得教师的主导作用在一定程度上成为了学生头脑、双手、眼睛、嘴、空间和时间"六大解放"的制约因素。为此，我们从建设学校高质量发展体系的全局出发，从核心素养目标、师生联盟组织、空间资源整合和学术启蒙教育等方面，将学校传统的"学生课题研究院"转型升级为"学生创新研究院"，旨在强化"创新是第一动力"的基本观念，为学生全面而有个性地发展提供创新之源。

二、激发创造力的学习组织设计

1. 从问题起点到创新导向，聚焦核心素养目标

民立中学"学生课题研究院"成立于 2004 年，是学校作为上海市首批"二期课改"实验基地为推进研究型课程实施而成立的学生社团，旨在发挥学生自主组织能力开展合作探究和课题管理。在近二十年的时间里，学生课题研究院在大规模推进学生课题研究方面起到了积极的示范和引导作用，不少优秀学生从课题研究和课题管理中脱颖而出。为突出课题研究中的创造性内涵，我们考虑到不能只是简单地调整学习组织的名称，更重要的是贯彻创造性教育理念，更新研究性学习中课题研究的评价导向。

创造性体现在“产生某种新颖、独特、有社会意义或个人价值的产品的智力品质”。课题研究以问题为起点，但学生经历研究性学习过程而得到的问题解决并不是必然具有创造的要素，不少学生的课题研究常常只表现为一种资料的汇总。为此，学校依据《中国学生发展核心素养》的框架及其内涵，拟定了学生课题研究的评价指标，包括创新性、科学性、自主性三个维度和问题新颖程度、联系实际程度、方案严谨程度、数据收集程度、研究投入程度、总结反思程度六个要素。以创新为评价方案的第一要素，正是学校师生开展创造力培养教学的指挥棒，也是“学生创新研究院”学习组织的工作目标。

2. 从学生社团到师生联盟，紧密教学组织架构

创造性教育的主体是学校管理队伍、教师队伍和学生队伍三种群体，其教育效能体现在创造性管理、创造性环境、创造性师资、创造性实践和创造性学生五个方面。因此，在研究性学习中激活学生创造力，单靠学生自主管理和自主探究还是不够的，这在“民立中学学生课题研究院”的长期运作过程中表现得很明显。在学生院长组织能力较强时，课题研究院作用发挥得就较好；在课题导师与学生结对较契合时，学生的课题研究质量明显提高。因此，组建匹配、紧密的师生研究联盟，是“学生创新研究院”组织架构的重要内容。

近年来，作为促进学生全面发展和终身发展的重要举措，加强学生生涯教育的“全员导师制”也在我校建立起来。在生涯教育课程与活动中，研究性学习这种面向真实生活世界的学习实践活动，正是增强学生的社会意识和社会参与能力，引导学生学会选择、自主发展的良好载体。因此，我们把由学生自主选择的生涯导师和课题研究导师进行分工协调，两者的公共集合部分导师就被聘为“学生创新研究院”的导师。这样既能避免教师作为“经师”和“人师”角色任务的可能分离，更有利于实现师生间有效的认知和情感双向互动，促进学生创造性思维的高位保持。

3. 从资料随机到空间整合，保障学习资源供给

开放性和实践性是创新性课题研究激发学生创造力的根本保证。课题研究的开放性意味着学习活动涉及学生自身生活和社会生活的广阔场景，而实践性意味着学习活动需要以类似于科学研究的方式将创新观点、创新方法和创新应用等呈现出来。因此，要帮助不同学生把不同类型的课题有质量地做出来，丰富、适切的学习空间和资源供给显得尤为重要。我们在“学生课题研究院”运行模式下，虽然有独立办公室用于课题管理，但学生的课题实质上是以自主性、碎片性的方式获取资料来开展研究的，这样源于社会资源的利用能力和家庭条件的支持差异，必然导致新的教育公平失衡。从这个意义上来说，对学校空间资源进行最大程度的整合、调配和挖掘，是促进创新教育公平和效益的必然之举。

学校空间是学校教育除教师以外的要素总和，它在现代化教育中发挥的作用越来越大。在基于学生创造力激发的学习环境营造中，需要深度重构学校教学空间的组织运行，使之成为学生多样化学习的“温馨教室”。“博雅”是民立人对教育的理解和追求。近年来，民立中学建设了包括校园智慧环境、多学科创新实验室、博雅苑自由学习空间和艺

术创新实验室等促进学生博雅学习的新型学习空间。作为激发学生创造力的探索实践，我们将重新规划设置学校的建筑空间和信息空间的功能，按照一个创新总部（中英文图书馆）、两个创新中心（STEM 中心和艺术人文中心）、N 个创新工坊（校史馆、实验室、学科教室、屋顶花园、科劳工厂、美食摊位等）的布局建设学生创新研究院的活动空间，为每一位民立学子提供尽可能完备的德智体美劳创新学习空间和资源。

4. 从课题任务到创新交流，开展学术启蒙教育

表达和交流是学生课题研究的基本环节，其相应能力是学生思维发展的显性表现，也是学生终身学习、工作和生活的基本技能，它在很大程度上影响着创造力的激发。近年来，在学生综合素质评价实施的大背景下，课题研究作为其中的纪实内容，我校学生已自觉将其作为学业任务的组成部分。在此氛围中，"学生课题研究院"的原有活动模式已不再能承载对全校学生课题研究的指导和管理功能。譬如，不同年级学生在多项大型课题、项目评比中涌现出来的优秀案例，就缺少校内表达、交流、示范的统一平台。为此，我们借鉴我校参与区学术季活动的成功经验，在学校学术季期间开辟学生学术季专场，作为"学生创新研究院"的年度盛会，以学术素养作为学生课题研究的更高追求。

学术的基本形式表现为对高深知识的研究、创新和交流，弘扬学术自由、坚守学术道德、发展学术技能、促进学术交流是学术素养的基本指向。中学生的学术素养是其创造力特质的品格内涵和能力内核。我们搭建学生学术季交流平台，通过现场论坛、创新表演、平面展览和网络播送等途径，展示民立学子的课题成果和研究心路，对尊重学生学术成果、激励学生创新活动、引领学生高质量研究有明显的教育价值。同时，学生学术季活动也有效破解了学生创造成果只在年级内交流的局限，专家、校友、学长的学术经历和探索经验也成为激发学生创造灵感的又一途径。

三、创新研究院的进一步规划思考

学校教育的主阵地在课堂，常态化课堂教学必然是影响学生创造力发展的更深层次因素，具有挑战性、资源充足、良好师生关系、认同感、适当压力等特征的课堂场景，才能更好地促进创造力的发展。为延拓学生创新研究院的教育功能，我们将基于学科核心素养，以备课组为单元，建立"创新超市"，教师创设创新型问题情境作为"超市货源"，学生完成问题解决作为"超市消费"，研究院负责"超市经营"，师生共同营造民主、自由、和谐的教学氛围，让创新的种子播撒在广阔的课堂教学空间。

此外，我们知道，创造性人才是创新性思维和创造性人格的综合体，培养创造性人才需要强调思维和人格的同步。同样，激发学生创造力，不能止步于学生创造性思维能力的发掘发展，更需要关注其创造性人格的培养。因此，在创新研究院实体机构建成之后，我们将建设创新研究院的线上"创新展厅"，运用学校多年来混合式学习研究的经验开展学生创造力的评价研究，让博雅民立智慧校园成为学生心目中"处处创造、天天创造、人人创造"的创新策源基地。

（2023 年区级学术季交流）

6. 确定单元目标，关注学习经历，提升语言素养

——以语文统编教材六年级下册第六单元学历案设计为例

庄彧嘉

（中学语文一级教师、校学科带头人，初中语文教研组组长）

2017年教育部颁布的课程标准，明确了语文学科的核心素养。当课程目标由知识本位转向素养本位，这实际上是对教学提出了更高的学术要求。与此同时，义务教育"双减"政策落地，这意味着作为教师，我们必须转变教学理念，必须从学习者的立场出发去设计教学，让教师的"教"更好地为学生的"学"服务，真正地促进减负增效。

单元学历案是教师围绕某一学习单元，从期望"学会什么"出发，设计并展示"学生何以学会"的过程。单元学历案指向的是素养本位的单元设计，关注的是学生的学习经历。接下来，我以初中语文统编教材（五·四学制）六年级下册第六单元学历案设计为例，谈谈我们初中语文青年教师合作小组的成员们在这方面的探索与实践。

一、分析教学任务，设定单元目标

单元教学设计是分解、传递和落实课程目标的关键一环，是统整单元内所有课时目标、各个教学环节的主要手段，是教学内容"结构化"组织的抓手。

单元学历案的设计以确定单元学习目标为起点。我们从单元导语、教材特点、学情分析三方面，确定本单元学习目标，也就是"学什么"。

以六下第六单元为例，该单元由三篇课文构成。单元导语中对本单元的学习提出——"这个单元选取了一组与鲁迅有关的作品，阅读这些作品，可以更好地感受鲁迅的形象气质，理解其精神境界""要借助相关资料，理解课文的主要内容""并体会寻常词句的深刻内涵"。

单元导语提示了我们从课标出发。本单元的地位和价值，对本单元的学习具有统领地位，但同时它又是抽象的，因此只有挖掘出每篇文本的独特教学价值，并结合学生的实际学情，才能把抽象的单元导语转化为具体的学习目标。

本单元的三篇课文虽然文体各不相同，语言风格也有较大差异，但三篇文章都体现了鲁迅先生的精神境界和人格魅力，语言内涵丰富而深刻。探究三篇课文的共性，我们还发现每篇文章都由多部分内容（材料）构成，关注各部分内容间的内在关联，这一点在单元导语中虽然没有呈现，但是它对学生语文整体阅读能力的构建非常重要。

分析了教材，我们还需要关注学生。预备年级的学生，能够提取简单直接的信息，但其思维往往停留在浅层思维、直觉思维，缺乏整合信息的能力，缺乏有效的阅读技能。

根据对教材和学情的分析，我们确定了本单元的学习目标：

- 根据需要查找相关资料，理解课文的主要内容。
- 分析文章各部分内容（材料）间的关系，梳理行文思路。
- 通过反复朗读和默读，品析精彩语句的表达效果和寻常词句的深刻内涵。
- 初步理解鲁迅的形象气质，初步理解其精神境界。

根据学情，我们将单元导语中的“更好地感受鲁迅的形象气质，理解其精神境界”一条，调整为“初步理解鲁迅的形象气质，初步理解其精神境界”。根据教材特点，我们增加了“分析文章各部分内容（材料）间的关系，梳理行文思路”。最后调整学习目标中使用的动词，应当是可操作可检测的，即“理解”“分析”“梳理”“品析”等。

学历案的使用者是学生，他们可以在本单元学习之初就对单元的学习目标、课时安排有一个明确的认知，这样可以为整个单元的学习奠定良好的基础。让学生在一开始就带着具体的目的去学习，有助于提高学习的效率。

二、关注学习经历，落实单元目标

单元学历案关注学生达到学习目标的途径，也就是“学生何以学会”的过程。因此，单元学历案的编制重在为学生创设必要、有效的学习经历，它有助于学习经验的积累，最终促使学生语言素养的提升。

1. 从概念性知识走向程序性知识

由知识本位转向素养本位，我们就需要减少对概念性知识的重复训练，应转向对程序性知识进行建构，促使深度学习的发生。

阅读策略就是一种程序性知识。阅读策略指聚焦特定的阅读目标，经过慎重思考而采取的某种方法。在具体的阅读中，阅读策略可以表征为以核心问题和下位问题构成的一系列有逻辑关联的问题链。

以本单元中《好的故事》一课为例。鲁迅先生由“现实”到“回忆”再到“梦境”，最后重回“现实”，表达了他在黑暗的现实中不断抗争、坚持追寻心中美好世界的强烈愿望。由此，设定了本篇课文的阅读策略。

核心问题：作者写《好的故事》想表达怎样的思想感情？

下位问题：

① 找到提示性语句，说说文章写了哪几部分内容？

② “回忆”中，“我”写到了哪些景物？有什么特点？看景的“我”有怎样的情感？

③ “梦境”中和“回忆”里的景物有哪些相同和不同？此时的“我”有怎样的情感？

④ “我”是在怎样的情形下，于“蒙胧”中看到了这个“好的故事”的？结合查找的资料，如何理解“昏沉的夜”？

⑤ 文章为什么还要写梦醒后的部分？

⑥ 课文的标题为什么是“好的故事”而不是“好的梦”？

首先明确阅读这篇课文的核心问题，即作者想表达怎样的思想感情。要回答这个问题，我们首先需要思考：在文中作者写了哪几部分内容，分别对这几部分做一简要概括。其次需要思考：“回忆”和“梦境”中分别写到哪些景物，景物有何特点；这两部分中的景物及其特点有什么相同和不同之处，分别表达了叙述者怎样的感情。再者我们需要思考：开头结尾的“现实”部分又写到了怎样的现实背景，这和“梦境”部分有着怎样的内在联系；特别是，为什么在梦醒后还要再次写回到“现实”；如果要表达对“美好世界”的向往，似乎写到“梦境”就可以结束了，那么写“梦醒”后的“现实”，作者还想表达什么。

在这个阅读策略中，首先根据阅读目的形成一个核心问题，然后分解这个核心问题，产生若干个下位问题，每个问题都表征了一个思考角度，这一条问题链表征了解决核心问题、达成阅读目的的思考过程及伴随过程的思考方法。

我们知道思考源于问题。阅读策略的“问题链”，就是梳理问题提出和解决的顺序，即先解决哪一个问题，再解决哪一个问题，关注问题和问题之间的逻辑关联，形成知识的“结构化”，这就是一种程序性知识。它使语文学习不再是碎片化的、机械式的，体现了随着问题的不断深入，思维不断走向纵深的过程。

《我的伯父鲁迅先生》和《有的人》两课，结合课文内容的个性，同样可以设定它们的阅读策略。

2. 从“一篇”走向“一类”

单元教学的意义和价值就在于，在一篇一篇课文的教学过程中，有意识地程序化它们共同的思考过程，抽象出它们共同的思考方法，并逐渐内化为学生自己的思维能力，从而提高学生的语言素养。

在这个单元中，虽然三篇课文文体各不相同，语言风格也大相径庭，但它们都由多个部分内容（材料）构成，部分与部分之间存在着递进、因果、转折等复杂关系，我们需要梳理作者思想情感的脉络，这是该单元课文的共同要求。

反观学情，还处于直觉思维的预备年级学生，习惯于散点式思考、局部阅读，他们难以将部分与部分之间关联起来看，缺乏前后勾连的意识，缺乏阅读的整体感。于是我们在单课阅读策略的基础上，提炼出它们共性的阅读策略：

① 概括文中各部分内容；

② 推断每部分内容中隐含的作者的思想感情；

③ 分析部分与部分之间的关系，梳理作者思想情感的脉络。

在单元学历案中，我们在每一课结束时都会安排“回顾本课学习路径”。在回家作业中，我们选择 4—5 道题，复现这条路径题量不大，总用时控制在 30 分钟以内，适当提供 10 分钟左右的选做题给思维能力更强的学生。最后我们再安排一节课用来复习，关注三篇课文的共性，和学生一起归纳提炼出三者的共同阅读策略，最后学历案中配以同样使用该策略的课外练习用作评价检测。

六下第六单元的教学任务，主要是让学生建立起前后勾连、整体阅读的意识，分析各部分内容间的关系，梳理作者思想情感变化的脉络。这一条阅读策略会在七—九年级的许多课文中不断复现并得到细化。

从“课时”到“课文”再到“单元”的学历案设计，避免了知识碎片化、体验浅显化、学习点状化的弊端，加强了教学的整体性和系统性。如果我们能够这样坚持下去，贯通各个

文本阅读的思考方法，在关注每一篇文章个性的同时，提炼出它们共性的阅读策略，类化某一类文本阅读的路径，那么我们的学生通过四年的初中学习，就能掌握一定的阅读技能，并逐渐内化为他们自己的思考方法，从而提升思维能力、语言素养。

单元学历案的设计是通过一些引导使学生构建起知识体系，深入进入学习过程中，自觉地去思考，而不是被动地学习。这是我们对语文教学美好的期望。愿我们青年教师合作小组的成员们能一起携手，不断前进！

（2021 年区级学术季交流）

7. 单元学历案助推数学学科育人价值的实现

庄佳尧

（中学数学高级教师、校学科带头人，高中数学教研组组长）

一、数学课程独特的、不能替代的育人价值

我们知道数学具有抽象性、严谨性与广泛的应用性，这使得数学课程具有独特的不可替代的育人价值。数学学科的育人价值集中体现在帮助学生学会用数学的眼光观察现实世界，在错综复杂的事物中把握本质；用数学的思维思考现实世界，在杂乱无章的事物中厘清头绪；用数学的语言表达现实世界，在千头万绪的事物中发现规律。

但在目前的数学教学中，还普遍存在“重结果、轻过程，重知识、轻素养，重做题、轻活动”等问题。要解决以上问题，实现学科育人价值，需要教学方式的深度转型，而转型的载体就是我们的单元学历案。

二、单元学历案的设计与实践

我校高中数学组基于新课程、新教材进行了单元学历案的设计与实践。

首先对于高一的函数单元，我们完成了整体的学历案设计，还详细设计了 10 节高质量的课时教案，共 5 万余字，在全区予以推广，取得了良好的反馈。下面我来介绍一下整体设计中的一些核心要点。

（一）上层设计

1. 单元大观念

首先是该单元的大观念，“函数”是现代数学最基本的概念，是贯穿高中数学课程的主线，是描述客观世界中变量关系和规律的最为基本的数学语言和工具，在解决实际问

题中发挥着重要作用。

在函数单元，重点提升数学抽象、逻辑推理、直观想象、数学建模与数学运算这五个数学核心素养。这些核心素养便是数学育人价值的具体表现。

2. 单元目标

在这样的核心观念下，我们设计了本单元教学目标，并在行文中详细解析了每一条目标，即目标做到了具体化，如通过具体函数理解一般函数的概念。那么怎么理解呢？我们做了详细的解读，供教师与学生参考。

3. 单元结构导图

在单元目标确定之后，我们详细分析了整个章节的具体内容，设计了单元结构导图。在结构导图中，我们不仅能看到本单元的基本知识与基本技能，还能从中了解单元的基本思想方法与基本活动经验，这就是我们数学中所讲的四基。结构导图告诉我们，数学中的四基不仅仅是理论层面的总结，而且能具体到单元教学。

（二）具体化方案

在完成单元学历案的上层设计之后，便需要对具体课时的目标、内容、问题、难点进行分析，并对整个单元的学习过程与结果进行客观评价与反思。

1. 课时目标与内容分析

我们知道数学核心素养的养成非一日之功，是学生日积月累的结果，需要整体教学设计，同时也要步步为营。我们对每节课的课时目标与教学内容都进行了精心的设计，明确了每节课指向的具体核心素养。

2. 诊断问题与难点概况

由于函数单元的内容抽象度较高，学生不易理解与掌握，这些都阻碍了学生数学核心素养的形成，因此需要注意一些细节难点，在教学中要关注并重点突破。就此，我们详细罗列了单元中的学习难点。如有关分段函数的奇偶性证明这一个难点，就需要教师注意分类讨论与整体代换思想的渗透，帮助学生形成良好的逻辑推理与数学抽象素养。

3. 整合案例与科学评价

作为上层设计的最后环节，科学的评价与反思必不可少。为了避免评价的唯分数论，我们既关注单元最后的终结性评价，同时也关注学习中的过程性评价。通过单元学习过程自我评价表与教师评价表，对学生日常学习进行监督、调控与激励，帮助学生形成良好的学习习惯，持续地进步。

（三）实施案例

1. 渐进式活动学历案设计

在高一函数单元，我们发现，教材中除了有具体内容这条明线之外，还有一些贯穿式的暗线，如：函数图像变换的研究；从研究具体幂函数的图像关于 y 轴或原点对称，逐步过渡到函数的奇偶性的问题；从研究两个具体指数函数图像关于 y 轴对称，逐步过渡到函数图像对称变换的问题；从研究同底的指数函数与对数函数图像关于直线 $y=x$ 对称，逐步过渡到一般反函数的问题。对于这些暗线，设计与之匹配的渐进式活动学历案，

通过问题化的整体活动设计，将学生分段的学习经历串联起来，真正关注学生的学习过程，帮助学生形成良好的知识结构，促进数学素养的形成。

2. 课时学历案设计

高二概率单元的初步教学，陶煜成老师利用学历案为我们呈现了一节“事件的独立性”课程。这节课既是概率这一章的收尾，同时也对整个单元的概念、思想与方法进行了很好提炼。

陶老师的这节课，以本章起始课中提到的大情境问题作为引例，之后通过层层递进、环环相扣的一系列问题，引导学生理解如何验证事件的独立性，如何利用频率与概率的知识将一个现实中的概率问题转换为数学问题，从而利用古典概率的相关概念与公式解决了几个现实问题，进一步鼓励学生在本单元研究的基础上发扬理性精神、探索未知领域。

陶老师在单元学历案的指导下，充分利用情景化、问题化的教学，将整个章节的零碎知识进行了整合，达成了教学的目标，促进了学生数学核心素养的形成。

三、总结

总的来说，我们高中数学的单元学历案，包含了以下要素：

（1）整合了顶层大观念的大单元教学目标设计；

（2）整合了关键数学思想的单元结构导图设计；

（3）整合了丰富的教师经验的单元课时目标与问题诊断；

（4）整合了优秀作业案例的单元评价方案设计；

（5）整合了先进教学理念的单元活动设计；

（6）整合了数学育人价值的单元课时设计。

相信经过我们进一步的实践与完善，基于学情的校本化学历案将是学生学习的地图与手册，使数学学科的育人价值真正得以实现。

（2021 年区级学术季交流）

8. “双新”背景下高中英语学历案设计的探索与实践

戴文芳

（中学英语高级教师、区学科带头人，高中英语教研组组长）

一、寻找推进“双新”实施的途径

《普通高中英语课程标准（2017 年版 2020 年修订）》（本文简称“新课标”）提出了由六要素构成的课程内容以及指向学科核心素养发展的英语学习活动观。我校使用的上教版高中英语新教材便是以此为依据编写的，其教材内容与课程目标和要求保持一致，确保学生语言能力、文化意识、思维品质和学习能力的同步提升。

“双新”背景下如何将最新的教学理念落实课堂，最关键的因素是教师，最难改变的因素恐怕也是教师。自新课标实施以来，通过各个层面的培训，英语教师的理论知识和水平得到了一定的提高。但从理论到课堂实践，不仅需要教师教学理念的转变，还要有专业水平的支撑。寻求与新课标理念相匹配、便于操作的教学工具来辅助和规范日常教学设计，促进核心素养目标的达成，是解决这一难题的有效路径。在不断的尝试和探索中，我们发现学历案就是那个理想的教学工具，它使“双新”理念落实课堂成为可能。

二、学历案设计使“双新”理念落实课堂成为可能

2022年，我校推进市级课题“‘三新’背景下基于数据驱动的混合学习设计与实践研究”，物理教研组先试先行，设计出符合物理学科的校本学历案样本。第一次听物理组介绍学历案时，我和很多文科老师一样，产生了不少疑问。其中最大的疑虑是：文理有别，适合理科的教学方案未必适合文科。

带着这样的疑问，我们教研组研读了“学历案”概念的提出者崔允漷教授撰写的相关论文。在研修过程中，对新教材最为了解的高二备课组教师指出，学历案设计和上教版高中英语新教材所体现的理念非常相似。

学历案体现三个特征：①课程理念。②学生立场。③“教—学—评”一致性。新教材也具有三大特点：①它采用单元视角下五大板块建构式的编写方式；②它提倡基于活动的语言学习观；③它为学生提供两个助学工具——单元开始时的“学习目标”与单元结束时的“自我评价活动”。新教材的三大特点与学历案的三个特征一一对应。

这一发现让大家豁然开朗。学历案着眼于单元教学设计，为核心素养的落地提供教学方案的辅助性支架。与此同时，上教版高中英语新教材的编写特点让学历案设计变得简单可行。借助于学历案，“双新”理念落实课堂成为可能。

下面以丁捷敏老师的研讨课为例，简要说明高中英语教研组如何设计学历案助推课堂教与学方式变革。

三、学历案如何助推高中英语课堂教与学方式变革

认识到学历案可用于高中英语日常教学设计，这仅仅是我们跨出的第一步。究竟什么才是适合高中英语学科的学历案？在我们英语组集体备课的过程中，经过不断的质疑和争论，通过反复推敲和修改，才形成了今天的这份学历案。正是这番折腾，让我们有了思想的碰撞，真正体会到学历案对“双新”理念落实课堂的助推作用。

1. 学历案从课时设计转向大单元设计，提升了教师的教学站位

学历案从单元教学角度出发，重视学习内容的统整性，符合新课标落实核心素养指向大单元教学的要求。

丁老师的这堂课是上教版必修第二册第一单元 Reading and interaction（阅读与互动）板块的“Blame your brain（怪你的大脑）”。这是一篇介绍性说明文，分析的是青少年

爱冒险的生理和心理原因。刚开始我们有些犯愁,这篇课文浅显易懂,除了理解文本内容、探讨解决方法和演绎生活实例外,该如何落实核心素养的培育呢?

学历案设计第一步是从填写本单元的学历案总信息表开始的,而该过程正是研读教材单元和制订单元目标的过程。本单元属于“人与自我”主题语境,单元主题为“No limits(没有限制)”,分五个板块、8课时。

在研读教材单元前,有教师问:第一课时“Blame your brain”为什么放在单元主题“No limits”下?在研读教材单元的过程中,大家发现本单元各板块围绕“尝试冒险”展开,各语篇类型不同,文本角度的选择极有深意,反映了不同年龄与国籍的人都爱冒险。至此,我们真正理解这个单元的目标是希望学生在学习语言技能的过程中能学会批判性地思考青少年冒险行为,并树立正确的冒险意识,敢于挑战自我。

从整个单元角度看,“Blame your brain”不仅仅是一篇介绍性说明文。在原有的三个环节基础上,我们又增加了两个教学环节——辩证思考冒险行为和正确树立冒险意识。第四个环节所引用的关于冒险的一段话来自单元第五板块语篇中的南极探险家,这为学习第五板块打下基础,也体现了单元教学的统整性。第五个环节所引用的诗歌则揭示了冒险的价值所在,给人心灵以震撼。层层递进的教学设计,为这篇说明文赋予了育人价值,提升了语篇的内涵。

2. 学历案强调真实情境的深度学习,推动教师转变教与学的方式

这堂课的五个教学环节,只有有机联系起来,才能让学生感知学习和使用英语的真实感和需求感,从而实现深度学习,促进能力向素养转化。

教育部义务教育和普通高中英语课程标准修订组组长王蔷教授认为,转变英语课堂教与学的方式可以从三个关键词入手,即“情境”“问题”与“活动”。这堂课正是通过创设情境,巧妙地通过问题将各类活动有机融合起来的。

丁老师第一句便以“Welcome to my teenager studio!(欢迎来到我的青少年工作室!)”开场,一下子将学生带入青少年电视访谈节目现场。接着通过一段录像,引出本课主题,明确本堂课的学习任务——运用课文所学知识帮助录像中的四位青少年解决所面临的问题。

真实的情境创设和明确的任务驱动促使学生主动投入语篇的学习和探讨。在教学过程中,该情境贯穿始终。通过巧妙地让录像中的四位青少年开口提问,将各语言学习活动自然串联起来,引导学生理解文本、整合信息、联系自身、应用实践,帮助学生实现深度学习。

3. 学历案从以教师立场转向以学生立场的方案设计,重新定义了学与教的关系

崔允漷教授重新定义了学与教的关系:学主教从,先学后教,以学定教。以此为依据制订的学历案从学生立场出发,思考学生要达成的目标是什么,何以知道学会与否,应该怎么学,等等。

在丁老师的这堂课上,青少年电视访谈节目是连接五个教学环节的明线,而学生个人经历则是一条暗线。

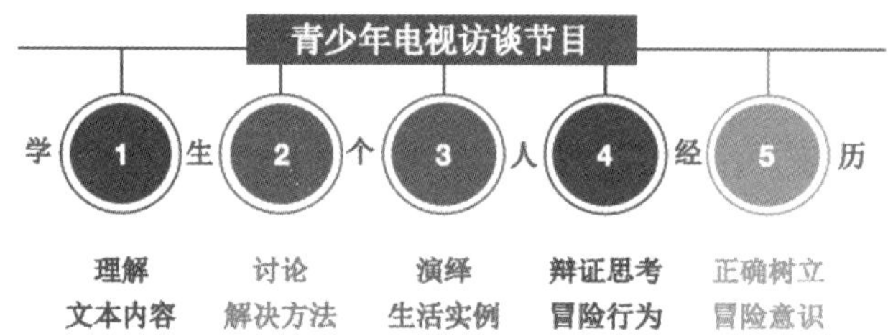

在设计课时学习单前，为了更好地了解我们的学生是否爱冒险，丁老师设计了相关调查问卷。从学生的经验出发，设计问题和活动，引导学生学习、整合并运用学科知识去分析和解决问题。

此外，什么才是适合高中英语学科的学历案？这是我们始终在争论的话题。一开始我们照搬物理组的表格式学历案，总感觉无法反映高中英语学科的特点，高中英语教研组经过几次研讨，充分考虑学科特点，在物理组学历案的基础上进行了修改。修改的依据也是从学生立场出发，思考有些环节有没有必要给学生设置，怎样设计学生才爱用，等等。

在学历案基本信息部分，我们简化了对课中学习环节的描述。这是由我们英语学科的特点决定的，我们需要创设一些悬念或神秘感，以激起学生的好奇心和求知欲。

在学习内容部分，我们留给学生更多的书写空间。我们参考了以往学习任务单的做法，只呈现学生需要书面记录的部分和完成复杂学习活动时需要语言支撑的部分。对于哪些部分需要学生书面记录，我们问得最多的是：有没有必要记录？学生该如何记录？这一部分，我们前后修改了四次，才获得相对满意的结果。

四、结语

以上便是我们高中英语教研组对学历案设计的探索与实践。与此同时，我们对高中英语课堂教与学方式变革的探索将永无止境、永不止步。

（2021 年区级学术季交流）

9.“双新”背景下完中思政课一体化的教、学、研路径

吴文艳

（中学政治高级教师、区学科带头人，政治教研组组长）

2019 年 3 月 18 日，习近平总书记发表“3·18”重要讲话，从党和国家事业长远发展的战略高度出发，深刻阐明学校思政课的重要意义。2019 年 9 月起，随着义务教育道德

与法治、语文和历史统编三科教材的全面实施，思政课内容建设实现了结构化设计，大中小思政一体化教学受到广泛关注。作为中心城区的一所完中，我校发挥自身优势，对思政一体化的探索起步较早。近年来，在混合式学习项目的推进下，结合近三年组室创新，形成了对初高中思政课一体化建设的一些实践探索经验与感悟。

一、明确学段差异性与统一性的组室研修

一体化视野重点从建设和共性的角度着眼构建课程层级，我们的教研也是从立足学科知识、资源统整以及教师主体发展的基础上达成教学研修目的的。

（一）课程内容衔接一体化

统编新教材的内容显著提升了知识的系统性与学理性，尤以八年级开始更为突出。从基本经济制度到根本政治制度，从全面依法治国到社会主义文化，学科术语与核心概念遍布教学内容，人类社会发展的基本规律贯穿始终。这便要求我们从初高中学段这些“必要的反复”与“合理的重复”中，理解领悟思政课程的设计意图，明确各自单元框架下核心知识的差别要求，梳理出不同知识对应的基本问题。

比如，从 2019 学年开始，我们开展了围绕新教材的学科理论专题研修，梳理出“改革开放”“依法治国”“中国特色社会主义文化”“社会主义制度”等专题，依据其中涉及的学科理论与核心概念开展组内自培学习，并对理论掌握的广度、深度及能力要求开展讨论，确定初高中教学的重点与关键。

（二）课程资源建设一体化

统编新教材学段设计的统一性特点，决定了在课程资源开发利用上的共享性。从课堂教学资源看，我组利用三年来组室混合式学习平台，构建了课程资源库，为初高中教学案例的选择与使用提供便利。

（三）教师专业发展一体化

作为完全中学，我们组室有着长期共同研讨学习的历史优势，在新课程、新教材“双新”背景下，学校提供了初高中跨学段带教、跨学段教学的机会。我们的高中骨干青年教师深入初中课堂，同时尝试初高中统编教材教学；我们的高中资深教师带教初中学段见习教师；此外，我校长期开展的组室家常课平台，也成为我们初高中教师集体学习、研讨的重要途径。教师专业发展的一体化力促初高中学段教师熟悉了解彼此的学情差异，找到学生知识起点、理解盲区，厘清衔接知识的脉络体系，发现可提升、拓展的具体空间，即讲多少、讲多深，进而实施精准教学，提升课堂的教学效能。

二、基于初高中学段学情特点的课堂教学

初高中学生经验认知与思维困惑的差别决定了教学应探寻符合学情的情境设计，以适应学生发展水平，完成不同能力要求的任务以提升学科素养。

（一）初中——融知识于活动化情境，在问题参与中实现体验式学习

初中道德与法治课程的教学在讲述学科观点理论的同时，重在开展体验性学习，实现学生基础思想意识的提升。

比如，在不久前开展的初高中同专题“中华传统文化”跨学段教学示范课中，由我组顾亦君老师执教的“中华文化根”一课创设了“我谈故宫文创”的体验式情境。学生从自

已喜闻乐见的故宫文创产品中，结合 600 多年的故宫历史与 186 万多件涵盖文学、艺术的故宫藏品，体悟了中华传统文化的源远流长与博大精深，感受了中华文化的魅力，为理解文化自信的意义提供了重要基础。

初中学段的学科教学完成了学科理论的初步灌输，形成了学科的基本立场和学生的基本意识，为高中学段系统理论的螺旋式上升、关键能力的进阶打下了坚实基础。

（二）高中——以单元议题为核心，在复杂情境中完成学科任务，培育核心素养

高中在注重学生理论系统学习的基础上，培养学生运用马克思主义基本原理阐释、分析、辨析、论述各类复杂社会现象的能力。

同样，基于“中华传统文化”专题，杨田老师在高二年级执教的“正确看待中华传统文化”一课中，创设了传统文化与当代风俗礼仪的复杂冲突情境，激发学生深入思考，运用唯物辩证法辨析现象、陈述立场、论证观点，形成对中华传统文化“传”与“承”的正确价值判断。在正确认识中华优秀传统文化的当代价值环节中，通过引用理论文本（《人民日报》上刊登的内容），构建基于文本信息阅读的问题链，培育高中学段学生信息筛选、阅读概括、逻辑论证的能力。这样不仅拓宽了学生的视野，提升了思维的高度，更激发了学生学习的兴趣，形成了文化自觉和政治自觉，很好地展现了学科核心素养的要求。

三、立足学科核心素养的渐进式学生学习

“双新”背景下，依据新课标[《义务教育道德与法治课程标准（2022 年版）》《普通高中思想政治课程标准（2017 年版 2020 年修订）》]的要求，体现思政课理论性和实践性、主导性和主体性相统一，结合我校混合式学习创新成果，在民立初高中学段，开辟了旨在培育学科核心素养的渐进式学习途径。

（一）学科时政专题探究学习

初中：以述带析。自 2018 年开始，我们通过微信公众号“ML 政治”，推出了“民立视角”时政导读栏目，通过教师的编辑筛选，形成适合学生学习的时政热点案例，成为学生课堂时政导读与评析的重要学习资料。

高中：以析促辨。由学生作为编辑主体，运用马克思主义政治、经济、哲学原理对社会热点和国内外形势进行阐释、分析、论证，形成科学认识与价值认同，指导自己的行为。

（二）学科实践活动

初中：结合法治教育专题、革命文化教育专题，开展少先队建队仪式活动、14 岁生日主题活动、团课活动等。

高中：跨学科主题活动“地上说政”，围绕国家、区域建设与发展，自主撰写方案、开展调查、展示活动。

初高中学生学习活动的不同目标设计、不同活动要求，体现了素养能力的渐进衔接。

新教材、新课程的改革为学科知识体系的完整性与育人目标的统一性构筑了坚实的基础，我校的完中教学与创新特色使思政课一体化呈现出生机与活力，在今后的学科教、学、研实践探索中我们会遇到新问题，但终将会取得更多的收获与成果。

（2020 年区级学术季交流）

10. 工欲善其事，必先利其器

——“双新”背景下完中历史教学“过程性评价”的多维面相

张继英

（中学历史一级教师，历史教研组组长）

随着《普通高中历史课程标准（2017年版2020年修订）》（本文简称“新课标”）的推进和新教材的使用，高中历史课程的目标明确指向了唯物史观、时空观念、史料实证、历史解释以及家国情怀这五个方面的历史学科核心素养。而教学评价是“双新”历史教与学的火车头，其中动态的过程性评价工具——单元思维导图——在发展学生核心素养和关键能力、达成“立德树人”长远目标中具有独特的功能。

一、立足多维的评价载体

首先，思维导图本身就是一种优秀的学习工具，通过关键词、图形、线条、色彩等多维要素，将发散性思维和逻辑性关系可视化。一方面，个性化的优势能凸显学生学习的主体作用，认可学生多种能力和学习特色；另一方面，思维过程可视化的特性能反映学生真实的学习过程，完成思维导图的绘制，就接近于构建了历史学科知识体系，达成了各项学科素养。

而在新课标必修课程的设计中，中学历史学习内容是由若干学习专题构成的。那么完成每一单元的专题学习任务就是历史学习的主要形式。很自然，评价也应该抓住单元的主要特点，满足单元学习的基本需求。

因此，教师将思维导图和单元教学相结合，力求准确理解新课标的要求，针对单元教学的内容主旨，对应学科核心素养，设计多维的单元思维导图要求，向学生明确多维的学习目标。教、学、评相宜，有效地呈现学生的学习过程和学习水平。

二、提供多维的评价标准

新课标在评价建议中指出评价的着眼点是“学生历史学科核心素养的整体发展”，所以要让评价载体含有附加的学习价值，比如提供量规或标准。

我们在单元思维导图的作业中，为学生提供了多维的评价标准，引导学生更好地利用思维导图进行学习。

例如：高一《历史》必修“中外历史纲要（下）”第二单元的思维导图作业中我们给出了这样的标准：

<table>
<tr><th>维度</th><th colspan="2">标准</th></tr>
<tr><td rowspan="5">形式</td><td colspan="2">中心主题突出，位于中心位置</td></tr>
<tr><td colspan="2">线条美观清晰，使用曲线</td></tr>
<tr><td colspan="2">色彩丰富，每个主分支用同一种颜色</td></tr>
<tr><td colspan="2">使用关键词和图像，简洁明了，图文并茂</td></tr>
<tr><td colspan="2">布局合理，交叉连线数量适中，层次清晰</td></tr>
<tr><td rowspan="9">内容</td><td rowspan="4">思维整理水平</td><td>各分支合理地按顺时针排序</td></tr>
<tr><td>主分支和子分支之间有层次关系，同一级分支之间有并列关系</td></tr>
<tr><td>分支主题有一定逻辑</td></tr>
<tr><td>整体内容完善，思路严谨，没有明显缺漏</td></tr>
<tr><td rowspan="3">关系线规则</td><td>单箭头表示因果关系，箭头指向结果</td></tr>
<tr><td>双箭头表示相互影响，标注影响类型(推动或阻碍)</td></tr>
<tr><td>无箭头表示做比较，标注共性或差异</td></tr>
<tr><td rowspan="2">单元具体要求</td><td>体现政权更迭的历史脉络和空间概念</td></tr>
<tr><td>体现出各个历史时期的经济发展、思想文化发展、政治特征制度建设、民族交融等方面的特征与成就。进一步思考各分支之间的关系</td></tr>
</table>

从形式和内容两个维度明确了单元思维导图绘制的步骤和规则，以求逻辑与内容的统一。我们还挖掘思维导图的历史思维建模功能。在标准中加入了“关系线规则”和“单元具体要求”的描述，使思维导图在历史思维方法上也有一定规则可循。比如用关系线规则来明确历史事件之间的相互关系，培养学生运用相同与不同、联系与区别、原因与结果等概念和范畴分析历史问题。而具体的单元分支要求，则引导学生学会运用政治、经济、文化等多维视角解释历史现象的方法。

让评价伴随学习过程，如同有了指路的灯塔，照亮了前行的大道。

三、达成多维的学科素养

单元思维导图最终呈现的，不仅是学生获得的主干知识，还包括策略、情感等各个方面的学习表现，不同单元的思维导图，能综合呈现学生们五个维度的学科素养(唯物史观、时空观念、史料实证、历史解释、家国情怀)。

比如在“魏晋南北朝及隋唐时期”单元导图中，通过政权更迭的梳理，强化学生的时空观念。又如在“古代文明的产生与发展”单元导图中，生产力发展和文明产生两个分支的连线引导学生以唯物史观来认识历史，厘清经济基础和上层建筑之间的辩证关系。再

如在“中国旧民主主义革命时期”单元导图中，学生通过“列强侵华”“反抗斗争”“挽救危局”等主题分支，呈现对历史问题产生的原因、特征、影响等方面的认识，以达成历史解释的核心素养。同时，学生会通过一些小图案和色彩，甚至一些批注来体现自己的情感，帮助自己加深理解。比如有学生用鲜艳的红色代表侵略和反抗，用淡雅的蓝色代表理性的探索。这些要素都指向了学科核心素养中家国情怀这一维度。此外，单元思维导图从关键词出发绘制发散性的分支，这一过程反向来看的话，就是通过聚合思维确定中心词。这也是史料实证素养的体现。

四、关注多维的评价主体

基于核心素养的课程评价，要求运用多元化的评价方式，其中就包括评价主体的多元化和多样化。

教师在单元教学过程中，留出充分的课时展示所有学生的作品，事先给出的标准为学生提供了评价支架，而标准的掌握则交给学生自己，实现评估主体的转换。师生共同从形式、内容、逻辑等多个维度来评价，针对大家感兴趣的作品或是有质疑的部分，再邀请思维导图作者进行讲解。

通过这样一种富有民主色彩的多维参与、协商、碰撞的过程，推动学生充分参与学习评价，超越学习者单一角色的局限性，变个体的单向认识为集体的多向思维，对培养学生的高阶思维及组织、表达等多种素养都十分有用。

以单元思维导图为载体、提供多维的评价标准、达成多维的核心素养、关注多维的评价主体，是高中历史“双新”教学的利器。这些过程性评价的设计原则，同样也体现在我校新中考背景下初中历史教学评价的实践中。

五、凸显多维的新中考历史

陈路遥老师的“阿拉伯帝国”一课，就呈现了“初二历史学业日常考查的探索”：学生可以根据自己的兴趣爱好，在不同单元选择不同的主题，依据具体要求和标准，进行自主探究，然后制作成微课或 PPT 在课堂上演示或在钉钉平台发布。师生共同评价和进一步探讨，成为单元教学的有机组成部分。

其要旨就是进行融课前预习、课内学习、课后复习为一体的共时性历史课堂教学。自主探究的课题选择是多维的，线上线下的展示交流是多维的，师生、生生的评价主体是多维的，评价所促成的素养发展更是多维的。

概而言之，无论何种评价方式，其最终的目的都不是评价学生阶段性的素养水平，而是着眼于学生终身学习的能力与品格。张元教授曾说过，一个清楚的头脑跟一颗善良的心，得到这两样东西，才是我们接受历史教育的目的。我们希望能通过多维的评价在学生心中种下一颗历史思维的种子，静待它发芽、抽枝、生叶、开花。

（2020 年区级学术季交流）

11. “绿行”跨学科[①]

姚伟国
（中学地理高级教师、特级教师，副校长）

近年来，民立中学进行了丰富的跨学科实践探索，并形成了不同学段的跨学科品牌。如今面对社会的迅速发展，民立在追求博雅教育、绿色育人的征程中，将如何进行跨学科教学的新探索呢？

跨学科，现在是一个很“热”的词，其实跨学科探索是一个较长时期的趋势了。如今转“热”，其实是对分科学习带来的“障碍”而言的。我们举一个例子，大家都熟悉土壤，但我们真的知道土壤的“全貌”吗？从地理上看，它存在有环境影响、内部结构有土层、土层里面有生命，那么它就有生物学特性。生地学科结合，可以更好地认识土壤。有了生地学科知识，对土壤的认识还是有局限性的。

如果我们换一个场景，到月球上去看土壤，那么这个里面包含的知识不仅仅是生地学科知识；如果我们让“嫦娥五号”把土壤带回来，那么我们面对的“土壤”就更加复杂了，涉及的学科也更多了。毫无疑问，每一门学科都有知识体系和结构，它会促进每一位学习者增长知识，而且对于事物的分析，有一个学科视角的认识和分析。但是，我们今天怎样去认识一个真实的世界，这需要跨学科知识和素养。不要以为是初三的生地跨学科案例考查让跨学科成为“双新”下的热门，现在不仅仅是初中，而且是全学段在推进跨学科。

下面要讲三个问题。第一，跨学科教学为何成为“双新”下的热门。第二，民立中学跨学科教学的实践。第三，“双新”下“绿行”跨学科的新思考。2018 年，国务院进行机构改革，新组建的生态环境部整合了原来分散在农业部、水利部、国家海洋局等各部门的生态环境保护职责，指向生态文明建设；同样，新组建的自然资源部整合了原来分散在国家发展和改革委员会、住房和城乡建设部、水利部、农业部、国家林业局、国家海洋局等各部门的资源管理职责，进行统筹管理规划。这是一种变革。

在这种变革当中我们看到的是统一性，系统地去认识这一个区域，进而进行很好的规划，为它谋划未来实际的发展方向和路径。我们知道跨学科不仅是国家政策的需要，还是社会发展的需要。因为随着时间的推移，社会变得更加复杂，有些问题很难用单学科来解决。再者是我们学科的发展，大家都知道，我们在看待一个问题的时候，往往有学科存在着一种边界或者壁垒，我们怎样去打破它，这需要跨学科。大家都知道，

① 本文改编自演讲稿。

今天怎样去面对真实世界、更好地认识世界，我们师生视野、素养都需要共同提升、发展。

我想我们对跨学科的认识，起初是这样的：它是以单一学科为中心，选择一个中心主题作为教学中心，选择“携手”其他学科的知识，对这个中心主题进行教学设计和加工。教学需从其他学科角度去分析和尝试探索中心的主题，这是我们从“单一学科为中心”出发，然后携手其他学科去解决问题；是我们目前应对中心任务，对于“跨学科”探索的一种概念认识。

接下来就我自己而言，教学之“跨”是一种常态，地理是“跨”的一门学科，因为它是基础教育唯一一门跨自然和社会学科的学科，它本身就体现出知识的综合性、分析问题的综合性。

举一个很好的案例。世界上曾经最优美的城市是巴西利亚，考察了自然和社会人文两个方面，十几个指标打分打下来，然后我们说它是选址巴西高原内陆地区建设而成。因为它城市的布局是飞机造型，完全是按照城市功能分区进行合适的布局的，这让它成为世界城市选址和规划的典范。但是随着时间推移，今天评价巴西利亚有了“通勤时间”“生活不便”等这些负面的评价。所以我们很多用单学科知识分析的问题，其结果会随着时间、人的需求、思想观念、社会发展等的变化而变化。我们需要多学科、跨学科知识去解决各种问题。

民立中学是“为民而立”，有上海文蕴、上海气质的这样一所中心城区学校。根植于百年的文蕴积淀，民立中学已经举办了 35 届殷夫文艺节，从多学科参与到跨学科融合施行，学科融合开展味道逐渐“浓郁”，如闪亮拍档学科风。2004 年开始的学农知识竞赛，由地理学科知识竞赛到 2010 年演绎为多学科参与、实际问题出发的跨学科分析综合知识竞赛，一直延续到今天。其他如 2012 年开始的人文节“地上说政”，2013 年开始的初、高三毕业典礼，以及后来的牵手威海社区文化志愿、静安区篮球嘉年华竞标、未来杯新闻秀等，都在尝试突破“学生活动为多学科综合实践”的固有思维，探索基于活动项目的跨学科融合开展路径和策略。

这些学生探索活动项目就在我们身边，我们教师是见证者，更是参与者。我们从众多学校品牌活动中看到两点：一是很多活动“跨味”浓郁；二是“跨向深水区”。民立中学发挥完中优势，实施初高中一体化系统设计，需要跨学段，比如说毕业典礼，初高中师生、家长汇聚一堂，展示学生对艺术、语文、历史、地理、体育等多科学的认识——如表演历史情景剧、诗词朗诵等。我想大家都看到，今天呈现的人文节“地上说政”活动，涉及地理、政治、历史、语文等多学科，指向一个问题“认识百年变化中的上海”。一些教师认为“地上说政”当中没有生物、物理、化学学科知识，其实今天我们的学生活动中的创意，超乎了我们的想象。在整个展示中拥有高科技的元素，这些学科都包含在内。

在这个活动当中，有几个项目我们持续到今天获得了很好的效益，学生得到了更多的体验，学校也展示了风采。比如说英语演讲、公民写史；比如说微电影，获得了上海市高中阶段学生微电影大赛一等奖，产生了一定的社会效应，充分体现了我们全员学科育人、跨学科渗透融合的局面。

民立中学从这些活动当中将课内与课外结合起来，学生的思维、交往、表达、分享、探究、信息、艺术、组织、策划素养在潜移默化当中得到了提升、熏陶和锤炼。

他们在协同组织之中获得的更多。我觉得学生在组织这些活动的时候，很多学科融合思维搭建背景、营造情境，学生学会了资源的整合，释放了“他们拥有的国家情怀、乡土情怀”。

我们主张的项目活动，满足了学生个性的发展，为学生提供了多元的选择。学生的个性发展的确需要更多的选择，我们给他们提供了这种可能性。这些活动带有社会化组织的两层意思：一是它的组织形式是社会化的；二是它的活动方向包括内容组织形式，这些更接近真实的社会。

民立很多学科跨界的行动已经产生了很好的效益。“地上说政”，不仅仅是历史、地理和政治，而且是历史、政治、语文、物理、化学都在其中。通过教室情景的创设、主题布展、数字故事、情景剧的演绎，学生的策划能力、布展能力、交往能力都会得到大大的提升。

民立中学有一道风景线，那就是每周的升旗仪式让学生来做。这里面也体现了跨学科思维，因为众多学科教师参与，指向一个现实问题——以学生为主体，话题的涉及面比较广。成系统、序列化、持续性地开展，这个已成为我们的一道风景线。

在疫情期间，我们学校12位教师，从自己的学科角度出发创设了一些课程。这些教师的专业参与度、价值观、对疫情的关注度、对信息的提取能力、表达能力、情感的投入度等方面会经历考验，因为这些教师做的东西会全球播放。可喜的是我们这些年轻教师微课程做得还相当精致，其中三个课程获得了社会的认可，进入学习强国平台。那么，我想这些青年教师这样做了疫情课程后，学生获得了什么？学生获得了抗疫知识，这是一个方面；更重要的是获得了抗疫的价值观，宣传抗疫的精神，全方位地了解疫情的真相，以及我很看重的摆脱居家孤寂感、刷学校的存在感，等等。

大家都知道“跨”，我把“跨”字拆开来，“足”和“夸”。大家知道这是什么？跨学科需要行动，你在行动当中不断地激励，会越走越好。但事物往往有两面性，大家再来看，我将“夸”再拆开来。那是“足”行动，但是后面是“大”“亏”。各位教师，学科跨界的时候，我们不知道跨在什么地方，以及跨过头了以后会导致什么结果。有可能是“无知”。“跨”是有风险的，也是需要勇气的。所以跨界行动给我们带来的是什么？不仅仅是机遇，还有挑战。那些勇于跨学科的教师是勇敢的、有担当的，因为他们知道有这种风险。我觉得“双新”下的跨学科的新思考，我们应该“绿行”，“绿”是绿色指标的“绿”。

“绿行”“绿色行动”，我觉得应用这样几个词来表达它的内涵。第一，溶合施行。这个“溶合”，我使用的是三点水的“溶合”，是像溶液一样溶合在一起，是化学的溶化混合在一起，而不是物理的堆积在一起。第二，裁缝情境。我们现在不缺乏信息和素材，缺乏的是提取这些素材的眼光和睿智。我们选取什么样的素材，怎样去进行整合处理，然后把它变成一个适切的情境，而且这个情境内容提供又不能太多，耗费学生时

间；又不能太少，给不足学生解决问题的条件、信息。所以我们怎样做好一个好的裁缝工作，“裁缝情境”很重要。从另外一个更加宏观的视角看，如李永智先生说的，在当今知识和技术下，我们需要重建教学内容。第三，社会化研究。我觉得“绿行”跨学科带来的是学科与学科之间要“社会化”地研究，包括教师要跟社会进行沟通研究，这个时候我们要采取社会化的方式来进行。“溶合施行”是理念，“裁缝情境”是行动，“社会化研究”是保障。

我们来看一下今天认识跨学科的学习意义，分享思考与提供可参考的案例，主要目的是触发“2.0 版跨学科”的思考和实践。

“初三生地跨学科”仅仅是其中的一个篇章，我们把生物地理“溶合”起来，这就是我们今天的状态——生地学科的拥抱。但是接下来我们真正的融合就是三点水的溶合，这个需要大家一起来积极探索。

也就是说，“跨学科”从学科“拼盘”到“果汁”，当中是一段漫长的道路，我们先要有“拼盘”，然后再慢慢走向“果汁”，中间说不定还有一个另外的过程。我们都知道，凡事探索都有这样的过程。那么大家有没有感觉到，我们原来是以一个学科为中心，协同其他学科来进行跨学科，但是未来我们更多的是“平行学科”推进的跨学科。其中，“绿色行动”跨学科是我们始终需要贯彻的理念。

（2020 年区级学术季交流）

12. 走近生命，让生命出彩

——“民立网上绿色天地”活动课程介绍

彭火保　严　虹

（中学信息一级教师，信息教研组组长；中学生物高级教师，生物教研组组长）

民立校园的面积不大，但是绿化却非常优美。不知您是否去过我们的屋顶花园，在寸土寸金的静安能有这样一片绿色天地实属难得。假若您还没来得及欣赏我们校园的美景，那就请您来到我们的“民立网上绿色天地”活动课程，跟随我们的课程活动一起来感受我们的校园文化。

“民立网上绿色天地”是一个方便学生了解校园植物、展现校园文化的网上平台，由生命科学教研组联合信息技术教研组合作搭建，并开发了相应的活动课程。民立校园拥有丰富的植物资源，屋顶花园更是民立的一大特色景观。学生们每天都从这些植物的身边经过，但是却未必能够关注到它们，甚至都叫不上它们的名字。如何能发挥好校园绿化的作用，在这个被电子产品淹没的时代，让学生们走出去看一看，亲近大自然，更多地感受身边事物的美好以及接受校园博雅文化的熏陶，这正是我们开发这门课程的初衷。

之前，学科组也有独立的活动课程系列，以“身边的生物”为主题，针对不同学段学生的能力、个性特点，开设了“走近生命”“创意制作”“深入生活”“探究创新”四大系列的校本课程。这些活动课程侧重于学科知识的认知和实验探究技能的培养。而“民立网上绿色天地”则在活动中更侧重于浸润博雅校园文化，激发学生的人文情怀。以往我们的活动是一维的，一方面学生参与的人数受到场地等因素限制，另一方面学生制作的优秀作品藏在“深闺”，知名度不高。现在有了“民立网上绿色天地”这个平台，就能在线上、线下形成有效的互动，吸引更多有兴趣的学生参与到学校的绿色生态活动中，更多元化地开展并展示我们的课程活动。

现在让我们来了解一下“民立网上绿色天地”平台，从中了解我们课程活动的情况。

“主页”是一个宣传窗口，用于发布近期的绿色主题活动情况，主页下设 4 个一级菜单，其中“校园植物”和“植物地图”主要承担搜索了解植物的功能，“绿色动态”和“互动论坛”则是开展主题活动的窗口。

“校园植物”里的资料都是通过“校园植物日志”课程活动，由学生们自己收集整理编写的，配置的照片大多是在校园内拍摄的。除了从生物学专业分类的角度介绍校园植物，还注重介绍其环境、经济、人文等价值，拓宽学生对植物认识的视野角度。

“植物地图”是植物校本化的展示，为了更方便地查找认识校园植物，我们与艺术教研组、信息技术教研组合作开设了“校园植物挂牌设计”课程活动。组织学生设计植物挂牌和校园植物的吉祥物“叶宝”，并结合二维码扫描识别技术，做成实物挂牌，提供更多元化的途径来了解民立校园的绿色生态环境。同时也可以利用二维码扫描识别技术，更多元化地开设诸如“植物定向越野”之类的课程活动。

“绿色动态”是宣传绿色生态活动的窗口，涵盖四大校园节日、学生环保社团等各类以绿色自然为主题的活动情况展示。“视频专区”则可以动态地展现学生活动的过程，比如科技节“创意叶脉书签制作”课程活动的微视频。

“互动论坛”是一个更丰满地展示学生课程活动过程和活动成果的平台。所有活动的细节以及作品成果都可以在这里看到。除了课程本身的活动，我们还和地理教研组刘宁老师带领的 GREEN 环保社团以及艺术教研组的美术课程寻求多方位的合作，把这些社团或者课程中体现的校园绿色活动都放到“民立网上绿色天地”平台上来展示、交流，全方位地展现民立绿色自然的课程活动风貌。

网页构建的过程与活动课程的开展紧密结合，活动课程的实施以学校的四大主题节日科技节、艺术节、人文节为活动载体，以网页提供的平台开发课程资源。网页既成为活动课程宣传的窗口，同时也通过活动课程不断得以更新。

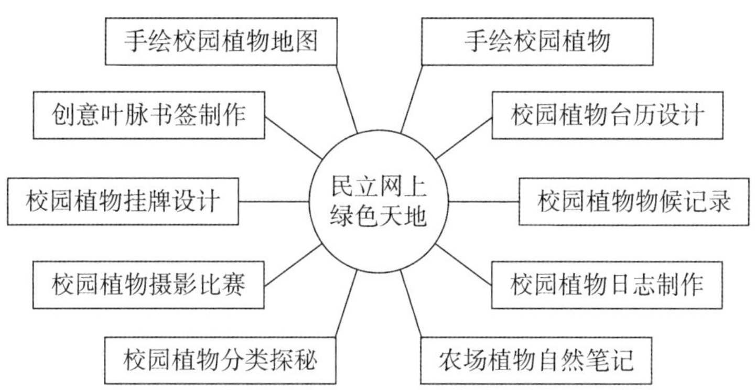

图 1　“民立网上绿色天地”系列活动课程

例如，通过“校园植物日志”活动课程，由学生自己拍摄、收集、整理、编写植物资料，建立民立校园植物档案库。从生物学、环境、经济、人文价值等多个角度，拓展对植物认识的视野，也由此在网页上形成具有校本化特色的“校园植物”介绍。

我们先后开展了“校园植物摄影比赛”“创意叶脉书签制作”“创意植物水晶制作”“校园植物日志制作”“校园植物台历设计”“校园植物挂牌设计”“校园植物物候记录”“手绘校园植物”等以校园绿色生态为专题的系列课程活动。学生们根据自己的兴趣爱好以及特长，自主选择参加相关的课程活动，在认识了解自然植物的过程中融入人文情怀，从中提升美学素养、激发创造活力。所有活动课程的细节以及作品成果都可以在“民立网上绿色天地”得到展示，留下学生成长的印迹。

（2017 年区级学术季交流）

13. 技术，让个性化教学飞翔

鲍明丽
（中学物理正高级教师、特级教师，校学术委员会主任、科研室主任）

个性化教育是全球教育改革和发展的趋势。在我国加快教育现代化、努力让每个孩子都能享有公平而有质量的教育的新时代，走进以尊重学生个性、促进学生核心素养提升为目标的个性化教学形态，是我们静安教育人基于“十三五”教育部重点课题“深化教育个性化：发达城区提升学生核心素养的实践性循证研究”统领下的前进方向，也是我学习、实践、反思的中心要义。

一、我的教学主张

信息技术的迅速发展，推动了教学和学习方式的变革，教学应用的新技术与新工具为个性化教学的实施提供了广阔的舞台，因此，我的教学主张是“插上技术支持教学的翅膀，在个性化教学的蓝天中飞翔”。作为一名物理教师，近年来我致力于“应用数字化技术，增效个性教学”的实践研究，从提炼个性化教学的操作模式、应用个性化教学的课堂支持技术、架构中学物理个性化学习平台等方面进行了积极的探索。

二、探索个性化教学的操作模式

个性化教学是教师以选择性的教学资源，满足学生个别化学习，促进个体人格健康发展的教学实践活动。精准针对个性差异，因材施教，适应学生个性发展，是个性化教学的内涵表征。作为一种教学理念，个性化教学只有在教学实践中形成有效的课堂行为和操作方式，才能彰显理念持久的生命活力。

依据近几年来的教学实践，我提炼和应用了内容订单、自主实验和课题研究等三类基本的个性化教学操作模式。这三类基本操作模式，反映出从不同角度实践物理课堂个性化教学的路径。其中，内容订单模式是个性化课堂教学的基本组织形式，它规划着课堂教学的学习目标、学习资源、学习方式以及自主实验和课题研究的组别等；自主实验模式是物理学科属性的必然要求，也是深化物理教学改革的难点所在；课题研究模式是促进个性化教学的最有效方式，其使用的频度和效果也是个性化教学程度的极好检验。

三、应用技术支持课堂的个性化教学

在物理课堂的个性化教学中，教师需要合理选择和使用适当的技术和资源，积极改善课堂示教方式，才能够向学生提供丰富的学习机会和个性化的学习体验。在教学实践中，我除了利用 DIS 实时采集信息、自动处理数据、迅速得出结论从而提高课堂教学效益以外，同时积极利用智能移动终端、视频资源、电子白板设施等教学资源，更好地按照学生个性化需求进行板书板画、呈现实验细节、观察物理情景等，更好地拓展不同学习资源的选择空间。如运用 iPad 进行教学实时投影、板书板画、作业展评及批注批改，运用 iBooks 集成多种学习资源以供学生个性化选择等。这些都有效地支持了物理课堂的个性化教学实施。

未来已来，“互联网＋”赋予了数字化课程环境建设和学习方式变革研究的时代要求。登上云服务平台，享受个性化学习，是一幅正在舒展的美丽的教育画卷。为此，我与教研组同人们一起，申请了上海市教育信息技术应用研究项目和中国教育学会物理教学专业委员会全国物理教育科研重点课题“基于云服务的中学物理个性化学习平台建设与应用研究”。

四、架构中学物理个性化学习平台

课题研究购置了独立服务器，应用浏览器-服务器架构技术，构建“中学物理个性化学习平台”。平台资源是选择性学习的基础，在线测试为选择性学习提供依据，平台的数据统计和筛选、实时智能评价功能成为支持个性化学习的保障。

课题组借助学习平台，设计整合课程素材和测试试题等课程资源，探索了基于学习

平台的物理课堂教学模式，它由“教学前测”“知识梳理”“探究应用”“交流分享”和“教学后测”五个学习流程非线性组合而成。该模式突破传统教学中“选择性不足”“不能实时精准评价”等制约个性化教学的瓶颈，促进了中学物理教学的创新转型。

从课题研究看来，基于平台的物理课堂教学模式，有效改变了课前、课中、课后学习资源供给不足、认知训练层次不匹配以及学习数据分析困难等传统教学模式的制约因素。它在技术的支持下，打破了传统课堂学习中知识传递和内化的课堂时间边界，在平台学习情境中浸润的学生个体，其学习特长和不足能够在与师生及平台的互动交流中有序涨消，个性化教学的理念也随之有效落实。

五、我的教学反思

基于平台的学习是当前中学物理教学中的新生事物，有着美好教学结构蓝图的吸引，也有着与传统教学习惯的频繁撞击，需要在教与学的众多层面进行实践推进和深入研究。譬如，学习时间的记录和统计、测试成绩的走势分布和诠释、个性化学习评价系统的架构、多维度试题筛选题库的创建等，都是完善平台功能、丰富教学资源、支持个性化学习的可操作性研究内容。基于云平台的学习，使得教师从传统课堂中的知识传授者变成学习的引领者和伙伴，教师的“教”不再是学习的主要资源，学生将从知识的消费者逐渐转变为信息和知识的生产者。

当然，基于信息技术的物理教学流程再造和教学模式创新，离不开学校整体数字化课程环境建设。这些环境既包括由设施、资源、平台、通信、工具等组成的物质环境，也包括由教师、网络维保团队、数据分析专家、教育专家等组成的技术环境，以及由目标、任务、价值观等组成的精神环境等。技术支持教学的课题研究，需要突破物理学科的界限，关注学生学校、家庭、互联网生态等全域学习环境，在学校乃至较大区域范围内进行推广、完善，才能形成教育信息化的合力。

（2019 年区级学术季交流）

14. 基于学习平台拓展与优化高中化学混合式学习路径的实践

唐松林

（中学化学高级教师，化学教研组组长）

近年来，在学校领导的指导和支持下，我们化学组一直坚持教育以人为本，拥抱每一位学生的发展，以信息技术助推个性化教学，在教学中逐步推进混合式学习。

2017 年，民立中学搭建了博雅民立学习平台，化学组开始了高中化学校本题库建设和在线化学作业设计；2018 年，化学组继续推进题库建设，并开展了微课制作、预习、前测和收集学情数据的实践研究。在此以元素周期律复习课为例，具体谈谈根据学情进行混合式教学的设计和实施的路径。

一、基于学习平台开展微课预习与前测——以学定教

在学习平台建成之前，教师对学生学情的把握主要来自课堂的提问、小练习和课后作业与测验的批改，对于某个学习内容的掌握情况往往是比较模糊的，某一学习内容题目答错的学生人数并不经常统计，这种统计常常只在期末考试利用网络阅卷系统才会有。平常总感觉学生这也不会做，那也记不住，课堂上讲评作业缺乏针对性且时间不够。

有了学习平台，在课前，我根据教学基本要求规定的学习内容和学习水平，联系教学实际，分析课堂和作业中反映出的问题；优选前面微课的内容并补充部分内容，制作一段 5 分钟的课前复习视频，来帮助学生梳理知识、加深理解和记忆。同时，精选 5 道题目前测，供学生观看微课后自我检测，也为复习课收集学情数据。

前测既有巩固微课学习的效果，又有任务驱动的作用。沉稳型学生常先看微课；灵活型学生常先做前测，遇到问题再看微课进行针对性学习。学生能根据自己的知识经验、学习风格等个性化因素选择适合自己的学习内容和学习方式开展学习。

基于学习平台，利用微课预习与前测，为学生提供了个性化的学习资源和保障。教师根据前测统计数据诊断学情，设计具有指向性的学生课堂活动，以学定教，让教学能够精准针对每一位学生。

二、基于学习平台实施课堂快速测评与在线电子导学案——提高教学效率

复习课在落实重点学习内容时，教师经常会制作导学案，或者引导学生制作章节复习思维导图。根据教学基本要求中的学习内容和学习水平要求，基于学习平台，我为学生制作了在线电子导学案，每一个学习内容完成后，学习平台可以帮助学生批改检查对错，学生可以在原有的基础上重做纠错形成自己的学习资料包。

在落实相关学习内容时，利用平台发起逐题快速测试投票，投票后立即看到统计结果，教师还能在后台查看每个选项对应的学生，知晓学习内容落实情况和仍未掌握的学生，以便评价学生和采取进一步的措施，链接到相关的学生活动。

在混合式学习推进初期，我同时为学生准备了纸质学案。学生可以填写纸质学案，拍照上传至学习平台；教师可以检查评分，分享展示。

课堂小结后，要对学习效果进行检查，我精选了 5 道后测题目，完成后平台会显示批改结果和题目解析，并按教师设计的分段评价反馈给每一位学生。学生答错题有跟进措施，可以查看题目解析，及时完成订正。

三、基于学习平台布置在线作业——提升作业效能

我会围绕当节课的复习内容布置在线作业，针对学习能力水平较高的学生提供选做

题目，题目配有详细解析，学生完成作业后可以查看错题解析，学习跟进。基于平台的在线作业，可以灵活设置作业时间、作业解析、反馈时间和教师的分段评价语言，甚至可以允许学生逐题检查、多次尝试、随时订正，巩固所学，充分发挥作业的效能。

四、总结

基于平台的在线电子导学案、课堂快速测评和在线作业，提高了教学交互性和实时性，增强了学生学习的积极性，让学生能根据自己的需求进行快乐学习、个性化学习，促进了每一位学生的发展。

当下，当教育指向核心素养，“知识核心时代”将真正走向“核心素养时代”，当代教师的任务不再是一味地灌输知识，而是关注学生需要什么。走进互联网＋教育，运用技术拓展和优化混合式学习路径，提供丰富的学习资源，组织多样的学习活动，满足学生个性化学习的需求。学生有了更多的选择，就会有更多的收获。

（2018 年区级学术季交流）

15. 中学艺术移动学习模式的实践探索

张　莺

（中学美术高级教师、区学科带头人，艺术教研组组长）

艺术学科的核心素养是艺术感知、审美情趣、文化理解、创意表达，如何利用一周一节的艺术课去提升学生的艺术素养，是摆在我们艺术老师面前必须想办法解决的难题。近年来信息技术飞速发展，民立中学抓住这一契机，积极构建新型混合式学习空间，拓展和优化混合式学习路径。在学校浓厚的混合式学习氛围中，艺术组老师尝试将信息技术与课程教学深度融合并进行混合式教学，努力营造多元的学习场景以满足不同认知水平的学生的需求，引导学生进行深度学习，逐步提升学生的艺术核心素养。

现今智能手机、iPad 等移动终端高速发展与普及，应用程序层出不穷，每个人都相当于拥有一台不受时空限制、随时随地可以使用的小型电脑。通过这台灵活的“小电脑”开展学习，颠覆了传统的学习方式。数字化教育和传统教育是一种优势互补的关系，在教学中通过这样一种混合式途径能使教育的功效得到最优化发挥。

基于当前我校移动终端设备的成熟条件：学校配有数量充足的 iPad，我们艺术组有独立的混合式学习空间即“数字艺术实践教室”，学生智能手机基本普及。艺术组尝试在中学艺术课堂开展移动学习模式的研究和实践，这也是我们艺术组老师对优化混合式学习路径的一种探索。

一、鼓励学生基于互联网自主学习

便捷的互联网可以让你游览世界各大美术馆、博物馆的艺术藏品；浏览器庞大的搜索功能可以让你迅速了解各个历史时期的艺术作品、风格流派；微信公众号推出的文章可以让你在休息的片刻就能看到一篇文艺评论，欣赏一幅优秀的作品，听一首名曲；如果在艺术创作中缺少素材和灵感，也可以借助互联网海量的图片来寻找。我们学校的艺术实践教室开发了一个数字艺术课程平台，里面有丰富的与艺术相关的内容可以供学生学习。

有老师在数字艺术教室上课时，引导学生运用网络查阅资料，运用平板工具学习古代篆刻技术并创作姓氏印章，之后用艺术教室的 3D 打印机打印出来，还印在 T 恤上参加学校的义卖活动。学生在走进海派艺术家的课程中自主学习、整理海派艺术家的资料，以及找一个自己感兴趣的故宫建筑仿照着做手工品。

借助网络的学习，提升了学生独立思考的能力，也拓宽了他们学习的广度和深度。

二、有效利用 App 应用程序高效学习

App 指智能终端设备第三方的应用程序。这些小程序层出不穷，我们筛选出适合艺术课的 App，使艺术课的学习更高效。

首先，它使很多专业技术简化易操作，让学生尝试体验某些专业艺术创作。学生通过构思、绘画、拍摄等步骤自己制作动画片，最后借助剪辑类 App 编辑完成。

其次，它能使不同美术能力水平的学生都能尝试创造出专业的美术作品。我们用制图类 App 在全校开展的义卖海报设计展上为学生设计了入场券、贺卡等。相对传统教学，手绘能力弱的学生也能借助设计类 App 设计出专业水准的平面设计作品，这也提升了他们学习的积极性。

最后，AR 技术让学生身临其境，在虚拟的世界里体验传统课堂无法体验到的艺术乐趣。

三、线上专业艺术课程提供拓展学习

学无止境，艺无止境，网络平台能够提供各式各样专业课程，如慕课、网易平台等。对确有兴趣、学有余力的学生可以通过线上课程学习到非常专业的艺术技法，这也是艺术学习拓展提升的途径。我和我的学生组织的绘画社团，我们通过墨客平台自学并在校本课程上练习中国没骨画。没骨画隶属于中国传统绘画，学生很难接触，但其清润灵动的画面非常吸引国画爱好者。我们通过网络接触到了这种艺术形式。

四、基于平台的课内外互动式学习

当前最热门的交互式平台如微信和 QQ 群的建立，使学习、交流以及评价都变得更为便捷。我们都有班级美术交流群，有大型艺术活动主题项目互动群。随时发布作品，随时讨论和交流，教师即时的评价使学习的模式变得更灵活和便捷。如我们全校爱心义

卖海报设计大赛每班作品的提交、交流、修改、定稿等流程，都是在微信平台线上完成的。

移动学习模式是传统艺术课堂教学的有力补充，使我们的艺术学习可以随时、随地、随需。学习的自由，自由地学习；学习的移动，移动地学习。艺术的学习过程化繁为简，但确能拓宽广度和挖掘深度；同时，学习以学生自主探究为主，逐步提升他们解决问题的能力，也进一步提高他们的思维品质和学习品质，学生的艺术天性也逐步得到释放。

基于学校混合式学习的大环境，我们将人、技术、环境、方法相融合，以最佳的混合式途径提升学生的艺术素养。

（2019年区级学术季交流）

16. 基于数字化提升高中体育专项化教学效能的探索之路

孙　亮　郑瑞婷

（中学体育正高级教师、特级教师，体质健康中心主任、体育教研组组长；中学体育一级教师）

一、课程背景与目标

为贯彻落实《中共中央 国务院关于加强青少年体育增强青少年体质的意见》及《中共上海市委上海市人民政府关于切实提高青少年学生身心健康水平实施学生健康促进工程的通知》精神，建立科学完善的学校体育教育教学新体系，结合本市深化“二期课改”的实践，在静安区教育局的指导和关心下，我校于2010年开设了高中体育模块化课程（2010年模块课选课单）；在上海市教委、静安区教育局的帮助和指导下，我校于2015年有幸成为上海市第二批高中体育专项化改革试点学校。我们以此为契机，结合前阶段模块化教学经验，提出以“培养学生终身从事某项运动的兴趣与能力，并结识终身从事该项运动的伙伴；让会读书的人能运动，能运动的人会读书”为工作目标，从学生的兴趣出发，通过内部挖潜、外部借力、多元评价等方式，不断拓展体育专项化教学内容，我们在高中体育专项化课程工作中以学生发展为本，充分尊重学生的兴趣和情感需求，通过实施高中专项化体育课程，实现挖掘学生潜在能力和兴趣、培养学生基本掌握1—2项专项化体育运动项目技能、落实体育学科育人的核心目标。

从2015年开始，我校依据《上海市高中体育专项化指导意见（试行）》要求，对体育高中专项化的体育教学研究试点工作加大了力度，我们不仅利用了学校现有体育场地，还借助了“送教进课堂”项目的推进，不断优化小班化教学，实现个性化教育教学目的。

二、教学资源配备

1. 师资配备

我校现有正式在职体育教师12名，其中研究生学历2名。我校体育教师均具备扎实的教学基本功，而且每人都有自己的运动专项技能，同时又有1—2项的特长，在各专项课程开发开设上具备一定的优势。我们再借力于区体教结合项目，借用区内场地资源，外聘部分专项教练进入体育专项化课堂，更加丰富了我校体育专项化课程项目的开展。

2. 场地器材设施

我校的运动场地包括多功能室内体育馆（可开展篮球、足球、羽毛球、排球）、170米左右的田径场（中间有三片标准篮球场）、两个舞蹈房（总部、分部各一个）、一个多功能乒乓球房以及外借的一片场地。每个学期我们从十个项目中选择七到八个项目进行授课，其中项目有：游泳、足球、篮球、排球、体育舞蹈、啦啦操、羽毛球、乒乓球、民族传统体育（舞龙舞狮）、迷你高尔夫。

三、高中体育专项化主题研修

（1）高中体育专项课如何提高技术练习课的强度与密度（2015年11月）；

（2）高中体育专项课怎样面对不同层次学生开展教学（2015年5月、2018年9月）。

以上两个研修主题大概是开展高中体育专项化课程的学校教师一直以来想解决的问题，而我们通过研修，目前是这样解决问题的。

第一个问题有两点：市中心学校占地面积比较小，体育场馆也较小；技术练习课中强度和密度该如何提高。结合以上两点，我们通过研讨确定了两个解决办法：合理利用体能教室；针对自己的专项特长和场地限制合理进行专项体能练习（比如教授蝶泳技术后采用的体能练习）。

第二个问题是：面对不同层次的学生，高中体育专项课该怎样开展教学。针对这个问题，我们做了以下安排。通过运用数字化、小干部、技术差异、角色分层等多种方法来解决问题。

武术：张亮亮（根据不同层次角色进行分层教学）

健美操：黄勇（同一教学内容不同层次的教学组织形式）

羽毛球：马栋梁（教学目标分层）

乒乓球：陈建良（小干部推进课堂分层教学）

游泳：郑瑞婷（现代化教学技术在游泳分层教学中的运用）

篮球：夏喆倩（利用学生之间性别与技术差异开展分层教学）

足球：顾海荣（同一技术动作不同练习方法推进课堂教学）

四、数字化运用

为了解决课堂上遇到的问题、达到我们预设的教学目标，我们通常会借助数字化手

段，而这也不是真正意义上的数字化。真正意义上的数字化体育课堂应该是“常态化”和“可复制化”的，只有从这个根本上解决这一问题，我们才能真正借助数字化提高我们的课堂有效性。

为了实现体育课堂的增值，我们的教研组也在不断地探索，在这里我和大家分享一下我们“常态化”使用和借助的数字器材和方式：①数字设备的投屏功能，让我们的研修和体育课堂更直观、更有效。②运动摄像机——在游泳和高速度或者一瞬间的运动结构项目中我们可以用运动摄像机记录，拍摄完毕之后根据学生动作进行分析，通过慢放功能让学生能更直观地看到自己的错误动作，播放正确动作，进行动作改进，固化动作。③我们还运用了一些网上资讯和视频，比如专项化体能训练、准备活动以及核心力量练习等，当然这些视频不能完全照搬，还需要结合学生的实际情况在做好学情的前段分析之后再进行设计，从而运用于我们的教学。目前我们也在积累相关资料，我们设想将来形成一个资讯或者视频的信息库。④心率带和“健康豆”——心率带是利用心电监测体育课强度、密度的有效方法；“健康豆”则是让学生养成运动习惯的良好器材，它不仅能知晓学生体育课的运动量，更能从体育课辐射课外，甚至对体育回家作业进行实时监控和反馈，同时还能通过“健康豆”来干预学生的生活方式，最终达到提高学生身体素质的目标。

五、探索之路

在高中教育逐步普及的今天，学校学生间的差异明显，家长对中心城区的教育满意度以及学生对个性化、数字化教育教学的需求越来越多元。这对学校传统的教育教学模式提出了挑战，而我们高中体育专项化教学正是一种面对挑战的积极回应，目前我校试图通过高中体育专项化课程在民立校园推进“运动智能校园”这一理念，通过更科学的方式引导学生的体育兴趣爱好并影响全校师生的体育生活，养成运动习惯，从而受益终身，我想这也是我们每个教育工作者喜闻乐见、不断追求的。相信我们体育课堂的数字化运用会慢慢从量变走向质变，我们正尝试着这样的改变：从偶尔运用数字化手段到经常使用甚至到一直使用，以此来提高我们的体育学科效能，最终培养健康、快乐的新一代学生。

（2022 年市级体育教研交流发言）

第三板块
勤学致知，推进教育理念落地

近十年来，中国在经济、科技、文化等方面发生的巨大变化也给中小学教育带来了新的挑战与机遇。作为学校教育的工作主体，教师们不断适应并拥抱教育环境变化，及时调整教育教学模式，努力促进教育领域的创新和发展。

从注重知识传授到强调个性化素质教育，从传统课堂形式到结合微课再到混合式教学模式，从以教材授课为主到探索钻新教材、挖掘学科知识背后的思维模式，从静态化的信息输入学习模式到动态变化的综合实践创新学习模式，从标准化考试评价到适应学生发展规律的多元化评价体系，学校不断引领教师关注教育发展趋势，学习并落实教育改革新理念，以更好地贯彻以学生为中心的教学深度变革，不断提升教育教学水平，也在勤学致知中感受教师责任与使命带来的意义和价值。

1. 构建在线教学的“四全育化”新模式

卢晓菁

【摘　要】居家在线教学隔离了学校作为物理空间的存在，凝聚师生分散的教学行为需要学校教育思想、课程资源和教学实施途径的更新迭代。民立中学以全在线育主体、全融合育技术、全开发育课程、全部门育管理的“四全育化”在线校域管理新模式，平稳有效地组织实施了疫情防控时期的在线教学，为混合式教学、未来学习中的学校管理提供了一种有益的实践案例。

【关键词】在线教学；四全育化；学校管理

疫情防控人人有责，居家学习教育先行。突如其来的形势，打破了原本程序化的师生面对面课堂教学组织模式，学校教育方式迎来前所未有的挑战。“停课不停学”，依托区域互联网和信息化教育资源，科学把握特殊时期的学校教育内容和教学活动安排、努力挖掘学校教育理念和管理方式在新形势下的传承和革新，是我们面临在线教育新年“大考”的基本考虑。

上海市民立中学作为上海市首批“二期课改”实验基地，学校以博雅教育思想为统领，近年来积极开展“面对面教学和在线教学相结合”的混合式学习路径拓展的实践探索，坚持用信息技术提升教学效能，为本次突如其来的全面在线教学打下了必要的教学基础。同时，全面在线教学形态也更新迭代着学校博雅教育思想本身。因此，我们提出了校域在线教学的“四全育化”新模式，即全在线育主体、全融合育技术、全开发育课程、全部门育管理，突出对居家学习阶段的因材施教，隔屏不隔爱，保障学生身心健康、全面发展不缩水。

一、全师生在线，落实教学主体

学校教育的核心要素是人，见屏不见人的在线教育更需要关爱到每一位师生，不让任何一位师生掉队，让每一位师生都能参与在线教学、能不断改进在线教学，才能协调、发挥好在线教学环境下的多元主体作用。

民立中学在线教学建立校长室、“教导处—教研组—备课组—教师”和“德育处—年级组—班主任—家长＋学生”三级管理体系。紧紧抓住教学、德育这两条工作通道，畅通信息传输，发布教学安排，精准排摸居住健康信息和教情学情，做到消息不隔天、关心不隔夜，全力推进在线教学各项工作。

在助教方面，学校除了组织教师全员参加上海市、静安区两级的在线教学专题培训外，更多的是倡导和激励同侪互助、同行协作、优法共享，并以在线教研会议、备课研讨、实时消息推送等途径，让每一位教师知悉学校在线教学的整体运作情况。在助学方面，学校采取多种途径加强学习指导，注重疫情防控知识普及和抗疫阻击战的课程资源开发，细化在线学习准备和学习方法指导，加强体育卫生教育、心理健康教育和劳动素养教育，突出成博雅之才的广义学习。

挑战面前显担当，教师不分年龄，学生不分远近，保证每一位师生都能够安心亲历本次突发在线教学，是学校全员育化行动的焦点所在。根据摸排到的师生情况，我们对学校远在外地的教师、远在外地的学生和父母援鄂抗疫的学生这三类有特殊情况的师生，采取特殊照顾，一人一策，帮助他们克服困难，让他们以饱满的情绪共同参与到在线教学中来。其中，王老师是民立中学教龄较长的一名数学教师，疫情暴发后他滞留湖北老家，由于家乡的网速限制，不能支持直播授课，学校及时调整师资配置，让王老师安心留守。但王老师凭借着高度的为师责任感，克服一切困难采用提前录课、课余辅导等方式，全身心投入到了这场在线教学之中。至此，在学校全体师生的共同努力下，教育部“停课不停学”的号召在我校得到了百分之百的落实。全员在线，面向全员，就是民立中学在线博雅教育的组织形式和基本出发点。

二、全融合实施，坚实教学支持

实施在线教学的困难在于师生要利用新的教学工具、适应新的教学环境、采用新的教学模式，不可避免地产生教师教学技能恐慌和学生学习状态散漫的现象。为此，学校引导教师积极提升在线教育能力，合理使用多样化教学软件和平台功能提高授课效率，科学使用统计软件精准把握学生的学习情况，及时使用社交软件保障与学生交流顺畅。

在近一个月来的在线教学中，我们依据上海市“空中课堂”的课程时间和内容，结合各年级特点与实际情况制定“民立中学在线教学排课表”，依托钉钉智慧教育平台师生在线互动功能，灵活采取“市‘空中课堂’视频＋学校教师答疑拓展”“学校教师教学主播＋连麦互动”“在线学习检测（如云背诵、云默写、在线答题等）”“在线个性化爱心辅导”等多种教学组织方式，全面融合近年来教师在混合式学习课题研究中积累的技术应用和成功经验，做好在线教学的信息技术的坚实支撑。

在提高在线教学效能的技术融合实践中，我们既有备课组、教研组层面的共同平台和资源应用，也有教师个人的摸索、借鉴和创新。如一些教研组把在线教学与组室云平台、组室公众号等相结合，让更多的师生加深对知识的理解与把握；如英语组、地理组、政治组、语文组、体育组等通过微信公众号推介专项学习内容，物理组、化学组、信息组等在云平台共享学习资源；等等。为提高在线课堂教学的互动性、作业批改反馈的有效性，教师借助多种助教、助学、助互动的应用程序和网络平台，这对提高学生的在线学习兴趣和信息素养起到了良好的作用。

三、全个性开发，丰富教学内容

民立中学的博雅教育旨在培养具有“精深广博之学问，高尚儒雅之举止”的当代中学生，它的指导思想是科学教育与人文教育齐头并举。丰富更有质量品位、更富吸引力和挑战性的博雅课程，打造更有思维含量、更富深度学习的高效课堂，是落实博雅教育思想

的基本途径。疫情时期的在线教学，危中蕴机，抗疫防疫本身可以成为富有说服力、真实而生动的教育资源，居家学习中相对宽裕的学习时间和更加频繁的家庭活动，为课程开发、项目式学习、多媒体作业等带来更好的契机。

为满足广大学子的个性发展需求，我们从学校博雅教育的个性特质出发，鼓励教师发挥自身专业优势和个性特长，通过学生活动、课程开发、作业创新等途径，开发博雅课程资源并用微信公众号进行实时推送，较好地提升了居家学习的体验性、探究性和丰富度。其中，语文组进行的抗击疫情学生征文评选、物理组进行的单元实验视频作业、体育组进行的居家健身活动指导等都具有一定的代表性。

同时，学校从立德树人出发，由德育处牵头，联合多个学科教研组进行跨学科课程开发，完成了包含十多个主题的"疫情及抗疫"专项拓展型课程，课程目标旨在增强学生对"新型冠状病毒"的了解和认识，指导学生养成从科学、人文、社会、心理等多维广博视角关注问题，培养学生保护环境及推动可持续发展的责任感。本次线上教学期间，正值我校年度四大校园节日之一的博雅艺术节的时间节点，我们"停课不停节"，拟定"以艺御疫・用志传情"主题，选择适宜于居家展演、适宜于线上同歌同颂的艺术活动，通过视频合成、线上传送、平台共享的形式，开展了一届别样精彩的在线艺术节，用艺术形式表达了民立师生对美好生活的感受和对抗疫英雄的敬意。

四、全部门行动，优化教学管理

全面在线教学的顺利开展和效能提升是一项新的系统工程，做好校园在线教学的服务和管理，离不开学校每一个职能部门的分工合作和每一个管理层级的守土担责。早在在线教学之前的寒假延长期间，学校就依托钉钉平台的组织架构，建立和运行了条线管理和扁平化管理的"工作群"和"好友"，每位教师至少联通着任教班级群、学科教研群和学生好友，学校行政和部门负责人融入所有相关班级群。群会议和教学视导是学校线上全部门行动的主要形式。

近一个月来，学校通过在线形式不仅完成了往年开学期间应有的教学教研管理会议，包括学校行政例会、教研组长会议、年级组长会议、党总支会议等；还根据线上教学重点关注的需要和线上会议交流互动的优势，召开了教研组长年级组长联合会议、初三高三毕业班教师会议、见习教师规范化培训会议等。群会议不仅是保持居家工作状态节奏、效率的闹钟，更是推动学校全面在线教学方式方法不断改进优化的方向盘和发动机。

学校对在线教学的视导包含三级：一级是学校层面的年级视导，二是教导处层面的学科计划视导，三是教研组、年级组层面的课堂教学视导。学校层面的视导主要针对初三高三毕业班（包括高二年级的学业等级考），学校全体行政在线进班听视频课；教导处层面的视导主要是在线教学方式、内容、进度和资源准备等，教师每周周四上传下周全部在线教学资料；教研组、年级组层面的视导主要是课堂教学环节的落实情况和教学效果情况。通过三级全方位教学视导，学校掌握了全校师生在线教学的整体面貌。了解了每一位教师在线课堂的基本方式，便能及时通过群会议、好友等线索，对其中发掘的亮点进行宣传共享，对发现的问题进行反馈纠正，从而有效地保障了每一位教师在线教学的实施得到不断优化。

疫情加快开启了学校教育走向“时时能学、处处可学”的未来学习序幕，居家在线教学隔离了学校作为物理空间的存在，靠什么凝聚一个个分散的作为“账号”存在的师生教学行为的合力呢？我们通过近一个月来的校域教育试验，这个答案越来越清晰了，那一定是维系教师、学生和学校之间的教育思想、课程资源和教学实施途径。从一定意义上看，防疫中在线教育的“停课不停学”，停的只是教育的物理空间利用，不停的正是教学的育人本质。

民立中学的博雅教育既是传统的教育思潮，又富含了促进学生全面而有个性地发展的新时代特征。民立师生既是博雅教育的实施者，也是博雅教育的对象，更加尊重教育主体、更加融合教育技术、更加丰富课程资源、更加优化管理体系，“四全育化”在线教育模式为混合式教学、未来学习中的学校管理提供了一种有益的实践案例。

参考文献

[1] 田爱丽.危机倒逼：系统变革下新技术支持的学校育人方式[J].上海教育，2020(09)：34－35.

（2020年发表于《中小学校长》）

2. 物理课堂实践个性化教学的思考与探索

鲍明丽

【摘　要】满足个性化学习的物理课堂，具有选择性、生活化和民主性的特征。基于教学实践的探索，梳理了内容订单模式、自主实验模式和课题研究模式三类个性化教学操作模式。在当前形势下，多元评价方式和信息化教学平台仍然是推进物理课堂实施个性化教学的重要力量。

【关键词】物理课堂；个性化教学；基本特征；操作模式

世界上没有两片完全相同的树叶，每一位学生都是一个独特的存在，具有相对完整和独立的内心世界，学生的个体差异是教学的起点和归宿。当前，面对知识急剧更新、信

息自由分享的社会现状，教育面临着新的挑战和机遇。社会的发展催促我们教育工作者摒弃基于现代机器大生产的“机械化、程式化”的课堂教学秩序，走向以尊重每一位学生个性、促进每一位学生发展为目标的教学形态——个性化教学。

物理课程作为中学自然科学学习领域的组成部分，体现了物理学自身及其与文化、经济和社会互动发展的时代性要求，肩负着提高学生科学素养、促进学生全面发展的重任。为了全方位达成课程目标，物理教学必须实现走向个性化的真正转变。在当前班级授课制模式下，思考满足个性化学习的物理课堂特征，探索物理课堂实践个性化教学的操作模式，运用多元评价方式和信息化教学平台推动教学改革等，都是促进物理课堂实践个性化教学的重要内容。

一、物理课堂满足个性化学习的基本特征

个性化教学是教师以选择性的教学资源，满足学生个别化学习，促进个体人格健康发展的教学实践活动。个性化教学所承担的使命有三重：从目的上说，就是教学要培养独特的、独立的个体和身心和谐、统一的个体；从过程上说，教学必须尊重个性发展的时间特征，服从个体身心变化发展的规律；从手段上说，教学要针对不同的个体采取个别化的教学方式、策略和技术。

中学物理课程是以观察和实验为基础，以物理现象、物理概念和规律、物理过程和方法为载体，以科学探究为主线，以提高全体学生科学素养为基本目标，满足个性化学习的物理课堂必须是选择性课堂、生活化课堂和民主性课堂。

1. 选择性特征

没有选择就没有差异，也就没有个性发展。能够自主选择是个性化教学的基本特征。学生的学习过程，实际上就是一连串的选择活动，从学习目标、学习内容、学习方式到学习手段，无一不是选择的结果。物理个性化教学的课堂，需要教师提供丰富的学习资源和多样化的组织形式，学生才能根据自己的知识经验、兴趣需要等主体性因素来选择那些最适合自己、对自己意义最大的内容作为学习的客体，根据自己的学习能力和学习风格选择某种最适合自己的学习方式开展学习。在新课程标准中，物理拓展型课程和研究型课程为学生个性化学习提供了宏观范畴，但个性化课堂教学需要在教学内容、学习训练、实验方法、学习小组等教学的不同方面提供可选择的方式。

2. 生活化特征

传统的班级授课制教学，以大规模向学生进行全面系统教学的优势实现了工业化式的知识输送，但学生的能力提升、情感态度价值观的培养等没有得到应有的重视。个性化教学的真谛就是回归学生的生活世界。“教育即生活，而不是生活的准备”，教育从生活中来到生活中去，教育回归生活，也就是回归了教育的本源。个性化的物理课堂教学需要改变学科本位的观念，全面反映物理学与技术、社会的广泛联系，从生活走向物理，从物理走向社会。此外，教学还需要加强学科之间的渗透，重视科学精神和人文精神的

熏陶，使学生了解现代科技在促进社会发展的同时，可能给人们带来的负面影响，从而逐步树立正确的科学观和发展观。譬如，顺时针与逆时针转动现象、白炽灯发光现象等，随着机械钟表和白炽灯的稀少，学生的感性认识都很少了，分析这些物理现象需要了解学生生活体验的状况。

3. 民主性特征

民主性是个性化教学的前提和保障。个性化教学是在个人特点的基础上展开的，以适应并促进个性发展的方式，实现具有完善个性的人的培养。个性化教学作为适合个人特点的教学，与让所有的学生接受划一性教育的教学相比，具有鲜明的民主性色彩。同时，教学的民主性还体现在民主的师生关系上，个性化教学中呈现的是一种平等、民主、和谐、教学相长的新型师生关系。教师不再只是一个传递信息的人，而应是师生间和生生间相互作用的促进者。科技发展日新月异，物理课堂中经常涉及信息技术、新材料技术、新能源技术、航空航天技术、生物技术等的应用实例，物理教师不再是百问不倒的万事通；还有像“自然界为什么只有两种电荷?”“为什么光速不能被超越?”等来自学生的直觉疑惑，都只能在民主平等的对话氛围中才可能积淀为探索创新的个性特质。

二、物理课堂实践个性化教学的操作模式

作为一种教学理念，个性化教学只有在教学实践中形成有效的课堂行为和操作方式，才能彰显理念持久的生命活力。随着物理教学改革的不断深化，课堂教学逐渐由偏重获取知识转向着眼于形成学力、由注重继承和接受转向重视创新和发展、由强调统一要求转向关注不同需求，物理教学质量不断得到提高。但是，在课堂教学中，仍存在教学内容偏多偏难、讲授过多、对实验重视不够、学习评价单一、现代教育技术的运用相对滞后等现象。所有这些，都是促进物理课堂实践个性化教学需要关注的重点。基于教学实践的探索，以下梳理了三类个性化教学操作模式。

1. 内容订单模式

有效地实践个性化教学的基础，就是准确诊断学习的个别化差异进而选择最匹配的学习内容。学生在课堂教学开始前，已经拥有的知识经验及其结构，在很大程度上决定了学生在学习过程中对外界环境因素的“过滤”和“筛选”，进而影响到个体后续学习活动的广度和深度。譬如，在物理学习中需要一定的数学知识，学生在数学基础上有着较大的个体差异，如比例式、解三角形、解方程、三角函数等数学知识常常成为影响学生物理学习的因素。

内容订单型个性化教学模式是指教师依据学习诊断，用订单形式为不同知识基础的学生提供难易程度不同的学习任务，学生通过完成“订单”任务达成学习目标的教学操作方式。图1为高一年级“机械能守恒定律”新课教学中的订单模式教学流程图。

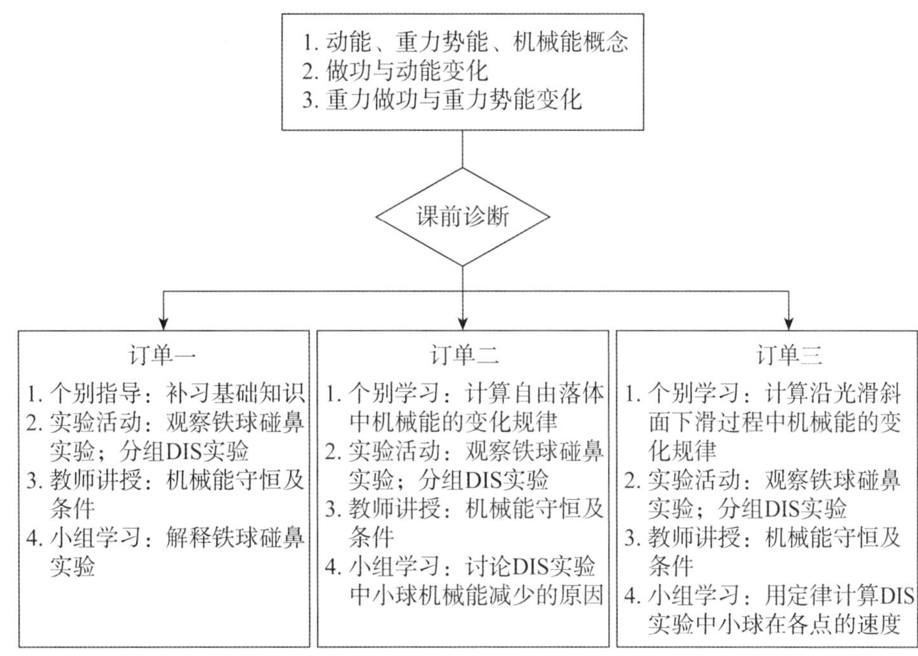

图 1　内容订单模式教学流程图

内容订单模式从学生的学习基础差异出发，关注学生的认知起点，以提供不同的学习任务单为手段，以满足学生差异发展需求为目标。此种模式尤其适合于学习基础相差悬殊、不宜于进行同步课堂学习的学生，能有效解决传统整齐划一教学中“吃不饱”与“够不着”的问题。

2. 自主实验模式

物理学是一门以实验为基础的自然科学。实验教学有利于学生掌握和运用物理知识与技能，体验科学探究过程，学习科学研究方法，提高实践动手能力，增强创新意识，发展对科学的兴趣和热情，养成实事求是的科学态度。因此，实验对落实教学目标有独特的、不可替代的作用。

在传统实验教学中，由于受到课时、器材数量、演示实验可见度等诸多因素的制约，教师讲授实验原理、实验现象、注意事项等内容所占时间较多，导致学生参与、体验实验过程的时间不够充分，难以自主分析解决实验中出现的各种问题，学生的探究欲望也就不能被激发和满足，使得实验教学同样烙上“机械化、程式化”的痕迹。

自主实验模式是指开放实验室，让学生参与实验器材的管理和自主选择使用，并积极利用身边器材设计完成简易随堂实验或小制作的教学操作方式。此种模式最大限度地发挥了实验室的作用，学生将实验室器材看作自己的“家当”，悉心爱护，积极使用，为学生的个性化发展提供了实践场所。图 2 为高二年级主题复习课“滑动变阻器的两种使用方式”的自主实验模式。

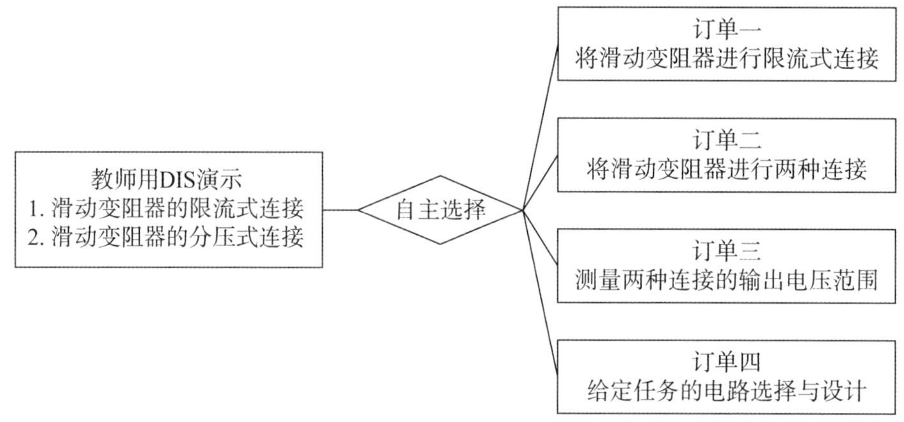

图 2　自主实验模式教学流程图

3. 课题研究模式

课题是学生学习的载体，也是个性化研究的内容，选择课题的过程，就是激发学习兴趣、挖掘个体潜能的过程。课题研究是以问题为起点、以研究为中心，面向整个生活世界，充分发挥学生自主能力，强调团队合作，重视实践体验的体验式学习活动。课题研究对于改变学生单一的学习方式，促进学生整体和谐的发展，培养学生创新精神和实践能力，发展学生的多元智能并形成健全的人格具有独特的作用。因此，学生参与课题研究的过程，也就是极好的个性化学习过程。

物理研究课题可以大致分为探索性物理实验、科技制作、新科技问题的学习报告、社会调查、扩展性学习等几个不同的类型。物理教材中给出了几个研究课题的参考资料或研究途径，学生可以从中选用，但更需要师生结合教学进程，根据地域资源和科技发展，提出丰富多彩的研究课题。课题的研究成果可以是小论文、科学报告，也可以是制作的仪器、设备。课题研究需要以课内外结合的形式进行，但研究过程中的开题论证、汇报交流等环节需要在课内进行。

个性化教学的课题研究模式，是指教师开发丰富的课题资源，学生根据自己的兴趣选择课题进行学习研究的教学操作模式。图 3 为高三年级学习了“圆周运动和万有引力”后设置的“走近月球”课题研究模式。

以上三种操作模式，阐述了从不同角度实践物理课堂个性化教学的路径。在这三种操作模式中，内容订单模式是个性化课堂教学的基本组织形式，它规划着课堂教学的学习目标、学习资源、学习方式以及自主实验和课题研究的组别等。自主实验模式是物理学科属性的必然要求，也是深化物理教学改革的难点所在。课题研究模式是促进个性化教学的最有效方式，其使用的频度和效果也是个性化教学程度的极好检验。在推进物理课堂个性化教学的进程中，需要科学设置内容订单，积极开发自主实验和研究课题，让物理教学过程成为学生个性彰显和优化的舞台。

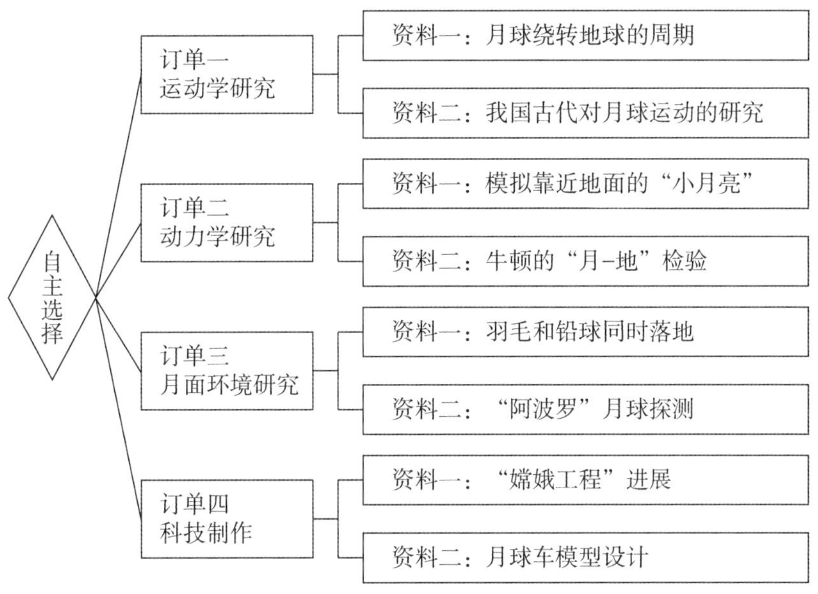

图 3　课题研究模式教学流程图

三、物理课堂提升个性化教学的助推力量

个性化教学追求实现不同学生最大的有差异的幸福与发展，作为一种教学理念的贯彻，需要教育教学的各个方面形成合力。在当前形势下，多元评价方式和信息化教学平台仍然是推进物理课堂实施个性化教学的重要力量。

1. 多元评价方式

差异发展离不开多元评价，多元评价体系不仅是个体发展的标尺，也是实施个性化教学的有力保障。评价不在于区分学生物理学业成绩的优劣，而是为了更好地发现学生的个性特征，帮助学生正确地认识和完善自己。个性化的课堂教学评价，需要把学生放在整个教学活动中，运用多种评价方法，从多个角度评价学习过程，关注学生的学习体验，全面考察三维教学目标的达成程度。物理课堂对学生学习评价的内容，不仅包括基础知识、基本能力和基本方法的达成效果，还应包括学生参与教学的主动性和积极性、学生创新精神和实践能力的体现、学生人格培养和个性发展的历程等。

为了推动基于内容订单模式的个性化教学的实施，物理课堂教学需要处理好即时评价、订单评价和阶段评价之间的关系。教师在课堂上通过瞬间的信息反馈，及时把握学生的情感动态，用各种方式将学生的进步即时地传递给学生，一句表扬的话、一个肯定的微笑、一个鼓励的眼神、一片热情的掌声，这种适时评价是个性化课堂民主性特征的最直接反映。内容订单本身规定了不同个体的课堂学习目标，因此尊重了学生的订单选择，同时也应该尊重相应订单下的任务达成程度和评价标准。在回归了生活世界的学习中，探索未知和追求发展应该是学习过程中的主旋律。为了给学生提供课堂内容自主选择的可靠依据，还需要进行阶段评价，即通过对一个阶段内订单评价的分析，收集尽可能多的信息，依据丰富翔实的材料对学生的阶段学习作出描述性评价，提出可以改进的方向。

2. 信息化教学平台

教育信息化是教育现代化的核心特征。随着信息技术和电子产品的日新月异,网络交流已经逐渐变成学生生活的常态,他们的学习方式也会随之发生根本的改变,因此信息素养和数字化学习能力已成为学生个性特征的组成部分。在物理课堂教学中,信息技术不仅是教学的辅助手段,更重要的是要通过物理学科与信息技术的整合,推动学生学习方式的改变,促进物理课堂教学模式的变革,为全面提高学生的科学素养开辟新的路径。面对爆炸式增长的信息,传统的班级授课制已经不可避免地成为个性化学习的巨大瓶颈。具有"实时评价""在线互动""个性定制""仿真模拟"等特征的个性化学习平台,将会极大地推动个性化教学向深层次发展。

在物理教学中,教师需要适应信息时代的变革,整合物理教学与信息技术,及时构建信息技术平台。譬如:在实验教学中,采用数字化实验技术如DIS等,拓展学生进行实验探究的时空;在课题研究中,充分利用诸如电子书籍、电子期刊、数据库、数字图书馆、教育网站和电子论坛等网上物理教育信息资源,使合作学习、个性化学习真正成为可能。此外,可以使用数码摄像机、游戏等工具或装备,让学生从单一的信息消费者转变为参与构建信息的生产者,学生个体的优势潜能将会得到充分挖掘和提升。当前,iPad进课堂或"电子书包"项目已在一些学校试点应用起来,基于技术的物理个性化课堂教学研究将是一个全新的课题。

参考文献

[1] 王庭波,刘艳平.个性化教学模式的实践探索[J].课程·教材·教法,2011,31(08):24-29.

[2] 邓志伟.个性化教学论[M].上海:上海教育出版社,2002.

(2013年发表于《物理通报》)

3. 开发英语校本课程,提高学生跨文化交际能力

金　蕾

(中学英语高级教师)

【摘　要】语言与文化密不可分,这种天然的关系决定了语言学习不能独立于文化学习之外。但在实际生活中,我们的英语教学往往侧重于讲解语言知识,对文化意识没

有给予足够的重视。从2011年起，我一直探索开发英语类校本课程“英美文化视窗”，试图另辟蹊径让学生有更多机会接触英美文化，激发学生学习语言的兴趣，丰富他们的词汇量，提高他们的跨文化交际能力。开发英语类的校本课程，是提高学生跨文化交际能力的有益途径之一，也是教师挖掘自我潜力的良好契机。

【关键词】英语校本课程；跨文化交际能力

一、引言

语言是社会的产物，是人类历史和文化的结晶，是文化的重要载体。语言和文化密不可分，这种天然的关系决定了语言学习不能独立于文化学习之外，“人为地先语后文，或先文后语，厚语薄文，或厚文薄语，都是违背语言和文化之间的内在关系的”。但在实际生活中，我们的英语教学往往侧重于讲解语言知识，对文化意识没有给予足够的重视。因此，当我们的学生在对外交流时，时常会由于对西方文化知识的匮乏而出现种种交流的障碍。作为一名在一线从事英语教学的教师，我一直很想在日常教学中更多地触及语言背后的文化，但往往限于固定的教学内容和过紧的课时，而不得不压缩对课文背景知识的介绍以及对文本深层次内涵的挖掘，心中不无遗憾。如何另辟蹊径让学生在学习语言的同时，感知文化，拓宽视野，提高学生跨文化交际能力，这确实是一个值得深思的问题。

从2011年起，我一直探索开发英语类校本课程“英美文化视窗”，试图通过让学生接触涉及英美文化主题的文本和视听材料，激发学生学习语言的兴趣，丰富他们的词汇量，提高其跨文化交际能力。经过三个学期的打磨，这门课程已初具规模，并得到了同行和学生的肯定。

二、理论基础

《普通高中英语课程标准(2017年版2020年修订)》指出，语言学习需要大量的专项和综合性语言实践活动等来发展语言技能。丰富多样的课程资源对英语学习尤其重要。因此，教师不妨在教授统一教材的同时，积极开发校本课程，通过多种渠道让学生接触鲜活的语言，开阔文化视野，进而使校本课程成为国家课程的延伸和补充。

那么何为校本课程？所谓校本课程(school-based curriculum)，就是某一类学校或某一级学校的个别教师、部分教师或全体教师，根据国家制定的教育目的，在分析本校外部和内部环境的基础上，针对本校、本年级或本班组特定的学生群体，编制、实施和评价的课程。我所开发的“英美文化视窗”这一校本课程，就是基于我校“博雅教育”的办学理念，立足高一学生对文化深层次的需求，以语言教学为载体，通过自编的视听教程，让学生了解所学语言国家的历史地理、风土人情、传统习俗、生活方式、文学艺术、价值观念等，提高他们跨文化交流的能力。

三、具体实施

1. 主题选择

英美文化涉及领域广泛，内容庞杂，如何让学生在一学期十六节课上较多地了解英美两国的文化精粹，选材是一个非常关键的问题。针对高一学生的知识背景，我在选材上依据如下原则：

（1）语言适中地道原则

高一的学生有一定的英语词汇和语法基础，但是让他们阅读文化类的原版读物，他们往往会力不从心，于是我选取了一本以情景对话形式介绍各国文化的读物作为授课的主要蓝本。由于每个主题都以对话形式展开，因此文中较少出现很难、很冷僻的词汇，学生学起来比较轻松。就算遇上一些生词，也是实用性较强的高频词，值得一学一记。另外这本书的作者来自英语国家，这就意味着学生所接触的是原汁原味的英语，这对学生的语言学习会起到很好的示范作用。

（2）文化代表性原则

文化涉及政治、经济、历史、艺术、宗教、民俗等诸多方面，作为一门校本课程不可能面面俱到，于是我选取了英美两国最具特色的文化标志作为授课内容，因为在我看来，经典的往往是最有价值、最有震撼力的。例如在英国板块，我向学生介绍了：伦敦标志性建筑大本钟；英国历史上最具影响力的两位女王——伊丽莎白一世和维多利亚女王；英国文学史上泰斗级剧作家、诗人莎士比亚；20 世纪 60 年代名噪一时的摇滚乐队披头士；闻名全球的英格兰足球；等等。虽然这些只是英国文化中极少的部分，但起到了抛砖引玉的作用。学生对英国文化产生了浓厚的兴趣，纷纷在课外搜集大量的相关信息，并带到课上与同学分享。

（3）题材贴近学生原则

在题材上，我注意结合学生的兴趣爱好。因为当教师关注的话题与学生的喜好相重合时，他们会产生积极的情绪情感，从而变得乐于学、勤于学。记得当我在介绍美国好莱坞这一主题时，我有意补充了一些学生感兴趣的内容。简介近几年来好莱坞拍摄的获奖影片，欣赏部分片中的经典台词。这一主题我给学生上了足足三个课时，学生几乎节节课都情绪高涨，反响热烈。

2. 教学步骤

有了精彩纷呈的教学内容，如何教授也大有讲究。一般来讲，每个主题我都会采取如下的教学步骤，每每尝试，都颇有成效。

（1）描述中引入主题

为了吸引学生学习的兴趣，每节课我都不直接向学生呈现主题，而是以描述的方法用三到五句句子道出与主题相关的种种特征，让学生猜测今天上课的内容。在好奇心的驱使下学生会更快地投入到新的学习任务中。

（2）实践中提高听力

听力是语言交际的重要组成部分。美国外语教学法专家里弗斯（W. M. Rivers）和

坦珀利（M. S. Temperly）曾对以英语为母语的一般成人在听、说、读、写四方面做了调查，结果表明：听占语言交际活动总和的45%，说占30%，读占16%，写占9%。这说明听是领会和吸收知识、信息的最重要的途径。我开发的校本课程旨在提高学生跨文化交际的能力，无疑提高学生的听力是我这门课的重中之重。在课上我会匀出至少十分钟的时间让学生多听原汁原味的英语，让学生感受语言，提高听力。

具体分如下五步。第一步，自编听力练习以提高学生把握大意的能力。即用陈述性的语句把原本对话式的文本缩短成150字左右的介绍性短文，并设计一道听写填空（spot dictation）的练习题，让学生填入十个涉及主旨大意的核心词。其中6—7个词是机械性听写，剩下的则需要在理解的基础上稍作变化，有词性变化，也有近义词转换。第二步，在正式进入听力环节前，预设若干问题，以了解学生对背景知识掌握的程度。当发现学生对所谈论的主题认知有限时，要及时给他们补充必要的信息，为他们随之进行的听力练习提供一定的知识储备。第三步，放录音2—3遍，让学生在实践中提高对语言的敏感度。第四步，校对答案，使学生得到确切的听力信息。第五步，学生再听录音，辨出每一个关键词，尤其是刚才没有听出的部分，以提高他们的英语听力。

（3）语境中学习词汇

在听力练习结束之后，我给每位学生一份录音文本，让他们悉心研读。对于他们陌生的核心词汇，我并不直接给出解释，而是让他们通过上下文猜测词义，从而培养他们的阅读能力，加深他们对新词的印象。当学完整篇文本后，我要求学生运用文中的核心词汇复述课文。一来二去，他们对于这些重点词汇的掌握从理解层面上升到了运用层面。但要做到让学生把这些词汇内化于心，仅靠两遍的重复是远远不够的。接着，我又设计了一个教学环节，即让学生自己创设一个语境，用对话或小品的形式把新学的词汇贯穿其中。因为往往创造性的学习能最大限度地调动学生的主观能动性，促进他们积极地学习、主动地学习。经过如此一环扣一环的教学活动，学生的词汇量和英语交际能力得到了发展和提升。

（4）探究中拓宽视野

学生在校本课上学习的内容是非常有限的，要想真正提高学生的语言交际能力，拓展他们的文化视野，教师还需有意识地培养学生自主学习、不断探究的习惯，主动把课内的学习延伸到课外。于是在这门课程的考核环节，我要求每位学生任选一个文化主题进行五分钟左右的介绍（presentation）。主题可以选择我上课讲过的，但得添加新的内容；当然，也可以选择其他主题。这就促使学生必须把视线延伸到课外，积极搜集和主题相关的各种材料，并加以分析、整理和概括，最后以语言表达的形式把获得的信息传递给同学。这一探究性的学习方式，会让学生感受到自己强大的学习力量，从而乐意今后再次尝试。另外，学生在完成这项任务的同时，也增加了词汇量，拓宽了文化视野。

四、结束语

开发英语类的校本课程，是提高学生跨文化交际能力的有益途径之一，也是教师挖掘自我潜力的良好契机。当一名教师有着扎实的专业素养和丰富的文化底蕴时，他

（她）一定能更好地理解和驾驭课标内外的各类教材，使课堂教学魅力四射！

参考文献

[1] 胡文仲.文化与交际[M].北京：外语教学与研究出版社，1994.

[2] 唐倩霞.开发英语校本课程，强化跨文化交际教学[N].21世纪英语教育，2012（第234期）.

[3] 黄若容.提高英语听力课教学质量的尝试[J].外语界，1998(02)：29－33.

（2014年发表于《静安教育》）

4. 个性化教育提升教学效能

——对“染色体变化”学具模型的构建教学案例的调查与分析

张　颖

（中学生物一级教师）

正如世上找不到两片完全相同的树叶一样，我们也找不出个性完全相同的两位学生。有研究表明，人的差异是与生俱来的，即使通过后天学习，也很难消除其差异性。这一客观存在就要求我们的教育必须打破整齐划一的教育模式，针对学生的个性特点，进行个性化教育。笔者在实施细胞分裂内容教学过程中，采取了两种不同的课堂教学方式，并通过问卷调查的形式对教学效果进行了调查分析。由此发现，在实际教学中，采取教师策划、学生动手构建减数分裂过程中“染色体变化”模型的教学方式，既能激发学生探究减数分裂过程的欲望，同时也能加深学生对减数分裂过程中各知识点的理解；教师也能有效利用不同学生在构建模型过程中的差异实施个性化教学，尊重学生的个性，提高生物教学效能。

一、调查背景

细胞的减数分裂是整个高中阶段生命科学教学的难点之一，而对减数分裂的理解又是学生紧接着要学习的遗传规律的细胞学基础，只有真正掌握细胞学基础才能理解分离规律和自由组合规律的实质。传统的教学重视教师的教，教师在课堂教学中对整个细胞分裂过程中染色体行为主要运用挂图及动画的演绎形式进行精讲、反复讲解，以帮助学生掌握相应的知识点。经过多年的教学实践发现，使用这些教学手段对学生理解教师

在课堂中提出的问题有一定的帮助。例如，动画的演绎解决了挂图的静态问题，但学生看过就忘，动眼不动手，因此不能真正地实现信息向知识的转化，课堂教学的后续性也会变差。其主要体现在：学生在课堂中能听懂，但回家完成习题却存在一定的困难；看似上课学生已掌握的知识其实只是机械的重复，并且在后续的学习中也会产生困难，学生的学习过程也会比较“沉闷”。

在“减数分裂”一节中有这样三个基础问题：①对减数分裂过程中的各种遗传物质名称的理解。②减数分裂过程中染色体的行为。③染色体、染色单体、DNA 分子数、同源染色体对数之间的数量关系。大部分学生在学习“减数分裂”一节时经常会遇到困难，主要原因是容易遗忘知识点，过后往往需要进行大量的习题训练才能逐步掌握知识点。

二、调查方法

笔者连续三年对本校高二学生进行常模调查，主要调查形式为学生访谈和作业习题检测。

1. 学生访谈

访谈对象：每班选 6 名学生，其中男、女生各 3 名；再按他们以前的生物成绩（优良、中等、差三个等级），每个等级各选 2 名。

访谈内容主要涉及：对这节内容的兴趣度，学习方法，与以前知识的相关度，对本节内容难易度的感觉，觉得该内容最难的原因。

2. 作业习题检测

连续三年全年级所有学生在课堂教学后完成相关作业。作业内容包括：①减数分裂过程中的各种遗传物质名称的理解。②减数分裂过程中染色体的行为。③染色体、染色单体、DNA 分子数、同源染色体对数之间的数量关系。每个知识板块各 10 题，可以参考书本笔记，限时 30 分钟。

三、相关调查结果与分析

1. 调查结果

通过学生访谈得知：①学生觉得减数分裂这一节很难，几乎可得难度值满分 5 分。②学生对这节内容的兴趣度不高。③在这节内容的学习过程中，在课堂中能听懂。但听过看过就忘，回家后只在脑中留有大概，回家作业基本靠自学。④在几个知识板块中觉得最难的是几组数量关系的转换。⑤本节内容与以前学习的知识有一定的相关性但相关度不大。

笔者就学生通过课堂教学后对教学知识的理解程度，对知识点中相关概念、染色体行为及相关数量关系的转换的理解进行作业习题调查，其调查数据如下：

知识点	相关概念理解	染色体行为理解	相关数量关系的转换
课堂教学后学生的掌握率（%）	72%	70%	50%

2. 结果分析

从学生的访谈中可知学生觉得这节内容难，因为本节内容中出现的概念较多，在课堂教学中教师运用动画演绎的方法解决了学习细胞分裂从静态向动态转变的问题，但是学生动眼不动手，看过就忘，印象不深。所以学生的兴趣不高就有可能与教师的课堂授课方法以及本节内容有关。

从以上作业检测调查结果数据可以发现：学生当堂对每个知识的理解程度并不高，特别是对相关数量关系的转换板块掌握程度尤其差。究其原因，相关数量关系的转换属于能力迁移的难度。它的掌握程度取决于前两个板块的理解和掌握程度。知识板块之间并不是孤立的，而是有着内在联系的。这样的局面意味着课堂效能有很大的提升空间，每位学生对难点的掌握在面和度上是不同的，因为每位学生的认知水平、认知方法、认知习惯是有差异的。所以他们的认知局限性也具有个性化。例如有的学生不善于空间想象力，所以在理解减数分裂过程中染色体行为时就会产生疑问；有的学生不善于图文转换，就很难解决读图题；还有的学生不善于数形转换，对于各种相关数量关系的转换就会存在认知局限。传统的授课方法教师很难在课堂中兼顾到每位学生，所以要了解他们的认知起点、认知盲点，而学生学具模型构建的教学方法可以在教学过程中使学生的隐性问题显性化，让学生在学习过程中既动眼又动脑、动手，调动学生的多个感官；使学生学习、记忆、理解、运用能力都加强，并在对相关概念和染色体行为的理解和掌握度提高的基础上进一步加强对各组数量关系的转换的掌握。

四、应对策略及课堂改进

1. 学生生物实物学具模型制作并运用的策略

实物模型既可以给予学生更强的感官刺激度，也会引发学生张扬个性的欲望。学生自己制作的模型被运用于课堂教学，其主动参与课堂教学的积极性可能会被激发。该策略的具体做法是教师策划、布置了让学生自己制作一个细胞中的染色体模型的任务，要求学生发挥自己的智慧，运用各种材料制作心目中的“染色体变化”。任务一下达，学生就热烈讨论并查阅起教材来。笔者期待学生制作的模型能清晰地体现他们的相异构想，如果学生能把模型制作出来，那么他们对“染色体变化”的理解就不一般了。交上来的学生作品“精彩纷呈”，虽然里面包含了诸多知识上的“错误理解”、形式上的“稚能”，但笔者看到的更多的是学生的那份“真情参与”。笔者想这些模型不能简单地摆放与呈现，而是应该很好地被利用。通过这些个性化教学资源，可以了解每位学生的认知情况从而激活课堂，丰富课堂教学；同时有助于学生建构正确的概念和知识框架，真正理解减数分裂的实质，突破难点，实现知识要点的内化，更重要的是转变他们传统的学习方式以及体现对他们“劳动”的尊重。

2. 主体认知隐性问题显性化策略

学生凭借自己对教材内容的理解，构建的“染色体变化”模型中产生了很多种错误。错误是显性的表现，它折射的是学生的相异构想、学生的知识“盲区”。犹如废弃物，假如不去利用它，其就成为“垃圾”；但合理充分地利用它，它就是一种放错地方的

资源。所以“染色体变化”模型构建中的错误被利用好的话就是很好的个性化教育的资源。对个性化课程资源进行有差异性的“归类”诊断并针对性提出改进方向是发挥其价值的前提。

学生制作的“染色体变化”模型中有很多错误，经过诊断分析，这些错误大体可分为三类：

错误一：一对同源染色体是同种颜色的。

产生这种错误的原因是这部分学生只注意了染色体的形状，而没有真正理解组成一对同源染色体的两条染色体的来源和所携带的遗传信息的不同。

错误二：一对同源染色体的大小有明显的差异等。

产生这种错误的原因是学生没有体会构成一对同源染色体的两条染色体在形态结构上应该是完全相同的。

错误三：有的两条染色单体是两种颜色的。

产生这种错误的原因是学生在理解同一条染色体上的两条染色单体的来源时发生了差错，并且也有可能没有理解两条染色单体上的遗传信息是完全一致的。也没有真正理解为什么每条染色体有两条染色单体，含有两条完全相同的 DNA 分子。如果学生完全理解和掌握一条染色体上的单体数量和 DNA 分子数与染色体的外形的关系（大叉形还是一字形），那么一个细胞中各对数量关系的相互转换也迎刃而解了。

通过对这些问题追根溯源、解析，能使学生较快地找到自己制作模型过程中产生错误的原因。在生物课堂教学中将错就错，错误暴露无遗，通过同伴互助、自我反省，使学生自己发现错误，进一步分析造成错误的根源，从而形成正确的知识概念。建立在理解基础上的知识，是真正属于自己的知识。变“学生的错误”为教学资源，让学生自己去面对错误、感悟错误、纠正错误，比教师单纯地灌输知识更有效。

3. 个性化教育资源演绎的动手再现策略

对“染色体变化”模型中的错误进行动态的演绎，可以促进资源再生。因为在学生利用模型演绎减数分裂各时期染色体特征时往往会碰撞出思维的火花，而这些火花又是独特的个性化教学资源，及时发现并合理地利用这些个性化教育资源能切实提高课堂教学的有效性。

例如在课堂中请学生推断并演绎减数分裂的过程，有的学生可以顺利完成，而有的学生会遇到困难。学生在演绎减数第一次分裂时没有让同源染色体分离而是让不同对的分别进入两个子细胞，那么哪种方式是正确的？有的学生回答都一样；而有的学生就提出是不同的。如果再进行第二次分裂同源染色体不分离，形成的四个子细胞中就会出现染色体数目减半，再通过受精作用遗传信息也会丢失，所以只能是同源染色体分离。

由此，可以使学生理解减数第一次分裂的本质特征，也有助于学生在今后学习遗传规律时理解基因的分离规律。

又如可以让学生分别连续摆出减数第一次分裂、减数第二次分裂和有丝分裂前、中、后、末各时期的染色体情况，这样就可以使学生区分这三种分裂方式每个分裂时期染色体行为的不同。

再如请学生再次摆出减数第一次分裂末期的细胞，并有意识地统计全班学生认为同种颜色染色体和不同颜色染色体在一组中的数量的情况，使学生理解这两种情况如果在统计量足够多的情况下比例应该是1∶1。这样就为学生以后理解基因的自由组合规律打下基础。

课堂教学是一个动态的、不断发展的过程，这个过程既有规律可循，又有灵活的生成性和不可预测性。教师、学生在交往互动中生成的课程资源，就是个性化的教学资源，只要我们注意挖掘，这些都有可能成为开启学生智慧之门的钥匙。

4. 个性化课程资源反思的生动评价策略

对"染色体变化"模型建构中产生错误的根源的反思，先由学生自己进行相关的点评、评价，随后教师点拨。这些反思对学生的思维、兴趣的激活，情感的调动，态度的形成，都会产生积极的影响，也使教学中情感、态度与价值观目标的实现有了可能，教学效能也会随之增加。

根据学生问卷的结果，99.1%的学生认为制作细胞中"染色体变化"模型这一活动非常有趣，他们认为这样的活动有新意，并且对帮助他们理解减数分裂效果显著。在开始布置这一活动时笔者并没有在制作方法和选材上给予学生提示，只是要求学生能够科学地演绎细胞分裂的过程。有相当一部分学生制作出了简单的、易用的、具有科学性的模型，而其他学生也能够在他们的基础上进行改进，模仿制作模型。正是因为每位学生都制作了模型，因此在课堂中对他们所做的模型进行评价时，他们兴致高昂；同时，在这一评价过程中又形成了个性化教学资源，能帮助他们完善对减数分裂过程中一些细节的理解。

在评价用什么材料制作模型以正确体现染色体形态时，学生有各自的看法：

① 绒线材料。因为绒线可以演绎分裂前期染色质变为染色体的情景，可以显示出在分裂后期两组染色体被牵向两极时放垂丝牵引的是着丝点，还可以演绎染色单体分离被牵向两极时染色体的两条臂的方向；但是不能科学地体现着丝点分裂的情况。

② 纸质材料。在平面形态上更逼真，而且在显示着丝点分裂时更科学。但是纸质模型只能体现染色体的模式图，与实际形态有所差异，并且不能体现立体效果。

③ 吸管材料。模型制作最方便，省时省力。但用吸管作为材料，染色体都是一样的粗细。

类似的争论没有绝对的答案，但是在这些争论中形成了个性化的课堂教学资源，提醒学生关注减数分裂过程中的一些细节。学生只有真正地掌握了知识点，才能对自己或他人的学习做出精准的评价；而且每一份评价是个性化的，学生能体会到科学是严谨的、有趣的、美丽的。

五、改进后课堂效果调查

通过新的课堂教学方式进行的关于细胞减数分裂的课堂教学，以学生自主构建"染色体变化"模型为教学方式并实施，笔者同样以问卷形式对这一改进后的课堂效果进行

了课后的调查，并得到如下数据：

知识点	相关概念理解	染色体行为理解	相关数量关系的转换
课堂教学后学生的掌握率(%)	84%	85%	71%

从表中数据可以看出，学生只有真正对相关概念和染色体行为都理解和掌握，才能把这些知识运用于相关数量关系的转换中，从而使三个板块的掌握度共同提高。

制作减数分裂"染色体变化"的模型，有效地激发了学生探究减数分裂过程的欲望，同时把学生制作的模型用于课堂教学又形成了大量可供利用的个性化教学资源。对这些个性化教学资源合理并及时地加以利用，可以在课堂教学中创设良好的学习氛围，充分体现学生在学习中的主体地位，使课堂教学更生动、更具活力。在课堂教学之后再对学生的掌握情况进行调查，发现教学效能的提升显而易见。

当然我们不能否认多媒体在传统课堂中的作用，多媒体的精确演示可以使学生体会减数分裂的过程是一个连续的过程，这是模型无法做到的。用不同的教学方法呈现知识点，加深了学生对减数分裂过程中各知识点的理解，使我们的课堂教学更具有效性。

六、结论

根据美国教育学家埃德加·戴尔(Edgar Dale)的学习金字塔，学生的主动学习效能要大大高于被动学习。

在课堂教学中，教材是教师传递"法定知识"的主要载体，它是以"公共知识"的形态出现的，这就造成教师、学生所具有的个人生活经验、情感、态度、价值观等内在生命化形态的资源被排斥在知识形态之外。学生对知识的获得，易停留在对结论性知识的记忆，而忽视对过程性知识的意义建构与体验，使得"个人知识"的存在缺乏合法性基础。有效地利用学生的错误这一个性化的、真实的、有价值的课程资源，提高教学效能。

基于高中生自我意识增强的心理发展特点，在这一阶段，课堂教学中让他们有更多的机会参与动手，以自身更多的实际经历、经验来掌握知识，将更有利于提升他们的课堂兴趣、提升课堂效能。但是在传统的以教师讲授为主的课堂教学模式下，学生这方面的需求很难得到满足。笔者所在的中学的学生学业水平处于全区中等水平，但学生在课堂主动参与生物课堂中的实践操作等方面的能力普遍较弱，而这些能力恰恰是学生在今后终身学习和参与社会中所应该具备的基本能力。希望通过改进后的课堂教学方式，提高学生相关方面的能力和素养。

(2014 年静安区个别化教学案例评比)

5. 以学习为中心的课堂观察

——学习目标与上课环节一致性的观察简案

杨旭芸

（中学语文一级教师，教导主任）

一、基于工具的课堂观察报告

<table>
<tr><td colspan="3">教材版本：沪教版　第 二 单元　第 九 课　课题：《爸爸的花儿落了》
学校：民立中学　班级：＊＊班　学生数：30 人
任课教师：＊＊　观察者：杨旭芸　观察日期：2014－04－04</td></tr>
<tr><td>学习目标</td><td colspan="2">1. 感受英子在成长过程中爸爸所给予的引导和爱。
2. 梳理英子的成长历程。
3. 品析看似平常实则蕴涵作者深刻情感的语句。</td></tr>
<tr><td>教学重点及难点</td><td colspan="2">1. 品析看似平常实则蕴涵作者深刻情感的语句。
2. 解读小英子成长过程中最艰难的一步。</td></tr>
<tr><td>教学目标</td><td>核心环节及时间</td><td>想法与建议</td></tr>
<tr><td>导入</td><td>……
环节：在文中找到“我”面对爸爸的去世的态度。
生：“从来没有过这样的镇定，这样的安静。”
师：那“我”面对父亲去世是怎样的态度？请在文中找到，“我”面对父亲的去世是怎样的态度？
生：“爸爸的花儿落了。我也不再是小孩子。”
师：“我”是怎样的态度？
生：“我”的态度是，“我”因为父亲的去世而感到自己肩上又有了更加重的责任，觉得自己大了。
师：注意，我问的是“我”的态度。“我”面对父亲去世这件事“我”最直接的态度是什么呢？请这位同学来告诉我是哪一句话。
生：“‘我知道是什么事了，我就去医院。’我从来没有过这样的镇定，这样的安静。”
师：很好。“从来没有过这样的镇定，这样的安静。”从来没有过。</td><td>想法：第一位学生的回答没有达到教师的预期，此处教师重复了一遍问题，并重点突出了“态度”二字，学生仍不得要领；教师依旧重复了问题的关键是“态度”，又另请了一位学生念原文，好在这位学生答对了。而观察第一位学生在整堂课中的表现，发觉其整体理解表达能力非常强，但此处的不理解究竟是什么原因，教师并没有关注。
建议：教师首先要认真倾听学生的回答，并敏锐发觉其中的问题，反思自己的提问，调整提问的方式。此处从第一位学生的答案来看，她回答的是爸爸死后“我”心里的想法，而不是态度所指的因对事的内在看法而显现出的外在表现。教师可以顺着第一位学生的话归结，这是“我”的心理感受，并引导“所以，‘我’表现得怎样？”，学生很容易得出“镇定、冷静”的结果，教师可顺势明确表现出来的才是“态度”。</td></tr>
</table>

（续表）

目标 1	核心环节及时间	想法与建议
感受英子在成长过程中爸爸所给予的引导和爱	环节：圈画在这六年中“我”都发生了哪些变化呢？为什么会有这些变化？（第一个主问题） 师：圈画好了吗？圈画好的同学抬头看着我。再给你们 1 分钟的时间。 师：好了，现在圈画好了吗？来抬头看着我，在回答之前，老师希望你们可以组织一下自己的语言，能够包含两个部分，一个是“我”发生了哪些变化，另一个是“我”为什么发生了这些变化。 …… 生：“六年前他参加我们学校的那次欢送毕业同学同乐会时，曾经要我好好用功，六年后也代表同学领毕业证书和致谢词。今天，‘六年后’到了，我真的被选做这件事。”“我”的变化是读书更用功了。 师：那变化的原因呢？ 生：爸爸对“我”……“我”好好读书。 师：六年前，爸爸期望“我”参加毕业典礼的时候能够代表广大毕业生上台讲话，六年后，这件事情“我”真的做到了。就是在这六年里“我”一直在？ 生(群)：努力。 …… 环节：继续交流“我”的变化，从胆小变为可以独自去银行汇钱，并分析原因。 师：很好，请坐。“爸爸!”有点撒娇的意味。“我”不情愿去做这件事情，但“我”最后还是去寄了钱。思考一下，“我”去正金银行寄钱，爸爸鼓励“我”——无论什么困难的事，只要硬着头皮去做，就闯过去了。那是不是爸爸只要鼓励“我”，“我”就可以做到这件事情了？比如说老师让你们去做一件事情，是不是只要鼓励你们去做，你们就能做成？还有什么？ 生：爸爸生病住了医院…… 师：不对，还是在这件事情里面找。除了爸爸给“我”的鼓励之外，还有什么？ 生：“‘闯练，闯练，英子。’我临去时爸爸还这样叮嘱我。” 师：嗯，爸爸的叮嘱，还有吗？还有没有同学有补充？ 生：“不要怕，英子，你要学做许多事，将来好帮着你妈妈。你最大。”	想法： 1. 此处教师要求学生圈画，真正留出了 5 分钟的时间，甚至又根据学生实际阅读情况再增加了 1 分钟，对于这样一篇篇幅相对长的文章，留出充裕的时间让学生阅读、圈画是很有必要的。教师在要求学生表达之前能要求学生组织好自己的语言，回答包含两个部分，这些提示对于养成良好的表达习惯很有帮助，因而有相当比例的学生回答问题能说一段话，这与教师平时的训练有必然的关系。 2. 当学生找到文中“我”从普通的小孩子成长为优秀毕业生这一变化，教师问及原因，学生支吾半天，回答从爸爸的角度转而向“我”的结果犹疑时，教师没有及时指出，而是通过自己的重复归纳引导学生齐答，将“我”变得优秀的原因归结为“我”自身的努力，无意识地将学生群体引向了一个错误的方向，完全偏离了学习目标 1。 建议： 教师要牢牢记住自己设定的学生学习目标，不可偏离。任何一个疏忽都有可能造成学生的困惑。此处教师若能仔细领会学生的意图，帮助学生把未表述完整的句子表述完整，爸爸对“我”的爱与期盼使得“我”努力学习成为优秀生，也就达成了学习目标。 想法： 此环节共用时 2 分钟，共提问了 5 位学生才找到了爸爸除了鼓励之外对“我”的帮助和指导。教师在提问之初就有对学生不能领会问题意图的担心，所以特地找了一位学生做了一个假设。因为是身边的同学，大家在情感上更融洽地接受了教师的假设，但学生基本未听懂教师假设的内涵，或者说教师在说这段假设时更多学生是习惯性地在书本上找答案，这从大部分学生回答问题时高高拿起书本的动作可以明显感觉到。但教师恰恰没有关注到这一细节，反复让学生思考一下，而不是再仔细阅读一下，在文章里搜寻一下。对于初中生而言，仔细阅读文本，从文本中找到依据来分析、理解人物，都是正确的阅读方法，而这些方法的掌握也得益于教师平时的训练。当然无须刻意安排，教师应该敏感地在教学中抓住训练阅读筛选能力的契机。

（续表）

目标1	核心环节及时间	想法与建议
	师：这些都是爸爸给“我”的鼓励，还有没有补充？ 生：“做大人，常常有人要我做大人。”…… 师：找错地方了，在爸爸让“我”寄钱的这件事情上，除了爸爸的鼓励，爸爸还给了“我”什么？思考一下。 生：“于是他数了钱，告诉我怎样到东交民巷的正金银行去寄这笔钱——到最里面的台子上去要一张寄款单，填上‘金柒拾元整’，写上日本横滨的地址，交给柜台里的小日本儿！” 师：这些是什么？ 生：爸爸告诉“我”的方法。 师：很好，爸爸告诉“我”的方法。	建议： 此处面对学生文前文后四处搜寻未果，教师可以缩小搜寻范围，或请学生念一下存钱相关段落，让学生梳理出爸爸除了鼓励还告诉了“我”什么，用“告诉”比“给了”问题指向更明确。此处短短几段，改变问法很容易找到答案。
目标2	核心环节及时间	想法与建议
梳理英子的成长历程	四个主要问题： 1. 在这六年中“我”都发生了哪些变化呢？为什么会有这些变化？（共用时16分钟） 2. 可是不是此时的“我”已经成为了那个面对重大事情可以镇定、安静而不再胆小的“我”？（“我”如何面对独自出席毕业典礼这件事？）（共用时6分半） 3. 可是“我”自己愿不愿意长大呢？为什么？（“我”如何面对离别？）（共用时9分钟） 4. 这些一个个离开了“我”的人，对于“我”来说最难面对的是？（“我”如何面对爸爸的离世？）（共用时4分半）	想法： 整堂课的教学设计围绕着英子的成长历程。教师有意识地按照英子的成长而打破了文章原先的叙述顺序，由浅入深地设计整个教学流程，让学生能够通过教师设计的问题一层一层看到英子的成长和蜕变而不感觉混乱。教师的重新设计也让学生更深入地领会了爸爸对英子的期盼与关爱。从最后几位学生的发言，让人感到他们上完课能够摆脱单一的伤感，看到文章背后英子的真正成长，认识到爸爸的花儿落了却催开了“我”的生命之花。这些都是基于教师对文本的细读、深读，以及对流程的合理安排、对问题的合理设计。
目标3	核心环节及时间	想法与建议
品析看似平常实则蕴涵作者深刻情感的语句	师：思考一下，此时为什么爸爸会有这样的动作——他看着“我”，摇摇头，不说话了。他内心有什么样的想法，他想说却又不能够说？你们能不能尝试着补全一下爸爸此时内心的语言？好好地思考一下，什么样的话是爸爸此时想说却又不能够对“我”说的？ 生：爸爸想要说，就是他快要死了，他又不能说，因为明天就是英子的毕业典礼，他害怕影响她的心情，她就不能好好地发挥。 师：他认为会影响英子的心情。还有没有要补充的同学？爸爸此时不能说出口的话，是不是仅仅只有这个原因？	想法： 本课中教师多次让学生投入角色，假设自己是主人公，让学生去体验人物的情感。而这类教学设计得到了学生较好的响应，可见通过平时长期的积累和训练，学生能体味平实文字背后丰富的情感。

（续表）

目标 3	核心环节及时间	想法与建议
	生：爸爸是想说——现在“我”生病了，说不定什么时候就离开了，如果现在你还依赖着“我”，那“我”离开了，你该怎么办？我觉得爸爸是想让英子应考自己去，不要老是依靠他。 师：好的。还有哪位同学想表达？ 生：我觉得爸爸应该是想让英子自己去面对自己的事情。 师：还有没有要补充的？ 生：爸爸心里当时应该想的是——他们不能以后都依赖着“我”，而且“我”现在生了很重的病，不知道什么时候就离开了他们。爸爸这么做是想让英子尽快地长大，好帮助她妈妈照顾弟弟妹妹们，因为她是家里最大的孩子。	

内容分析

• 教学环节与目标的内容、认知要求一致吗？

这堂课教师根据课文确定教学目标，但从目标内容而言，目标 1 比较适合学生的认知水平，目标 2、3 似乎都超越了七年级学生的理解水准。尤其是目标 2，要通过一堂课的学习把握英子的成长历程，是相当高的要求。而教师事先的深入研读，使得她觉得这篇文章对于七年级学生而言最有价值之处可能正是英子的成长，因而她也有把握确定相应的教学内容，设计符合学生认知规律的教学流程，通过四个有梯度的主问题来达成较难实现的教学目标。

围绕教学目标，教师确定了教学内容。教学从内容广义上讲是学生应该掌握的知识、技能，应该获得的思想、观点，以及是良好行为习惯形成的总和。这堂课，教师将进一步学习散文的阅读方法、把握人物言行背后的情感、学会体味他人的情感以及体验成长、养成圈画朗读和细读文本等良好的阅读习惯作为主要的教学内容，既能实现本堂课的教学目标，也对学生阅读习惯的养成、阅读能力的提升和长远发展有帮助。

在具体教学过程中，教师的节奏把握、语言表达、与学生的互动交流自然流畅，为学生的积极投入创造了良好的氛围。

• 教师在这类目标的教学上有什么特点？是否给学生提供了达成目标的机会？

这位年轻女教师对于文本解读很深入，也很有自己的见地，尤其是因为刚刚经历家庭变故，所以对《爸爸的花儿落了》这篇课文有特别的感触。教师完全将自己的情感融入对课文的理解把握，但又能理性地处理文本，做到收放自如，为的是让更多的学生领悟真正的父爱母爱。可以相信这位教师执教抒情散文会特别投入自身的情感，也会设计合适的环节，努力帮助学生去体会、理解作者的情感。

• 学生在这类目标的学习上有什么特点？

在教师平时一以贯之的熏陶点拨下，这个班级学生的阅读习惯、表达习惯都很不错：能够非常仔细地阅读，通过仔细阅读来提升分析理解文本的能力，并牢记以文本为依据来理解人物；在表达时，大部分学生能够清晰、连贯地表达自己的意思。

本课中几处处理得很顺畅的环节都是教师引导学生投入角色，假设自己是主人公，让学生去体验人物的情感，这类教学设计得到了学生较好的响应。可见通过平时长期的积累和训练，学生能体味平实文字背后丰富的情感。

• 教师该如何改进自己的教学？

总体来说，这是一堂非常成功的课，无论从教师的教学设计还是教学过程安排以及学生的学习效果，有很多可圈可点、值得肯定的地方。但是在教学中，还是多次出现了教师沉浸于自己的教学设计安排、等待学生回答自己预设的答案而对学生答案简单否定、置之不理的情况，因而错过了很多课堂生成。而学生中的相异构想可能是因为教师问题指向不明确，也可能是没领会教师的提问，或者是没有读懂文本，而这些问题通过比较辨析恰恰是能加深学生印象、提升阅读能力的。所以教师还得强化课堂以学生学习为本的意识，抓住各种教学机会，时时提升学生的学习效能。

二、关于评课、课堂观察的一些困惑

对于评课，我们其实是缺乏理论的，我们所谓的各种评课标准，以教学管理、课堂技法为出发点，也以我们自己的授课经验为参考，似乎缺乏专业性。

评课是一门学问，当我们尚未精于此道时，我们可以借鉴优秀案例。本学期所学的课堂观察工具和方法确实给予了我们明确的途径和方向，但是否会成为新的束缚；若观课、评课时，都拘泥于“教育教学”，尤其拘泥于其中的工具，是否会缺乏一种更为广阔的文化视野，这些都有待考察。

三、完成课堂观察后的一些体会

“以学习为中心的课堂观察”为我们提供的不仅是专业性较强的听课评课工具，它首先是一种理念的变化，是对课堂是不同学生个性化学习的学堂的真正认同。我们有时候跳出学科，甚至跳出教育，从人的高度来观察我们的课堂，兴许能发现更多课堂背后的价值诉求和理想追索。

若我们课堂观察的目标不是为了评价，而是为了把课堂当作自己“研究的领域 ”，那便会打开全新的思路。正如夏雪梅老师所言，课堂观察这种技术也会成为教师通往学生心灵和提升教育智慧的一条道路！

（2015 年发表于《静安教育》）

6. 运用微课教学促进学生数学自主学习能力

刘 一
（中学数学一级教师，初中数学教研组组长）

随着“翻转课堂”和“可汗学院”在全球迅速走红，微课成为教育界关注的热点话题。时任教育部副部长的刘利民表示，短小精悍的微课符合时代的要求，符合当今紧张的学习生活节奏。南京师范大学张一春教授等多位教育技术界的专家提出微课能使学习者自主学习获得最佳效果之类的观点，但没有具体的实验数据能说明微课是否真的能促进学生的自主学习能力。

因此，我就想将微课融入初中数学课程，进行教学实验，探寻微课在促进中学生数学自主学习能力发展方面的效果。

一、数学微课的特点

在这个课题成功立项之后，我便着手开始制作数学微课。经过一年多的实际操作后，我发现一堂优秀的数学微课不仅要继承微课“短小精悍”的特点，还需要关注以下一些方面。

1. 时间不宜长

通过观察和访谈发现：对于中学生而言，5 分钟左右甚至更短的数学微课的教学内容更容易被吸收。因此我制作的数学微课一般都控制在 5 分钟以内，如果 5 分钟内无法完成教学目标，则会将其细分成几个子目标，单独讲解。这样不仅能让学生在注意力高度集中的状态下学习，还提高了他们学习的便捷性。

2. 内容精简并完整

传统课堂中，教师为了强化学生对重点、难点的理解，或停顿多时或重复解释，而数学微课的精简之处，就是这样的停顿和重复不再需要。学生根据自身需求，可以任意暂停或者重播视频，达到对课程内容的充分理解。但要注意的是：一些我们教师觉得很简单的步骤环节不要轻易省略，否则会增加学生的理解负担。教师所要做的就是按正常的教学步调完整地讲解知识点。

3. 利用提问促进思考

不仅在课堂教学中能提问，而且在微课程中依然可以问。我常常在微课中会问“下面请同学们暂停一下视频，想一想如何求解下列这些问题？”，在微课结尾会问“这样的例子还有很多，请同学们再想一些，明天我们课堂上交流”，等等。在微课中灵活地运用“提问”是促进学生思考的有效方法之一。

4. 结合生活激发兴趣

在微课中，我不仅会告诉学生怎么利用知识来解决数学问题，还会让学生了解在生活中我们能用这些知识来做些什么。比如，有很多学生不知道为什么要学习素数，觉得这一类数字距离生活很遥远，从而导致这一章节的内容学生没学多久就会遗忘。因此我在介绍素数的微课中，先让学生了解素数是密码编译的基础，电脑中的一些加密文件的密码可能就是基于素数编译的，要想破解密码，首先就要掌握素数。短短的几句话，让学生体会到素数的强大作用，激发了学生的数学学习兴趣。

二、应用微课的数学教学设计

数学微课教学不仅仅是让学生们观看完微课就结束了，还需要相应的学习任务以及课堂教学予以配合。在研读了大量国内外微课在教育中应用方面的相关文献后，我发现了颇多闪光点：从美国林地公园高中的“翻转课堂”模型到“可汗学院”的即时反馈，从哈佛大学、斯坦福大学的同侪互助教学法到胡铁生教授提出的“非常 6+1”微课程框架，等等。参考了这些微课教学先行者的经历，再结合我班学生的学习能力，为了符合数学课程标准、达到每节课的教学目标，我应用微课将数学教学内容分为课外自主学习和课内互动探究两部分。

1. 课外自主学习

自主学习对于习惯了教师牵头走的学生来讲是比较陌生的，如果直接放手让他们自己摸索方法，可能会让大部分学生摸不着头脑并对“自主学习”这种学习方式望而却步。所以，要让学生学会自主学习就需要教师潜移默化的指导。

教师根据每一节微课内容设计相应的“自主学习任务单”，并要求学生在观看微课后完成任务单。

任务单中设有学习目标——为了让学生明确“我要做些什么”；学习任务——为了让学生了解“我学得怎么样”。

这一份任务单对于初遇数学微课的中学生来说尤为重要，它的作用不仅是巩固还有引导：一方面是对微课中所涉及的基础知识进行巩固，让知识得以内化，完成学习目标；另一方面是引导学生在每一次完成任务的过程中，体会该如何进行自主学习。

2. 课内互动探究

在课前，教师通过对学生的“自主学习任务单”的结果进行分析，了解学生自主学习的情况，关注学生们共性的错误，并在此基础上设计“课堂任务单”。课堂任务单由“巩固”和“提高”两部分组成：巩固部分梳理了学生的共性问题、易错点，对概念进行辨析；提高部分重在培养学生的知识应用能力，提升数学思维水平。

在课堂上，教师首先让学生以相互补充的方式对微课中所涉及的知识点进行回顾阐述，这一过程既是让学生对自主学习内容进行复习，又是对学生自主学习的成果进行检验。其次，教师和学生们就检验过程中暴露出的新问题以及任务单中反映的普遍问题一起进行探讨，对错误进行反思。再次，学生完成课堂任务单中的巩固部分，夯实基础，同时教师对于还存在问题的学生进行个性化辅导。最后剩下的大部分时间，学生们就以学

习小组的形式协作探究课堂任务单中的提高部分，教师在组间巡视观察，对有需要的小组进行点拨。

三、微课在初中数学课中的应用实践

1. 试验对象、内容、方式

这样应用微课的数学教学试验为期一个学年。试验对象是我校六(5)班的学生，一共 24 人。学生们小学时期均未接触过微课，也没有进行过任何自主学习方面的培训和实践。试验内容是上海教育出版社出版的六年级教材《数学(试用本)》整学年的课程。在试验前后，对这 24 名学生分别进行关于《中学生数学自主学习能力状况》的问卷测试。通过对两次问卷结果进行对比分析，观察使用微课的数学教学能否促进学生们的自主学习能力发展。

2. 问卷编制

参考了国外的魏因斯坦(Weinstein)等人的“学习和探究策略调查表”、宾特里奇(Pintrich)等人的“学习动机策略问卷”以及我国庞维国教授的“学习自主性量表”，按照李克特量表的形式，从数学自主学习动机、时间、环境、方法、过程、结果、创新性七个方面编制了“中学生数学自主学习能力状况”问卷，问卷中的问题类型分积极式和消极式两种。

在设计了 30 个问题后，将问卷发放给上海师范大学教育学院中一直从事青少年教育学研究的多名专家和我校的一线教师，让他们对问题进行筛选和更改。在他们的建议下，删改了一些含义模糊、意思相近的问题。修改后再请专家过目，最后剩下 20 题，打乱顺序制成“中学生数学自主学习能力状况”问卷。这份问卷是这些专家、教师集体的智慧结晶，所以问卷内容是具有专家效度的。

在问卷正式使用前，我先随机抽取了 8 名学生进行测试，测得克隆巴赫系数(Cronbach’s alpha)为 0.852，说明问卷信度较好，可用于试验。在 24 名试验对象首次进行问卷测试后，再次检测信度，所得到的克隆巴赫系数为 0.869，证明本问卷具有可靠性和稳定性。

3. 问卷数据分析

问卷选项由“非常不符合”到“非常符合”分别赋予 1 到 5 分的分值。若前测、后测的均值呈 1 到 5 分的递增趋势，就表示学生的自主学习能力有所提升；反之，则说明自主学习能力下降。

通过对收集到的问卷数据进行对比分析，得到数学自主学习能力前测、后测的总均值见表 1。

表 1　数学自主学习能力调查结果

问题	前测	后测
数学自主学习动机	2.083	3.472
数学自主学习时间	2.444	3.472

（续表）

问题	前测	后测
数学自主学习环境	2.319	3.986
数学自主学习方法	2.264	3.500
数学自主学习过程	2.139	3.569
数学自主学习结果	2.750	2.896
数学自主学习创新性	2.271	3.146
……	…	…

数据显示：试验前，学生们数学自主学习能力较弱；试验后，数学自主学习能力的七个方面均有提高。其中数学自主学习环境的涨幅最大(1.667)，其次分别是数学自主学习过程(1.430)、数学自主学习动机(1.389)、数学自主学习方法(1.236)、数学自主学习时间(1.028)，它们的增幅均超过1.000，这表明运用微课的数学教学对自主学习环境的营造、自主学习过程的调控、自主学习方法的培养、自主学习动机的激发以及自主学习时间的控制都有显著影响。数学自主学习创新性的涨幅略低于1.000(为0.875)，所以微课的运用对学生数学自主学习创新性的培养具有一定影响。而数学自主学习结果的涨幅较小，且试验后的总均值依然低于3.000，所以，学生对数学自主学习结果的处理受微课影响较小。

总的来说，经过一年的微课数学教学试验后，学生数学自主学习能力的总均值比试验前上升了1.110，也就是说上升了一个等级，这说明微课的运用对学生数学自主学习能力的发展具有一定的促进效果。

四、学生学习感想

一学年的数学微课教学结束时，我让每位学生匿名写了学习心得，摘录如下："视频时间不长，2分钟左右，却内容丰富。""视频中，老师在讲新知识时，会用不同颜色的笔来写，方便我们看清重点，在讲完要点后，老师会出几道题，让我们暂停视频自己做一做，当场检查一下自己的学习效果。""看视频学习的内容比书上大段大段的文字更容易记住，更容易掌握。""老师有时会举一些生活中的例子，使知识变得生动有趣。""当我听着老师生动的话语学习时，我立即有了一种无比轻松的感觉。""以前上课时，老师只能讲一遍，而视频就不同了，可以多次观看。""当我们忘记一些重要的知识点或想不起一些问题的解题方法，只需要再看一遍视频，重要的地方多看几次，就能帮助我们重新掌握知识。""老师用视频教学，就像老师随时在身边教我们一样，身临其境，既帮助我们提高了学习热情，也帮助我们节省了时间，大大提高了学习效率。"……

五、试验小结

经过一学年的数学微课教学试验，试验结果显示：微课的运用能够增强学生的数学自主学习能力。利用微课的数学教学在对学生的数学自主学习动机的激发、自主学习时间的规划、自主学习环境的营造、自主学习方法的培养、自主学习过程的监控以及自主学习创新性等方面都起到了积极的作用，改善显著。因为与传统教学相比，利用了微课的

数学教学能让学生们更轻松、更主动地学习数学，更敢于在课堂上表达、分享自己的想法，也更容易激发思维的火花。但在数学自主学习结果方面没有明显进展。所以，数学自主学习能力各方面的全面发展并非短时间就能完成的，需要教师长期的培养和学生不断的努力。

本次教学试验也存在一些不足之处，比如试验对象以及试验时间的局限性等。

总之，这次教学试验是对运用微课的数学教学效果的初探，希望试验结果能为在教育课程改革路上寻求有效教学方法的教师提供参考帮助。相信借助微课这一契机，再加上教师们长期的引导，一定会让学生们的数学自主学习能力更上一层楼。

（2016年“黄浦杯”长三角城市群“我的教改试验”征文）

7. 调整评价策略　提高课堂教学效率

——“持续性评价”在中学美术课中应用的初探

张　莺

一、在现状中思考

说到评价，我们都知道它是学校教育的重要组成部分，是教学过程中的一个重要环节。评价首先具有对教学目标达成度的鉴别功能，是对教师教学实施的反馈，更是对学生学习发展的一个检验。另外评价对教学双方往往还有激励功能，既可以激励教师改进教学方式，也可以激励学生在下一阶段的学习中改进学习方法从而更努力学习。

在中学美术教学中，评价一直是一个构成教学活动的重要组成部分。美术课是一门视觉艺术，教学的成果、学习的成果往往以作品呈现，其学习评价的一般做法就是最后教师根据教学要求给每位学生的作品一个分值或等第以表明该学生的美术学习水平。随着课改的推进和教学研究的深入，教师认为如此单一的评价越来越不能适用当前的教学要求。很多教师认识到美术学习的特殊性，采用自评、互评等多元评价手段和方法使评价呈现更多样的形式和更丰富的内容。但是在很多日常教学中乃至公开教学课中，教师还是比较多地针对学生作业的成品来做评价。通常评价环节是安排在教学最后，学生将作业一张张展示，教学进入最后的点评环节，教师会问“你认为哪张作品好？哪张不好？”，然后会继续追问学生“好在哪里？不足在哪里？”……学生往往会回答“我喜欢这张……因为他画的颜色很漂亮……”，等等。

对于这种司空见惯的现象，我们是否意识到这看似热闹的评价是否存在需要我们思考的地方呢？学生在评价作业时有没有具体的要求和标准并且是和这堂课的教学相关联的要求和标准呢？学生的这种评价往往特别感性，更多的是运用以往的经验来回答问题，往往会忽略那些针对本节课的知识、技能达成度的评价。这样学生对这堂课的教学目标理解度的评价往往会打折扣或体现不出来。另外这种针对成品的评价，往往带有个别性及表面化的特征。而就在这堂课中学到了什么、学得怎样、是否理解教学目标，学生可能不得而知。所以我认为这样的评价没有起到实质性的作用。这样的评价更多地流于形式最终没有真正地反映出学习的效果，也没有真正地提高课堂学习的效率。

当前中学美术教学中评价的现状应该是有比较大的提升和调整空间的。中学美术课教学中的评价不仅仅是针对作品而做的学习成果的鉴定，更应该体现它更大的作用，即能更为有效地提高教学效率和教学效果。我认为，评价可以是一种持续性的活动，作为一种学习方式、学习活动贯穿在整个教学过程中；也可以是一种更有效地促进学生对课堂教学目标理解的活动。这种思考来自美国哈佛大学研发的“为理解的教学(Teaching for Understand, TFU)”研究项目，他们认为理解不仅仅是知道而更是知道后的运用，认为教学的最大意义在于理解，所以提出了将理解放在首位的教学模式。TFU 所持的观点是：从行动中理解以及为理解而学习。理解活动使学生有机会更好地在行动中表达对论题的理解，持续性评价则告诉学生和教师学生做得怎么样、今后如何能做得更好。也就是评价可以作为一个过程持续在整个教学中，同时作为一种教学活动以帮助学生更好更有效地进行学习。

二、在实践中探索

鉴于这样的理论基础和对中学美术课中评价策略的思考，我做了如下以持续性评价为教学评价策略的教学实践。

1. 案例概述

教学内容为少儿版七年级教材“画面中的空间”单元。透视问题是中学美术教学中一个基础的知识点。如何在一个平面上营造出空间感和立体感，透视知识必不可少。掌握了基本透视规律后能帮助学生在以后的比如素描、动漫、设计、写生等各种艺术创作中得心应手。这一单元的教学内容和要求设定为理解并能运用基本的平行透视规律进行校园一景的写生。

在以往的教学中，通过教师的授课和学生的实践，评价往往放在最后完成的写生作业，是对学生完成效果的评价。透视对于初中的学生来说有一定的难度，需要有空间想象力并在理解的基础上进行运用，而且面对实景的校园写生更需要有对透视的完全理解和对画面的掌控能力。在以往的教学中总有相当一部分学生展现出的透视关系是错误的：一张画面中没有消失点，或者有的透视线正确有的透视线错误。有些教师会因为难度太大而放弃这类课的教学。最后的评价又往往以整个画面效果为标准而缺乏针对透视理解问题的评价，同时这种滞后的评价也让很多还不是很理解透视基本方法的同学画错透视效果，没有及时纠正而影响了最后的画面效果。另外，教师对个别学生知识点掌

握过程性情况了解不充分，评价个别化程度低、针对性弱，导致传统教学评价形式往往效果不好；同时还有很多学生存在不会运用透视的问题。针对这些问题，我在平行透视教学中进行了持续性评价的实践探索。主要的教学过程和评价设计见表1。

表1　透视内容的教学过程及评价设计

教学过程	学习要求	评价设计	评价设计说明
了解透视的概念。学画投射到画面的简单的长方体的透视图。	理解透视中近大远小等基本概念原理，学习平行透视的特点和绘画方法。尝试展现独立的、不同大小的长方体透视图	用教师制订的表格进行评价（见表2）	表格由教师制订，学生自评。评价标准是绘制的透视图中的各个要点是否正确
学画简单的、有平行透视效果的室内空间	运用前面所学的长方体进行略微复杂的组合，能正确地展现简单的平行透视的室内空间	以表2为标准进行自评，并口头进行互评	根据表2的标准进行自评，评价的标准是平行透视的准确性；对作品进行互评；教师对典型作品进行口头评价，评价标准是房间的透视和比例的正确性
运用平行透视原理，写生校园一景	运用已有的线描写生基础，结合平行透视，进行校园一景的写生	用表3进行学生自评、教师评价。作业展示后学生口头互评	表3的评价标准由教师和学生一起制订，评价标准主要为透视的准确性、比例的协调性以及画面的艺术感，分为自评、教师评价。作品展示后由学生口头互评

表2　平行透视校园写生评价表

姓名：						
内容	评价标准			自我评价	学生互评	教师评价
平行透视要点的准确性（30分）	完全正确	有一两个错误	错误很多，超过两个			
比例大小合理（30分）	完全符合	有一些比例不合理	很多比例问题			
线条有疏密处理，注意黑白灰关系，画面有美感（40分）	画面处理有特色，主次分明，黑白灰、疏密关系处理合理	能注意到画面黑白灰关系及线条处理。主次还不明确，还需努力	画面比较粗糙，没有注意到艺术处理，没有黑白灰关系，线条随意			
总分						

表 3　平行透视练习评价表格

评价内容	自我评价		教师评价	
	有(对)	没有(不对)	有(对)	没有(不对)
画面上有一根视平线和一个消失点吗?				
投射在纸上的长方体有没有一个面是和画面平行的?				
长方体中凡是平行于画面的线条投射到透视图是否依然平行?				
凡是垂直于画面的平行线,投射成透视图时,有没有集中消失到消失点?				
透视图在视中线两旁的长方体,能看到是三条垂直的、平行的、连向消失点的直线吗?				
所画的平行透视的长方体,只要在视圈范围内,无论高低远近,只有大小变化没有透视变化吗?				
所画的长方体都具有透视效果吗?				
作业中设计的房间家具、门窗等比例正确吗?哪里不正确,问题在哪儿?(请用文字表述)				

注:在“自我评价”和“教师评价”相应的框中打“√”。

2. 教学反思

在整个年级随机选择了两个班进行了持续性评价的教学方式。最大的收获是课堂效率提高了,学生的学习能力提升了,作业效果明显更好了。在教学的每一阶段都进行针对性的评价,能使教师及时地了解学生,学生及时地了解自己掌握知识点的情况。学生们通过自评,一步步清晰地了解了自己的学习情况;通过互评学习了其他同学的优点,吸取了其他人的经验。这样的评价有效地关注到了每一位学生,针对性很强,学生的学习能够紧扣学习目标,少犯错误、少走弯路,课堂效率大大提高。而对照班,沿用以前的做法,将作业点评留在最后,这些班级总是存在一部分学生没有及时发现自己的错误或没有及时解决难点,导致后面的作业出现错误,也导致最后学生掌握的知识出现偏差,能力提高得迟缓;作业效果总体上与实验班也有比较明显的差距,如实验班透视问题方面的正确率为 100%,对照班的正确率则为 80%。

在上述实践探索的案例中,仅仅是对教学中的评价策略和做法采用了持续性评价的原理做了调整,其他的讲解、练习、作业等教学环节均未改变,足见其效果明显。持续性评价贯穿在整个教学中,以紧紧围绕理解教学目标为核心,帮助学生更有效地掌握知识点。持续性评价关注每一位学生的个体发展,既是评价活动更是学生的学习活动,是提高课堂效率的有效方式。

三、在探索中收获

（一）在美术课中应用持续性评价的基本特征

持续性评价以理解为目标，贯穿在每个教学环节中并且成为了学习的一部分。它在设计和运用的过程中，有如下几个特点：

1. 持续性评价是贯穿在教学过程中的多次的评价活动

在每一个教学环节中都有评价活动，是对学习的每一部分的及时小结。通过及时的评价，学生对自己每一步的学习情况相当地清晰，在学习的过程中方向明确。这也是提高学习效率的一种可行方式。

2. 在持续性评价中角色的转换更丰富，方式更多样

在持续性评价中有自评、有互评，有口头评价、有书面评价，等等，师生角色的转换更丰富，方式更多样。学生既是评价者又是被评价者。在角色的转换中也促进了学生对所学知识的思考。通过评价活动，学生能对知识有一个概括提炼的过程，更能让学生把知识点由一个抽象的原理进而转化为具体可操作的方法。

3. 每次评价都有明确的评价内容和要求

每次评价都有明确的评价内容和要求，这些内容和要求是指向课堂教学的要求和目标的，是这课堂教学目标的分解，并且评价标准是学生能够把握的。例如：在“校园写生”这一案例中，目标为学生会以独立的长方形展现投射到画面上的一点透视图。运用表格进行自评，其中包括对透视基础概念的了解、检验透视正确的基本方法，由于表格内容有明确的指向，学生都能对照掌握。并且学生以前有一些线描写生经验，所以可以和教师一起制订评价表，在教师的帮助下去探索学习目标，制订评价标准，这是有的放矢的。

（二）持续性评价设计的注意点

1. 评价的内容要针对教学目标或学习要求

评价是整个教学中一个有机的组成部分，所以必须和教学的目标相结合。同时，评价活动不是单独成立的或孤立的。

2. 评价方式要多样化

评价活动可以采用师评、自评、学生互评；或者自评、互评相结合的复合型评价，如非正式评价、正式评价等。多样化的评价方式的目的是更高效地提高学习效率。何时采用自评，针对哪一个教学要求和教学层面采用自评和互评，教师何时评价，等等，都要根据具体情况有针对性地合理实施。

3. 评价标准制订的基本要求

评价需要一定的标准，而标准的制订要根据实际情况因人而异。有适合教师的标准、有适合学生的标准，适合教师的标准不一定适合学生。比如写意画中，教师可以提出画面意境的标准，而对学生来说“意境”两个字很难理解，这时教师可以用虚实、聚散、留白等具体化要求作为评价标准以便于学生掌握。

标准的制订要有明确的指向性，这一点是和学习目标一致的，并且是具体的、可操作的。不能用“好不好”“喜不喜欢”等模糊的标准。

标准还可以在某一阶段由师生共同讨论制订。让学生和教师共同制订标准,能极大地调动了学生学习的主动性。学生自己制订评价标准也是对自己这一内容学习的一个小结和梳理,对容易犯的错误有一个清醒的认识。教师更可以通过学生制订标准了解学生的情况,及时发现问题。

四、在收获中展望

持续性评价是对目前中学美术课堂教学评价方式方法的一个改善和提升。相比传统教学评价策略,持续性评价内容具有针对性强、个别化程度高等特点,能更好地、更有效地促进学生学习。《基础教育课程改革纲要(试行)》指出,要"建立促进学生素质全面发展的评价体系""建立促进教师不断提高的评价体系""建立促进课程不断发展的评价体系"。持续性评价是对建立科学评价体系的一种尝试,更是提升中学美术课教学效果的一种有效手段。好的评价方式应该成为学习的一部分,应该成为学习的一种方式,以便更好地促进学生的发展。

一种教学理念、一种教学方式都有一定的适应性,可能针对学科某一内容比较适用,而有些则并不完全适用。评价是教学中的一个重要的环节而不是全部。持续性评价的活动策略能促进中学美术课堂评价更加优化,同时促进其他部分有所改善,最后促进教学各个方面综合优化。实践探索的路很长,在探索教学的道路上,只有勇于发现、解决问题,我们的教学才能真正地促进学生成长。

(2016 年发表于《中国美术教育》)

8. 让活动点燃英语课堂

——基于牛津上海版高中英语教材的活动教学探索与实践

戴文芳

打开牛津上海版高中二年级第二学期英语课本,翻到目录页,横向看——听、说、读、写——各大板块逐条呈现,功能齐全却理性冷漠,拒人于千里之外。若纵向看——"Happiness(幸福)""The power of images(图画的力量)""Our fragile environment(我们脆弱的环境)"——话题贴近生活,内容感性温暖,让人爱不释手。

纵观牛津上海版教材高一和高二四册课本共 12 个模块(见表 1),其题材涵盖了学校生活、文化体育、科学技术、文学艺术、自然世界等领域。"博""雅"兼容,达到了知识性

和人文性、工具性和实践性相统一。充分利用这些素材，在提高学生语言能力的同时，培养他们健康向上的人生观和价值观，这才是牛津教材真正的价值所在。

表 1　牛津上海版英语教材高一和高二四册的 12 个模块

	模块 1	模块 2	模块 3
高一第一学期	The human body （人类身体）	Colourful life （多彩生活）	Food for thought （健康饮食）
高一第二学期	Extraordinary tales （名人轶事）	The natural world （自然世界）	Ideas and viewpoints （想法与观点）
高二第一学期	After-school activities （课外活动）	Aspects of modern life （现代生活）	The world of science （科学世界）
高二第二学期	Happiness （幸福）	The power of images （图画的力量）	Our fragile environment （我们脆弱的环境）

"让活动点燃英语课堂"正是我多年来基于牛津上海版高中英语教材开展的教学探索与实践。我根据课程目标和教材内容，设计以学生为主体、要求具体、操作性强的综合实践活动，让学生在交流、合作和探究中通过听、说、读、写学习和使用英语，培养和提高学生的语言综合运用能力。

以牛津上海版教材高中二年级第二学期为例，我根据各单元内容设计形式多样的英语综合实践活动（见表 2）。

表 2　高二年级第二学期各单元的综合实践活动

<table>
<tr><th colspan="2">模块</th><th colspan="2">单元</th><th>活动</th></tr>
<tr><td rowspan="4">模块 1</td><td rowspan="4">Happiness
（幸福）</td><td rowspan="2">Unit 1</td><td>Suffering to be beautiful
（为美受苦）</td><td rowspan="2">辩论：整容手术
是否应该被禁止</td></tr>
<tr><td>For health and beauty
（健与美）</td></tr>
<tr><td rowspan="2">Unit 2</td><td>A practical joke
（恶作剧）</td><td>课本剧创作与表演：
《恶作剧》</td></tr>
<tr><td>A smile a day keeps the doctor away
（笑一笑，十年少）</td><td>"小丑医生项目"
招募广告设计</td></tr>
<tr><td rowspan="4">模块 2</td><td rowspan="4">The power
of images
（图画的力量）</td><td rowspan="2">Unit 3</td><td>The many meanings of colour
（颜色的含义）</td><td rowspan="2">童话故事创作：《谁将成为
颜色王国新国王？》</td></tr>
<tr><td>Different cultures, different colours
（不同的文化，不同的颜色）</td></tr>
<tr><td rowspan="2">Unit 4</td><td>The Vincent van Gogh exhibition
（凡・高展）</td><td rowspan="2">凡・高油画《星空》赏析；
英语歌曲《星空》翻译与表演</td></tr>
<tr><td>The origins of art
（艺术起源）</td></tr>
</table>

（续表）

模块		单元		活动
模块 3	Our fragile environment（我们脆弱的环境）	Unit 5	Green orchids（绿兰花）	课本剧创作与表演：《绿兰花》
			Helping the environment（拯救环境）	听、说、写综合活动：环境问题
		Unit 6	Unique and unconventional（独一无二、标新立异）	创意写作：Anita Roddick 对话 Harry Saleem
			The problems of packaging（包装的问题）	环保宣传册设计与演讲：如何废物利用？

为了点燃课堂，活动设计时我始终遵循以下几项原则。

一、活动必须吸引每一位学生主动参与

我通常从教学内容出发，结合社会和生活实际，用鲜活的语言任务来激发学生主动学习。同时，我也根据活动内容采用不同的组织方式和活动形式来促进学生在合作探究中提高学习能力。在活动设计时，除基本要素如形式、主题和参与主体等外，我尽可能给学生提供足够的思考空间，通过搭建语言实践和体验的平台，鼓励学生发挥自己的想象力，在合理的语境中，恰当地运用所学语言传递信息，表达思想与情感。

如在设计高二年级第二学期“A practical joke”课本剧创作与表演活动时，我充分考虑到活动的趣味性和开放性。课文主要描述的是波茨先生遭同事恶作剧被捉弄的故事，若所有学生都表演该情节，则显得单一无趣，所以活动内容设置了六个主题（见表 3），增加了波茨先生被捉弄前和被捉弄后的故事，每个主题由两组学生表演，学生也可根据需要增减故事人物。这样，故事内容丰富了，也增加了很多趣味。此外，第六个主题为开放性话题，由学生自己决定人物与故事情节，学生可以充分发挥自己的想象力来完成创作与表演。

表 3　“A practical joke”课本剧主题设置

主题	表演人数
波茨先生的同事正在策划恶作剧	每 4 人一组，共 2 组
同事们恶作剧戏弄波茨先生	每 4 人一组，共 2 组
波茨先生回家向妻子抱怨他的帽子	每 2 人一组，共 2 组
波茨先生去医院看医生	每 2 人一组，共 2 组
波茨先生从医院回来以后……	每 4 人一组，共 2 组
……（学生自选主题）	人数自定，共 2 组

二、活动必须保证让每一位学生都有出彩的机会

在活动设计过程中，我尊重学生的爱好与特长，活动难度也充分考虑学生的个体化差异，兼顾学习能力层次不同的学生，设计出目标适切、由学生主导、形式多样的活动。在活动实施中，我也遵循学生的认知规律及语言教学规律，给学生提供更多的语言实践机会，提高学生的英语综合运用能力。

在我设计的高二年级第二学期“Suffering to be beautiful”辩论赛活动中，班上每一位学生都有出彩的机会。通常，一场辩论赛仅需 8 位辩手，并且辩手不仅需要具备很强的听、说、读、写能力，也需要有很高的临场应变能力。为了让全班学生都参与活动，除辩手外，活动还设有主题演讲者、主持人、评委和记者四类角色。学生可根据自己的特长和兴趣自由组队，挑选自己喜欢的角色。在这样的活动中，每位学生都能完成力所能及的任务。

三、活动必须保证让每一位学生都能体会成功的喜悦

综合实践活动是教学的重要组成部分，活动目标应与教学目标相呼应，紧扣教学内容。对学生而言，除一般的评价方式外，最好的评价就是看到自己的活动成果得以呈现。因此，活动展示环节务必要保证学生百分之百参与。为保证活动质量，严密的跟踪和监督机制是活动设计中必不可少的重要一环。

如在“A practical joke”课本剧创作与表演实施过程中(见表 4)，各任务节点的时间和具体要求都非常清楚，可保证学生按部就班分步骤完成任务，也便于教师开展监督与质量跟踪工作。

表 4 “A practical joke”课本剧实施过程

任务节点		任务描述	呈现形式
初期	第 1—3 天	准时上交剧本初稿，并听取教师的修改意见	完成剧本初稿
中期	第 4—5 天	修改文本，排练课本剧，预演并听取教师的修改意见	完成剧本成稿并预演
终期	第 6—7 天	修改剧本并进一步排练，制作演示文稿，准备服装与道具	课本剧班级会演

在活动中，学生既是活动的积极参与者，又是他人活动的观察者和评价者，通过沉浸式的语言输入和输出，可以深入理解英语知识、熟练运用英语技能。在我的指导下，学生不断完善自己的语言作品，体验在学习中成长的快乐，从而形成积极的学科情感。此外，活动将语言与人文性学习内容相结合，可丰富学生的文化体验，拓宽学生的文化视野。

(2017 年发表于《我的教学主张》)

9. 中学民族传统体育课程设置及其价值研究

张亮亮
(中学体育一级教师,体育教研组副组长)

【摘 要】在五千年历史发展的长河中,民族传统体育项目蕴涵了丰富的人文思想和文化背景。它蕴含着中华优秀传统文化内涵,因此,在中小学积极、快速普及与推广民族传统体育项目,对推动中学生养成教育的德育性、智育性、体育性具有深远的现实意义。

【关键词】民族传统体育;课程;养成教育;价值

一、研究现状

静安区部分中学在校级领导和教师的大力支持下,特别是民族传统体育项目学校,已经将一些吸引学生的民族传统体育项目引入体育课,在学校的一些大型活动中和学工、学农的节日里,学生都有很好的展示舞台。根据学生的需求,教师设置了学生喜欢且对身体、心理有良好功能的竞技项目进行练习,如民立中学的舞龙课程等。这些民族传统体育项目对学生的健身价值和效果是非常理想的,多数学生经过一个学期的练习,到了第二个学期还会继续选择该项目。通过对静安区几所中学教材情况调研分析,开展的学校民族传统体育课程教材来源渠道各不相同:有的是教材大纲上规定的武术套路,多数是以初级和简化套路为主;有的甚至没有教材。这种现状不能满足中学民族传统体育项目的发展需求,这与增强学生民族体育意识,在中学形成终身体育锻炼的基础,以及以后步入大学传承民族体育文化的目的存在很大的距离。

二、研究内容

1. 课程设置

(1) 校本课程

民族传统体育与校本课程的有机结合,对丰富校本课程的选题内容,发掘、传承和创新民族传统体育项目,传承和发展民族传统体育文化,构建新的课程体系,增强地方教育特色,等等,都有着重要的意义。上海市民立中学民族传统体育与校本课程开发的基本模式及民族传统体育与体育校本课程的开发研究将是本课题的主要研究内容。

(2) 专项化教学课程

在上海市实施高中体育专项化教学改革的背景下,通过专项化改革,提升了教师专业水平、创新能力及专业素养,对喜欢民族传统体育课程的学生,长期进行专业化课程教学,针对专业化的教学特点,对项目进行课程设置,可以吸收高校的一些教学经验和课程

方案，从培养学生积极向上的生活态度和自信心入手。同时，有条件的学校还可以聘请专业教师，优化场地设施，加大经费投入，开展各项活动与比赛，完善课程设置与评价标准等对策。

2. 情感体现

从德育教育存在的问题与制约的因素，从民族传统体育项目的属性并结合素质教育的实质与内涵着手，下面以太极拳为例，对太极拳是如何渗透和影响学生教育的德育性、智育性、体育性进行分析。

(1) 德育性分析

太极拳强调形神合一；主张乐观向上、积极进取、自强不息；认为生命来自自然，就要顺应自然、发展、强盛，这是对生命的尊崇。大部分学生在学习和认知太极拳的内涵和理念后，能够将这个理念推广和应用到学习与生活的各个方面。

(2) 智育性分析

太极拳是一种特殊的运动方式，以形体的运动表达阐述了一种文化精神。太极拳注重方法及对方法的研究，更注重思考和体悟，与实践结合起来，完成从"哲理"到"拳理"的过渡，最后形成了每招每式都有哲学依据，而且每一拳论的哲学含义在动作中又有了落实。学生在练习太极拳后，可以将自己的思考体悟和实践结合的哲学方式有效地运用到学习中。

(3) 体育性分析

练习太极拳对人的神经、呼吸、血液循环等有着较大的影响，还能起到调节心理和陶冶情操的作用。通过参加比赛、展演、训练，学生能够提高集体荣誉感与培养爱国主义情怀。

3. 相关性分析

(1) 加强民族传统文化渗透、提高师资力量

对于学生来说，民族传统体育就是武术。其实不然，民族传统体育包罗万象，拔河、踢毽子、放风筝等都是。选择适合学校的民族传统体育，选择具有教育意义与价值的项目是我们教师以后的责任。

(2) 利用展示平台提高学生参与度

学校可以以太极拳为主题、以民族传统文化为元素做舞台展示，也可以以舞龙为主题、以民族其他传统体育为元素做同样类型的成果展示活动。这种活动学生的参与都是以德育为核心的，不仅培养了学生的创新精神、实践能力和积极的情感，同时营造了良好的情感氛围和育人环境。在学生掌握了一技之长后，会出现满足不了学生展示的需求，这样就可以通过大型的集体活动，如体育节、艺术节等来实现民族传统体育文化的传承。

(3) 依据教材完善民族传统体育的设置

依据教材，从以下三个方面对民族传统体育项目进行完善。其一，课程本身的需要程度。这主要根据学生身体素质的培养需要以及当前选修该课程的学生的兴趣来制定。其二，民族传统体育项目的特点与学生自我发展的紧密程度。教材不能有太多的高难度技术动作。其三，教学上的可行性。要综合考虑当前的学生、教师及教学条件的客观允

许程度。

4. 课程体系的系统化

(1) 武德武礼教育目标

“学艺先学礼,习武先习德”,武术和武德是不可分的。没有一个良好的武德基础就不可能练好武术,只有通过武德教育引导师生正确地教、学、习、练、比武术,才能培养出一代新型的武术人才。中华民族历来被称为文明古国,礼仪之邦,武术礼仪是我国传统美德之一。孔子曾说“不学礼,无以立”,武术教育与礼仪教育相结合,使尚礼仪之风向家庭、向社会延伸,从而达到加速社会主义精神文明建设进程的目的。

(2) 突出课程育人功能,有效落实素质教育

课程将以素质教育为突破口,以教学和活动为载体,坚持课程育人、活动育人、全程育人,坚持“习武德为先”“以德服人”的中华武德教育,使学生从小就能够接受民族精神、民族文化、民族责任感和民族自豪感的教育,使素质教育的口号能有效地落实。

(3) 激发学生对民族传统体育项目的兴趣,培养其爱好

运动兴趣是实现课程目标和价值的有效保证,而激发学生的兴趣则是实现课程价值、使学生喜欢民族传统体育项目的基本前提,只有激发和保持学生的兴趣,才能使学生自觉、积极地进行武术运动的学习。因此在设置课程中,从学生的实际出发,尽量简化技术动作,降低难度系数,不苛求动作细节,避免枯燥无味的反复练习,只培养学生对武术的兴趣,努力让一项民族传统体育项目成为学生的一种爱好和习惯,成为学生的一项技能。

(4) 评价的内容

我们从以下三个方面对学生学习完体育课程后的素养进行评价:①学生掌握知识技能的程度和体能的变化。②学生的学习态度。③学生的情感表现与合作精神。

5. 民族传统体育项目的特点、价值及武德精神

表 1

项目	特点	价值	武德精神
太极拳	心静意导、呼吸自然,思想专一、心理安静,用意念引导动作先在心、后在身,以意导静,行意合一	太极拳动作虚实结合,是一种精神和肢体融会贯通的锻炼	恭敬的道德观,端正恭肃的精神面貌,尊师敬友、尊师重道的优良传统,博雅精神
长拳	“一寸长,一寸强”,以长击动作为主,动迅静定;以眼传神,以气助势;阴阳相依,相辅相成	长拳有很好的观赏性,能使人的心肺功能明显增强,体能明显提升。练习长拳还对我们保持一个积极向上的心态有很大的帮助。当我们感觉自己心情浮躁的时候练一练长拳可以有效地释放压力,平静心态	顽强的意志品质和自强不息的精神

（续表）

项目	特点	价值	武德精神
舞龙舞狮	有一定的武术功底，快速融入团队，进行自身的速度、耐力和技巧的练习。是一些静态的造型，需要持久的耐力	舞龙舞狮是一项娱乐性很强的运动项目，是一种极好的身体和精神的双重锻炼 龙狮文化不仅只是动作技能和身体素质、意志力等方面的教育与锻炼，它更能增进对民族传统文化的学习和教育，并且还能增进对各民族文化更直观和深入的了解，激发学生的民族自豪感	龙狮文化体现出中华民族团结的精神，是中华民族力量的象征

民族传统体育项目作为中国传统文化的一种物化载体，它在学校体育中占有举足轻重的地位。民族传统体育项目在中学德育教育中促进课程设置从无律、他律向自律、自觉、自由的过程发展，民族传统体育项目的文化价值渗透到中学养成教育，使中学校园形成长期习练氛围，学生得以开阔视野、活跃思想、陶冶精神，这为其将来的发展提供了广博的文化底蕴；为培养中学生的身心健康和提高中学生的德育水平提供了理论与实践价值，让学生可以充分发挥自己的个性、创造性，充分享受体育。

（2017年立项为静安区青年课题）

10. 巧用心理学效应轻松应对体育课中的“问题生”

江　栗

（中学体育一级教师）

体育是学生喜欢的科目之一。在运动场上他们挥洒汗水，展现自我，因此运动场是一个很容易暴露学生问题、发现学生个性缺陷的场所。教书育人，我们教师的职责不仅仅是教会学生知识，更应引导学生树立正确的人生观和价值观。那么，如何在体育课堂教学中用“巧力”来应对学生身上出现的诸多问题，让所谓的问题学生以更高的热情、更好的状态参与到体育学习中，这是一个问题。笔者通过多年的教学探索，认为在体育课堂教学中恰当运用心理学效应，可以起到事半功倍的教育效果。心理学效应是指由于社会心理现象、心理规律的作用，使人在社会认识的过程中，对于相同情景之下的某种相同的刺激产生相同或相似心理反应的现象。它是一种规律性的心理现象，智慧的教师总是能够在合适的时机恰当地运用这些奇妙的心理效应，取得高效的教育效果。

一、顺应“霍桑效应”，有效倾听学生的心声

小陆是一名六年级学生，担任他们班体育老师不久，笔者就发现小陆是一名令人头疼的学生。他随时都会在课堂上搞怪，做一些哗众取宠的动作，弄得课堂“乌烟瘴气”的。而面对他的问题，笔者也很快发现普通的说教和训斥对他而言无济于事，就如同朝大海里扔一颗小石子一样，不起一丝波痕。于是，笔者多次利用课余时间亲近小陆，找他谈心，倾听他内心的想法。

通过谈话了解到小陆虽然出生在一个结构完整的家庭里，但是爸妈除了给予他基本的物质保障外，真正给他心灵上的沟通和关心是极少的，因此造成小陆内心的极度不安和空虚。于是，他就通过在课堂捣乱或者丑化自己的方式来吸引别人的注意。笔者抓住这个现象，经常找小陆谈心，课上课下给予充分的关心和帮助。之后小陆就回归到正常的学习状态了，课上也不再捣乱了。

青少年成长阶段的身心特点是非常明显的，他们不爱跟大人交流谈心，正处于青春期的初中生这一点尤为明显。他们焦虑不安的内心除了跟同龄人或在网络上倾诉，似乎无处可以宣泄，对家长和教师也常常是呈现出敌视和抗拒的心理，觉得没人能理解他们。故家长和教师在与他们沟通的过程中一定要注意方式方法，不摆家长和教师的架子，要像朋友一样走近他们，耐心去倾听他们的内心想法，理解他们的不满和委屈。这样孩子在“倾诉”之后会有一种发泄式的满足，从而感到轻松舒畅。

在处理小陆的个案中，之所以能够取得成功，就是因为笔者在跟他沟通交流的过程中，积极效仿“霍桑效应”，耐心倾听学生的心声，走进学生的内心，从而化解了无形中的抵触和矛盾。“霍桑效应”就是当人们在意识到自己正在被关注或者观察的时候，会刻意去改变一些行为或者是言语表达的效应。因此，合理运用“霍桑效应”能有效地博取学生的信任，化解他们的焦虑，进而促进他们内省、改进和提高。

二、采纳“南风效应”，顺应学生的内心需求

小张是笔者所教的初一班级的学生，他体格健壮，能跑能打，班里同学都比较怵他。常常能在他们班级教室外，听见班主任以及科任教师对他的怒吼和责骂声，以及小张满不在乎的回应声。面对小张的桀骜不驯，凡是他在体育课堂上出现的问题，笔者均采用和风细雨式的沟通方式来替代责骂和训斥，对他给予高度的耐心和帮助。一段时间之后，小张渐渐跟笔者亲近起来，对于笔者所说的话很是信服。即使后来每当他犯错时，笔者稍微严厉一点地批评他，他也能欣然接受并马上改正。

俗语“棍棒之下出孝子”，可当今“4＋2＋1”的家庭结构模式和人民主权意识的强化，学生的个性得到了前所未有的张扬和发挥，一味地采用棍棒式教育很容易使学生产生逆反甚至偏激的心理与行为。实行温情教育，多点朋友式的理解和赞扬，培养学生遵纪守法、自觉向上的品质，才能达到事半功倍的育人效果。

“南风效应”告诉我们：温暖胜于严寒。案例二中，笔者在处理学生问题时，没有摆教师的架子，也没有一味地训斥和责骂学生，而是采用和风细雨式的沟通和处理方法，学习“南风效应”，打“温情牌”，让学生在温和的环境下明白自身存在的问题，润物细无声之间

引导学生形成良好的品质和行为。

三、效仿“德西效应”，引导学生的外部动机

小葛是一名惰性很强的学生，他是那种能坐着就一定不会站着的人。体育课堂中，他常常找各种借口躲避练习。学生都是有惰性和依赖性的，也并不是每一节体育课的教学内容都是学生喜欢的运动类型。那么如果小葛的这种学习态度教师不及时制止的话，长此以往，其他学生碰到不是很感兴趣的练习任务时就会效仿小葛，从而给今后的课堂教学带来一系列的阻碍和麻烦。因此私下里，笔者找小葛谈话，在征求小葛的意见后与之订立契约，约定只要小葛能够做到课上认真听讲、按要求完成教师布置的所有学习任务，那么课后就立马给予其一定的奖励；反之累计两次违约的话则给予相应的惩罚。通过这样的契约约定之后，小葛的学习态度发生了很大的转变，每堂课都有进步，从偶尔偷懒到积极参与练习，以至于后来在体育课堂上再也看不到小葛站在或坐在操场一角看着别人运动的现象了。

同时，随着人民物质水平的提高，很多学生对于学习的态度是越来越散漫了。那么，如何更好地提高学生学习的主动性和积极性呢？家长和教师们应该善于引导，帮助学生树立远大的理想目标，激发学生学习的内部动机，从而提升学生对学习本身的情感和兴趣。可现今不少家庭由于溺爱或无奈，忽视了不当奖励对孩子学习动机的不良影响，比如有的家长跟孩子这样谈条件：“如果你这次英语考到 90 分以上，妈妈给你换部手机。”“如果期末考试你进了班级前 10 名，爸爸答应你一个条件。”……这样的举止反而令孩子在功利性的驱使下把“我要学”变为“为你学”，根本达不到应有的引导和激励效果。

“德西效应”认为适度的奖励有助于巩固个体内在动机，但过多的奖励却有可能降低个体对事物本身的兴趣，降低其内在动机。

如果家长和教师能够知晓“德西效应”并合理地运用，就如案例三那样去引导，就一定能够成功地让孩子热爱学习并有所收获。

四、运用“增减效应”，公正评价学生的得失

针对小葛惰性强、不想运动这个问题，即使课后我们有所约定，但在课堂教学过程中，笔者也时刻关注、及时评价。如：发现他思想和行动上出现了松懈，就适时指出，适度进行批评；如果他在某一环节非常认真参与了练习，与同学互动积极，笔者就会公开点名给予大力表扬。如此良性循环，小葛在笔者的关注和引导下，慢慢改掉了恶习，喜欢上了体育运动，即使后来到了初二，没有了契约的约束，小葛依然积极活跃于体育课堂中。

我们在评价学生时常常采用“先褒后贬”的方法将他的优缺点都诉说一番，现在看来这样的方法并不理想，尽管这种方法的初衷是不过分打击学生的自尊心和积极性，但却容易使学生出现骄傲情绪或对自身错误认识不足的现象。我们不妨在评价学生时运用“增减效应”，可以先根据学生的实际情况，说一说无伤他自尊的一些小缺点和不足，然后再根据学生最近一段时间的努力所取得的进步和亮点对其进行大力的表扬和肯定。这样处理的好处是学生因为做错事而等待批评的时候，教师以表扬代替惩罚，即通过正面

强化，反而更有利于学生的成长。

案例四中，笔者在面对小葛的缺点时，采用不声张、不扩大的方式来批评和教育，但一旦发现小葛的某个闪光点，哪怕是一个很小很小的进步，都会在班级里、在学生面前进行大声表扬和肯定，时日一久，小葛的言行举止就慢慢朝着教师心目中的方向发展了，而这种改变正是"增减效应"所带来的。"增减效应"告诉我们：人们最喜欢那些对自己的喜欢显得不断增加的人，最不喜欢那些对自己的喜欢显得不断减少的人。

五、总结

总而言之，教育是一门学问，更是一门艺术。如何对付那些课堂上的"调皮鬼"，相信只要我们教师善于思考、学习和创新，那么剩下 1%的学生，即使敲不开他们的门，也可以令其打开一扇窗。

（2018 年发表于《静安教育探索》）

11. 德国初中地理课程标准中的案例探析

胡　彬　林佳琦　刘　兰

（上海市民立中学地理二级教师；上海市新闵学校教师；上海师范大学旅游学院教师）

【摘　要】课程标准是规范地理课程、保障教学质量的关键。现行德国初中地理课程标准特色鲜明，涉及丰富的案例，这些案例选材与实际生活结合紧密，呈现形式丰富，评价标准体现出多层次性。对其中的案例进行探析，有利于为我国地理教学的开展提供参考。

【关键词】德国初中地理课程标准；案例教学；初中地理

课程标准的制定对保证地理学科教学质量、促进学科内容发展具有重要意义。德国现行的初中地理课程标准，是由德国地理学会颁布的《中级学校地理课程标准》，该标准为各州提供了统一的教学目标。本文详细分析了德国初中地理课程标准中的案例，以期为一线教师的案例教学实践提供借鉴。

一、德国初中地理课程标准介绍

德国初中地理课程标准共分为五个部分（表 1）：

表 1　德国初中地理课程标准结构

章节	内容
前言	介绍德国初中地理课程标准的制定历程
第一章	阐释了地理对科学和教育领域的特殊贡献，并详细阐述了地理学科在培养学生思维、提升学生的空间感知能力等方面的重要作用
第二章	从六个维度对初中地理学习提出能力要求，即学科知识能力、空间定位能力、信息收集/方法能力、沟通能力、评价能力、行动能力
第三章	具体介绍学生达到这六个能力领域的一般标准
第四章	通过列举案例来说明学生应如何发展这些能力，并对各能力领域划分水平层次

地理课程基本内容的构成要素一般分成知识、能力和观点三个类别。德国初中地理课程标准主要从六个能力领域规定其课程内容，其中知识要素体现于学科知识能力领域；能力要素指基本地理技能、能力的培养，包含空间定位、信息收集/方法以及沟通能力领域；观点要素指地理态度、价值和观点，包含评价能力和行动能力领域。

二、案例探析

1. 选材

针对如何将六大能力落实到课程内容中，德国初中地理课程标准列举了 14 个具体案例。由于地理问题的复杂性，每个案例旨在检测学生的某一个或两个能力领域，并将能力领域划分了详细的层次，以评价学生的完成情况。显然，案例为教师落实课程标准要求提供了具体思路，利于其在教学设计中把握重点。案例主要包括四个部分，分别是问题描述、教学素材、任务设计和答案模板。其中，问题描述往往以简短的文字抛出问题或情境，紧接着提供丰富的、符合问题逻辑的素材，以素材为背景列出一系列练习或任务，最后给出带有能力领域评价标准的参考答案模板。案例的选材具有以下特点：

（1）选材来源于生活实际，符合学生年龄特征。德国初中地理课程标准中的案例基本以文字描述和图表为主，其来源包括学生的日常对话、学生自述、原始统计数据、新闻报纸、产品包装信息等，选材内容丰富，形式新颖，富有情趣，符合学生的年龄特征。如案例 14“公平交易的意义——以巧克力为例”，选取巧克力包装袋上的产品信息作为背景材料引出探究问题。课程标准中许多案例素材源于网络，案例 14 中的相关材料就改编自网络上流传的玻利维亚一个种植可可的农家女儿的日记，学生通过收集和归纳日记中的有效信息来回答问题。日常教学中教师可尝试编写类似的案例，从教材结论出发，选择日常生活中反映某一地理现象、原理的素材。

（2）选材涉及的区域范围“由近及远”。德国初中地理课程标准中的案例多选择欧洲国家和地区，说明其课程内容注重研究本国所在区域的地理特征。例如：案例 4“造雪没有任何代价吗？雪枪在高山旅游地区的使用”，研究阿尔卑斯山地区利用雪枪造雪带来的危害；案例 8“欧盟——一个普通的成功故事”，研究欧盟成员国内部的经济和社会差异；案例 9“华沙什么时候降雨量最少?”，研究华沙和汉堡这两个城市的气候。

此外，德国初中地理课程标准中的案例在以本国和欧洲等学生熟悉的环境为研究背景的基础上，逐渐扩展到世界范围内其他国家和地区的主题和情境，这样学生可以从日常生活经验中感知问题，逐渐加深对地理问题的理解。这种课程组织模式也被称为“不断扩展的视野”模式，许多国家将其运用于教育教学中。在这一模式的指导下，德国初中地理课程标准中案例选材涉及的区域范围“由近及远”，即从学生的家、学校、社区到城市、州再到国家和世界。如：案例6“使用地图前往一个露天音乐节”，要求学生利用地图规划出行线路，素材涉及的区域范围为学生生活的地区；案例3“宝马集团——全球玩家”，以本国品牌为研究背景，既引起学生的好奇心，又加深学生的民族荣誉感，素材涉及的区域范围为国家；案例5“空间分析——以尼日利亚为例”和案例11“我们应该抵制热带木材吗?”，将区域范围延伸至全球。随着区域尺度和空间范围的扩大，学生能够逐渐了解从本区到全球规模的行动中自己将肩负的责任。

2. 呈现形式

德国初中地理课程标准在案例的练习部分设置了形式丰富的活动，如：案例10“土壤——一种濒临消失的重要资源?”，要求学生使用材料，设计一项实验；案例11“我们应该抵制热带木材吗?”，通过角色扮演的形式，让学生充分讨论抵制热带木材是否合理；案例5“空间分析——以尼日利亚为例”，要求学生设计一个海报，展示关于尼日利亚问题的分析结果。

地图作为地理学的“第二语言”，既能锻炼学生的空间思维能力，又利于其深入理解和分析问题。基本每个案例都提供地图，以锻炼学生的读图分析能力，考查其对制图原理的把握。例如：案例1“为什么有四季?”，要求学生根据冬至日太阳光照图画出夏至日的光照图；案例7“一个专题，多种地图——欧洲失业率”，要求利用制图软件“创建关于失业的地图”；案例8“欧盟——一个普通的成功故事”，要求学生“使用‘属性’功能来创建人均GDP高于欧盟的欧洲地图”。再如案例9“华沙什么时候降雨量最少?”，其练习如下：

(1) 以一种简洁明了的形式呈现华沙的气候数据，并用相关数据创建华沙的气温、降水曲线图。对于坐标轴，使用下列测量单位：y 轴，1 单位＝10℃(或 20 毫米)；x 轴，1 单位＝1 个月。

(2) 将华沙和汉堡的数据进行比较，创建汉堡的气温、降水曲线图。

(3) 比较两幅图，描述两个城市的气候特征，并探讨前往华沙旅游的最佳时间。

上述练习要求学生根据给定的气候数据绘制华沙和汉堡的气温、降水曲线图，进行比较后描述两地的气候特征。在这一过程中，学生不仅能掌握如何制作气温、降水曲线图，也能举一反三地分析其他气候类型图。

3. 评价标准

德国初中地理课程标准中的某一案例仅体现某一个或两个能力领域，六大能力领域中，学科知识、空间定位、信息收集/方法属于基础能力领域，沟通和评价能力往往是在学生有了一定的学科知识储备，把握了相应地理学习方法的基础上构建起的评估和行动能力。案例的排列顺序基本按照能力领域的难度等级逐次排列。案例的评价标准具有层次性，主要体现在行为动词的描述上。德国初中地理课程标准通过三个水平来划分难度等级：①水

平Ⅰ(再现)，包括从明确界定的领域和学习背景中对具体实践内容的描述，以及在学习过程中对工作技术和程序的使用，主要涉及再现能力；②水平Ⅱ(重组和转移)，包括对具体学科内容的独立解释、适应和排序，以及对其他问题的学习内容、方法和程序的适当应用，主要技能是重组和转移；③水平Ⅲ(反思和问题解决)，包括运用方法、程序，通过独立思考产生解释性说明、演绎、推断和行为选择，提高面对新问题时的问题解决能力。

德国初中地理课程标准中的案例教学与我国《普通高中地理课程标准(2017 年版)》教学建议中的“重视问题式教学”有异曲同工之妙。通过创设有关实际问题的情境来营造学习环境，通过问题链将所学内容有逻辑地整合成可操作的学习链条，学生能够形成一定的地理知识结构框架，综合理解、解释和解决地理问题。德国初中地理课程标准中案例的选材、呈现形式及评价标准，值得我们在中学地理教学过程中借鉴。

参考文献

[1] German Geographical Society. Educational Standards in Geography for the Intermediate School Certificate with sample assignments. 2nd English edition[S]. Germany: The Germany Geographical Society, 2012.

[2] 王小禹，袁孝亭.“不断扩展的视野”——欧美国家组织地理课程的一种模式[J].外国中小学教育，2011(02)：38－42.

[3] 中华人民共和国教育部.普通高中地理课程标准(2017 年版)[S].北京：人民教育出版社，2017.

(2018 年发表于《中学地理教学参考》)

12. 新高考背景下关于培养物理表达素养的策略研究

李伊杰
(中学物理一级教师)

物理表达素养，是指在物理表达能力的基础上加上一定的科学思维和物理观念，即拥有一种能够运用严谨规范的语言(口头或者文字)、图示等方式来解决有关物理概念、物理规律、物理现象、物理过程等一系列物理问题的能力。培养学生的物理表达素养，是结合了核心素养问题的新形势下的重点工作，可以提高学生综合题的解题能力，从而更好地应对新高考；为学生能力的培养提供方向，形成一种有效的教学模式；符合时代的特点，为以后教材的改编与统一提供一定的参考价值。在课堂实践中尝试把学生的物理表达素养与物理教学联系在一起，分析其中的理论依据和实践价值，可以为学生的终身发展打下扎实的基础。

一、实验类题

表 1　课内学生实验及相关学习水平

序号	实验名称	水平
1	用 DIS 测定位移和速度	B
2	用 DIS 测定加速度	B
3	研究共点力的合成	B
4	用 DIS 研究加速度与力的关系，加速度与质量的关系	C
5	用单摆测定重力加速度	B
6	观察水波的干涉现象	B
7	用 DIS 研究机械能守恒定律	C
8	用单分子油膜估测分子的大小	B
9	用 DIS 研究在温度不变时，一定质量的气体压强与体积的关系	B
10	用 DIS 描绘电场的等势线	B
11	用 DIS 测定电源的电动势和内阻	C
12	用 DIS 研究通电螺线管的磁感应强度	B
13	测定直流电动机的效率	B
14	研究感应电流产生的条件	B
15	研究磁通量变化时感应电流的方向	C
16	观察光的干涉现象和衍射现象	B

根据《上海市中学物理课程标准》中的“学习水平界定表”，将学生实验的学习水平划分为 A、B、C 三个等级，其中 C 级（设计）是指根据学习的需要，确定实验目的，设计实验方案，选择或制作简易的实验器材，根据实验结果分析和改进实验方案。典型事例为能根据学习需要确定实验目的，或能根据实验目的设计实验方案；会选择或制作简易的实验器材；会分析数据得出实验结果，并能找出影响实验的因素。

因而在复习课内实验的过程当中，让学生整理表 1 中的实验 4、7、11、15 的实验目的、实验原理、实验器材、实验步骤、实验现象、实验结论和误差，可以用书面或者口头的形式进行班级内的分享。在整理和复习的过程当中，教师适当引导学生注意实验中必须

包含的重点，也可以让学生直接得知该实验的重要内容。

如表2为学生实验“用DIS研究机械能守恒定律”的整理。

表2　用DIS研究机械能守恒定律

目的	研究动能和重力势能转化过程中遵循的规律
原理	利用仪器测定摆锤在任意时刻的动能和重力势能，研究机械能总量有什么特点
器材	机械能守恒实验器、DIS(光电门传感器、数据采集器、计算机)等
步骤1	(1) 卸下“定位挡片”，将摆锤置于右侧某点静止释放，观察摆动到左边最高点时的位置，比较与起始位置的高度关系 (2) 装上定位挡片并将其置于不同的位置重复步骤(1)，比较高度
现象1	向左摆起的最大高度与初始位置近似等高
结论1	在实验误差允许的范围之内，机械能守恒
步骤2	(1) 卸下定位挡片，接入光电门传感器 (2) 测定摆锤在A、B、C、D等多个位置的速度大小与高度 (3) 计算各位置的动能、重力势能和机械能
现象2	得到不同位置的动能、重力势能和机械能的数据
结论2	在实验误差允许的范围之内，机械能守恒
误差	在定量计算的过程中，由于光电门摆放位置、摆球释放高度的偏差会造成机械能略有不等的情况等

与此同时，可以设计和搜寻一些相同知识点的课外实验，在解决单独题目的同时，注重学生表达能力的培养，通过实验原理的共性、实验器材和方案的异同，进行合理的比较，让学生来辨析这些实验的优劣，谈一谈课外实验与课内实验各自的优势和劣势。例如下方这道题：

(2011海南高考)要通过实验验证机械能守恒定律。实验装置如图1所示：水平桌面上固定一倾斜的气垫导轨；导轨上A点处有一带长方形遮光片的滑块，其总质量为M，左端由跨过轻质光滑定滑轮的细绳与一质量为m的砝码相连；遮光片两条长边与导轨垂直；导轨上B点有一光电门，可以测试遮光片经过光电门时的挡光时间t，用d表示从A点到导轨低端C点的距离，h表示A与C的高度差，b表示遮光片的宽度，s表示A、B两点的距离，将遮光片通过光电门的平均速度看作滑块通过B点时的瞬时速度。用g表示重力加速度，完成下列填空和作图：

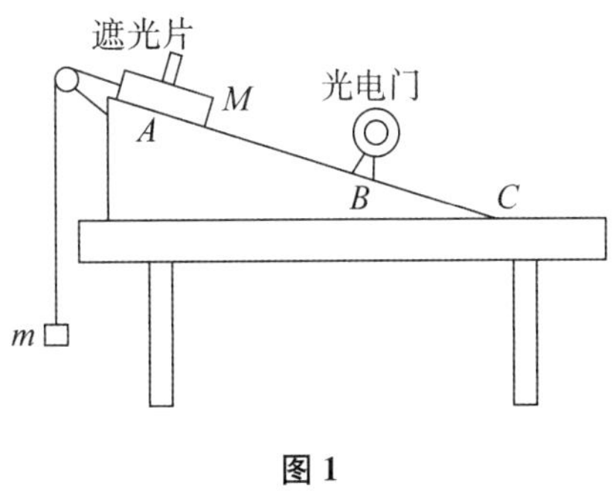

图1

(1) 若将滑块自A点由静止释放，则在滑块从A运动至B的过程中，滑块、遮光片与砝码组成的系统重力势能的减少量可表示为________，动能增加量可表示为________。若在运动过程中机械能守恒，$\frac{1}{t^2}$与s的关系式为$\frac{1}{t^2}=$________。

（2）多次改变光电门的位置，每次均令滑块自同一点（A 点）下滑，测量相应的 s 与 t 值，结果如下表所示：

	1	2	3	4	5
s/m	0.600	0.800	1.000	1.200	1.400
t/ms	8.22	7.17	6.44	5.85	5.43
$\frac{1}{t^2}/\times10^4\,\mathrm{s}^{-2}$	1.48	1.95	2.41	2.92	3.39

以 s 为横坐标，$\frac{1}{t^2}$ 为纵坐标，在答题卡对应图 2 位置的坐标纸中描出第 1 和第 5 个数据点，根据 5 个数据点作直线，求得该直线的斜率 $k=$________ $\times10^4\,\mathrm{m}^{-1}\cdot\mathrm{s}^{-2}$（保留 3 位有效数字）。

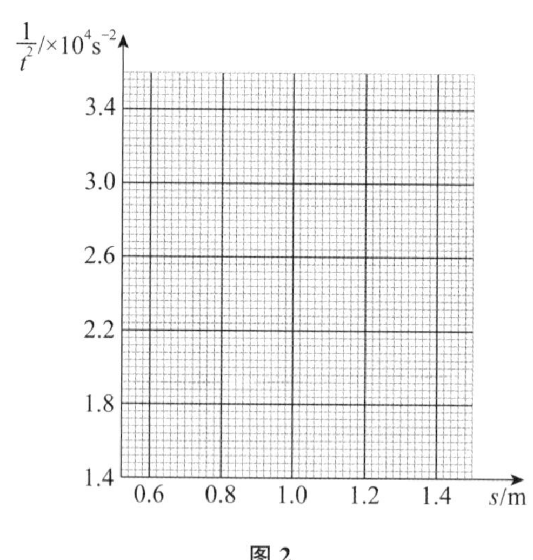

图 2

此实验虽然是验证机械能守恒的实验，但是相关的实验原理比课内实验复杂不少，主要需要用到受力分析、整体法和隔离法、图像法等多种方式，考察的能力要求较高，并不适用于验证机械能守恒定律。但是理解这道题的思路与方案，对学生进行高水平的探究会有一定的帮助作用，让学生学会科学表述这一实验的方案，可以起到锻炼学生表达素养的作用。

二、问答类题

2017 年上海物理等级考有这样一道考题：

如图 3 所示，光滑平行金属导轨间距为 L，与水平面夹角为 θ，两导轨上端用阻值为 R 的电阻相连，该装置处于磁感应强度为 B 的匀强磁场中，磁场方向垂直于导轨平面。质量为 m 的金属杆 ab 以沿导轨平面向上的初速度 v_0 从

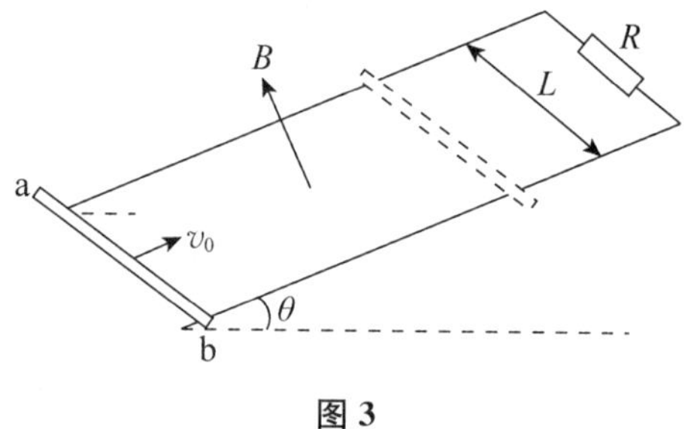

图 3

导轨底端开始运动，然后又返回到出发位置。在运动过程中，ab 与导轨垂直且接触良好，不计 ab 和导轨的电阻及空气阻力。

(1) 求 ab 开始运动时的加速度 a；

(2) 分析并说明 ab 在整个运动过程中速度、加速度的变化情况；

(3) 分析并比较 ab 上滑时间和下滑时间的长短。

从近年来的高考改革方向可以得知，以往纯粹的计算类问题已无法满足当代学生的学习需要。物理学科的学习，需要让学生懂得对问题进行描述、分析、讨论、说明等，因而可以设计或改变这种类型的题目，让学生逐步适应这种题型，通过讨论答案的必要内容，引导学生对问题进行科学的、有逻辑条理的表述。

三、表达转换

物理表达素养包括用简明准确的物理语言（包括文字语言、符号语言、图像语言）来表达有关物理概念、物理规律、物理现象、物理过程等一系列物理问题的能力。物理学科的语言是具有鲜明特色的一种特殊语言。物理表达素养实质上就是让学生学会如何理解和运用这种特殊语言的能力。例如以前的高考试卷有这样一句经典话语：“解答应写出必要的文字说明、方程式和重要的演算步骤。只写出最后答案的不能得分。有数值计算的题，答案中必须明确写出数值和单位。”

简言之，可以通过让学生转换表达的语言来对同一个概念、规律、现象、过程进行描述，锻炼学生从多个方面认识某种现象。课本上也有说到描述物理的规律的方式有三种：文字叙述、数学公式、函数图像。

示例 1：运用不同的方式来描述匀速直线运动

(1) 从位移角度来说，匀速直线运动是在任意相等时间内，物体的位移（大小和方向）都相同的直线运动；从速度角度来说，匀速直线运动是物体的速度（大小和方向）保持不变的直线运动。

(2) 匀速直线运动的速度公式 $v=\frac{s}{t}$，表明：匀速直线运动中速度大小不变。匀速直线运动的位移公式 $s=vt$ 表明：匀速直线运动中位移与所用时间成正比。

(3) 函数图像

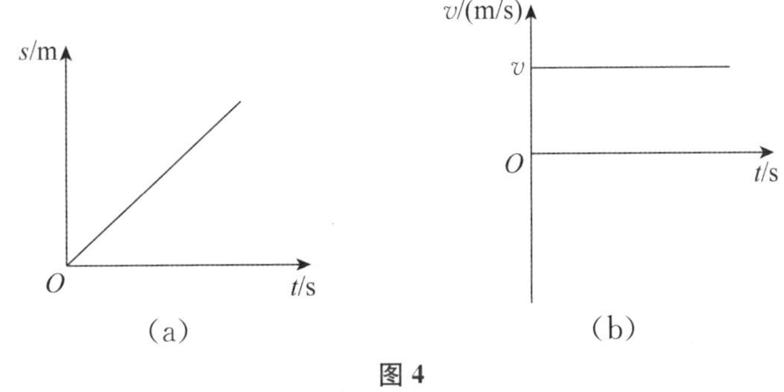

图 4

示例 2：图像转换类习题

(1) 小球从静止开始做速度随时间均匀增加的直线运动，第 4 s 末速度达到 6 m/s，接着匀速运动了 7 s。请在图 5 所示的坐标平面中作出小球在 0—11 s 内的速度-时间 ($v-t$) 图像。

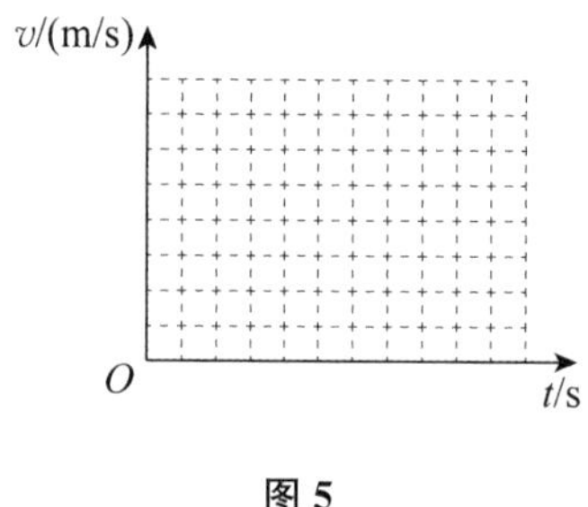

图 5

(2) 画出与图 6 中 $s-t$ 图像所对应的 $v-t$ 图像。

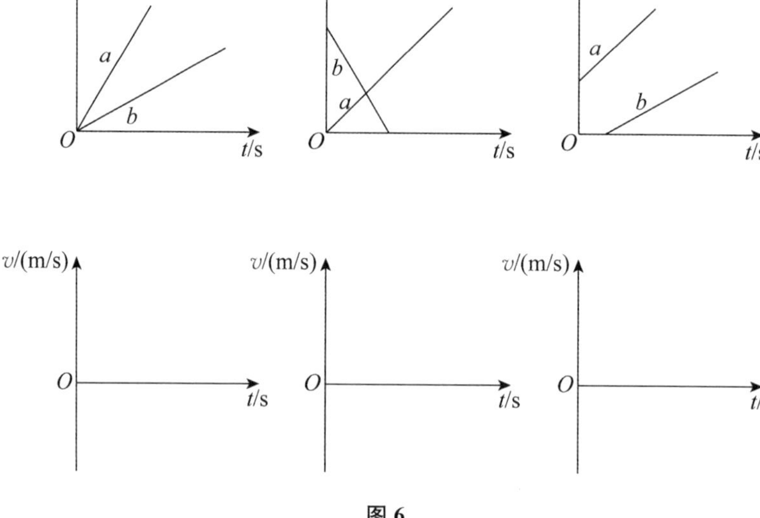

图 6

四、思维训练

抽象思维的具象化往往是学生学习的困难所在，物理知识板块不多，但是相应的知识点彼此的联系是学生们必须要掌握的。通过对物理概念、物理规律的整理和逻辑关系的表述，可以让学生更好地掌握所学的内容，因而思维导图是现在的一种常见的学习方式。

五、总结

(1) 学生解决物理练习的过程当中，对物理表达的规范性、严谨性重视程度不够，也正是由于表达(口头、书面)的缺失，也反映了学生对知识体系脉络梳理得不够清晰。因而学生需要在教师创设的环境和氛围中，锻炼这方面的能力。

(2) 培养学生的表达能力需要其在一定的知识体系的基础之上，对要求表达的内容有一定的认知和理解，再通过语言、符号、图像等多种方式进行表达。

(3) 培养表达能力的策略可以有如上的实验题训练、问答题训练、表达方式训练以及思维导图绘制等方式，可以根据不同的学段按需使用。

（2018 年获静安区青年教师研究成果三等奖）

13. 混合式教学模式在个性化数学教学中的实证研究

庄佳尧

【摘　要】 本文在调查与总结了多种混合式教学模式的经验与教训的基础上，在相关教育理论支持下，设计出更适合民立中学学生的高中数学个性化混合式教学模式，并在 2018 级高一新生身上付诸实践，通过实测、调查与访谈得知，该模式确实提高了学生们学习的积极性与参与度，得到大家的一致肯定，同时解决了他们课前预习情况不理想、课上学习效果不明显、课下自主学习能力低等问题。

【关键词】 高中数学；个性化教学；混合式教学模式

一、什么是混合式教学

一般意义上的混合式教学，是将在线教学和传统教学的优势结合起来的一种“线上＋线下”的教学模式。而广义上的混合式教学，是把人、环境、技术、方法等一系列要素融合在自己的课堂之中（或之外），把教学的过程与环节通过不同的方式进行呈现，得到独立、互补、螺旋式的升华。

运用混合式教学，可以使每个学生认识到自身的潜能，激发其自主学习、深入学习的愿望，并使其知识、能力与水平在原有的基础上得到最大程度的提高，达到个性化教学的目的。

二、高中数学混合式教学的前期经验小结

1. 视频课程的录制尝试

在 2015 年，我已开始录制一些在线课程与习题讲解，主要以尝试性的工作为主，积累了一些经验。针对 2015 级的学生，我拍摄视频课程“初高中衔接课程”与“寒暑假作业讲评”。学生则通过自学，把一些初中不讲但高中要用的内容，做成一个系统的课程；将

一些很难自学的知识点，进行重点突破。这样学生不会因为高中上课的速度太快而跟不上教学节奏，同时能起到查漏补缺的作用。在此过程中，我尝试了多种微课与慕课的拍摄技巧，掌握了视频课程的相关软硬件与课型的规律，为进一步运用视频课程与传统课程相结合的混合式教学打下基础。

2. 混合式教学模式的初步尝试

在掌握了拍摄视频课程技术的基础上，我开始尝试将视频课程与传统课堂相结合的混合式教学模式。

(1) 在线学习拓展内容结合在线答疑作为传统课堂的补充

在高一、高二年级，学生通过网盘或者微信公众号观看我的视频课程并进行拓展内容的学习，即课上传统学习、课后巩固与拓展学习。如果遇到有疑问的地方，学生会通过QQ或者微信向我提问，我则用拍照、录音、拍视频等多种方式在线给出相应的解答。

(2) 利用翻转课堂的方式进行教学

课前将课题的基本概念拍成微课，让学生提前网上预习，在课堂上，进行有针对性的讨论，从而进一步对概念有所认识。即课前获取知识，课后消化知识。

(3) 利用民立中学教学云平台的二维码功能进行试题的个性化讲评

到了高三年级，学生之间的差异变得更大，在传统课堂上，教师只能讲评大部分学生有需求的问题，而这对于部分学生却很浪费时间。所以我尝试将部分作业题特别是一些较难的问题，进行拍摄讲解，然后上传到民立中学的教学云平台，用二维码的方式进行分享，学生可以针对自己个性化的问题有选择性地学习，节省了学生的时间，提高了学习效率。

3. 学生调查报告

为了了解2015级学生对我所拍摄的视频课程以及混合式教学模式的看法，在2018年高考之后，我对这些高三毕业生进行了问卷调查。调查结果表明，全年级有$\frac{2}{3}$的学生学习了我的课程，有接近一半的学生认真完成了学习任务，并且越是完成度高的学生，收获越大。绝大多数学生十分认同通过在线学习对传统课堂进行补充，理由主要包含：可以巩固知识点，可以摆脱时间的限制，可以自主学习，可以对拓展内容进行个性化学习。

4. 几种模式的不足分析

虽然我的前期工作得到了大部分学生的认可，但在教学过程中，还是出现了不尽如人意的地方：①翻转课堂模式在高中阶段持续实施难度颇大，对教师的业务能力与学生自主学习能力的要求很高，特别是很难利用个人的力量完成庞大的预修课程录制。②高中学生自由学习的时间有限，导致他们无法花费很多时间预习。③民立中学教学云平台还不成熟，学生操作上不是很方便。④视频课程不一定是在线学习的唯一方式，有些内容可以通过学生自主阅读完成，而且在线的视频内容无法任意调节播放速度，对于学习能力较强的学生有点浪费时间。

基于以上原因，在高中实施混合式学习，需要针对高中学生的各种特点进行。

三、改进后的高中数学混合式教学模式的设计与实践

针对前期的经验分析，我在2018级新高一学生身上采取了改进后的混合式教学模式，其更适合高中学生。它的主要内容见表1。

表1　改进后各阶段的混合式教学模式

阶段	主体	
	教师	学生
课前	1. 利用假期准备学习资料 2. 录制在线衔接课程 3. 给出学生假期任务单 4. 和传统课堂一样，正常备课，完成教案	1. 利用假期对衔接课程进行学习 2. 完成任务单
课中	1. 和传统课堂一样，正常上课 2. 采取课堂实录的方式对课堂进行全程录像	与传统课堂一样，集中精力，积极参与
课后	1. 将课堂实录上传至网盘 2. 撰写教学日志与反思 3. 在微信公众号发布教学日志、教学实录、教案反思	1. 完成配套作业 2. 阅读教学日志与教案反思，体会学习思路 3. 作业反馈中如遇到问题，重温课堂实录

1. 课前衔接练习

由于高中学生在校时间有限，假期时间相对比较宽裕，有很多学生希望利用假期时间进行预习与提高；但如果在假期上新课，则会产生在校期间学生的启动知识不平衡的问题，所以在线上新课是不合适的。

我采取的方式是做好初高中衔接内容，并将内容上传到网盘让学生下载自学，学生既能复习巩固初中所学的内容，又能够学习与高中的课程有所衔接的内容。

2. 课中教学实录

在学习了衔接内容之后，每位学生的掌握程度肯定不一样，所以在课上我还是完全采取传统的教学模式，适当结合讨论环节进行教学，满足大部分学生的需要。只是认真完成衔接课程的学生，掌握程度一定比未完成的学生要好。

除此之外，我对每一节课都进行了课堂实录，实录的主体是我的教学过程，也适当地录一些课堂互动。这样做可以把课堂真实的教与学的过程保留下来，为教师的反思、学生的复习留下宝贵的资料。

3. 课后总结反思

该阶段是混合式教学模式的核心阶段。课后教师把课堂实录上传到网盘，得到分享链接；并结合这节课的意图与反思，撰写教学日志；之后将日志发表在个人的微信公众号上。该日志主要包含以下几个内容：学校与班级所发生的大事、趣事、活动、经历等；记录当天课程的设计思路；教学简案；课堂实录的下载链接；课后教学反思。

学生、家长及其他社会各界人士都可以浏览，了解当前教育的过程，理解教学的设计思路，明确当天学习的主要内容，回顾师生互动过程，反馈教学的成果。

4. 阶段反馈评价

很多学生对于数学的学习，总带有畏难情绪。因为经过一个阶段的学习，在阶段检测中每次都会暴露出没有掌握的知识点的问题，而这些问题很多都是平时在课堂上教师反复强调过的。如果此时对课堂实录进行温习，那么就可以做到查漏补缺了。

四、混合式教学模式在高中数学教学中的实施案例分析

下面我就沪教版高一第一学期数学教材中的“2.2　一元二次不等式的解法”做一个案例分析。

一元二次不等式是高一上半学期重要的内容之一，是将初中所学习的二次函数、一元二次方程与一元二次方程相结合的知识点。很多学生这部分内容掌握不好，导致后续很多内容都无法掌握。所以我采用了改进后的混合式教学模式，并起到了非常好的效果。

1. 课前衔接练习

我为学生布置了观看我所拍摄的初高中衔接课程的暑假作业。在课程中，我针对二次函数与一元二次方程的内容做了细致的讲解，对一元二次不等式进行了点到为止的讲解，用初中学生能够接受的方式进行讲授，让学生有一个初步的印象。

2. 课中教学实录

在校期间，传统教学方式无论怎么处理都无法很好地解决本节课的诸多难点，如既要处理好三个二次的关系，又要处理好数集的区间表示法等细节点等。但因为有了暑假中初高中衔接课程的铺垫，诸如三个二次的相关难点的讲解，这样学生就不会难以接受了，课堂教学效果就会变得更好了。同时学生的呼应与反馈都十分自然，我对整堂课进行了实录。

3. 课后总结反思

每一节课后我都会马上把课堂实录上传到网盘，并撰写教学日志，发表在个人微信公众号上。因为这部分内容难点颇大，所以我把教学思路、教学简案与教学反思都讲得比较清楚。

4. 阶段反馈评价

上完这节内容后，我对学生做了一次检测。从结果来看，与之前几届学生相比，这届学生对这部分内容掌握程度要好得多，个别学生还有所欠缺。之后我单独找这几个学生观看了我在几天前的课堂实录的片段，学生纷纷表示当时是因为某些原因而没有认真听课，导致这部分内容有问题，如今看了录像后，找到了各自问题的根源，并表示以后上课会更认真，课后会更注意反思与总结。

五、研究结论与反思

本文结合高中数学教学现状以及该学科特点，得出如下结论：

根据高中数学教学现状，从学生的需求出发，经过几年的摸索与最近两个多月的努

力，设计并运用改进后的混合式教学模式在新高一新生的个性化学习道路上迈出了扎实的一步。无论是学生还是家长，反响都非常热烈，由此可以知晓，学生的学习积极性、自主探究能力以及数学成绩都有了很大程度的提升，基本上达到了最初的目标。

由于自身的教育理论水平以及相关信息技术的研究水平是有限的，设计出的混合式教学模式难免有不当之处，在以后的工作中，我会继续努力完善。本研究只是初步探索，各方面还不成熟，仅为后续研究提供一个参考。我相信，随着科学技术的发展，学校设备的不断完善，混合式教学模式会大范围地应用于中小学校园，更好地为教师和学生服务。

参考文献

[1] 黄荣怀，周跃良，王迎.混合式学习的理论与实践[M].北京：高等教育出版社，2006.

[2] 傅德荣.教育信息化的目的、内容与意义[J].教育技术研究，2000(04)：3－6.

[3] 何克抗.从 Blending Learning 看教育技术理论的新发展(上)[J].电化教育研究，2004(03)：1－6.

[4] 李克东，赵建华.混合学习的原理与应用模式[J].电化教育研究，2004(07)：1－6.

[5] 高传南.基于混合学习的有效教学研究[D].上海：华东师范大学，2010.

（2019 年发表于《静安教育》）

14. 对“问题导向式”课堂教学的思考

孙晓伟

（中学生物二级教师）

经过一个多学期的教学工作，在学科带教师父张颖老师、教研组长严虹老师的指导帮助下，我逐渐适应了教学工作。此外，静安区教育学院的老师、民立中学的校领导以多种多样的形式为培训新教师提供了具有实际指导意义的专家讲座等。同时，在生物学习小组相互听评课过程中、在听取优秀教师公开课的经验后，我从中也有了一些心得体会。在总结经验的同时，我在教学过程中也发现了自己难以短期内解决的一些瓶颈问题。

面对这些困惑，我选取了当前比较倡导的“问题导向式”教学形式。“问题导向式”教学是一个不断用问题推动课堂教学的过程，整个课堂的内容通过问题的提问串联成一条主线，并且环环相扣。通过问题链的设置，教师教学思路清晰，学生听起来也能豁然开朗。因此，教师的教学思路清晰是上好一堂课的关键所在。对于“问题导向式”教学，我存在以下两点困难：

1. 对于课堂主线的梳理、线索式提问问题的设置存在问题

针对前后连贯性很强的章节，比如植物生长素的发现过程、孟德尔遗传规律的推理过程，如何设置环环紧扣的问题成为我备课时的难点之一。

2. 经常在课堂提出无效问题

比如在课堂中提出的“大家知道全世界已发现的物种有多少吗？”“大家知道什么是生物化学证据吗？”“为什么 PCR(聚合酶链式反应)技术可以检测生物多样性呢？”等问题，事后通过自我反思，我发现这些问题大体存在两方面缺陷：一是学生缺乏相关生活经历，没有办法将这些问题与本节课涉及的但还未学习的知识点产生联系；二是有些知识点不是重点，学生没有必要知道，也不必作为课前引入或课堂中的过渡。在如何提出能引发学生思考和有意义的问题方面，我存在不足。

通过联系实际教学情况对教学环节进行了分析和思考，通过以下几个途径来改善教学过程：

1. 要厘清教学思路

教师在备课的时候需要对教材把握全面，备课时重难点层次分明，有意识地遵循提出问题、分析问题、解决问题的科学研究思路。按照这个思路展开课堂教学，并把握好这三个环节的教学节奏，整节课学生的学习精力就容易集中，学习效果才更好。例如，在“内分泌系统中信息的传递和调节”一节，我讲课的初稿为第一课时把所有的内分泌腺的功能讲全，第二课时再讲它们之间的关系。但是我发现在第一课时教授所有的内分泌腺知识时，内容过多，而且各内分泌腺的出现顺序和彼此之间关系不明，这直接导致教学思路混乱。在其他教师的建议下，我选取了一条主线，即将甲状腺激素的分泌的作用与其他内分泌腺的关系讲清楚，并引入负反馈的概念。经过调整，这节课内容设置合理，逻辑清晰。

2. 要提出关键性的问题

提问是课堂活动中很重要的部分，有利于及时对学生的学习状态进行跟踪和反馈。问题的设计直接关系到教学的效果。问题设计要注意难度的层次性、内容的可探究性和多样性，旨在调动学生的积极性。如果提出的问题机械古板，学生只回答“是”或“不是”，就失去了让学生思考的意义。在提出问题时，要对学生的学习能力有基本的了解，不同层次的问题选择不同学习程度的学生来回答。

3. 平时注重知识积累

教师应当注重平时生物教学本体知识以及教学理论的积累和运用，扩大自己的知识面，多加关注与生命科学相关的时事报道，关注该领域的最新进展，提升学科素养。同时，还应当加强学习，锻炼语言能力，掌握沟通技巧和语言的艺术，从而有效地提升自己的教学水平。

(2019 年获静安区见习教师规范化“教育案例”优秀奖)

15. 以英语为媒介　讲好中国故事

——谈“文化意识”视角下高一英语短剧表演拓展课的实践与思考

李成君

（中学英语高级教师）

一、引言

全语言理论认为语言学习是一个自然的过程，自然的语言学习并不是个体独自构建的过程，而是一种离不开与他人互动的社会构建过程。北京师范大学王蔷教授认为，语言学习的过程不是一个脱离语境，孤立记忆语音、语法、词汇等知识的过程，而是学生在语境中理解、探究、建构语言意义的过程。因此，在高中阶段的拓展课中，以戏剧方式开展语言学习，为学生提供了整体习得语言的良好机会。学生在丰富的语境中，获得语言知识、体会语言魅力、思考语言所传递的含义，并通过反复练习台词和内化实践，形成整体运用语言进行思维和表达的能力。

在高一年级第一学期开设短剧表演校本课，排演时长为30分钟左右的剧目，对于刚入学的新生来说，无论是从语言能力还是综合能力来看，都是不小的挑战。但这种通过戏剧表演提升学生整体语言能力的语言学习方式却与《普通高中英语课程标准(2017年版)》(本文简称“新课标”)着力培养高中学生英语核心素养(语言能力、学习能力、文化意识、思维品质)的目标相一致，非常值得师生一起尝试。

学生在阅读各类原版文学作品、编写台词、排练表演的整个过程中，充分锻炼了包括听、说、读、看、写在内的各项语言技能，语言能力可以得到切实的发展。小组合作贯穿了排演的全过程，从分工到合作，无一不需要团队成员的通力合作。随之产生的各种生成性问题也无一不需要小组成员调动全部积极性去探索、学习与解决，因而对于学生的合作精神、学习能力是重大考验。

对要表演的剧目的时代背景、作家生平、作品内涵与意义等信息的了解可以有效帮助学生了解中西方文化及社会历史背景知识，从而提升人文底蕴和文化意识。短剧表演不仅是一个舞台呈现的过程，更是一个思考与创作的过程。无论是对文学影视作品的再现、改编或是对自编作品的表演，都是对作品所要表达的核心内容深入思考的契机。最终舞台呈现的，不仅是学生的语言表达与肢体动作，更是他们批判性思考、分析讨论、判断鉴别后的领悟、态度及创意。因此短剧表演也不失为提升思维品质的一个途径。

二、英语短剧表演拓展课实践过程

1. 剧目选择

以往在高中英语课程中引入戏剧表演，往往是对于英美文学影视作品的演绎或改编。借由戏剧这个途径，深化学生对英语国家文化的了解与认识。

新课标对高中学生文化意识的养成提出了新的要求，即增强学生的国家认同和家国情怀，坚定文化自信。因此，在为期一学期的短剧表演拓展课开设伊始，通过短剧表演的形式用英语讲述中国故事的主题便得以确立。

同时，由于高一新生语言能力有限，难以驾驭 30 分钟左右时长的全自编剧目，师生共议后，最终确定排演《高中英语小品与课本剧》高二年级的《鸿门宴》。

《鸿门宴》是语文与历史学科在高一年级有交集的学习内容，也常出现在各类影视作品之中，学生对于剧情内容、历史背景、人物性格较为熟悉，这为他们能够顺利表演奠定了基础。基于对这段历史的演绎，学生有机会更深入地思考和体会领袖人物的性格特点及该性格特点在历史进程的关键时刻所起的作用，也有机会用英语展现历史片段，加深对我国文化的理解和认同。

2. 排演过程

排演过程见表 1。

表 1　排演过程

排演阶段	时间跨度	推进内容
情景导入	2 课时	1. 了解剧目梗概及背景知识，营造会演语境 • 学生集体观看电影《王的盛宴》相关片段 • 学生课后了解剧目背景知识、人物个性特点等 • 学生就梗概及背景等内容进行课堂讨论交流，并在教师引导下体会戏剧冲突及历史进程中历史领袖人物性格的作用 2. 讨论角色分配及排演任务，做好排演准备 • 根据拓展课选修学生人数，确定本次短剧《鸿门宴》主要角色：项羽、刘邦、项伯、范增、张良、樊哙、项庄、旁白 • 根据学生的自身特点及语言能力，在师生共议的基础上确定角色分配 • 根据学生的兴趣及特长，确定排演辅助任务分配：展演海报、入场券制作、舞台道具制作、剧情背景幻灯片制作
语言输入	2 课时	1. 剧本精读，扫清台词语言障碍 • 学生在教师的带领下通读完整剧本——《鸿门宴》，并针对剧本词、句的难点进行学习 • 教师根据剧本穿插对于演出片段的进一步介绍和分析 2. 剧本微调，满足本次展演需要 • 学生合作，根据拓展课人数与表演需要，调整剧本内容，使其保持连贯性 • 学生根据自身语言习惯微调台词，并互助修改 • 教师修改定稿

（续表）

排演阶段	时间跨度	推进内容
语言内化 动作配合	10 课时	1. 通过表演游戏“人体雕塑”热身，增强会演信心和合作意识 • 教师准备一组标有物品及职业名称的卡片，供学生抽取 • 学生 3—4 人一组，分别抽取卡片，在不使用语言的前提下，通过动作及声效合作表演卡片上的内容 • 其余小组观看表演，猜测卡片内容 2. 台词朗读训练，奠定会演语音、语言基础 • 学生分角色各自朗读角色台词，并由教师校正发音，并就重音、停顿、语速、语调升降、音量、音调高低等方面进行个别示范指导 • 学生分角色小组合练朗读台词，教师个别指导 3. 整体走台排练，增进会演舞台表现力 • 学生再次观看电影《王的盛宴》相关片段，根据各自角色重点关注人物的表情、肢体动作等相关内容，并设计自身角色舞台动作；剧务重点关注服装道具等相关内容，并构思如何通过舞台将其展现 • 带稿走台，熟悉剧情发展及各演员的台词，熟悉剧情推进过程中各演员的出场顺序及舞台走位 • 脱稿合练，并配合肢体动作、表情神态等，模拟舞台表演 4. 展演辅助工作推进，打造最佳舞台效果 • 教师联系租借服装，师生共议服装道具等的细节 • 学生分工制作部分道具、配套剧情的幻灯片 5. 带妆整体彩排，模拟最终舞台呈现 • 在学生的建议下，增加烘托气氛的古筝演奏、舞剑表演 • 服装道具、配套剧情的幻灯片等到位
展演及 评价	2 课时	1. 年级范围内舞台展演 2. 组织评议，总结提高

3. 排演效果

经过师生共同努力，英语短剧《鸿门宴》最终在校人文节英语专场上亮相并大获好评。在剧目排练表演的过程中，从无法正确流利地朗读整句台词到能够大段大段背诵并富有表现力地进行演出，学生们在语音语调及口头表达流利度上的巨大进步有目共睹。

同时，学生深入了解了与剧目《鸿门宴》相关的历史背景、人物评价，并对所处时代的衣着、礼仪、风俗等文化相关内容做了深入探索，甚至对诸如当时着装到底该是左衽还是右衽、见礼时左右手的叠放顺序等细节都一一确认，并把探究所得融入剧目表演。整个探究过程中，学生们表现出了极大的热情，对本国历史文化的兴趣与知识也与日俱增。

学生们还通过相互合作，对剧本台词进行了调整和改编，根据人物特点设计了动作，根据场景自制了部分道具，还为最后的舞台表演制作了能推动情节发展的幻灯片。学生为了营造氛围，添加的古筝表演、舞剑表演为整个演出增色不少。整个排演过程中学生的能动性和创造力得到了体现。

4. 参演学生反馈

在演出结束的评价环节，参与本学期校本课的10位学生几乎都表示，整个排演是一个不断进步的过程，很大程度上增加了他们对于英语学习的兴趣和信心。

主要演员董同学在最后一节课的自评中写道："在英语短剧《鸿门宴》中出演项羽一角是我高中英语学习生涯中独特的一笔。我对鸿门宴并不陌生，但随着排练的进行，我了解到这和我们平时所熟悉的鸿门宴似曾相识却又别出心裁。全剧虽然用英语表演，角色的设定和内容却又都忠于原著，可谓是中西合璧。在老师和同学们的不懈努力下，演出最终获得了巨大的成功，也增加了我们学好英语的信心。"

小导演程同学这样描述一学期的校本课经历："在参与英语剧排练过程中，由于我的角色台词任务不多，所以我同时也负责了动作设计和道具制作，算是半个导演。我们一遍遍地研究剧本，从单纯地读剧本到富有语音语调地诵读和表演，不断进步。在筹备过程中，我们还参考历史剧片段研究礼仪以及道具的样式。在共同的努力下，从熟悉台词到加上动作走位，我们顺利在英语节完成了表演，获得了前所未有的英语学习体验。"

三、实践后的思考

1. 选择排演剧目时，关注文化维度的多样性

英语学科有其人文性，就自然具有跨文化信息传递的功能。短剧表演可以作为提升学生跨文化交际能力，促进优秀文化输入和输出的双重管道。因此，教师在选择排演剧目时，除了着眼于传统的英语名著和影视作品，以英语短剧的形式讲述中国故事、展现中华历史文化也应被纳入教师的考虑范畴。

2. 课程推进过程中，关注学生的能力，注意铺设梯度

(1) 针对剧本创作，根据学生的语言水平，可尝试"读读演演""读创结合""自编自创"三种形式

经过一个学期的实践和思考，我认为学生参与剧本创作可以有三种形式："读读演演""读创结合""自编自创"。"读读演演"，即选取比学生现有语言能力略高一筹的现成剧本，以学习剧本语言、模仿表演为主的形式。这种形式，对学生自身语言素质的要求最低，方便入门。"读创结合"，即在校本课上经过师生共议，确定共读书目，学生在阅读、赏析之后，将阅读材料改编为剧本并对故事的内容进行拓展延伸的形式。这种形式，既能够激活来源于阅读材料的语言，又能激发学生参与创作表达。若学生能更熟练地使用英语进行写作，那么还可以进一步采用"自编自创"的形式，即要求他们汲取来源于生活的灵感，把他们在日常生活中的经历甚至是困惑编成一个具有完整故事情节的剧本，把他们对于生活的思考融入剧目的创作，并通过剧目的排演呈现他们思考的结果和解决困惑的方法。

本次在高一第一学期开设短剧表演校本课，考虑到高一新生的实际语言能力，选择

了词汇、语法结构较为丰富的现成剧本，学生在此基础上加以微调即可着手排演的“读读演演”形式。随着学生在高中阶段对词汇语言学习的积累、综合能力的发展，在后续继续开设短剧表演校本课时，可根据学生的实际情况选择“读创结合”或对能力要求更高的“自编自创”形式。

（2）针对课堂组织方式，可根据学生的综合能力水平，从“师导生演”“学生剧团”两种形式中进行选择

经过一个学期的实践，我发现短剧表演排演的课堂组织方式不外乎“师导生演”“学生剧团”两种形式。“师导生演”是以教师引导入戏、学生体验参与为主的形式。这种形式里，教师作为导演组织安排全部活动；学生在教师主导下进行排练演出。这种形式，在初期能使得短剧表演课较为高效运作起来，也可以在一定程度上弥补学生综合能力的缺失。“学生剧团”指的是，学生根据各自特长喜好，在排演过程中独立地负责自己擅长的项目：有创意善于组织者，担任导演；语言能力较强，擅长写作者，负责剧本撰写；有美术天赋者，绘制海报、制作道具；爱好摄影者，为会演拍摄留念。整个过程中，学生合作探究、群策群力，教师从旁提供必要的指导、把关。

本次的短剧表演校本课，前期主要为“师导生演”模式，由教师主导任务的分配及排练。随着学生之间逐渐互相熟悉、进入角色，过渡到中后期的“学生剧团”模式，教师慢慢从台前退居幕后，学生自主排练、教师把关。尤其当小程同学自告奋勇地担当起小导演的角色，自发组织其余同学在课后也查阅资料、设计动作、合练台词之后，学生们创意的火花频频迸发，如为了烘托气氛，小导演带领其他小演员学习舞剑，并邀请了年级中擅长古筝的同学在开场时配合金戈铁马的幻灯片进行演奏等，学生们的创造力得到了进一步的激发。在今后的实践中，教师应有意识地尽早促使“学生剧团”模式的建立，帮助剧团各成员各司其职、有序工作，不可为求加快进度高效排演，凡事大包大揽，牺牲学生成长和进步的机会。

3. 反馈和评价时，在客观衡量之外，顾及学生的主观体验

短剧表演校本课，不仅是学习的过程，也是一个学生丰富体验、创造发挥的过程。因此，在进行指导和教学时，教师不应偏执于台词的记忆和模仿，忽视短剧的整体情境和学生的主观感受，以及思辨力和创造力的体现。

在结课评价时，宜采用师生、生生客观量规评价与记录学生成长的档案袋相结合。客观量规可主要侧重对舞台表现、合作沟通、思考创造力的评定；成长档案袋则侧重记录个人在语言学习、解决问题、团队合作、思考创新等方面的进步及其过程。无论是客观评价还是主观记录，都应以提供有利于改善的建设性指导为目标，帮助学生在情境中丰富感受，积累成功的学习体验。

四、结语

在目前高中阶段的英语教学实践中，在教学中引入戏剧元素，如3—5分钟的课本

剧、基于课文的拓展衍生剧的表演，作为基础课的教学环节之一已经得到了广泛的尝试，取得了良好的效果。在高中阶段开设表演剧目 30 分钟以上的短剧表演校本课，无论是带领学生深入地品读文本、学习语言知识、挖掘文本背后的文化内涵，还是组织扮演不同角色、排演进度不一的学生群体达成会演目标，都对教师的学科知识积累、综合素养和课堂管理能力提出了更高的要求。

为了帮助学生能够顺利地在校本课上通过第一阶段情景导入（了解故事背景、情节、人物形象及其个性特征）、第二阶段语言输入（精读剧本，掌握台词里蕴含的语言知识）、第三阶段语言内化、肢体配合（台词训练，动作设计，排练走台）、最后表演与评价这四个阶段，在生动、真实的生活场景和人物关系中体验文化情境、感知人物心理、丰富生活经历，并且为了让学生通过接触戏剧中所蕴含的文学、艺术、政治、历史、地理等知识，感受中西方文化的差异，在文化鉴赏和艺术审美方面拥有更多的感悟，教师需做好以下准备：①就教学活动的开展和推进而言，须在校本课程开设前，根据学生的语言能力、综合能力现有水平，设计分步骤、有梯度、有章可循的结构化教学实施计划和能够反映学生成长的评价方式；在开设过程中实施切实有序的过程管理，及时反馈评价、跟进调整。②就自身知识储备而言，需注重累积短剧创作、短剧表演教学指导相关知识，并勇于在实践中探索应用。③就教师在整个校本课程开设过程中的角色而言，需要根据学生的能力及兴趣，逐渐从台前过渡到幕后，成为学生活动的助力者，使学生成为舞台表演的主角，学习活动和学习体验的主角。

（2019 年发表于《静安教育》）

16. “教学＋互联网”的实践探索

——以地理混合式教学为例

高立洋

（中学地理一级教师、校学科带头人，地理教研组组长）

【摘　要】互联网在变革传统产业中表现了强大的生命力，并已经对教育产生了深刻的影响。笔者作为一线中学地理教师，从与先进生产力跨界融合的角度理解“互联网＋”，提出互联网要为教学所用并进行了地理混合式教学的实践探索。笔者在时代背

景、课改背景的基础上明确了混合式教学的建构原则，基于实践、筛选整合出所需的混合式教学平台，在应用的基础上归纳混合式教学在课前、课中、课后的实施策略并制定评价方法，针对课例分析混合式教学在增强课堂交互与实现在线自学方面的效果并不断完善。

【关键词】混合式教学；互联网＋；高考改革；课堂教学；在线学习

当代中学生作为互联网时代的“原住民”，互联网对他们的学习与生活产生了深刻的影响，视频课程、直播课、在线题库等成为了学生自主学习的新途径。“互联网＋”已经在变革传统产业中积累了丰富的经验，从这个词的构成来看，“互联网”代表的是先进的生产力，“＋”代表的是跨界与融合的思维方式，的确新时代的教育需要互联网的跨界融合。

但是笔者认为教学与互联网的关系表述为“教学＋互联网”更为合适，在互联网技术应用于教学的过程中，教师首先要从教育规律的角度出发思考应用价值，并结合教学的实际需求选择合适的互联网技术服务教学。笔者基于新高考的时代背景，提出了地理“教学＋互联网”的实践方向，结合核心素养的育人要求，根据学生成长规律与学科教学需求，选择合适的信息技术为教学所用，打造增强课堂交互与实现在线自学的混合式教学。

一、混合式教学的建构

（一）识别混合式教学需求

第 21 届全球华人计算机教育应用大会提到“互联网＋”时代的教与学，人类社会因为互联网信息技术跨入了高度信息化时代，给教育带来了前所未有的机遇和挑战。基于时代背景分析，笔者为实践的混合式教学筛选了自由性、交互性、个性化的设计要求。

《普通高中地理课程标准(2017 年版)》(本文简称“新课标”)提到，“信息技术的发展和应用是地理教学改革的助推器，对改革学生学习方式和教师教学方式，帮助学生享有公平而有质量的教育具有重要作用”“教师也可以利用互联网的资源共享和交互功能，帮助学生体验基于互联网的开放式地理学习，避免形成过度依赖教师和教科书的学习心态。结合智慧校园和智慧课堂的应用，突出‘处处可学、人人皆学’的‘线上线下’泛在学习理念”。2014 年《教育部关于全面深化课程改革落实立德树人根本任务的意见》正式下发，核心素养已经置于深化课程改革、提升国民素养的关键地位。上海的新高考改革，地理由以往高考的“＋1”科目到“＋3”科目发生很多变化，如考试时间提前、备考课时压缩、选考人数大幅度增加、地理教师紧缺等，高考改革为地理教学带来了机遇更带来了挑战。

基于课改背景分析，教师在实践混合式教学过程中要深入学习研究并树立培养核心素养的理念，运用探究式教学引领学生思维，创设贴近生活的地理教学情境，并注重将核心素养转换为可评价的外显表现，通过“实践—评价—改进”的路径不断促进核心素养的落实。以互联网信息技术为依托，建构线下课堂教学与线上自主学习联动的混合式教学，线下借交互性提高课堂教学效率，线上呈现学习的全流程，辅助以在线测评与习题训练系统，弥补师资短缺并实现在线自主学习。

（二）混合式教学的建构原则

建构的混合式教学要兼顾线上与线下的学习效益与学习体验。线下课堂教学以班级授课制的优势为基础，借助互联网技术增强课堂教学的交互性并提高教学效率，使互联网有效提高学生学习体验；同时兼顾线上自学，为课堂学习留有问题的学生提供反复学习的机会，为广大地理等级考考生提供在线自学的机会。

混合式教学需要为学生建构学习情境，以学生认知规律为依据创设教学情境，充分关注生活中的地理，以典型案例为呈现形式，借助导学流程体现该类问题的解决逻辑，引导学生应用所学知识解决现实问题，并形成能力迁移。小步子、多环节的导学流程，方便在线学习时快速定位，提高在线学习效率。

（三）混合式教学的平台整合

混合式教学的实施需要搭建技术平台作为物质基础，笔者基于对不同在线教学模式、软件与平台的尝试，依据媒体选择定律——通过最小付出获得最大报酬，笔者最终整合了微信公众平台与 UMU 互动学习平台（简称 UMU 平台）作为混合式教学的平台。

二、混合式教学的实施策略

（一）混合式教学的课前策略

在地理等级考教学中，课前预习的重要性不言而喻；混合式教学中，课前预习的策略可以根据预习内容决定。

对预习反馈要求不高的传统课程，可以通过微信公众平台辅助预习。课前准备好预习需要的文字、图片或者音视频资料，制作预习图文推送，并在推送中明确预习要求。文字预习反馈可以通过微信公众平台写留言的方式提交，待教师审核并评价后将留言内容展示，课堂教学可以依据留言反馈展开。

针对需要基于预习反馈而设计的翻转课程，预习活动在 UMU 平台上完成。实现这类预习可以调用 UMU 平台的文章阅读与考试的功能，将预习内容放入文章阅读板块，平台会记录学生阅读时间并提供记笔记与评价的功能，方便教师了解学生预习花费的时间与评价反馈。预习质量可以通过考试功能了解，学生预习后完成对应的题目，UMU 平台为学生实时反馈分数与正确答案，教师在后台可以了解到答题的详细数据，教师根据阅读与答题数据设计教学，使教学更有针对性。

（二）混合式教学的课中策略

混合式教学的新课教学主要借助 UMU 平台实现，大屏幕将互动内容实时呈现，可以通过交互性提高教学效率。

课堂提问环节。UMU 平台大屏幕呈现接入方式与计时器，学习者通过移动终端扫描二维码等多种方式即可进入互动，学习者在线提交答案后，全部答案以动态彩色字体

实时显示在大屏幕上。教师可以快速了解每位学生的回答情况，与传统的提问方式相比效率大大提高，回答内容的可视化可以启发学生思考与帮助教师及时发现问题。

讨论环节。当学生在线完成讨论发言后，提交的内容在后台经过词频分析，并将高频的关键词滚动播放。当学生选择查看他人发言内容时，点击其中任意关键词就可以看到哪些同学与其有相同的理解。在大屏幕展示中，还会显示每条发言内容及其点赞数。在线辅助的讨论环节有效地提高了课堂中师生、生生互动与交流的效率，使得在线学习变得更加顺畅。

作品展示环节。作品的展示是一节课的精华呈现，在传统班级授课中往往因为学生人数较多，无法展示、评价全体学生作品，UMU 平台的拍照上墙功能可以解决这一问题，而且比其他的同屏软件更加便捷。当学生按要求完成作品后进入拍照上墙环节并拍照上传，在各自的用户端就可以浏览全体同学的作品，教师借助大屏幕互动可以对全体作品进行展示、讲评，软件还会统计每个作品的点赞数，这也可以激发学生参与展示的积极性。

课堂检测环节。课堂检测是教学的重要环节，可以帮助师生进行教学评价。借助 UMU 平台，教师课前将检测题目、分值、答案解析上传至平台后，课堂上完成自我检测，学生可以实时查看自己的分数与错题的解析。借助软件，教师可以查看每位学生与每道题目的答题数据，教师还可以结合大屏幕互动展示的答题数据有针对性地讲解典型错题。

从实现在线自学的需求出发，混合式教学的课程建构了小步子、多环节的导学流程，有清晰的学习目标介绍，课程环节之间有内在的逻辑关系。进行在线自学的学生通过完整学习，不仅可以学习知识内容，还可以了解该类问题的思考逻辑；对课堂学习某个环节有疑问的学生，课下可以在平台上有针对性地反复学习薄弱环节。

（三）混合式教学的课后策略

传统的一对一形式的师生个别化辅导，效果明显但效率较低，混合式教学可以借助互联网优势提高课后辅导的效率。在混合式教学中，教师可以根据学生的学习表现、学习数据，将重难点内容制作成图文或者音视频讲解，通过微信公众平台进行分享，帮助学生突破重难点。借助 UMU 平台可以进一步提高辅导的针对性与效率，因为 UMU 平台与微信有很好的联动性，教师可以为需要的学生推送有针对性的学习内容，平台会记录学生阅读与浏览数据，并提供评价反馈，方便教师掌握课后学习数据与辅导反馈，该功能还可以帮助教师推送新课预习提醒等。

（四）混合式教学的评价方法

混合式教学已经被越来越多人接受，但如何对混合式教学进行有效评价，目前尚未形成成熟理论，笔者在对相关评价方式学习的基础上结合地理新课标与核心素养的要求，制订混合式教学评价方法，包括指标体系的量化评价与问卷、访谈等，以下是指标体系量化评价表（见表 1）。

表1　混合式教学指标体系量化评价表

一级指标	二级指标	描述	参考分值	打分
面对面课堂教学	教学目标	结合新课标、教材及学生实际；体现地理核心素养要求；基于课堂与在线学习场景特征；明确、合理、具体、可操作性强	15分	
	教学内容	教学内容贴近生活、联系实际；吸引学生持续关注；引导性与逻辑性强	15分	
	教学方法	教学方法灵活多样，问题设置激活学生思维；创设合适情境，在引导学生探究、合作、实践中落实核心素养	15分	
	教学媒体	综合课堂与在线学习需要，提高教学效率，改进教学效果，操作方便高效	15分	
	交流互动	兼顾课堂与线上教学需要，交流便捷、形式多样，师生、生生互动充分，提高学习效率	15分	
在线学习	学习支持	在线课程学习支持齐全，获取容易、操作方便、功能丰富	5分	
	学习管理	在线学习帮助学生有效地进行自我管理与提供数据辅助教师管理	5分	
	情感体验	学习者能够获得积极肯定与丰富的情感体验	5分	
	作品展示	在线学习方便学生展示学习成果	5分	
	学习评价	对学生的学习进行及时客观的评价	5分	

（五）混合式教学的实施路径

基于以上研究构建如下混合式教学实施路径（见图1），方便教学实践：

图1　混合式教学实施路径图

三、混合式教学的分析评价

笔者借助平台对该混合式教学进行问卷调查以期得到客观评价。在学生接触了混合式教学后进行问卷调查，关于“UMU 互动学习平台的功能是否可以有效提高班级授课的互动效果?”满分为 5 分的数值型问题(下同)，问卷平均分值为 4.25，有 53.8％的学生给了满分，3 分及以上的比例超过了 95％，说明学生对整合微信公众平台与 UMU 平台的混合式教学认可度比较高。

关于“基于 UMU 互动学习平台丰富功能设计的课程是否可以满足在线自学?”的问题，平均值达到 4.13，有 48.4％的学生打了满分，有 96％以上的学生对这个问题打分在 3 分及以上，说明学生对 UMU 平台的功能价值持肯定态度。

关于“微信公众平台与 UMU 平台的联合是否可以提升学习体验?”的问题，平均值为 4.25，52.7％的学生给出满分，超过 97％的学生打分在 3 分及以上，说明整合了微信公众平台与 UMU 平台的混合式教学在提升学习体验方面有良好的效果。

关于“相对于传统面对面的课堂提问、讨论，你是否对在线提问、讨论等互动更为接纳?”的问题，平均值为 4.14，有 51.6％的学生对这题打满分，有超过 94％的学生打 3 分及以上，说明学生们对在线提问、讨论等互动方式有较高的认同感，愿意借助混合式教学的平台提高互动体验与效率。

从针对教师的问卷反馈来看，大家对互联网信息技术与人工智能持欢迎态度，大多数都肯定其价值并赞同会对学习产生积极影响。教师们非常赞同课堂互动可以提高学习效率，但部分教师对目前课堂教学中的互动现状持保留态度，绝大多数教师赞同互联网信息技术在课堂中应用可以增强课堂互动效果。

教师们认可微信公众平台与 UMU 平台融合在提升学习体验方面的效果，肯定混合式教学在线自学的价值，大多数教师愿意借助 UMU 平台辅助教学，但对 UMU 平台课程替代线下教学持保留意见，说明线上课程还有待完善，更重要的是传统教学优势目前无法替代，需要进行优势互补，可以发现问卷反馈与笔者的实践分析基本一致。

尽管混合式学习是未来的大势所趋，混合式教学将受到广泛重视与推广，但就目前而言，本研究中提到的混合式教学对大部分教师与学生而言仍然是新事物。推广混合式教学要深入分析该教学模式对教师教与学生学的要求变化，总结混合式教学的经验，基于实践对本混合式教学进行反思并提出改进方向，使混合式教学的价值不断提升。

四、混合式教学的未来展望

当前由于缺乏有效的引导与管理，互联网信息技术对教育的作用还比较有限。但是随着行业技术与社会认识的共同发展，互联网信息技术应用于教学的全流程将是大概率事件，而且对提升教学效能与学习体验有明显帮助。不过传统课堂教学不会因此而消失，因为课堂内人与人的情感交流对学生的身心发展有重要作用，这是互联网信息技术难以替代的。所以互联网信息技术与传统课堂有机整合的混合式教学将成为常态，是未来发展的大趋势。

不仅如此，互联网信息技术在服务学校管理、营造校园生态方面也有巨大的潜能，教

师与教育管理者要习惯用互联网思维去思考、解决问题，整合有效的技术、功能到学校教学管理中，打造线下线上联动的校园生态，始终坚持互联网信息技术为教育教学所用，使教育教学更好地为社会服务。

参考文献

[1] 中国日报网."互联网＋"战略上升至国家战略[EB/OL].(2015-03-05) http://www.chinadaily.com.cn/interface/toutiao/1138561/2015-3-5/cd_19726763.html.

[2] 李葆萍，余胜泉，孙璐璐，等."互联网＋"时代的教育变革——2017 年第 21 届全球华人计算机教育应用大会综述[J].现代教育技术，2017，27(11)：45-51.

[3] 陈胜庆.地理课程的核心素养与育人价值[J].地理教学，2015(04)：12-14.

[4] 段玉山，姚泽阳.地理学科核心素养测评——基于现代测量理论的视角[J].中国考试，2018(02)：24-29.

（2020 年发表于《地理教学》）

17. 开展高中英语"文学原著整本书阅读"教学模式的研究

顾天麟

（中学英语一级教师）

【摘　要】本研究旨在对英语文学原著整本书阅读的教学模式进行探索，并归纳整理成可行的教学模式，研究发掘英语原版文学特殊的课程价值。

本研究的中心问题是高中英语如何有效实施整本书阅读的教学。具体来说，第一，采用英语原著整本书阅读有哪些有效的课堂教学策略和教学模式？第二，采用这些教学策略和教学模式后产生了哪些成效？

基于上述的研究问题，研究者在民立中学高一年级开设英语整本书阅读校本课，选取美国作家 Lois Lowry 的小说 *Number the Stars*，在对此书开展授课的同时开展本次研究。经过课程的设计、实施，本研究总结出四种比较行之有效的教学策略：课前词汇的准备活动、问题导读、阅读反馈、拓展活动；三种教学模式：任务展示课、朗读表演课、综合分析课。

【关键词】原版小说；整本书阅读；教学活动；教学模式

一、研究问题

本研究的中心问题是高中英语如何有效实施整本书阅读的教学。具体来说，第一，采用英语原著整本书阅读有哪些有效的课堂教学活动和教学模式？第二，采用这些教学活动和教学模式后产生了哪些成效？

二、制订计划和实施研究

1. 选材

本研究选用的是美国作家洛伊丝·劳里(Lois Lowry)创作的《数星星》(*Number the Stars*)。《数星星》讲述的重要主题是勇敢、成长。这本书是美国中学生必读的佳作，不论从文学、历史还是励志等角度，这都是一本值得任何年龄层的读者细细品味的作品。

在美国该书是推荐给七年级学生阅读的，考虑到这本书难度不大，学生也有一定的背景知识，所以就选择该书作为整本书阅读的材料。从实践来看，学生完全能够接受。

2. 课程计划及实施

2019学年第一学期，笔者作为授课教师，基于本研究在民立中学高一年级开设校本课"英语原版小说整本书阅读"。课程安排40分钟/课时，每周2课时。这门课的授课原则是重在培养学生的兴趣、拓宽学生的视野、培养学生的人文素养。授课教师的主要任务是教学遴选材料、掌握进度、组织阅读分享、组织评价。

3. 教学策略

国内的学者将教学策略定义为教学活动的顺序安排和师生间的连续的实质性交流，指为实现预期效果所采取的一系列有用的教学行为。国外的学者对教学策略比较典型的定义为"如何让教学者呈现教学、如何让学习者参与教学的方法"。可见教学策略是指实现具体教学行为所采取的一系列教学活动和教学事件。

整本书阅读的教学活动通常分为读前、读中和读后三个阶段：读前主要是导读和自读，读中聚焦理解和分享，读后关注表达和运用。

(1) 词汇准备活动

由于《数星星》这本书的词汇难度、句子复杂程度都比较适合高一的学生，所以词汇基本不影响学生对故事情节大意的理解。不过，为了更加准确地把握故事情节，更好地体会作品的深层含义、欣赏文学之美，授课教师仍然组织了一些词汇准备活动。考虑到充分发挥学生的主动性，学生分组整理相关章节的生词和重要短语，这样做可以使学生的工作量得到合理的分配，共同合作解决阅读时遇到生词的问题。

(2) 问题导读

学生的阅读不是盲目的，在每次新的阅读任务中，授课教师设计4—6个基于文本的问题。学生们带着问题阅读文本，可以更好地提高阅读效率和理解水平。

(3) 阅读反馈

任务1：概述

概述或摘要是指将某一段文字的主要内容用自己的语言组织并表述出来。对小说的概述包括对背景、人物、冲突、冲突的解决等要素的识别，以及语言的组织。它是阅读

过程中常规使用的一种帮助学生读懂大意的策略。这种方式可以最直接有效地检查学生的理解情况，同时也可以弥补生生之间可能存在的对于故事情节理解的差异。笔者在本研究中采用了三种方法，分别是完形填空、提示词造句、为小说配插图。

任务 2：小说故事背景调查

一个故事的发生，与人物的性格及他们所拥有的文化、所处的历史背景、所在的地理位置密切相关。《数星星》所讲的故事发生在第二次世界大战时的丹麦，学生对其了解非常有限，因此，在第一节课后学生的作业是搜索信息，完成一份关于丹麦的小报“丹麦国家概况”，学生可以在一系列相关主题中选择并进行探究。事实证明，学生对这样一个陌生的国度非常感兴趣，出色地完成了所给任务。

任务 3：主题探究

本篇小说中贯穿着多重主题，包括“勇敢”“成长”“友谊”等。由于学生是第一次阅读文学作品，还不具有在阅读中归纳主题的能力。因此本课采用给定主题，让学生反过来到文中去寻找体现主题内容的情节和语言，这样的任务也为学生搭建了一定的支架，有助于重读、细读文章，体会作品的魅力。

（4）拓展活动

为了更进一步了解小说所处的时代背景，体会小说人物间的冲突和矛盾，在读完整部小说、讨论了相关主题之后，授课教师组织学生前往位于虹口区长阳路 62 号的上海犹太难民纪念馆进行参观活动，跟随历史的足迹，身临其境地感受小说中讲述的故事。

在上海犹太难民纪念馆中，当年上海人民对犹太难民的救助就好像是小说中安妮(Annemarie)对艾伦(Ellen)的救助，读完小说的学生们就好像找寻线索一样，去感受主人公安妮的勇敢和同情心。此外，通过参观，学生们也了解了犹太人在上海的种种遭遇，仿佛将小说和自己生活的城市的历史也联系了起来。

4. 课堂教学模式

（1）任务展示课

任务展示课主要是学生进行课外活动后再在课内分享的教学模式。课外活动可以是自主阅读，也可以是实地考察。自主阅读后的任务展示课它主要帮助学生理解作品情节、人物和主题元素。实地考察等课外活动后的展示主要是分享小组任务成果，锻炼语言综合能力。

以参观完上海犹太难民纪念馆后的任务展示课为例，学生在活动前制订计划，与教师一起编制活动任务单；活动时以任务单为考察思路，探究问题，做好相关记录；最后在展示课时分享学习成果。任务展示课能激发学生的积极性，充分发挥学生学习的主动性。既培养了学生的团队合作精神、资料搜集和整合的能力，又发展了学生的自主学习能力。

（2）朗读表演课

阅读完部分章节或整本书后，学生可以选取部分关键章节，先梳理情节，再分析人物的感情；随后学生使用作品中原有对话或者自编剧本，进行角色扮演朗读或表演。同时，学生将上述内容整合起来制作成微视频，在学校的人文节上进行展示，获得了同学与教师的好评。

(3) 综合分析课

综合分析课以阅读、重读、讨论、分享为主。讨论是针对所读作品的某一问题或信息,小组成员发表意见,同伴间交流看法、交换意见,是相互启发的小组合作学习方式。分享是个体与群体的互动,分享的内容包括人物、情节分析,解析难懂的语句段落,谈论阅读心得、体会,等等。

三、总结和反思

整本书阅读的意义远远超出了阅读的层面,通过阅读、讨论、写书评、角色扮演等多种形式,学生对学习英语更加感兴趣了。通过这本书,学生对于第二次世界大战的时代背景有了更清晰的理解,学到了许多课本上没有的知识。这些文化知识本身不仅有助于学生对作品的深刻理解,更有助于提升学生今后对相关时期作品阅读的解读能力。

参考文献

[1] 戴建敏.高中英语时文品读选修课的实践探索[J].中小学外语教学(中学篇),2015,38(09):20-25.

[2] 戴军熔.区域高中英语文学欣赏进修课程群的教材开发:实践与探索[J].中小学英语教学与研究,2015(11):58-65.

[3] 理查德·阿兰兹.学会教学(第六版)[M].上海:华东师范大学出版社,2007.

[4] Carter, R. & Long, M. Teaching Literature [M]. Harlow, Essex: Longman, 1991.

[5] Charlesworth, R.A. The Role of Literature in the Teaching of English as a Second Language or Dialect [J]. English Quarterly, 1978(11): 157-177.

(2020 年发表于《静安教育探索》)

18. 我的教育观——激活课堂、丰富体验、求真务实

邵海云

(中学语文高级教师、区学科带头人,高中语文教研组组长)

"活"不是表面上小菜场式的热闹,而是一种发自学生内心的对知识渴求的外在表现——或许是暴风骤雨式的激烈辩论,或许是春风骀荡式的会心微笑,或许是山雨欲来前的沉思默想。激活课堂、丰富体验、求真务实是我对课堂教学的思考。以下是我教学

实践中的几点尝试与体会。

一、感情交融，引发共鸣

情感渗透是语文教学的一大特色，课堂教学可以从自己的生活经验出发引发学生的情感共鸣。

1. 由钻研材料到关注个体

几年来，高三文言文教学是重头戏，上海教育出版社出版的《高中文言百段阅读训练》是我校学生的案头书，其重要性不言而喻。在埋头于数理化英，复习迎考中，这本案头书是学生提升文言文阅读水平、积累文言知识的良师益友。除此，是否还能发挥其更大的作用呢？在一次家长会上，我听闻一位成绩长期保持优异的学生家长谈及受委屈之事：乖巧的孩子在放学回家之后想小憩一下，并请父母在晚上九点钟准时叫醒他；而看到打着鼾的疲惫的孩子，父母不忍叫醒；等孩子一觉醒来，第一次对父母大发雷霆。在巨大的压力面前，他失控了。的确，十六七岁的年龄，高三紧张的学习生活、巨大的压力，他们不想辜负太多人的期望，但又常常处于心态失衡的边缘。

语文教学所承载的不仅仅是知识的传授，为此，在高三开学的序言课上，我选用了《论语・雍也》这篇文言文，其中提及“不迁怒，不贰过”。结合高三学生对语文学科知识学习的积极性，在理解本文要义的同时，更让学生深切懂得教师的良苦用心：要做一个有修养的人，非但要有充沛的知识储备，更要有很好的自控能力和不随意宣泄怒气、伤害身边关爱你的人的素养。

文言文的教学不是枯燥的字词句的积累，古人的明理、教益、为人处世之道更是其精髓所在。由此，我借百段中的《习惯说》《佝偻者承蜩》两篇文言文的主旨作为对高三学生学习的要求。《习惯说》强调了一开始养成好习惯的重要性；《佝偻者承蜩》则形象地告诉我们如果目标明确、用心专一、刻苦努力，一个身躯佝偻的残疾人捉树上的知了也如同从地上拣拾一样轻松。在疏通字词句后，学生明白了教师希望他们在高三学年伊始，养成正确的学习习惯、掌握学习方法和明确学习目标。结合他们的实际心理需求，尊重学生的切实体验，让他们真正体会到学科教学离他们很近，教师们时刻关注着他们的成长。学生也在潜移默化中深切体会到文言文并不枯燥，它的魅力无限，古人的教益是那么地生动，不必视文言文为拦路虎。

2. 改教师评价为自我激励

既要学生学得扎实，又要减轻学生的负担使其学得轻松，那么就要优化教学过程。如几十遍地罚抄词语这种有百害而无一益的教学方式，对学生而言不只是一种负担，更是一种对学习发展和学习情绪的摧残。对于学生的知识性错误，要求其把曾经做错的题目摘录以加强正确认识却是很有必要的。由此，我的学生都有一本名为“自我激励”的小本子，不该犯错而错的地方进行强化纠错，抄写遍数随意，以自愿为主。不要小看小小名称的改变，不论课上回答还是课后作业，出现差错，学生们都会笑眯眯地主动对我说："老师，我回去激励，自我激励。"交上的激励本，我也不忘写上一句与其说是评语不如说是安慰和鼓励的话："辛苦啦！"学生自我激励起来很是积极。我想，这不仅增进了师生之间的交流，而且也检验了学生在学习过程中是否积极投入，培养了他们"不贰过"的自觉意识。

二、巧妙设疑，激发兴趣

想象和设疑是培养学生创新能力的两个核心，一个好的质疑能够盘活整堂教学，思维常常由问题激发。

《训俭示康》第三节正面举例"赞节俭的典范"；但第二个例子关于参政鲁公的事例中提及"上以无隐，益重之"，赞其不隐瞒。我故意设问："该例观点似乎和材料不一致？"学生纷纷点头，我颇为惊喜，由此追问："司马光在写此文时，自己会没有意识到这一点吗？"随后让学生互相讨论，对此问题究竟怎么看。有学生顿悟：此处字面上看似乎是肯定鲁宗道的诚实，但实际上是肯定他"不隐瞒自己家境"，不以此为耻，恰恰和第二段"近日士大夫家，酒非内法，果、肴非远方珍异，食非多品，器皿非满案，不敢会宾友，常量月营聚，然后敢发书"形成对照，恰恰是对其"不随俗靡"的肯定。由此设疑，可以使学生细致思考材料与中心的紧密联系，由此深入体会作者的行文脉络。

三、尊重学情，鼓励质疑

教师要不断钻研材料，尊重学情，鼓励质疑，促进学生对语文学习充满热情、积极投入、活跃思维，对作品进行鉴赏性、批判性阅读。

《读书示小妹十八生日书》："分家后，众兄众姐都英英武武有用于社会，只是可怜了咱俩。我那时体单力孱，面又丑陋，十三岁看去老气犹如二十，村人笑为痴傻，你又三岁不能言语，哇哇只会啼哭，父母年纪已老，恨无人接力，常怨咱这一门人丁不达。"本文注释——贾平凹，生于1952年，1983年7月初写于静虚村。有学生从这些信息中发现，作者和妹妹年龄不能自圆其说——"三十一岁写此文，妹妹十八岁，该相差十三岁，但文中该句表明相差十岁，前后有出入。"情况是否如此？一石激起千层浪，但大家仔细研读：作者此处并不对应十三岁的自己说妹妹那时正值三岁，只是用"你又三岁"说妹妹三岁时不能开口说话，开口比较晚。经过解释，学生释然，对语言的理解不能脱离语言环境，在语境中品读能体会出语言的生活化、口语化。

四、引进活水，丰富体验

语文教学的外延和生活的外延相等，让学生真正体会到学科教学离他们的生活很近，语文教学才能出现生动活泼的局面。

《守财奴》的教学引导学生从分析人物的语言、行动和细节描写入手，把握葛朗台的性格特征，理解作者刻画这个人物形象的社会意义。教学参考资料中提到，作者所着力刻画的葛朗台这个典型人物形象，不是一个葛朗台了，而是他所代表的那一类人的最基本的特征。

由此，在《守财奴》第三课时教学中，我安排了这样一段结束语——“有句广告词：钻石恒久远，一颗永流传。真正值得珍视的不是物质的金子本身，而是精神之金——美好的情感。《新老娘舅》节目，调解员为千万户家庭排忧解难，大多集中在房子、遗产、兄弟反目、父母子女互不来往、老人赡养等问题上，青年人谈婚论嫁都和房子票子密切相关。人们追求物质享受没有错，但不能忘本、忘德，什么才是生活中真正的金子，值得我们思考，让生活中真正的金子来充实我们的生命，活出一段真正的流金岁月来。”

紧密联系学生的生活实际进行思想教育，在文本教学中自然渗透德育，不生硬，有利于教学价值的提升。

五、知行合一，求真务实

尊重学生的切实体验，大小课堂相结合，把解读文本所感所悟有效地转化、生成为符合学生实际需要的问题，反思现实，求真务实，丰富体验。

在学完《拿来主义》后，组织学生以“‘拿来主义’在今天”为主题搜集素材。学生素材来源广泛：有来自报刊的，还有来自观摩演出和展览的。

学生乐闻窗外事的习惯和良好思维品质的形成，不能只靠课堂40分钟，引导学生在繁忙的学业中关注生活、收集事例。以文本为载体，重视对学生课外活动的指导，引导他们广泛地关注生活，使学生受到潜移默化的思想道德教育，净化他们的心灵。课内外结合，一来可以丰富学生的业余生活，开阔其视野；二来可以陶冶他们的心灵和提升审美趣味。

六、创造机会，学生表演

满足学生强烈的表现欲，让学生有机会展现自己的才华，“兵教兵”不失为一种好的教学方式。

中学阶段的学生最富表现欲，从初始年级就关注学生学习经历的培养，寻找机会指导学生发挥主体作用；小组成员认领学习任务明确分工，确定主讲人、幻灯片制作人员以及基本流程，达成初步方案，参考教师意见建议加以修改、完善、补充。学生自主学习，查阅资料，形成见解，培养了责任感及合作、探究、口头表达能力。在知识点、思路讲析上教师把关，过程中即使有不可避免、非原则性的瑕疵，教师对此应持宽容态度。毕竟，对学生的培养是循序渐进、阶段性的，参与的学生有自己反思领悟的过程，要保护学生的参与热情。

春风化雨、润物无声，赋予课堂生命的色彩，让学生享受学习的快乐是一名教师的责任与使命。

（2020年发表于《当代教育家》）

19. 前置性备课——师徒结对带教新模式

何　松

（中学物理高级教师、区学科带头人，物理教研组组长）

【摘　要】在师徒结对带教听评课活动中，带教导师往往把指导重点放在课后的针对性评课上，这会导致课堂教学的改进呈现明显的“事后”效应。在城乡异地带教、一师多徒的背景下，探索了一种基于教师PCK能力建构的“前置性备课”带教模式，它由“前置设计”“备课改进”“课堂观察”和“课后研讨”四个环节构成。该模式的带教价值包括固定带教流程中的师徒任务、呈现经过改进的优质课堂、以PCK要素促进教师专业成长。作为一种操作模式，“前置性备课”对于常态化的师徒带教活动以及教研组内常规公开课研讨有一定的借鉴意义。

【关键词】前置性备课；师徒结对带教；PCK；价值；推广

师徒结对带教是新教师在职培养的基本途径，其广泛的操作模式是听评课指导，即老教师通过对新教师的随堂听课及课后点评，为新教师全方位传授教学经验，促进新教师基于“学科教学知识”（Pedagogical Content Knowledge，PCK）的专业成长。在日常的听评课带教实践中，带教导师往往把指导重点放在课后的针对性评课上，这虽然对新教师的教后反思作用很大，但对已授课堂而言，“事后”效应明显，有些教学的改进要等到新教师对该课下一轮的教学才能落实。因此，从这个意义上来说，结对带教听评课的关键环节在于备课。

以深度备课为核心，涵盖备课、观课、评课全流程的听评课带教活动，我们称之为“前置性备课”。近三年来，笔者在担任上海市教委首轮义务教育“城乡学校携手共进计划”项目静安区教育学会精准委托管理郊区学校的物理学科导师期间，倡导并实施了“前置性备课”师徒结对带教操作模式，有效促进了师徒双方PCK的深度建构，也为传统听评课带教模式注入了新的活力。

一、“前置性备课”模式的基本流程

“前置性备课”活动的基本流程由“前置设计”“备课改进”“课堂观察”和“课后研讨”四个环节构成。对于一个听评课的教学课题，首先由任课新教师写出课题的第一次教学设计，即“前置设计”；然后师徒（含一师多徒带教组中的其他新教师）共同进行备课商讨，定稿课题的第二次教学设计，即“备课改进”；再由任课新教师进行授课并全程课堂录像，带教导师及新教师分别利用课余时间观摩课堂录像，即“课堂观察”；最后由师徒双方分别就课堂教学效果进行评议反思，即“课后研讨”。

在上述四个环节中，“前置设计”环节的教学设计稿由任课新教师独立完成，其目的在于充分发挥新教师的自主钻研和教学担当作用，体现出师徒带教的合理角色定位；带

教导师在此环节中的主要工作是准备资料，基于 PCK 拟定听评课的预设问题。“备课改进”和“课后研讨”两环节由师徒面对面(或在线视频会议)交流、讨论进行，前者主要任务是研讨学科知识理解、课程标准要求、学情状况、教学组织形式等，并据此优化备课设计；后者主要任务是研讨教学目标的达成情况、后续教学行动等。

“课堂观察”环节采用对课堂视频的观察、分析方式进行，主要基于三方面的考虑。其一，带教活动的时间分配。本模式突出了师徒备课研讨的深度和时效性，在每周带教时间、时长确定的情况下，按照“前周进行前置设计＋备课改进—本周进行课堂观察＋课后研讨”的流程顺序，将听课环节挪至课外进行，有利于腾出充裕的时间进行备课研讨。其二，对课堂教学的影响。从我们的实践看，课堂录像的影响小于带教导师进班听课对原生态课堂的影响；此外，在带教两位及以上新教师时，其他新教师一同随堂听课常会遇到课时冲突问题(尤其像笔者城区导师团队多位导师在同一天远赴郊区同一所学校开展带教活动的情形)，而课堂录像就化解了调课对教学秩序的影响。其三，教学研讨的证据收集。利用视频重现课堂场景，便于师徒双方更为准确地统计分析教学行为；同时，本人上课视频画面对新教师发现问题的驱动力，也强于回顾性反思或导师点评时列举的证据。

二、“前置性备课”模式的应用案例

近三年来，笔者同时带教两位新教师，每周安排一次带教面对面活动(疫情期间改为在线视频会议)，一般时间定在周四，活动时长为 3 节课。我们依据 PCK 内涵的四大要素即学科知识、课程知识、学生知识和教学知识，聚焦典型课例，以“前置性备课”模式开展带教活动，经历了物理概念课、规律课、实验课、复习课、试卷讲评课等多种课型的听评课过程，由备课活动承载了关于物理概念规律、学科核心素养、技术支持教学、个性化教学、单元教学设计等系列主题的 PCK 知识研修。现以疫情期间的初二物理概念课“机械功”(由新教师甲授课)、初三物理复习课“通电螺线管”(由新教师乙授课)的听评课为例，说明“前置性备课”各环节的活动内容及师徒双方 PCK 能力的建构内容(见表 1)。

表 1　“前置性备课”活动及教师 PCK 能力建构内容

<table>
<tr><th rowspan="2">带教双方</th><th colspan="4">“前置性备课”环节</th><th rowspan="2">教师 PCK
能力建构</th></tr>
<tr><th>前置设计</th><th>备课改进</th><th>课堂观察</th><th>课后研讨</th></tr>
<tr><td>新教师甲</td><td>情景引入、概念定义、公式计算、学习训练、课堂总结</td><td>重设情景与概念的联系、界定概念的内涵和外延</td><td>观看两节课的视频</td><td>本人课堂概念清晰、少数学生计算困难；同伴课堂内容丰富</td><td rowspan="2">学科知识：功的概念的基础性、安培定则与右手定则的区别
课程知识：功、右手螺旋定则均为理解层次的学习水平
学生知识：功概念的相异构想、计算功的知识联系、通电螺线管磁场分布的认知
教学知识：概念课、复习课教学策略</td></tr>
<tr><td>新教师乙</td><td>预习检查、知识再现、例题讲解、课堂练习、知识小结</td><td>按照物理规律本质教学、按照问题解决总结题型</td><td>观看两节课的视频</td><td>本人课堂总结有序、易错问题把握不准；同伴课堂生动有趣</td></tr>
</table>

（续表）

带教双方	"前置性备课"环节				教师 PCK 能力建构
	前置设计	备课改进	课堂观察	课后研讨	
带教导师	查阅课程标准和教学资料、拟定备课的 PCK 主题	倾听新教师备课交流、改进设想、提出改进的措施	观看两节课的视频	评议课堂效果、不同课型教学方式、在线教学策略	功概念的学习进阶；两个知识点课程目标内涵；学情的变化；在线课堂与面授课堂教学方式互鉴

在表 1 所列的"前置性备课"活动中，对"机械功"前置设计的重要改进是增加做功的生活情景，突出对情景中做功的两个必要因素的具体分析，增强物理概念引入的探究性，减少纯粹的公式代入型计算题，从 PCK 意义上来说就是优化教学策略，突出物理概念教学的体验、内化，加强物理观念的培育。对"通电螺线管"前置设计的重要改进是纠正右手螺旋定则并简化为"将右手伸开平行放入试题图中"的应试教法，强调弯曲四指与电流环绕方向的立体场景，突出思维发展，分层分类提高问题解决的能力。

师徒双方分别通过对以上两节课录像视频的教学观察，认为两节课在备课中基于物理学科知识和课程知识的教学预设及其改进基本达成，课堂教学的不足之处主要是在线教学中课堂互动的限制、学习评价的单一、个性化辅导的削弱等。由此可见，包括带教导师在内，不论新老教师，自身的 PCK 需要不断更新重构，在面对新的课堂场景进行"前置性备课"时，需要充分考虑各种教学变量，才能最大限度地提高课堂教学的有效性。

三、"前置性备课"模式的带教价值

1. 流程驱动，固定带教工作环节

师徒结对带教作为一种新教师培养机制，需要校本化的操作环节固化，才能营造带教工作的良好氛围，保持师徒交流的惯性，保证带教工作深入开展。实际上，许多学校管理者在确定了师徒教师结对后，只是笼统地提出师徒的职责，缺乏听评课的专业规准，从而导致带教工作的低效。"前置性备课"模式以四个环节流程，较为明确地界定了听评课的主要任务和方式，使得师徒双方在带教活动中有了较为具体的行动指向，从一定程度上破解了师徒结对带教中的"职责不清"问题。其中，新教师的工作包括前置备课、说课改课、录课观课、再说课等，带教导师的工作包括资料调研、备课建议、观课、评课等。

2. 试错前置，呈现带教优质课堂

"前置性备课"模式的中心环节在"备课改进"。相比于直接"听课—评课"的带教模式而言，其意义在于将新教师可能在课堂教学中出现的错误、走的弯路控制在备课环节，而进入课堂的教学设计已是师徒双方备课改进后的劳动成果。譬如，与上面应用案例相类似，新教师甲在"热量"的概念教学中，快速给出定义，然后用较多习题练习来代替概念讲解；新教师乙在"电路分析"教学中，归纳记忆口诀用于解题来代替电路特点、欧姆定律

等物理知识本身的分析应用。两者的出发点都是提高课堂的效率，但背离了物理学科教学的素养目标，诸如此类，通过师徒间 PCK 知识的表达，提前发现并纠正备课中的不良教学设计。

3. PCK 定位，促进师徒专业成长

"前置性备课"模式的着眼点是课堂听评课的改进，但其带教价值不止于改进课堂教学本身，促进教师专业发展的 PCK 建构才是"前置性备课"的目标导向。笔者在带教过程中，把 PCK 内涵的四大要素作为备课活动的维度，通过典型课例的 PCK 解析这条线索来促进师徒专业成长（上面的应用案例即包含了两个课例的 PCK 解析内容）。为此，"前置性备课"模式利用课堂录像分担观课时间，保证了"备课改进"和"课后研讨"两个环节的活动时长，让师徒各自的 PCK 能够充分交流，积极有效地促进师徒双方知识更新建构。如在带教活动中，新教师甲习得了对抽象物理概念进行生活化类比的教学知识，新教师乙深化了对物理学科素养培育的课程知识理解，导师本身也增长了如特殊学生辅导、多种在线平台应用等学生知识和教学知识，等等。

四、"前置性备课"模式的推广思考

1. 可作为一种常态化的师徒带教模式

笔者最初设计"前置性备课"模式的考虑是基于异地带教如何克服直接听评课的"事后"效应、如何在每周限定的 3 节课时长内与两位新教师一道能够"既评本周课又备下周课"两个问题，但也顾虑到观看录像听课会不会丢失课堂观察信息、会不会增加带教负担等问题。经过近三年来的操作实践，我们打消了之前的顾虑，顺利地实行了"前置性备课"模式的常态化运行。因为我们发现视频观课能够捕获课堂上师生双方教学的主要信息，其优势如前文所述；此外，随着视频传输和浏览的便捷化，视频观课并没有成为负担，而且能够实现"按需听课"的新功能。因此，"前置性备课"可以作为一种常态化的师徒结对带教模式进行推广，尤其适用于一师多徒的带教情形。

2. 可用于教研组内常规公开课的研讨

公开课教学观摩是学科教研活动的基本形式，开课教师在校际间、区域内或更大范围呈现的优质公开课，一般都经过了教师团队的多次"前置性备课"、试讲、再改进。但在学校内部教研组成员间的家常公开课却常常缺失前置性的备课，而把评课放在首位，其主要原因可能还是教师本位思想叠加教研惯性。倘若我们转换思维，从学生本位出发，教研组内教师应该全员参与"前置性备课"各环节的活动，才能做到研在先、评在后，让学生在公开课中直接受益。"三人行，必有我师"，可以预想经过"备课改进"和"课后研讨"两个环节后组内教师间的思维碰撞，不再以年龄确定"师父"，而以优势 PCK 者为师，从这个意义上看，教研组内常规公开课就成为了一种广义的"师徒带教"活动了。

3. 需要进一步的操作细则和评价依据

当然，"前置性备课"师徒结对带教作为一种促进教师专业发展的行动模式，需要进一步细化各环节师徒的任务分工和工作目标，形成"模式环节—操作细则—带教记录—

带教反思”的完整活动设计。活动设计需要体现出 PCK 蕴含于教学实践中的具体内容，譬如制订以“课堂活动—PCK 要素”为经纬的双向细目表，师徒双方共同回答诸如“在拓宽学科知识视域(学科知识)方面做了什么?”“在掌握课程地位和作用(课程知识)方面做了什么?”“在了解学生的认知障碍(学生知识)方面做了什么?”“在让学生经历重演知识发生过程的教学策略(教学知识)方面做了什么?”等问题条目。同时，引入专业的听评课方法如课堂观察 LICC 模式[学生学习(Learning)、教师教学(Instruction)、课堂性质(Curriculum)、课堂文化(Culture)]以提高“视频观课”的精准性，并以此为依据进行教学反思、模式评价与完善。

参考文献

[1] 尚蕊，王景聚.PCK 与新教师的专业成长[J].中学物理，2018，36(15)：18 - 21.

[2] 吴加澍.中学物理教师的学科教学知识[J].物理教学，2012，34(12)：5 - 10，4.

[3] 马力克·阿不力孜.中小学“师徒结对带教”机制的优化[J].教学与管理，2011(12)：30 - 31.

[4] 肖利，赵赫，梁林艳，等.物理教师 PCK 能力建构策略研究——以库仑定律教学为例[J].物理教师，2018，39(05)：10 - 12，15.

[5] 崔允漷.论课堂观察 LICC 范式：一种专业的听评课[J].教育研究，2012，33(05)：79 - 83.

(2020 年发表于《中学物理》)

20. 新课标·新教材·新方法

——以“正确认识中华传统文化”为例

杨　田

(中学政治一级教师)

【摘　要】随着《普通高中思想政治课程标准(2017 年版)》的颁布实施，2019 年 9 月上海等全国多个省份开始试点采用部编版新教材。课程标准强调，高中思想政治课要落实立德树人根本任务，以培育社会主义核心价值观为目的，帮助学生确立正确的政治方向、提高思想政治学科核心素养、增强社会理解和参与能力。新课改呼唤新课堂，这就

需要教师不断改进教学方法，并指导学生改进学习方法。通过精选主题情境，运用议题式教学；积极价值引领，选择辨析式教学；培育核心素养，开展混合式学习；促进育人方式转变，提升育人效果。

【关键词】议题式教学；辨析式教学；混合式学习

《普通高中思想政治课程标准(2017年版)》(本文简称"课程标准")明确指出，构建以培育思想政治学科核心素养为主导的活动型学科课程。本课程坚持教育与生产劳动和社会实践相结合，让学生在社会实践活动的历练中、在自主辨析的思考中感悟真理的力量。同时，尊重学生身心发展规律，着力改进教学方式和学习方式。在课程实施中，要通过议题的引入、引导和讨论，推动教师转变教学方式，使教学在师生互动、开放民主的氛围中进行；通过问题情境的创设和社会实践活动的参与，促进学生转变学习方式，在合作学习和探究学习过程中，提高实践能力。

一、精选主题情境，运用议题式教学

教师要根据课程标准、新教材及学生认知发展规律，创设一个贯穿教学始终的主题情境，随着主题情境发展层层推进教学内容，最终有效达成教学目标。

议题，既包含学科课程的具体内容，又展示价值判断的基本观点；既具有开放性、引领性，又体现教学重点、难点。议题式教学是以学生为主体、以教师为主导的教育理念。以主题情境为教学载体，将思想政治学科知识与社会生活实际相结合，需要教师引导学生共同探究解决围绕议题设计的问题，引导学生面对生活世界的各种现实问题。

在"正确认识中华传统文化"课堂教学中，笔者根据课程标准和学生实际，将本课的核心议题确定为"辩证看待中华传统文化"。围绕"中华传统文化之旅"这一主题情境，笔者设计四个小议题。议题一：中华传统文化的形成与发展。主题情境：中华传统文化之旅第一站，即敦煌壁画之妙。笔者以自己去敦煌莫高窟旅游带回来的绢画"飞天"作为课堂导入，以敦煌壁画和《张骞出使西域图》作为导入，引导学生思考敦煌壁画如何形成与发展。以敦煌壁画作为切入点，给学生创设一个小情境，便于学生举一反三，思考中华优秀传统文化的形成与发展。经变图的故事很好地说明了中华优秀传统文化不仅是中华民族的智慧结晶，还是在与其他民族、其他国家交流、碰撞中形成与发展起来的。议题二：中华优秀传统文化的主要内容。主题情境：中华传统文化之旅第二站，即古代典籍之美。笔者选取古代典籍中的部分内容，启发学生思考其中蕴含的核心思想。学生从对古代典籍的品读中，感受中华传统文化之美。通过探究理解古人想表达的核心思想，解读中华优秀传统文化的主要内容。议题三：对待中华传统文化的正确态度。主题情境：中华传统文化之旅第三站，即传统文化之辩。笔者围绕中华传统伦理道德设计微型辩论赛，进行深入、有效的探讨，极大地调动了学生的积极性，使其理解中华传统文化既有精华又有糟粕，从而形成对中华传统文化的正确态度。议题四：中华优秀传统文化的当代价值。主题情境：中华传统文化之旅第四站，即古今丝绸之路。与开头的古丝绸之路呼应，最后一个环节设计新丝绸之路（即“一带一路”）。学生观看“一带一路”宣传片，阅读来自《人民日报》的文章《“一带一路”彰显中华优秀传统文化魅力》，思考两个问题：(1)“一带一路”倡议中蕴含哪些中华优秀传统文化？(2)结合材料，从国内外发展现状，谈谈这些优秀传统文化具有哪些当代价值？学生通过之前学习的知识，很容易找出材料中蕴含的中华优秀传统文化来回答问题(1)。对于难度较大的问题(2)，学生通过小组探究，分别从民族地区发展、当今世界面临的共同问题和国际关系等三个角度分析发展这些优秀传统文化对当今国内外的意义，帮助学生了解国家方针政策，提高政治认同素养。

二、积极价值引领，选择辨析式教学

当今社会是信息化的时代，各种社会思潮相互交融、相互影响，且学生接受信息的方式更加多样化。教师要根据高中生思想活动的独立性、多变性、差异性等特点，引导学生理性面对各种不同观点，这需要教师在教学过程中采用辨析式教学方式。

辨析式教学是指教师通过矛盾情境或辨析问题的方式向学生呈现价值冲突，让学生从中进行自主辨识，在相互尊重、认真倾听的基础上本着开放、平等的原则发表自己的观点并阐述理由。教师适当引导学生认识和理解问题，必要时对学生的错误观点进行提示与纠正，培育学生的科学精神。

在“正确认识中华传统文化”课堂教学中，为了更好地了解学生实际，掌握教学重难点，笔者在课前进行了问卷调查。结果显示，学生对中华传统文化的认识停留在浅层次，这就需要教师设计一个辨析式问题，引导学生深入探究。笔者先采用教材“阅读与思考”中的辩论赛，形式上虽然调动了学生的积极性，但是内容上不够深入。笔者观看复旦大学葛剑雄教授“我们该如何传承中国传统文化”的演讲后，深受启发。围绕今天人们对待中华传统伦理道德的两个不同观点，设计微型辩论赛。观点一：我们应该坚持中国传统的伦理道德，长幼有序。观点二：我们已经进入自由平等的现代社会，原来的一套礼仪文化没有必要，要讲平等，直呼其名也未尝不可。辩论规则：(1)抽签决定辩方，以小组为单位进行辩论。(2)小组代表发言（限时30秒）。(3)发言结束后其他小组质询，自由辩论。

这样的辩论内容和形式大大提高了学生的学习兴趣。通过小组辩论、自由辩论，学生认识到中华传统伦理道德有合理的地方，如尊老爱幼、尊敬师长，不可以直呼父母、老师的名字，要谦虚对待他人、保持合适的礼仪文化，这些都有利于社会和谐，应该予以保留。但也有不妥之处，如封建特权思想、等级意识、男尊女卑思想等，不利于现代社会发展，应该予以舍弃。笔者追问：如今有些地方讲传统文化，就是让小孩子穿上汉服跪拜、整天摇头晃脑地背诵儒家经典、回家给父母洗脚，这样做是践行传统伦理道德吗？学生进一步探究得出：我们讲孝道、讲仁义，要根据社会需要采用适当方式，有的要在原有基础上进行创新。因此，对待中华传统文化的正确态度应该是取其精华、去其糟粕，推陈出新、革故鼎新，辩证看待中华传统文化。

三、培育核心素养，开展混合式学习

学科核心素养是学科育人价值的集中体现，不仅能增强学生学科知识，还能引导学生逐步形成正确的世界观、人生观、价值观，以及必备品格和关键能力。

随着信息时代的到来，“互联网＋教育”取得了一定的进步，改变了传统面对面单向传授式的现场学习模式，取而代之的是混合式学习。混合式学习模式充分利用现代信息技术拓展教育资源和教育空间，把传统学习和网络学习相结合，充分发挥两者的优势。基于互联网的互动学习平台，是混合式学习的一种方式，发挥着自己独特的优势。

在“正确认识中华传统文化”课堂教学中，笔者通过互联网互动学习平台实现了线上线下混合式学习。课前借助互联网互动学习平台开展关于中华传统文化的问卷调查，有以下优点。一是有利于了解学生已有知识储备，能更有效地开展教学。通过问卷，了解到 93％的学生对中华传统文化感兴趣，并且在初中学习过中华传统文化源远流长、博大精深的特点。因此，在本节课教学中，笔者将这部分内容进行弱化处理，留出更多的时间教学重难点知识。二是有利于了解学生的兴趣点，更合理地开展教学。问卷中请学生列举喜欢的中华优秀传统文化，很多学生提到诸子百家思想、诗词歌赋、戏曲、壁画等。笔者在课堂教学时更多地融入这些元素，引起学生情感共鸣，取得了良好的学习效果。三是有利于确定教学重难点，有针对性地开展教学。中华优秀传统文化对当前中国社会的作用是什么？针对这一问题，学生的回答没有很好地建构起逻辑框架，缺乏层次性。因此，笔者将这部分内容确定为教学难点。

课后，笔者利用互动学习平台布置作业。为了将教材知识与学生生活实际相结合，笔者在问卷中设计问题：代表上海文化的名片有哪些？学生提及较多的是外滩、豫园、石库门、四行仓库等。笔者设计作业时融入这些元素，有助于引导学生积极参与，并展开探究。学生利用课余时间参观自己感兴趣的地方，并制作视频《上海文化名片》。教师挑选出优秀作品放在互动学习平台上，与全班学生分享，进一步探究中华优秀传统文化的当代价值。学生通过分析上海这座城市的传统文化，有利于将所学知识运用到社会实践，并在此基础上提升政治认同和科学精神素养。

参考文献

[1] 中华人民共和国教育部.普通高中思想政治课程标准(2017 年版)[S].北京：人民教育出版社，2018.

[2] 王德明.议题式教学的课堂建构[J].中学政治教学参考，2020(39)：33－34.

[3] 曹玥.基于学科核心素养的高中思想政治辨析式教学研究[D].济南：山东师范大学，2019.

(2021 年发表于《中学政治教学参考》)

21.“双新”背景下指向学科核心素养的初高中思政课教学情境设计的策略研究

沈淑婷
（中学政治一级教师）

【摘　要】 普通高中各学科新课程标准在2020年完成修订后正式出台，上海市高中思政、语文、英语、数学等学科也已启用统编新教材，“双新”背景下普通高中育人方式发生深刻变革。对于一线思政教师来说，思想政治学科课堂教学也要相应发生转型。本文结合笔者初高中思政课的教学经历，探究思政课堂如何设计教学情境、情境的设计如何指向培育学生的学科核心素养等问题。

【关键词】 教学情境；学科核心素养；思想政治

《中国学生发展核心素养》把“核心素养”一词界定为学生应具备的、能够适应终身发展和社会发展需要的必备品格和关键能力。高中思想政治学科核心素养可以理解为：学生将思政课中所学的知识技能和学科思维迁移到现实生活情境中，分析和解决真实情境中复杂问题的品格和能力。《普通高中思想政治课程标准（2017版2020年修订）》（本文简称“新课标”）把政治学科核心素养归纳为政治认同、科学精神、法治意识和公共参与。而教学情境是学生学习知识、提升能力、树立正确价值观，并将所学的知识、能力、价值观转化为学科核心素养的有效途径。新课标要求教师构建以核心素养为本位的思想政治课教学模式，同时对思政教师改进课堂教学提出了一些具体建议，如：围绕议题，设计活动型学科课程的教学；强化辨析，选择积极价值观引领的学习路径；优化案例，采用情境创设的综合性教学形式；走出教室，迈入社会实践活动的大课堂。笔者结合今年在初高中跨学段任教的经历，从优化思政课教学情境设计角度，探究如何设计指向培育政治学科核心素养的课堂情境。

一、采撷热点话题，创设时政情境

新课标中提出：“我国公民的政治认同，就是拥护中国共产党的领导，坚持和发展中国特色社会主义，认同中华人民共和国、中华民族、中华文化，弘扬和践行社会主义核心价值观。”思想政治课背靠社会大舞台，与国家大事、国内国际形势等密切关联，而新时代的高中生又是一代在信息化背景下成长起来的年轻人，学生能熟练运用信息技术并能通过互联网最大范围地获悉社会热点问题。思政教师在课堂情境创设时应注重采撷学生关注的热点话题、创设能反映时代特征、兼具正确政治方向的时政情境，引导学生多角度

多维度地分析热点话题，培养学生辩证地看待社会问题的能力，激发学生爱国爱党的政治热情。

以统编新教材必修2《经济与社会》第一单元第二课"我国的社会主义市场经济体制"为例。笔者在教授第一框"使市场在资源配置中起决定性作用"时，借助2020年学生感触最深的时政热点话题新型冠状病毒感染，创设了疫情背景下口罩引发的经济现象这一情境。课堂中提供给学生一段文字材料"2020年开端，一场突如其来的新冠疫情，让口罩成为稀缺货。随着口罩价格一路飙升，有的微商在朋友圈销售三无口罩；有的医药器械厂推掉其他订单，加急生产口罩等防疫用品；还有车企、鞋厂'跨界'应援，上汽、通用、五菱仅用3天就完成了无尘车间改造等一系列工作，并取得口罩的生产资质。据统计，上万家生产企业在口罩生产的赛道上竞跑"，并设计问题链：1.哪些因素推动了口罩价格一路飙升？哪些因素推动了企业"跨界"应援？2.预测口罩价格是否会一路飙升、后期会出现什么情况？3.说明口罩价格上涨与口罩供给、需求之间的关系并尝试用图示表示。4.列举口罩市场后期出现的违法问题，你如何看待这些问题？5.你认为要不要让政府安排口罩的供应，列举政府采取的解决口罩市场问题的措施。

问题1和问题2让学生透过口罩价格一路飙升、企业"跨界"应援的社会现象分析其背后的经济学知识，引导学生尝试用图表的方式表示市场是如何配置资源的，从而让学生理解市场通过运用三大机制配置资源的一般规律。问题4引导学生辩证看待市场配置资源的优点和弊端，让学生认识到市场配置资源的优点是主要方面，弊端是次要方面，从而有利于培养学生的科学精神素养。同时让学生列举口罩市场出现的违法问题及政府采取了何种措施解决问题，能够让学生深刻认识到市场经济是法治经济，市场参与主体要遵守法律、树立诚信观念，从而有助于培养学生的法治意识素养。教师以疫情背景下的口罩问题创设情境，引导学生分析我国市场经济和社会主义制度有机结合的显著优势，学生能感受到我国的社会主义市场经济体制的制度优势，逐步增强经济制度自信和理论自信，能够有效培养学生的政治认同素养。

二、联系学生实际，创设生活化情境

教育和生活的关系一直是教育家研究的话题，美国著名教育家杜威曾提出教育就是生活、学校就是社会的教育思想。思想政治课是一门与生活实际联系非常紧密的学科，统编新教材的教学强调联系社会、回归生活，强调理论逻辑和生活逻辑的有机结合，这就要求思政教师在课堂教学时要注重创设生活化的情境，生活化情境的创设有助于培养学生解决真实问题的能力，培养青年学生有序参与公共事务、勇于承担社会责任的公共参与素养。

以统编新教材八年级《道德与法治》下册第三单元第六课《我国国家机构》为例。笔者在教授第三框"国家行政机关"时，以上海市"一网通办"移动端平台"随申办"为例，结合学生实际情况，课堂教学过程中要求学生打开"随申办"App查找平台上能够办理哪些与初中生有关的教育项目，并要求学生列举除教育以外随申办上还可以办理的业务。教师还为学生提供了“随申办”平台功能介绍的视频材料和一段文字材料：时任国务院总理李克强强调要打造“一网、一门、一次”的政务服务，实现线上服务一网通办、线下办事只进一扇门、现场办理最多跑一次。教师引导学生结合李克强总理对提升政务服务质量提出的要求及“随申办”平台的使用体验，让学生思考“随申办”的开通对人民办理各项业务能产生哪些积极作用，政府部门又为什么要积极履行为人民服务的职责。

国家行政机关的知识对于八年级学生来说比较抽象，与学生实际生活距离较远。教师借助“随申办”平台创设生活化的情境，引导学生使用并发掘“随申办”平台的多项功能，从而能够通过“随申办”平台这一实例构建起行政机关与学生实际生活的联系，这不仅能激发学生学习知识的热情，同时能够使学生切身体会到国家行政机关在维护人民当家作主中所发挥的积极作用，以此激发学生对我国国家行政机关工作的认同，有助于培养学生的政治认同素养。新课标中所明确的“我国公民的公共参与”要求公民能合法、有序、理性地参与社会公共事务，承担一定的社会责任，并积极行使人民当家作主的政治权利。青年学生实际生活中欠缺参与公共生活的机会，公共参与的意识也不强，思政教师在创设情境的过程中要有意识地给予学生参与社会公共事务的机会，比如“随申办”平台的介绍，能够让学生了解并掌握公共参与的途径和方式，理解监督行政机关依法行政的重要性，在培养学生法治意识的同时能够增强学生公共参与的意识和能力，有助于培养学生主动、理性、有序地参与公共事务的素养。

三、利用矛盾冲突，创设思辨性情境

新课标中把“公民的科学精神”明确为在认识世界和改造世界的过程中表现出来的一种精神取向，即坚持马克思主义的科学世界观和方法论，能够对个人成长、社会进步、国家发展和人类文明做出正确的价值判断和行为选择。初高中学生正处于形成正确世界观、人生观、价值观的关键时期，思政教师在育人过程中要注重引导学生用马克思主义基本立场、观点和方法观察事物、分析问题、解决矛盾，有助于青年学生形成正确的价值取向和道德定力。思政教师在培养学生科学精神素养时，可以选取一些具有矛盾冲突性的问题，创设一些有思维深度的教学情境，以问题引发学生思辨、以碰撞发散思维、以反馈矫正观点，从而培养学生的思辨精神、批判性思维和创新能力。

以统编新教材八年级《道德与法治》下册第四单元第八课“维护公平正义”为例。笔者在教授第一框“公平正义的价值”时，选取了哈佛大学公开课“公平与正义”中的一个经典案例：有一群小朋友在两条铁轨附近玩耍，一条铁轨还在使用，一条铁轨已经停用，只有一个小朋友选择在已停用的铁轨上玩，其他的小朋友都仍在使用的铁轨上玩。这时火车来了，而你正站在铁轨的切换器旁，让火车停下来已经不可能了，但你能让火车转往停用的铁轨，这样的话你可以救了大多数的小朋友。但是，那也意味着那个在已停用铁轨

上玩的小朋友将被牺牲掉。那么你会如何选择?

教师创设了这样一个具有矛盾冲突的情境,而类似进退两难的情况也经常在我们现实生活中发生。当笔者抛出这一情境后,迅速引发了班级学生之间的激烈辩论,有的学生认为:“不应该试图让火车变道,因为那名选择在停用铁轨上玩的孩子行为是正确的,不能因为要顾及更多人的生命而牺牲无辜者的生命权,这并非公平的体现。”而也有学生认为:“应该选择转换火车轨道,这样可以用一个孩子的代价挽救大多数孩子的生命,这是理性的决定。”持反对意见的学生马上辩驳道:“如果转换铁轨,那么这个没做错的孩子就会牺牲,这样公平吗?就应该为了更多人的利益而牺牲少数人的利益吗?”笔者通过创设该情境,引起学生对上述情境的辩证思考,从而引导学生深刻理解公平的内涵是指基于一定的标准和原则,处理事情合情合理、不偏不倚的态度或行为方式。为了挽救更多孩子的生命而剥夺没有任何过错的一个孩子的生命,这种行为显然有违公平正义,通过创设思辨性的情境,有助于学生对社会公平做出正确的价值判断和行为选择。思辨性的情境可以激发学生对问题的思考,调动学生的学习积极性,培养学生分析问题的能力,从而有助于培养青少年的科学精神素养,有助于他们形成正确的价值取向和道德定力。

新的课程改革对思政教师育人方式提出了新的要求,传统单一的授课形式、教师主导的灌输式教学模式显然已经无法适应新课标要求的指向培育学生学科核心素养的课堂教学。基于思想政治学科核心素养的教学,思政教师要提升教学情境设计能力和课堂驾驭能力,根据学情创设丰富多样的教学情境,突出学生的主体地位、调动学生的学习热情,引导学生围绕真实情境中产生的问题开展探究性学习,培养学生学会运用所学知识和技能分析和解决现实问题的能力,才能更好地培养学生的政治认同、法治意识、科学精神、公共参与素养,促进学科核心素养的培育在实际教学中落地生根。

参考文献

[1] 徐丰.教学情境创设要有“四度”[J].教学月刊·中学版(政治教学),2018(Z1):23-25.

[2] 陈友芳.情境设计能力与学科核心素养的养成[J].思想政治课教学,2016(09):4-6.

[3] 石玉平,胡燕舞.基于思想政治学科核心素养的教学情境设计策略分析[J].教师,2018(23):32-33.

[4] 中华人民共和国教育部.普通高中思想政治课程标准(2017 年版 2020 年修订)[S].北京:人民教育出版社,2020.

(2021 年获上海课程教学研究三等奖)

22. 信息技术与初中物理教学的融合助推混合式教学

陈　亮

（中学物理高级教师、区学科带头人，物理教研组副组长）

【摘　要】在新的课程改革背景下，信息技术被越来越多地应用到课堂教学当中。尤其是疫情期间，全国进行"空中课堂"和线上教学，更凸显了信息技术在教学中的重要作用和地位。在信息技术应用到课堂教学的诸多模式中，混合式教学模式则受到了更多学校领导和教师的青睐。混合式教学是把不同情境下的学习活动进行结合的学习解决方案，是将信息技术与传统教学进行有机结合的模式。本文立足初中物理教学，分析了信息技术与初中物理教学相融合在混合式教学中起到的作用及其应用。并举例分析了信息技术在实验教学、线上教学和校际教学交流等几个方面中起到的作用，希望具有一定参考价值。

【关键词】信息技术；混合式教学；初中物理教学

引言

《国家中长期教育改革和发展规划纲要（2010—2020年）》指出："信息技术对教育发展具有革命性影响，必须予以高度重视。"信息技术对教学的影响随着教育改革不断深化，其与课堂教学的融合也有着更广泛的探索空间。现在很多地区和学校都在构建智慧课堂，利用信息技术打造富有智慧的课堂教学环境，从而加快混合式教学在基础教育阶段的推进，充分体现出信息技术在现代教学中的重要性。尤其是近些年，突如其来的新冠疫情席卷全球，线上教学在基础教育中的普及，更是凸显信息技术对教学的支撑作用。因此，信息技术在初中物理教学中的应用研究有着鲜明的现实意义。

混合式教学是要把传统学习方式的优势和数字化、网络化学习的优势结合起来，二者优势互补，从而获得更佳的教学效果。目前混合式教学研究多偏重信息技术对课堂教学的支撑。本文从信息技术与物理实验教学、信息技术与线上混合式教学、信息技术与校际交流、信息技术与多元化学习等方面，阐述了信息技术与初中物理混合式教学多角度融合的实践价值。

一、信息技术在初中物理实验混合式教学中的应用设计

《义务教育物理课程标准（2022年版）》（本文简称"新课标"）指出，义务教育物理课程是一门以实验为基础的自然科学课程。此阶段的物理课程应注意让学生经历实验探究过程，学习科学知识和科学探究方法，提高分析问题和解决问题的能力。上海新中考

改革初中学业水平考试将物理、化学实验操作考试成绩计入初中学习水平考试总分。让学生通过参与形象具体的操作性实验来更加深入地理解物理概念和定律，可见实验对学生物理课程的理解和实践能力的培养起着至关重要的作用。

目前的教学现状受到实验条件和时效的冲击，一部分教师不得不放弃实验教学，或变学生实验为演示实验，或变探究实验为验证实验，学生难以经历完整的探究过程。这在一定程度上限制了学生的发展和探究能力的培养。

信息技术应用在物理实验教学中可以打破时间和空间的限制，虚拟实验也可解决器材受限这一问题。虚拟技术里的多媒体设备融入物理教学的有机整体，达到相互融合互补的效果，实现初中物理教学课堂的整体完善和改革，从而助推混合式教学的实施。例如在光学的教学过程中，课标要求学生要经历探究平面镜成像和探究凸透镜成像规律的实验探究过程，在有限的物理课堂教学中，部分学生很难完成器材的安装和完整的探究过程。因此，我们引入了“虚拟实验室”，学生可以在课堂中经历提出问题、猜想与假设、设计实验与制订计划等环节，实验与收集证据的环节则可以在学生认识了实验器材之后进行。受时间和动手操作能力的影响，来不及完成的学生课后可以利用“虚拟实验室”自主探究、搜集证据，在下一节课时进行交流讨论、归纳总结。

在基础教育阶段，学生的感性认知高于理性认识。初中物理教学过程中学生对直观现象的观察更有利于对物理问题和物理规律的理解。信息技术引入物理实验，可以丰富和补充学校的实验素材，以适应学生的形象思维方式。对于一些难度系数大、不易操作的实验，信息技术可以代替教师完成，从而推动实验教学的有效进度，提高实验教学的有效性。例如，上教版物理教材九年级第一学期第六章6.6“大气压强”一课中的“托里拆利实验”，因为汞蒸气对身体有害，所以不能进行课堂教学的演示实验。然而教师利用信息技术进行模拟演示，让学生可以更直观地观察到大气压所支撑的水银柱高度。又如，在上教版物理教材八年级第二学期第五章5.1“温度　温标”的第二课时“分子动理论”一课中，分子现象是微观现象，学生的直观认知缺失，感性认识不足。利用信息技术将微观现象展示出来有助于学生对微观现象的理解。尤其是“分子间存在相互作用力”，可以利用动画模拟，形象展示分子间的引力和斥力。可以使微观物理世界的现象可视化，这样学生就能够清楚、准确、直观地看到分子现象的本质。再如，在上教版物理教材八年级第一学期第二章2.4“光的色散”一课中，搭载一个虚拟技术环境，在高虚拟技术环境下展示棱镜对各种色光折射程度不同的现象，能达到比较好的实验效果，加深对色散成因的理解。

二、信息技术对初中物理线上混合式教学的有效支撑

新形势下信息技术作为一种新的教学资源，被广泛应用到课堂教学改革中。线上教学是混合式教学的一种主要的操作模式，以班级为单位组织授课并双向互动。据对本区域内的混合式教学的了解，以往的混合式教学主要以录播课为主，采取“录播＋线上答疑”的形式。另外，应用较多的还是线上作业的布置与批改——用于数据的搜集和统计，便于教师了解学生对知识的掌握情况。目前的线上教学则突破这些形式上的混合，将信

息技术与教学的五环节完全地融合，从实质上解决了空间限制的问题。

之前受新冠疫情的影响，教学方式以线上教学为主。从线上教学 1.0 到目前的 2.0，信息技术都是“停课不停学”的远程教学手段的唯一支撑。线上教学 1.0 时期，线上互动平台是“空中课堂”的主要教学辅助工具；线上教学 2.0 时期，线上互动平台是打造模拟真实课堂活动的主要方式。无论是线上教学 1.0 还是线上教学 2.0，都充分体现了信息技术在当今教学中的重要地位。目前很多线上平台都有“在线直播＋线上答疑＋线上作业和评价”等功能，达到了混合式教学的新高度，也为初中物理的混合式教学搭建了新平台。

三、信息技术在初中物理校际交流中的重要作用

校际交流是进行教学交流的主要模式之一，也是学校发展、教师发展的有效途径之一。通过校际学科教学交流，可以搭建教师互相学习的平台，提高教师的专业知识和专业技能，更新教育观念，自我完善，不断发展。有效开展校际教学研讨，可以提高教师教学素养、促进教师专业发展。

然而，在开展区域之间的校际交流中信息技术也起到了非常重要的作用。在活动前的准备工作和与学生的前期沟通中，线上云交流提供了方便，也节约了一定的经费。

例如在 2018 年的一次与重庆市珊瑚中学的校际交流的活动中，活动的主题就是“信息技术对课堂教学的支撑”，课题是“家庭用电”。“家庭用电”是上海科技出版社出版的物理教材九年级第十五章第五节的内容，而上海义务教育阶段使用的上海教育出版社出版的物理教材没有这一节内容，因此信息技术提供教材文本和课标要求。这节课是整个电学体系中的重要组成部分，新课标对本节课的要求是了解家庭电路，有安全用电和节约用电的意识。同时家庭电路是当今社会生产、生活不可或缺的一部分，学生需要具备一定的家庭电路知识、形成安全用电的意识。因此，在本节课的学习过程中，学生的直观体验尤为重要。然而，一方面因为上海学校没有相关实验器材，另一方面因跨省市交流不方便带大量的学生器材，因而在设计过程中引入了“虚拟实验室”，为学生提供了实验操作的平台、补充了实验器材的不足。并且“虚拟实验室”的安装和学生的课前操作培训因信息技术的支撑解决了时间和空间上的问题。整个教学过程中利用希沃同屏技术实时记录，展示学生的成果，反馈反映出来的问题，有效地提高了课堂教学的时效性。课后作业的布置和评价也是通过线上完成，真正实现了信息技术和课堂教学的混合。

四、信息技术为多元化的学习提供便利条件

新课标要求立足学生全面发展，依据核心素养内涵及学生身心发展特点体现物理课程独特的育人价值，使学生通过课程学习逐步形成适应个人终身发展和社会发展需要的正确价值观、必备品格和关键能力。从课标列举的“机械运动”一课的活动建议可以看出信息技术在现代学生学习过程中的重要性。

另外，新课标在原来的课程标准中增加了“跨学科实践”的部分。跨学科实践教学相对于单一学科教学，更具综合性、开放性。这对教师的备课提出了很大的挑战，如何处理

好本学科与其他学科之间的关系、选取什么学科、如何搭构学科间的知识体系、如何带领学生开展项目化学习研究，对教师综合素质要求非常高。

信息技术可以为教师获取信息提供便利条件，跨学科需要教师不断提高个人知识储备，网络无疑是充实自我最方便的途径。例如在项目化学习的初期培训过程中着实有些迷茫，后来在网上查阅并研读了夏雪梅老师的“项目化学习设计”，系统地学习和研究了项目化学习，为后续的拓展课开设奠定了理论基础。

另外，跨学科不可避免地需要不同学科间的沟通、交流，甚至需要跨学科教研。而目前，学校应该还没有跨学科教研时间体系的安排，信息技术则成为了不同学科教师间沟通的有效桥梁。例如，我开设的项目化拓展课“奏出美妙乐章”是以物理知识为理论基础，以制作简易乐器为活动主体，以劳技学科为技术支撑。项目开展的过程中涉及音乐、劳技等学科知识，对于我一个物理教师来说，有很多需要请教的专业知识。信息技术，如微信等交流工具，为不同学科教师间的频繁交流创造了可行性。尤其在后疫情时代，各种视频会议软件为跨学科研讨打破了时间和空间的限制。

总之，信息技术与初中物理实验教学的融合，可以弥补传统实验器材的不足和时间、空间的局限，让实验教学得到进一步的提高。信息技术与初中物理线上教学的融合，可以更好地激发学生的学习兴趣，帮助其理解知识，并有助于架起学生自主学习的桥梁。信息技术在初中物理校际交流中丰富了教学环境，打破了教学时间和空间的限制。信息技术为多元化的学习模式搭建了更广阔的学习平台。信息技术既是一种技术手段，也是推动教师自我革新的催化剂，它不仅为教学提供技术支撑，更为教学改课注入新鲜血液。教师应该准确找出教学与信息技术的结合点，实现两者的有效融合，从而提高混合式教学的效果。

参考文献

[1] 中华人民共和国教育部.义务教育物理课程标准(2022 年版)[S].北京：北京师范大学出版社，2022.

[2] 潘良道.合理整合信息技术　不断优化课堂教学——对初中物理教学与信息技术整合的几点认识[J].中国现代教育装备，2016(18)：51－53.

[3] 吴培廷，吕晓晓.多管齐下　注重实效　提高初中物理实验教学质量[J].中国教育技术装备，2016(09)：145－146.

[4] 吕晓晓，吴培廷.初中物理实验与信息技术融合教学探究[J].中国教育技术装备，2016(05)：158－159.

(2022 年发表于《教育传播与技术》)

23. 学练赛一体化视角下高一蛙泳模块教学的设计思路与方案

孙 亮 陆志英 江敏玮

（上海市民立中学体育正高级教师，体质健康中心主任、体育教研组组长；上海市浦东教育发展研究院教研员；上海市中国中学教师）

【摘 要】 以高一第一学期的蛙泳模块教学方案为例，依据学练赛一体化的理念，遵循游泳技能学习与认知的规律，基于高一学生学情分析确定蛙泳模块教学整体设计思路。围绕模块学习主题，创设生活或比赛情境，从学习目标、学习活动、练习活动和比赛活动呈现模块教学方案，帮助学生在掌握蛙泳技术的基础上，形成良好的体育品德与运动习惯。

【关键词】 高一蛙泳；模块教学；设计思路；教学方案

2020 年 10 月 15 日，中共中央办公厅、国务院办公厅发布《关于全面加强和改进新时代学校体育工作的意见》，提出“教会、勤练、常赛”的体育课新模式，顿时成为一线体育教师关注的焦点、研究与实践的热点。为此，我们在高中一年级游泳模块中以学练赛一体化视角为研究方向，遵循游泳技能学习与认知的规律，将“教学、勤练、常赛”落实到蛙泳模块教学实践过程中，围绕模块主题，创设生活和比赛情境，通过探究运动原理，掌握蛙泳技术动作，在自主、合作学练和游戏比赛中让学生得到全方位发展。

一、学练赛一体化视角下高一蛙泳模块教学的设计思路

蛙泳作为必修选学模块在《普通高中体育与健康课程标准（2017 年版 2020 年修订）》（本文简称“新课标”）中有着其特殊的意义和价值。依据新课标“落实立德树人根本任务和健康第一指导思想，促进学生健康与全面发展”的基本理念。本模块的设计思路以“教会、勤练、常赛”为抓手，提供更多时间给学生进行蛙泳练习，在游戏和比赛情境中巩固和运用蛙泳运动技能。通过观赏比赛、分析评价、解决问题等方式来激发学生的学习兴趣、养成良好的运动习惯。通过探究学习蛙泳的原理、深入剖析蛙泳动作架构，并能运用跨学科知识，提高学生实际解决问题的综合能力。

根据高一学生身心发展规律、学习需求、实际能力，在目标导向下设计蛙泳模块结构化、情境化的教学方案，将技能、体能和游泳健康安全知识等有机融合，使学生在蛙泳学练中形成健康、安全意识和良好的生活方式，促进运动能力的提升，养成终身游泳锻炼的习惯。

（一）蛙泳项目的特性分析

游泳是全身肌肉都参与工作的周期性运动，其健身价值很高，可以提高机体活力，增强体质。蛙泳是模仿青蛙游泳的一种姿势。蛙泳时，头露出水面或浸在水中，抬头就可以换气，呼吸方便；游进时，声音小、易观察，是一种实用性较强的游泳姿势。一方面蛙泳动作结构复杂、方向变化多，难以掌握好，而且在水下收腿、回臂会产生较大的阻力。但另一方面其可以正面抬头呼吸，便于掌握；两腿、两臂动作对称，利于保持身体在水中的平衡；腿和臂的动作都有滑行放松阶段，肌肉用力与放松可以有节奏地交替。因而具有易学、掌握基本动作后即可迅速增长游泳距离的优点。蛙泳运动中学生会掌握安全防护知识、有安全意识和卫生习惯，在比赛中表现出一定的合作精神和竞争意识，能理性面对遇到的困难并勇于克服。

因此，根据新课标必修选学的内容与要求，结合上海学生的实际情况和此运动项目的特点，我们创造性地进行了切实可行、富有成效的蛙泳模块教学设计。

（二）蛙泳模块的教学目标

蛙泳模块的教学目标是依据新课标的理念、以“健康第一”为指导思想、结合高中一年级学生的身心特点、根据项目具有的独特环境特征而制订的。

1. 运动能力：了解蛙泳运动的基本原理；知道人在水中前行时水的阻力与推进力的关系，能说出蛙泳的动作结构、方向和路线；运用蛙泳运动的基本知识主动探究呼吸、划臂、蹬夹腿的动作技术，以及游进中呼吸、臂、腿配合的方法，并能灵活运用于不同距离的蛙泳接力赛、能够游进 30—50 米；理解蛙泳运动规则，体验裁判角色的分配，学会制订蛙泳比赛规程，能组织班级或校级的蛙泳运动单项比赛，具备一定的蛙泳赛事欣赏与评价能力；通过多样化的学练方式发展蛙泳运动的一般体能和专项体能，重点发展肌肉力量、速度、心肺耐力等相关体能，达到《国家学生体质健康标准》中要求的相应水平。

2. 健康行为：理解与游泳相关的安全、卫生等知识；基本适应水环境的变化，学会选择在安全的环境下参与蛙泳运动；基本掌握蛙泳运动的安全防护知识，能运用蛙泳相关的救护技术进行自救；在蛙泳运动学练和比赛情境中有较强的心理调节能力，表现出一定的合作能力和竞争能力，主动关爱他人，珍爱生命；基本养成蛙泳运动的卫生与锻炼习惯。

3. 体育品德：在学练和比赛情境中能理性面对暂时遇到的困难，并表现出克服困难、坚持到底的精神，养成勇于与对手竞争，勇于挑战自我、超越自我的品德；按照基本的规则参与蛙泳游戏、练习和比赛，尊重裁判、尊重对手；在团队接力赛中，互相协作，出现失误不指责，能正确面对输赢。

二、学练赛一体化视角下高一蛙泳模块教学的方案

在高一蛙泳模块教学中以学练赛一体化为载体，围绕“与同伴一起学蛙泳”的主题，遵循高中学生认知和动作发展规律，努力创设学练赛一体化的设计，特别是在蛙泳学习中创设全员参与的比赛，以赛促练、赛中有学、赛中有用，继而形成本模块的实施方案。

（一）蛙泳模块的教学内容

本模块内容遵循游泳运动技能形成的一般规律，内容的构建以学习目标为依据，体现结构化和情境化的特点。主要包括基本知识与技能、技战术运用、体能、展示与比赛、规则与裁判方法、观赏与评价。将陆上辅助练习与水中练习相结合、个人练习与团队合作练习相结合、单个动作与完整动作相结合、技能运用与模拟实际场景相结合、自评与互评相结合，在“与同伴一起学蛙泳”主题下循序渐进地实施蛙泳模块教学。（见表 1）

表 1　高一蛙泳模块教学内容要点与课时分配表

内容分类	内容要点	建议课时	
		小计	总计
基本知识与技能	1. 熟悉水性、水感练习、安全卫生知识 2. 蛙泳腿动作：收、翻、蹬、夹 3. 蛙泳手臂动作：外划、下划、内划、伸臂 4. 蛙泳呼吸动作：头出水面吸气，头入水中闭气和呼气 5. 蛙泳完整动作组合：先划手后蹬腿，手腿伸直滑行	8	
技战术运用	1. 出发（水中、水上、跳台）技战术、转身技战术、手到边技战术 2. 途中游的技战术、冲刺游的技战术 3. 团队赛（接力赛）的技战术	2	
体能	陆上：背拉向上、引体向上、立卧撑、平板支撑、腰腹肌练习、跳跃练习等 水中：行进间行走和跳跃、30 米速度游、耐力游等	4	
展示与比赛	1. 课课赛：熟悉水性游戏、展示蛙泳技术和各种小型比赛 2. 小赛季：短距离蛙泳比赛、短距离蛙泳接力比赛等	4	
规则与裁判方法	参照蛙泳比赛规则，可适当降低难度		
观赏与评价	欣赏游泳比赛，运用学到的知识在比赛中能对同伴的犯规判定、蛙泳游进过程中动作效果进行正确评价等		

（二）蛙泳模块的教学计划

蛙泳模块教学是按照蛙泳运动原理、安全、卫生健康知识与学生认知规律，以面向普通高中学生“与同伴一起学蛙泳”为主题展开的。根据水上运动的特殊性和蛙泳运动的基础知识、基本技能，依据“学练赛一体化”的理念，通过创设真实情境，将呼吸、收腿、外翻、蹬夹、滑行、手臂外划等多个动作技术进行组合。使用多样的辅助器材，帮助学生消除畏惧心理，使其逐步适应水环境，通过共同探讨呼吸与滑行和划臂、蹬夹腿前行中的问题和解决方法，掌握蛙泳动作技术。在比赛中提高学生运用综合知识解决问题的能力，指导学生通过欣赏比赛等途径了解蛙泳运动的有关知识，养成在校内外主动参与蛙泳锻炼的习惯。蛙泳模块的教学计划见表 2。

（备注：蛙泳模块教学前一定要组织学生进行健康体检，建立缜密的游泳教学组织制度，保障本模块安全实施。）

表 2 高一蛙泳模块的教学计划

课时	学习主题	运动能力目标	基本部分		
			学习活动	练习活动	比赛活动
1	走进水中	熟悉水性，学会简单的水中换气的方法，体会在水中的平衡感，提高灵敏度、协调性等能力	1. 熟悉水性 2. 呼吸练习 3. 踩水	1. 水中睁眼闭气 2. 水中呼吸 3. 水中行走、跳跃	1. 水底捞月 2. 水中追逐
2	夹板滑行	能够双腿夹板漂浮滑行，在熟悉水性游戏中完成 2 种以上熟悉水性的练习动作，提高身体在水中的平衡以及控制能力	1. 浮体与站立练习 2. 漂浮滑行 3. 呼吸练习	1. 水中行走、水中抱膝、抱膝浮体等 2. 水中憋气、吐气、行走呼吸 3. 扶壁原地漂浮 4. 双腿夹板漂浮滑行	1. 石头剪刀布 2. 浮体赛久 3. 漂浮滑行比远
3	蹬壁滑行	能够完成蹬壁滑行 5 米以上，保持身体不摇晃，通过多种方法维持身体平衡的能力	1. 呼吸练习 2. 蹬壁滑行 3. 踩水	1. 水中呼吸 2. 2 人一组夹板漂浮滑行练习 3. 4 人一组蹬壁滑行练习	蹬壁滑行比远（裁判组看比赛者的身体平衡能力）
4	蛙泳腿四部曲	体验蛙泳腿部动作，在游戏中建立“收、翻、蹬、夹”动作技术，发展腿部力量、腰腹力量，以及提高协调性等能力	1. 陆上蛙泳腿“收、翻、蹬、夹”技术 2. 扶壁蛙泳腿，收腿技术 3. 欣赏蛙泳比赛	1. 陆上蛙泳压腿、蛙泳腿模仿练习 2. 水中扶壁蛙泳腿练习 3. 2 人一组水中扶板腿部完整动作练习	拷贝不走样（裁判检查收、翻、蹬、夹动作是否走样）
5	扶壁蛙泳腿	能够学会水中扶壁蛙泳腿动作技术，在游戏比赛中熟悉水性，发展力量，提高协调性等能力	1. 扶壁蛙泳腿，收腿、翻脚、蹬夹水技术 2. 扶板滑行＋一次蛙泳腿，收腿、翻脚、蹬夹水技术	1. 4 人一组水中蹬壁滑行练习 2. 2 人一组水中扶壁蛙泳腿练习 3. 扶板滑行＋一次蛙泳腿完整练习	扶板蹬腿接力比远（比赛组和裁判组轮流）

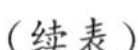

（续表）

课时	学习主题	运动能力目标	基本部分		
			学习活动	练习活动	比赛活动
6	行进间扶板蛙泳腿	能够用行进间蛙泳腿动作向前游进15—25米，学会完整蛙泳腿部技术，发展力量，提高柔韧性、协调性等能力	1. 行进间扶板蛙泳腿收腿、翻脚、蹬夹水、滑行 2. 欣赏蛙泳比赛	1. 2人一组扶板蛙泳腿练习 2. 2人一组徒手滑行＋蛙泳腿完整练习	扶板蹬腿比快（比赛组和裁判组轮流）
7	速度蛙泳腿	能在游戏比赛中熟练运用蛙泳腿部动作，提升游进速度，发展力量，提高协调性等能力	1. 扶板呼吸蛙泳腿 2. 徒手滑行蛙泳腿	1. 50米扶板呼吸蛙泳腿练习（蹬一次腿换一次气） 2. 4人一组15—25米徒手滑行蛙泳腿练习	穿山洞比赛（比赛组和裁判组轮流）
8	蛙泳腿小比赛	熟练运用蛙泳腿蹬水技术完成水中前进25米以上，在比赛中加入技战术使用，提高灵敏度、速度	1. 扶板蛙泳腿 2. 技战术学习及运用	1. 扶板25—50米蛙泳腿练习 2. 4人一组面对面扶板蛙泳腿练习 3. 4人一组进行出发、转身、途中游及持板触边接力练习	扶板蛙泳腿50米竞赛（比赛组和裁判组轮流），在比赛中灵活运用技战术
9	蛙泳手臂四部曲	了解并掌握蛙泳手臂划动路线及要领，尝试结合呼吸、腿部动作，提高身体灵敏度、协调性等能力	1. 陆上蛙泳手臂“外、下内、伸”技术 2. 水中蛙泳手臂＋呼吸技术	1. 陆上蛙泳手臂模仿 2. 集体水中蛙泳手臂练习 3. 2人一组蛙泳手臂与呼吸配合练习	1. 拷贝不走样（裁判检查外、下内、伸是否到位） 2. 划臂赛远
10	蛙泳手臂动作与呼吸动作配合（夹板）	能够用腿夹板划臂完成25米左右距离，提高夹板游进时身体的平衡以及控制能力，提高协调性	1. 双腿夹板滑行＋蛙泳手臂 2. 腿、臂、呼吸完整技术	1. 双腿夹板滑行、蛙泳手臂动作练习 2. 2人一组进行完整动作练习	水中接力赛（比赛组和裁判组轮流）
11	蛙泳臂部与呼吸动作配合	运用手臂划水动作与呼吸正确组合并合理运用，提高身体在水中的协调能力	1. 夹板蹬壁滑行＋蛙泳手臂＋呼吸技术 2. 蹬壁滑行＋完整手臂＋呼吸技术	1. 2人一组蹬壁滑行，手臂与呼吸配合练习 2. 夹板蹬壁滑行，手臂与呼吸配合25—30米练习	1. 水中捕鱼 2. 水中搬运工

（续表）

课时	学习主题	运动能力目标	基本部分		
			学习活动	练习活动	比赛活动
12	蛙泳手臂与腿配合	能够在30米之内完成蛙泳手腿配合技能，提高身体的灵敏度、协调能力	1. 陆上臂、腿配合技术 2. 水中手脚配合技术	1. 集体陆上蛙泳手臂与腿部动作节奏练习 2. 2人一组一次蛙泳手＋两次蛙泳腿的分解练习 3. 30—50米自主学练	1. 小球浮力 2. 打水仗
13	手臂、腿以及呼吸配合	能够在25—50米之内完成蛙泳完整动作，发展上下肢、腰腹部肌肉力量	蛙泳手臂、呼吸与腿部动作配合技术	1. 2人一组25—50米蛙泳手臂与腿部动作配合（憋气） 2. 25—50米一次手臂与呼吸＋两次腿练习 3. 25—50米自主学练	1. 蛙泳比赛（比赛组和裁判组轮流） 2. 橡皮筋牵引
14	蛙泳能手	能够在50米内完成有节奏感和有划水质量的蛙泳完整技术，赛中运用所学技战术合理安排，控制比赛节奏，提高心肺耐力素质	1. 臂、腿、呼吸的完整技术 2. 转身技术	1. 4人一组50—55米完整技术练习 2. 2人一组转身蹬池壁滑行练习 3. 4人一组的50米蛙泳接力练习	1. 蛙泳接力赛 2. 蛙泳距离赛（比赛组和裁判组轮流，根据队员能力安排接力赛出赛前后顺序）
15—18	蛙泳之星	能够在小赛季中灵活运用蛙泳技战术参与不同距离的比赛；在接力比赛中能调整自己的体能，与同伴合作灵活运用战术，发展肌肉力量，提高速度，提高身体在水中的协调、平衡和控制能力			1. 小赛季（“蛙泳之星”积分赛）开幕式（主持人） 2. 个人技能挑战赛：不同距离的蛙泳比赛（融入个人技战术） 3. 团队比赛：不同距离的蛙泳接力比赛等（融入团队技战术以及团队协作能力） 4. 现代蛙泳文化宣讲 5. 裁判员宣布比赛成绩（各个项目前三名运动员或团队） 6. 颁奖典礼（各个项目前三名运动员或团队） 7. 小赛季闭幕式

（2022年发表于《体育教学》）

24. 指向深度学习的初中道德与法治作业设计

顾亦君

（中学政治高级教师、校学科带头人，校务办公室主任）

《新时代学校思想政治理论课改革创新实施方案》提出：小学阶段重在培养学生的道德情感，初中阶段重在打牢学生的思想基础，高中阶段重在提升学生的政治素养，大学阶段重在增强学生的使命担当。

如何打造高效课堂、如何助力高效复习，是需要思考的。根据“更加尊重教育主体、更加融合教育技术、更加丰富课程资源、更加优化管理体系”的融合举措，围绕关注丰富学生的实践体验感受谈谈指向深度学习的初中道德与法治作业的实践。

一、植根于真实情境的常态作业：时事课堂与校本作业

1. 时事课堂不断线

初中道德与法治学科是建立在课程学习实践和社会生活实践紧密结合上的基础学科，而时事教育一直是思政学科教育的特色与传统，培养学生关心时政、国家、社会热点的习惯，培养学生分析、评析的能力。线下学习期间，学生的5分钟时事新闻每周在课堂与同学们定时相见；转战线上教学2.0，做好线下教育背景的常态延伸非常重要。从教师的关注点来看，每位学生在每学期都会完成的这项常态化的作业，有利于教师持续关注学生的思维发展和逻辑表达，并将此任务作为本学科在线学习的评价内容。

2. 校本作业长作业

（1）校文艺节专场活动方案征集

立足校本特色，参与学校实践体验，在培育文化自信的同时，也通过参与学校文化生活有了跨学科体验。

（2）社会实践调查报告

从时政新闻、社会民生、热点话题中选取一个切入点（可从道德与法治教材中的探究与分享板块以及与学科学习相关的社会实践活动中选择），针对选题内容，收集、筛选、整合相关信息，在事实的基础上进行分析并引出观点，体现思辨过程，独立完成500—600字的调查报告。

在以上作业的基础上，初三年级学生形成了探究学习报告，达到了综评要求。学以致用，尝试体验发现问题、解决问题、建构知识、运用知识的过程。而贴近生活实际的作业设计可以帮助学生通过自身的体验思考、分析问题，进一步深化对文本内容的理解，获得能力的提升，直指深度学习，逐步发展学科素养。

二、关注呈梯度发展的在线作业：结合思维导图作业开展单元学习

统编教材的内容提升了知识的系统性与学理性，尤其在初中八、九年级，学科术语与核心概念遍布教材内容，根据连续性、螺旋上升的梯度要求，教材内容也出现了必要的反复与合理的重复。基于新中考背景，初三年级道德与法治学科的评价要求关注学生的核心素养、家国情怀、国际视野、创新精神和实践能力。随着中考临近，面对初中道德与法治教材涉及知识点繁多、线上教学期间对于学生居家自主复习的要求较高的问题，同时结合线上教学阶段学生能更方便地使用信息技术、利用电脑软件制作思维导图进行单元学习的梳理等情况，通过思维导图可以帮助学生清晰地搭建单元与单元、知识点与知识点之间的逻辑顺序，培养学生的学科思维。通过在线作业，学生加深了对文本的了解，不断积累，实现了梯度的发展。

三、富有挑战性的创新作业：中考模拟题设计

基于初中道德与法治学科的特点，通过特殊时期的学生参与，帮助学生提高学科核心素养，布置了基于情境的学科作业。通过布置学生的自主作业能够加强具体情境分析，有效引领学生在分析过程中归纳、提炼相关知识、观点，形成情境分析的基本思路，并加强表达训练。

为何富有挑战性？第一是中考题型的取材富有挑战性；第二是模拟题的设计过程富有挑战性。因为初中道德与法治课程在实施的过程中，要指导价值选择与个体行为，要促进知行合一，要达成深度学习。

在完成模拟卷出题的自主作业之后，试图在班级、年级内组织开展线上个性化辅导，校本化地开展生生之间的示范、纠正，挑选“线上小先生”。一方面，教师甄选出优秀的学生模拟题作业，并帮助修改题目与标准答案；另一方面，学生在完善模拟题之后，在班级内开展题目的讲解，教师在加强方法指导的基础上，有效引领学生在分析过程中归纳、提炼相关知识、观点，形成情境分析的基本思路，并加强表达训练。

学的中心，就是教的中心。无论是线下还是线上教学，尊重学生个体差异，促进学生全面发展的育人宗旨是相同的。初中阶段课程作为衔接性的思政课程，具有承前启后的特点。而初中阶段又是人生的“拔节孕穗期”，结合初中学生的认知特点，思政课从教教材到用教材教，从教师的课堂教学到学生的思维运作、作业设计的优化，具体总结为“广度”“梯度”“深度”“温度”“高度”，培养学生知事、懂情、讲道德，回应学生思想疑惑，遵循育人规律和学生成长规律，引导学生成为具有政治认同、道德修养、法治观念、健全人格、责任意识的人，为思政一体化建设打下基础。

（2022年长三角中小学学科德育论坛征文活动思政组一等奖）

第四板块
笃行致远，深耕学科实践研究

随着新时代教育的持续发展和课程改革的不断深入，教师的教育科研能力已经成为学科知识以外的又一项必备技能。民立中学一直以来十分重视教师专业能力的培养，学校层面坚持搭建优质平台，助力教师开展各学科的实践研究。

新课程改革强调“促进学习方式多样化”。而学科实践作为一种学科学习方式，是实现学生知识学习向学科素养转化的基本过程，是指向学科核心素养下学习方式的根本变革。深化学科实践的学习变革是当前创新育人方式、实现学科育人功能的核心问题。教以潜心，研以致远，民立博雅教师将坚持以务实的行动、创新的姿态，转变教学方式，提升教学品质，深耕学科实践研究，培养学生核心素养，助力教育高质量发展。

1. 感悟中国传统文化中的中和之美

——小说《荷花淀》教学中的德育渗透

张　丽

（中学语文高级教师，校学科带头人）

由于经济的发展、网络的普及、对时尚事物的趋之若鹜等原因，现今的很多高中生对于中国传统文化的精神、精髓不那么在意了。但他们又正处在价值观、人生观建立之初，必须从传统文化的精髓中得到浸润、滋养，从而确立正确的人生走向，奠定“三观”的基础。

作为高中语文教师，更是责无旁贷，需要时时刻刻留心于教材，并能巧妙地利用教材中的经典作品在平时课堂教学中润物细无声地渗透，给予学生们德育、美育等各方面的引导。

下面就以孙犁的著名小说《荷花淀》为例，谈谈在教学中从另一种视角——文化的视角，怎样引导学生感知、感悟中国传统文化中的中和之美。

一、教材简析

现代著名作家孙犁的《荷花淀》，是一篇以战争为题材的小说，反映的是抗战时期冀中人民的斗争生活。但是，小说中没有一般战争的战火硝烟、刀光剑影，有的只是荷花淀中自然环境的清新优美、农村女子对于丈夫的温婉柔情、朴素含蓄的人性之美。其超越了战争题材小说的范式，就像一首清新婉转的牧歌，展现了战争中人性的美好。

小说刻意弱化了情节，虽然是战争题材，但即使描写激烈的伏击战，也是云淡风轻，很快收笔。人物刻画也是群像式的，很多人物甚至不知名姓，所以，我认为《荷花淀》的教学，不宜恪守小说阅读分析的基本模式——从文章学的角度切入，而是要沉潜到文字背后，发现小说中朴素的语言背后人物丰富细腻的心灵世界，体味不易被学生所感知的“宁为玉碎，不为瓦全”的传统文化精神、团结奋进的集体凝聚力和民族大义。中国传统文化中的这种中和思想、中和之美，正适合对当代高中学生进行品德修养渗透。

二、情境描述

1. 教学（德育）目标的确立

如果说高一年级是学生从初三升学向高中学习阶段的平稳过渡的话，那么高二学段学生则必须完成两个转变：①思维方式的转变——从以形象思维为主转换到以抽象思维为主。②学习方式的转变——从在教师那里被动吸收知识转换到自己主动去掌握、思考理解知识。所以，在上《荷花淀》之前，我让学生去自读自悟，并让他们提出在阅读中产生的疑惑。

将学生提出的问题汇总后，发现了以下几个具有代表性的问题：

(1) 针对小说开头三段对荷花淀周围环境的描写，学生质疑：抗日战争那么残酷，可能有如此恬静优美的环境吗？这么写是不是违反了现实？

(2) 水生和妻子离别之际，为什么要说“不要叫敌人汉奸捉活的。捉住了要和他们拼命”这句话？为什么文章说“这才是那最重要的一句”，而且女人竟然还“流着眼泪答应了他”？学生感到很费解。

(3) 女人们想去探望她们丈夫的那段对话似乎前后矛盾——如若她们真的非常想见到丈夫的话，为什么希望落空后“女人们尤其容易忘记那些不痛快。不久，她们就又说笑起来了”？甚至有几个学生认为女人们有些矫情。

这些问题不仅不经意间关合着学生们对“文化”“社会”的关注，也显现出他们对中国传统文化基本精神的某种陌生感、距离感和疏离感。

由此，我确定这篇小说阅读指导的有效切入点和突破点就在于紧紧抓住文化这一视角，使学生们接触并受到中国传统文化精神的熏陶与感染，逐步培养学生的文化眼光与素养，从而在高二阶段开始逐步建立学生的文化价值观和基本审美观念。同时，了解并把握中华民族历来秉持的朴素的道德操守，自然渗透德育的引导，并拓宽和提升他们对文学作品解读、分析的途径与能力。

2. 人与自然之间的生命和谐与交融

在实际的教学过程中，学生通过反复朗读、品味后分析开头三段作者笔下的自然景物的特质，在他们能够把握此处人与环境之间的高度和谐融合之美的内涵后，我才提出了一些学生们的困惑——前三段对于荷花淀周围环境的描写是否必要。

学生们静静地体味小说开篇那月光皎洁、湖水清透而银白、薄透的雾气蒸腾荡漾在水面上、清风习习、荷花飘香的清新淡雅恬静祥和的水乡夜景图，“女人”(水生嫂)编席子所传达出的勤劳贤惠、心灵手巧的性格，以及热爱并享受这种平凡而安宁的生活的人物其内心世界及心灵的纯洁与净美。学生们在深读、品味及思想交流与碰撞中体会到：物与我的彼此关照在这里达到完美融合。所以，小说开头就呈现出人与环境(自然)之间的生命本真状态的和谐交融之美。这也恰是后文此地区的人民积极投入战斗、保卫家园的原动力之所在。而在我国古代(文化)哲学里，这种人与自然的和谐，其最高境界就是“天人合一”。

3. 人与人之间的“团结、凝聚力”和民族大义

这篇小说主要塑造了妇女群像，所以，一般在授课中会以分析妇女们的形象为主，但实际上，这篇小说写了很多组人物关系：夫妻关系、父子关系、女人之间的关系、男人之间的关系，等等。

小说中用墨较多的夫妻话别的场景中，当水生告诉妻子，第二天就要到大部队去了，并叮嘱妻子要多担待家里，照顾好一家老小时，“女人鼻子有些酸，但是她并没有哭”。此处体现出觉悟了的中国女性的精神状态，其实也是中国文化“哀而不伤”的精神体现。临别之际，水生一句“不要叫敌人汉奸捉活的。捉住了要和他们拼命”，而他明天也将去与

敌人拼命了，这一切正是捍卫人格尊严、民族尊严的“宁为玉碎，不为瓦全”的中国传统文化精神写照。

中华民族是一个能够共患难的民族，一旦有外敌或外族入侵时，中国人历来是众人一心、众志成城。所以，当小说中人与人的关系投射在个体与全庄人之间时，我们又看到水生“一家人送他出门”时，“全庄的男女老少也送他出来”，同仇敌忾的氛围、无言的行动都在宣告：全庄人都是这些青年人走向抗日队伍的最坚实的后盾。

以上种种，都表明了此小说中人与人之间的关系，在于强调东方文化特有的追求共性之美——团结——的意识，集体凝聚力的意识分外强烈，患难与共的民族大义为先。所有这一切，其实质就是一种和谐融洽的关系。

4. 人与自我心灵之间的含蓄适中与乐观

小说中女人们想去探望丈夫的那段对话则惟妙惟肖地传达了女人们的内心情感，恰好也展现出人与自我之间的关系。

这五个女人都非常想去探望丈夫，但又几乎借故托词，显现出委婉含蓄的特质，但到了马庄却被告知丈夫们已走，“几个女人有点失望，也有些伤心”，“可是青年人永远朝着愉快的事情想，女人们尤其容易忘记那些不痛快。不久，她们就又说笑起来了”。作者的笔触看似轻松，实际显现出我们民族的人在对待自己内心痛苦的时候，不是呼天抢地地叫苦，而是情感的表达比较适中。所以，这些女人们又是乐观的。

综上，小说中人和自我的关系是适中、含蓄、和谐的。

三、育人反思

在课堂上，我与学生们一起走近《荷花淀》，通过感悟、思考与分享，最终品味到其之所以被称为“照耀全球华人世纪旅程的精神食粮”，魅力就在于小说中人与环境、人与人、人与自我之间的“和谐”“含蓄”之美——中和之美。所以，在教学的最后，我郑重地引出了《中庸》所陈述的中和思想：

喜怒哀乐之未发，谓之中；发而皆中节，谓之和。中也者，天下之大本也；和者，天下之达道也。致中和，天地位焉，万物育焉。

其实，《中庸》中对中和内涵的陈述，对于高二的学生而言，是比较难理解的，但是班级里的学生通过学习《荷花淀》，竟然对其侃侃而谈：

当喜怒哀乐之情未被激发时，它是按应有的状态运行的，不喜不怒，不哀不乐，这是“中”；当喜怒哀乐之情被激发出来时，必须有所节制、制约，这是“和”。做到了“中和”，天、地、人则各安其位，万物就能健康和谐地生长。

有的学生则联系现实，发表了自己的看法：中和，就是适中和谐之意。当每一个个体能在日常的生活中都秉持人与环境、人与人、人与自我之间的“和谐”“含蓄”与“分寸感”，我们的社会与国家才会真正走向和谐。

也有学生受到启发，思考得更深广，谈到这种中和思想、中和之美不仅深刻地影响着我国的文学作品，实际上也深刻地影响着我国文人的道德情操与气质，以及我国的书法、音乐、绘画乃至建筑、园林艺术等，最终成就了我们民族的文化风范和精神韵味。

本以为从文化的视角和高度来指引学生感悟、理解中国传统文化中所追求和弘扬的和谐、含蓄、适中之美，领会传统道德情操与气质，学生会难以理解或排斥，没料想学生们个个深入其中，品读、讨论、争辩，乐此不疲。看来这样的德育渗透、文化气质的熏陶，从形象思维到抽象思维方式的转变，只要教师舍得花气力和下功夫，精心设计并搭梯子帮助学生，学生能达到更高的思维层面，接受中国传统文化中的精髓并悉受其濡染、浸润与滋养。

（2015 年发表于《学科德育优秀案例专辑》）

2. 让高中英语说明文教学情趣盎然、魅力四射

——从一堂成功的教学公开课谈起

金　蕾

一、选题背景

说明文是客观地说明事物的一种文体，目的在于给人以知识，或说明事物的状态、性质、功能，或阐明事理。它既不会像记叙文那样辞藻生动、情节曲折，也不会像议论文那样说理透彻、折服众人，它往往只是一些实际事物或科学事理的严密介绍，难免让人觉得枯燥乏味。因此，在如今的英语教学中普遍存在着教师厌教、学生厌学的尴尬局面。

作为教师，如何创造性地使用教材，让高中说明文教学情趣盎然、魅力四射，使学生学有所得、学有所乐？这确实是一个值得深思的问题。2014 年 3 月笔者以牛津上海版英语教材高一年级第二学期第三单元主课文“The interesting world of plants(有趣的植物世界)”为教学内容上了一节区级公开课，对于如何激发学生学习兴趣、提高说明文教学的有效性进行了初步的探索。本文将以此为例，介绍一些成功的教学对策。

二、学材和学情分析

（一）学材分析

本课课文体裁为说明文。全篇一共四个自然段落，每个段落介绍一种有趣的植物，即王莲、莲花、榕树和银杏。课文的教学难点在于：其一，课文以说明文的形式展开，简单的内容很难引发学生强烈的学习兴趣。其二，部分植物的名字难读难记，学生不易掌握。其三，学生对于文章中提及的个别概念可能存在理解上的偏差，需要教师加以启发和引导。

（二）学情分析

本班学生总体英语程度一般。从学习风格调查问卷的结果来看，学生中视觉型学习者较多（占46%），听觉型次之（占35%），动觉型较少（占19%）。此外，学生中感性思维者多于理性思维者。

在知识储备方面，笔者通过个别访谈了解到：①已知：常见的说明方法学生在语文学科中已学过，有一定的知识基础。另外，本文的语法点——由介词引导的定语从句，学生在高一第一学期已初步习得，在理解上基本没有问题。②未知：除了莲花外，学生对其余三种植物都知之甚少，更谈不上道出它们的“趣处”。③错知：不少学生分不清睡莲和莲花，以为是名称不同的同种植物。④想知：学生渴望获得更多与植物相关的英语词汇，并企盼通过英语文本深层次地了解这四种植物，知道其“趣处”。

三、教学对策

（一）基于学生不同的学习风格，采用多元的教学方法

本班的学生视觉型学习者占据多数，且感性思维者多于理性思维者。针对这一学情，笔者在教学中运用了较多的图片和视频，又通过摹状貌、作比较、打比方等方式，化抽象为具象，帮助学生迅速进入课文，正确理解文章内容，使教学达到事半功倍的效果。例如，在引入阶段，笔者向学生展示了六张艳丽而奇特的图片，并问他们：“What are they?（它们是什么？）”学生们立刻被画面中的不明物体所吸引，议论声一片。第一幅图有人说是猴脸，第二幅有人道是飞鸟，第三幅有人称是蜘蛛……当笔者告诉学生这些都是植物时，他们都大感意外，简直不敢相信世界上竟然有这样神奇的植物。极具冲击力的有趣画面一下子抓住了学生的心，仅两三分钟笔者就顺利地把学生引到了本课的主题——“有趣的植物世界”。又如，很多学生无法区别睡莲和莲花这两种植物。更有甚者，竟认为它们是名称不同的同种植物。针对学生中普遍存在的错误认识，笔者把凸显睡莲和莲花差异的两张图片放在同一张PPT上让他们比较。几个目光锐利的学生很快就看了出来，抢着回答：“睡莲的叶子是浮在水面上的，而莲花的叶子是挺出水面的。”与此同时，教师在步步推进的教学过程中也以相似的方式帮助学生清晰明了地理解了什么是“near relative（同科属植物）”。无疑，直观了然的画面胜过千言万语。再如，文章提到世界上最大的睡莲——王莲，它的浮叶有2米多宽，其白色和紫色的花可以长到45厘米之大。那么，2米究竟有多宽？45厘米究竟有多大？很多学生是没有概念的。为了让学生有理性的认识，笔者举了两个例子——请班中最高的学生站起来，随后问学生：“If the student lies down, the Victoria lily is longer than him. How large it is?（如果这位同学躺下，王莲比他还长。那王莲有多大呢？）”对于45厘米，笔者先让学生根据自己的理解大致比画一下，然后以自己的身体为参照物对学生说：“It is approximately as wide as my shoulder. You can imagine how big the flower it is!（它大约有我的肩宽。你可以想象王莲有多大！）”如此一来，他们对王莲的认识立刻清晰了、形象了。课上师生间轻松自然的互动使学生的学习热情高涨，丝毫未表现出对说明文的冷漠和厌烦。

对于听觉型学生，笔者在教学设计上也动了一番脑筋。比如，让学生根据录音完成

关键信息的填写;此外,每进行一次课内活动,笔者会配上一段与所介绍的植物相关的音乐作为背景,给学生的思维增添几分活力。

对于动觉型学生,笔者在学案(students' worksheet)中特地设计了一个板块:让学生以简笔画的形式画出文中提及的各个植物的重要特征。学生对这个不同寻常的教学环节很是喜欢,写写画画,亦静亦动,在有趣的学习活动中身心愉悦,完成学习任务的速度快了不少。

（二）创造性地重复和再现,有助于学生巧记难记的词汇

课文中有一个难点是几个重要的植物名难读难记,比如:王莲(Victoria lily)、榕树(banyan tree)、银杏树(gingko tree)。笔者可创造性地重复再现这些词汇,比如:在自然的对话中融入这些词汇,介绍与之相关的历史人文典故,做有趣的游戏……帮助学生巧记词汇。

当在教授"王莲(Victoria lily)"一词时,笔者先通过听的方式让学生熟悉这个植物名称,然后就此主题与学生进行自然而有趣的对话,进一步加深学生对这一名称的印象,随后笔者话锋一转问学生:"Why is the plant called 'Victoria lily' instead of 'king lily' based on its Chinese meaning?(根据汉语的意思,为什么这个植物叫'维多利亚莲'而不是'王莲'?)"课堂上鸦雀无声,学生们都陷入了思考。看到学生毫无反应,笔者让学生注意有关"王莲"这部分的学案,上面有一幅图片,并请学生猜猜上面的人物是谁。笔者在课前了解到班中有部分学生上过校本课程"西方文化视窗",他们可能熟悉这位人物——英国历史上赫赫有名的维多利亚女王。果然不出所料,马上有学生做出了反应。于是教师追问:"What's the relationship between Queen Victoria and Victoria lily?(维多利亚女王和王莲之间有什么关系?)"学生纷纷猜测,有的猜:"Because Queen Victoria once stood on it.(因为维多利亚女王有一次站在上面。)"有的说:"Because Queen Victoria liked it best.(因为维多利亚女王最喜欢它。)"笔者任由学生做各种假设,看到大家猜得差不多了,便娓娓道出:王莲"1801 年在南美的亚马孙河流域首次被发现,50 多年后在英国引种栽培,首次开花。王莲的名字是为了纪念英国维多利亚女王而来"。学生们听着故事觉得新鲜,并在不知不觉中加深了对这个植物名称的记忆。

另外,笔者在这节课上还进行了以小组为单位的"植物达人"知识竞赛。这一环节,一方面是帮助学生回顾课上学到的植物学知识;另一方面,也是通过隐性的手段一遍遍地再现那些难读难记的植物名称以加深学生的记忆。这种"润物无声"的方式比起带着他们一遍遍地读要有效得多。一节课下来,大多数学生都能用英语正确而迅速地说出这四种植物了。

笔者帮助学生掌握知识需要重复和再现,但不是简单意义上的重复和再现,这只会使学生产生厌烦情绪,事倍功半。作为教师,应运用多种教学方法和技巧,创造性地重复和再现,这样才能达到预期的教学目的,使学生勤于学,乐于学,进而善于学。

（三）以学材为基础,挖掘蕴藏在文本背后的文化内涵

《普通高中英语课程标准(实验)(2003 年版)》(本文简称"课程标准")中明确指出,

高中英语课程关注学生的情感，使学生在英语学习的过程中，提高独立思考和判断的能力，发展与人沟通和合作的能力，增进跨文化理解和跨文化交际的能力，树立正确的人生观、世界观和价值观，增强社会责任感，全面提高人文素养。基于这一理念，教师在教学中不仅要关注学生对英语基础知识和基本技能的掌握，还应重视对学生人文素养的培养。

本篇学材无论是文字还是内容都较为简单，如果教师只就事论事地教，不对课文进行深挖，是无法满足高中生强烈的求知欲望以及引发他们对事物深层次的思考的，更谈不上提高他们的人文素养。于是笔者从课程标准的基本理念出发，对蕴含在文本背后的文化内涵进行了挖掘。

当学生完成了有关荷花的课文理解后，笔者问道："What's the symbolism of the lotus in Chinese culture?（在中国文化里莲花象征什么?）"学生一时哑然，这可是课文里没有的内容。随后，笔者向学生投影了一幅玉洁冰清的荷花图，马上就听到有学生用中文道出"出淤泥而不染，濯清涟而不妖"的中国古典散文名句。笔者及时对这位学生的观点表示肯定，并进一步追问："Do you know how to express it in English?（你知道怎么用英语表达吗?）"学生被问住了，但是看得出几乎所有的学生都极有兴趣想了解它的英文表述。此时，笔者没有直接告诉他们，而是让他们根据自己的理解小组讨论尝试翻译，最后公布答案："The lotus grows in mud, yet never contaminates（弄脏）with it; She floats on waving water, yet never dances with it."。有了这一波三折的体验，学生对荷花的文化内涵以及英语译文有了极深刻的印象，并对英语学习多添了一分兴趣。

挖掘文本背后的文化内涵为外语学习增添了奇妙的色彩，关注本族文化则是培养跨文化交际意识的内在要求。从某种意义上说，注重中国文化的导入，绝不是英语教学中心的转移，而是英语语言教学文化的深化。

（四）把"我"的故事带入课堂，使教材更丰富感人

笔者在搜集资料的过程中无意中发现曾与女儿用银杏树叶做过树叶画，于是突发奇想：何不把这幅画带入课堂？没想到这一独特的教学设计在课堂上取得了很好的效果，当天在场几乎所有的学生和听课教师都被美丽的树叶画和作品背后的故事所感动。

学生往往对自己的老师充满好奇，如果教师能充分利用学生这一心理，善于挖掘教材中适合"我"的题材，在课堂上给学生讲讲自己的故事，这无疑会吸引学生关注的目光，激发他们的学习兴趣，使原有的教材更丰富感人。

四、结语

说明文是以介绍知识为主的一种文体，读起来往往让人觉得平淡无味。如何教好说明文，在笔者看来关键在于"情趣"二字。一方面教师要根据学生具体的学情采取有的放矢的教学方法，创造性地设计有趣的教学活动，让看似无趣的文字和数字"活起来"。另一方面，教师得善于挖掘学材背后的文化内涵，以文本的科学性介绍为基础，以拓展的人文情怀进行深化。如果教师在开阔学生科学视野的同时，用"趣"促学，以"情"感人，无疑会使高中说明文教学情趣盎然，魅力四射！

参考文献

[1] 中华人民共和国教育部.普通高中英语课程标准(实验)(2003年版)[S].北京:人民教育出版社,2003.

[2] 常万里.关注中国文化培养学生跨文化交际意识[J].中小学英语教学与研究,2013(06):70-74.

(2005年发表于《静安教育》)

3. 基于小班化的初中英语口头作业设计的微技能研究

张 莲

(中学英语高级教师,校学科带头人)

课堂教学基本环节之一的学生作业设计的改进,是提升教学有效性、培养学生个性化学习能力的重要途径。我主持开展的"基于小班化的初中英语口头作业设计的微技能研究",目的有三个方面:第一,英语口头作业的设计能有效激发学生学习英语的兴趣,培养学生英语语感和打下良好的语音、语调基础,促进学生的口语表达能力和语言基本素养的发展,为进一步学习英语打下基础。第二,小班化英语口头作业设计的研究,有利于教师更精准地把握学生语言表达中的强弱点,全面提升学生语言实践机会与效率,增加师生、生生间口语交流机会,从而使个性化的语言学习活动更充满活力;同时,促进教师教学组织能力的全面发展。第三,整合已有的课程资源和新生成的课程资源,通过组织设计富有趣味性、充满挑战性的口头作业,探索更好地促进学生英语语言技能全面发展的途径,为其他学校提供可借鉴的研究成果与整合的资料,有利于更深入开展本主题下的研究活动。以下为四个个性化英语口头作业设计的案例。

一、师生合作的错题讲解

众所周知,初中毕业年级的英语教学更多的是落实在笔头作业上,特别是默写和做练习卷相对比较频繁。由于学习压力和作业强度大,学生很容易忽略了整理错题这一块。但是苦于练习题的量比较大,很多学生已经没有时间再去抄写错题进行整理,大部分能做到的就只是看一下错题。由于是25人一个班级的小班化的环境,给师生创造了一个良好的错题讲解环境,教师能够兼顾到每一位学生。为了加深学生对于错题的印象,提高订正的效率,对于重要的测验卷错题,我要求每一位学生利用课间或是午自修时

间拿着卷子到办公室进行每一道错题的讲解。这样做,能够很好地帮助学生更正错误。因为对于他们来说,如果每一题都抄写下来订正,要花上很多时间,而直接进行错题讲解,能够帮助他们提高效率、节约时间,而且也能提高学困生完成作业的信心。个性化的口头错题讲解,在最短的时间内帮助学生既复习了易错知识点,又加深了印象。

例 1:Tom is ________ honest boy and he never tells a lie.

A) a　　B) an　　C) the　　D) /

师:选哪个选项?

生:这道题选 B。

师:为什么?

生:因为句子中 boy 是可数名词,又因为 honest 这个词的 h 不发音,单词本身发元音,因此这道题选 B。

例 2:The boys had their physics lesson in the lab yesterday.(改否定句)

The boys ________ ________ their physics lesson in the lab yesterday.

师:这句话是什么时态?如何改?

生:根据句子中动词 had 可以判断这句话是过去式,而过去式的否定句结构是 didn't 加动词原形,因此答案是 didn't have。

例 3:Have they made a ________ about the date to start? (decide)

师:所给单词是什么意思?

生:decide 是动词,意思是"做决定,下决心"。

师:这句话该如何改?为什么?

生:根据词组搭配 make a decision,解释为"做一个决定"。decision 是名词,因此答案是 decision。

这种简单的师生合作讲错题的口头作业设计微技能,能够更好地帮助学生从"口头讲题"中学,从"口头讲题"中巩固,又从"口头讲题"中提高,实现知行合一。此外,教师也能更快速更好地掌握学生对于错题的理解和更正情况。

二、生生合作的天天练和错题讲解

经过近一年的探索和研究,我总结了生生合作复习错题有以下几种方式:学优生和学困生一组,学困生和学困生一组,英语偏科生和数学偏科生一组,自由组合,等等。对于每日的小练习错题或是自己课后的练习错题,通过这种个性化的分组方式来讲解。以第一种组合为例,当学困生在和学优生讲题的过程中,遇到不会的或是讲错的,学优生可以给予及时的更正,同时对于学优生来说,这也是一个复习巩固的过程。以第二组为例,两位学困生在一起讲题,会发现彼此间有一些重复的错题,能够一起进行探讨、互相帮助,这样能帮助他们更牢固地记住自己的易错知识点。

例 1:The hall is so small that it can't hold two hundred students.

(保持原意)

The hall is ________ small ________ hold two hundred students.

生1：这句话的考查点是什么？

生2：是 so ... that ...、too ... to ...、enough to do ... 这三个句型的转换。

生1：根据句子意思，用哪个句型来转换？

生2：因为原句意思是“大厅如此小以致不能容纳200位学生”，too ... to ... 句型的解释为“太……以致不能……”，符合句意。而 enough to do ... 解释为“足够……去做某事”，此处不符合句意。

例2：________ decides success or failure.

A) Attraction　　B) Attitude　　C) Addition　　D) Advantage

生1：这四个词分别是什么意思？

生2：这四个词都是名词。解释分别为 A)吸引力；B)态度；C)加，附加；D)优势。

生1：哪个意思最符合句意？

生2：选项B符合。解释为“态度决定成功或是失败”。

此外，我进行了个性化的生生合作天天练讲题。学生每日利用早读10分钟完成一份小练习，然后教师立刻进行讲解。同时学生需要在课间或是午自修的时间根据固定的分组，相互进行天天练讲题，也就是自己讲一遍题目，再听小组搭档讲一遍题。由于每天的天天练题目都是基础题，而且控制在15题左右，因此学生两人一组的讲题的时间也控制在了10—15分钟。

这种生生合作讲练习的口头作业设计微技能，能够让不同类型的学生通过彼此相互讲题，达到有效的互补学习或是互助学习，既巩固了他们对知识点的掌握，又加深了他们之间的同学情谊。

三、设计生生合作口头辩论形式来复习中考作文

在作文的教学过程中，很多教师会要求学生直接落笔写下来，但是在近一年的研究过程中，我发现让学生在复习中考作文过程中穿插并加强口语操练，能更好地帮助他们有效掌握不同文体的写作方式和技巧。

比如在九年级上学期“HEAD TO HEAD”这课的教学中，我在课后设计的口头作业是让学生整理对养狗问题两种不同的观点，第二天课堂根据不同的观点进行分组辩论。由于课文的内容和主题都比较新颖，学生比较感兴趣，在课后他们会根据自己的观点到文中找出关键句子进行背诵。由于这篇文章是中考中常见的作文题型——论述文，其是有一定结构的，而单纯地让学生去背诵作文结构比较枯燥，因此，我设计了让学生通过具体、生动并且活泼的口头辩论方法来掌握论述文的作文结构形式。

以下为课堂辩论中学生精彩的口头发言：

学生1：

In my view, it is never a good idea to keep a pet dog.

First, they create a lot of mess. They leave fur and hair on the floor and on sofas.

Secondly, not all the dogs are friendly. Some dogs bark at people they do not

know. This can frighten young children.

What's more, most people live in flats. They have to keep pet dogs in small space, which may make the dogs feel unhappy.

Finally, paying for dog food and visiting the vet can be expensive.

In a word, people should not keep pet dogs.

学生 2：

I think that having a pet dog can change a person's life. Therefore, we should keep pet dogs.

First, most of the dogs are cute.

Secondly, keeping pet dogs can help us become more responsible people.

In addition, we can learn about life and death from dogs. We can learn how to care for others and how to respect all living things.

All in all, keeping pet dogs is something everyone can enjoy.

以上展现的是两位学生在课堂中的部分辩论内容。可以看出通过这样的口头作业，学生不仅巩固了所学课文内容，同时对于中考作文中论述文的结构也进行了复习，班级中的其他学生也可以进行有选择性的模仿。教师再布置写作训练时，学生就会得心应手了。在第二堂课后，我又设计了类似的口头练习，让学生回家准备六句话，主题是“My view on my English study”。这种类似的仿写作文形式很受学生欢迎，因此，在回家的口头作业上学生能很认真地对待。这样，一方面激发了他们完成口头作业的兴趣，另一方面也提高了他们完成口头作业的质量。

这种带有预习和复习目的的口头作业设计微技能能够帮助学生之间更好地取长补短，彼此分享写作内容，达到共同进步的目的。同时激发学生口头说的强烈愿望，激发他们创造的能力，更好地完善他们英语口头表达能力。

四、设计师生口头问答的形式进行学习或复习

当然这种形式对于教师的专业水平要求比较高，需要教师有很强的应变能力，因为学生的回答是多样性的、不可预测的。教师要在课堂中迅速做出反应，并根据某些学生的回答适当提出一些更深入的问题。同样，这种形式的导入对于学生的要求也比较高，上课班级的学生的整体学习基础要比较好，需要学生有活跃的思维、足够的词汇量和流利的口语表达能力。

通过研究，我发现教师在辅导学生作文的过程中可以让学生提前预习一些问题来提高学生的写作质量。这种口头作业设计带有一定的指导性，教师通过问题来引领学生思考，帮助学生一步步打开写作的思路。

比如在进行“A trip to ________ with my family”这一半命题作文写作之前，我提前一天布置了回家作业，让学生回家思考并在第二天回答以下几个问题：

- Where have you been with your family?
- Did you have a good time? Why or why not?

- What do you think of trip?

如果没有提前进行问题预习而直接进行写作，那么学生很可能会出现偏题或是思维局限等问题。同样，如果让学生没有回家准备而直接在课堂中口头回答这几个问题也会出现语法错误，而这些语法错误在写作过程中却是可以避免的。因此我让学生回家预习这几个问题，做好准备，便于第二天课上学生们在彼此的回答中碰撞出思维的火花，打开更广的写作思路，从而写出更好更优秀的作文。下面我列举学生口头回答相对比较出彩的第三问的答案：

- It was the most meaningful /unforgettable /interesting /wonderful /enjoyable /pleasant trip I have ever had.
- The trip was quite meaningful. It really impressed me.
- I will never forget the trip and never forget the wonderful time I spend with my family.
- I hope I will have chances to have trips like that.

在进行了口头操练后再落笔写成文章，用词和语法错误都少了，文章语句也流利了很多。这种通过教师提问来引领学生思考并完成口头和笔头作文的口头作业设计能够帮助学生更准确地把握作文主题，并写出更完整、更优美的文章。

这种教师通过一步步的提问引领学生学习和复习的微技能，体现了教师具有极强的课堂应变能力，能在课堂中很好地掌控提问和回答。同时，这种微技能的使用也激发了学生创造性的思考能力和通过大胆地思考和回答来获取知识的能力。

五、总结

我认为，在学生进行口头作业的过程中，教师应该坚持尊重学生、适度引导的原则，应最大限度地发挥学生的主体作用，不应对学生提出的问题或是出现的口头错误轻易地否定或批评。要尊重学生的发现，保护和激励学生的探究欲，思维的火花往往会在开放的环境中碰撞产生，也只有在尊重学生的想法与选择的情况下，学生才有可能发散思维，发挥创造力。

对于不同体裁的教学内容和不同年龄层次的初中学生，教师都应当考虑采用不同的口头作业设计微技能。只要教师能领悟到口头作业设计的指导思想和意图，深入钻研教材，并在课堂教学实践中不断反思和总结，就不难找到合适的口头作业设计微技能。同时，教师要根据班级学生的学习情况、兴趣、需要、心理特征等，灵活地、有创造性地、个性化地设计口头作业并使用恰当的微技能，才能真正实现课堂教学的有效性。

（2015 年获静安区第十一届教育科学研究成果奖三等奖）

4. 基于两条探究线索的“自由落体运动”教学前端分析

何　松

【摘　要】从课程标准的探究式学习方式出发，对学习目标、教材、学情和教学策略等方面做了教学前端分析。对比不同版本教材对自由落体运动内容的处理方法，按照“实验探究”和“史实追寻”两条探究线索设计教学，对探究学习的任务做了课时分解，对探究学习的困难做了预设。

【关键词】自由落体；探究线索；教学策略

一、学习目标分析

本节教学在《上海市中学物理课程标准（试行稿）》（本文简称“课程标准”）中涉及“自由落体运动（B级水平）”和“伽利略对落体运动的研究（A级水平）”两项内容。课程标准建议“通过认识伽利略对落体运动的研究过程，感受假设、推理、验证等基本方法”“通过了解伽利略生平事迹，体会科学发展的曲折与艰辛”。因此，知识与技能、过程与方法以及情感、态度与价值观三维目标的全面达成，是本节教学的基本出发点。

自由落体运动是匀变速直线运动的一个重要实例，在教学中一方面需要通过对自由落体运动规律的探究和应用，加深对匀变速直线运动特征的理解；另一方面需要让学生从物理学史的发展中，认识伽利略在研究落体运动中把实验与逻辑推理（包括数学推演）和谐结合起来的科学思想方法，学习科学先贤的创新探索精神。

显然，“物理知识的逻辑展开”与“人类认识的历史发展”在这里成为基于课程标准设计教学的两个维度。物理学史不再是教学的附加材料，而是已成为课程的重要资源。鉴于现今的概念体系和实验条件与伽利略时代有所不同，需要设计两条线索进行探究学习。

二、三个版本的教材内容分析

作为基于课程标准的新教材，人教版《物理1》必修、沪科教版《物理》共同必修1和沪科版《物理》高中一年级第一学期（试用本）教材在本节内容编写上均用了较长篇幅，但在编排结构、实验示例和伽利略研究脉络的呈现上各有特色。表1对这三个版本教材的内容进行分析，为两条探究线索的设计提供明晰的框架。

表1　各版本教材“自由落体运动”的内容分析

教材版本	编排结构	内容分析
人教版	第二章　匀变速直线运动的研究 5　自由落体运动 6　伽利略对自由落体运动的研究	该教材此前内容已讲述初速度不为0的匀变速直线运动的一般规律。第5节通过钱毛管实验引出“自由落体运动”的概念，并在“用打点计时器研究自由落体运动”的实验后，表明自由落体运动是初速度为0的匀加速直线运动，再介绍自由落体加速度 第6节按照“绵延两千年的错误”“逻辑的力量”“猜想与假说”“实验验证”的逻辑思路叙述伽利略对自由落体运动的研究，最后总结伽利略的科学方法 教材在“实验验证”内容中，介绍了伽利略为验证落体速度 v 与 t 成正比的猜想，运用了位移 $x \propto t^2$ 的检验、“冲淡”重力设计和合理的外推等研究方法
沪科教版	第2章　研究匀变速直线运动的规律 2.1　伽利略对落体运动的研究 2.2　自由落体运动的规律	该教材运用从特殊到一般的思维方法，先介绍自由落体运动的规律，再推演到匀变速直线运动的一般规律。在第2.1节伽利略的斜面实验中，得出从静止开始做匀加速直线运动的物体通过的位移 s 与 t^2 成正比的关系 教材在介绍“小石头诘难大哲学家”之后，详细描述了伽利略探究之路上的“大胆的猜想”($v \propto t$)和克服的“三个困难”，即将 $v \propto t$ 的验证转化为 $s \propto t^2$ 的验证、“冲淡”重力的斜面实验和合理的外推的思维方法，最后概括伽利略的研究思路 在第2.2节中提出“自由落体运动”和“重力加速度”的概念，通过加速度的定义式、$v-t$ 图像推导出自由落体的速度公式和位移公式，再用实验探究“测定重力加速度的大小”
沪科版	第一章　匀变速直线运动 G. 学习包——自由落体运动	该教材此前内容研究了匀加速直线运动的一般规律。本节内容以“学习包”的形式整“包”呈现出来，为自主探究学习领航，并建议学习过程分为三个阶段进行 教材在第一阶段“问题探讨”中，用硬币和纸团落地、钱毛管实验引导提出探究问题，并示例出一些问题的表述。在第二阶段“探索研究”中，以利用DIS探究自由落体运动规律为例，列出科学探究的一般过程以及每个过程的含义和做法。在第三阶段“交流小结”中，提出汇报与交流的要求以及拓展与应用的实例 节末详细列出的参考资料有三项。一是亚里士多德与伽利略的简介；二是伽利略的“斜面实验”和科学贡献；三是DIS探究方案摘要，包括实验器材、实验步骤和实验数据

从以上内容分析可以看出，沪科版教材以提供信息量较大的“学习包”形式，鼓励在教学中不囿于教材的局限，为落实探究式学习的开展提供了翔实的方法指导和资料参考。但人教版教材和沪科教版教材将伽利略对自由落体运动的研究“不惜”单列节次，以

明晰的思路展现伽利略研究落体运动的逻辑方法、研究困难、实验过程等，营造了一种引人入胜的文化学习者与文化创造者的对话氛围。

因此，对于沪科版教材的教学，“通过实验探究自由落体运动的规律”是一条继续此前知识体系学习的线索，线索上的每个知识点都需要精学，而“追寻伽利略对自由落体运动的研究过程”是基于课程标准的另一条并行线索，线索的伸展由班级学生的共同探究完成。

三、学情分析

（一）已学知识基础分析

在沪科版教材的教学中，“学习包——自由落体运动”是第一章“匀变速直线运动”的最后一节，在学习此节之前，学生已经能够熟练运用匀变速直线运动的一般规律。自由落体运动作为初速为 0 的匀加速直线运动中加速度 $a=g$ 的一种特例，运用速度公式 $v=gt$ 和位移公式 $s=\frac{1}{2}gt^2$ 分析解决一些实际问题已不是教学所需花大气力应对的内容了。

因此，本节新课的教学重点不在于物理规律的熟练应用，而是通过自主探究“自由落体运动是怎样一种类型的运动”的过程，获得自由落体运动的规律，以及通过自身的探究学习和认识伽利略对落体运动研究的科学方法，感受科学探究中的一般过程。

在高中物理课中经历完整的探究环节来开展自主探究学习，本节课是第一次，教和学两方面都存在较大的挑战，教学也具有较大的可塑性。需要基于课程标准拓展教学资源，选择有效的实验方案和探究课题，把控好课内外学习和交流的各个环节，全面落实学习目标。

（二）“实验探究”线索的可行性分析

在前续内容的学习中，学生已经做过实验“用 DIS 测定位移和速度”“用 DIS 测定加速度”，观察过演示实验“用 DIS 测变速直线运动的瞬时速度”。因此，按照教材提供的参考资料“利用 DIS 位移传感器研究自由落体运动的实验方案（摘要）”，研究得出“自由落体运动是匀加速直线运动且不同质量的物体自由落体加速度相同”的结论，这项实验探究操作在学生的实验能力范围之内。实验探究的重点应该放在“探究不同质量的物体，做自由落体运动的加速度是否与物体所受重力有关”，从而得出规律的一般意义。

在实验过程中，如何改变位移传感器（发射器）的质量、如何让位移传感器（发射器）的下落过程稳定、如何从图像上合理选择研究区域等具体实验操作细节，会影响加速度测定的误差，但不会影响实验探究的整体进程。

根据实验室条件，还可以完成的探究实验方案有：拍摄小球自由落体的频闪照片并进行研究，用光电门传感器测速度、研究落体速度 $v^2\propto s$，从而验证其做匀加速直线运动。由于受到实验器材的限制，这两种实验方案可作为有兴趣的学生在课外探究活动中使用或教师的演示实验使用。

（三）“史实追寻”线索的教学制约因素

“追寻伽利略对自由落体运动的研究过程”之所以成为教学难点，既有狭隘教学观念制约的因素，也有深度教学设计缺失的因素。

受知识速成思想或片面应试思想的影响，“追寻伽利略对自由落体运动的研究过程”这一课题在实际教学中常常简化为教师的讲故事式教学，学生缺失了最重要的自主学习和合作学习的过程体验，三维教学目标不能得到全面落实。实际上，“史实追寻”伽利略对自由落体运动的研究，不仅仅在于通过知晓这一内容而进行情感、态度与价值观的教育，更在于通过对课题的探究学习，达到“理解伽利略科学思想方法的核心即把实验和逻辑推理（包括数学推演）结合起来”这一知识目标以及“经历追寻伽利略研究自由落体运动”这一过程目标。况且，情感、态度与价值观的教学目标也只有在经历了学习过程中的思维碰撞和艰辛探究后，才能真正实现。因此，从教学思想中就忽视“追寻伽利略对自由落体运动的研究过程”作为探究学习的重要组成部分，是制约教学实践的根本原因。

另外，作为主要在课外让学生开展自主探究学习的开放式课题研究，学习过程也很容易形成形式化、表面化的倾向。如研究过程只有不一定可靠的网页信息制成的课件，而没有对物理学史类书籍的查阅；研究方式只有单一的史实事件汇报交流，而没有凸显伽利略实验研究的精髓；等等。

四、教学策略

（一）“实验探究”和“史实追寻”两条线索的展开内容

在本节基于“学习包”的探究式学习过程中，课堂中的“实验探究”难以按照学生自行设计的方案进行实验，教学中可按照沪科版教材所示例的“利用 DIS 位移传感器研究自由落体运动的实验方案（摘要）”分组进行学生实验。当下网络、图书馆和书店等资源丰富，“伽利略对自由落体运动的研究”这一探究课题，可放在课外让学生自主完成，课题的汇报交流放在课内进行。因此，教学设计按照“课堂实验探究”和“追寻伽利略的研究”两条线索展开。

课堂实验探究活动主要包括“作出假设”“实验设计”“分析数据”“得出结论”等环节。作为学生分组实验模式的课堂学习活动，这里所做的探究假设就是“自由落体运动是初速为 0 的匀加速直线运动”。实验设计的思路是制订可行的检验假设或推论的实验方案，这里各小组的共同实验方案就是利用 DIS 位移传感器研究自由落体运动，拟合 $v-t$ 图线，求得加速度的数值。对 $v-t$ 图线的数据分析，不仅需要分析图线各段的物理意义，选取适当的研究区域求得加速度的值，还需要观察数据的离散程度，对离散程度较大的数据组进行重新测量。

“追寻伽利略的研究”的课外课题研究活动内容可以有：搜集整理有关伽利略对自由落体运动研究的文献资料，重走伽利略的思想实验和数学推理如轻重物体下落快慢不同的佯谬、利用速度-时间三角形图示推导位移时间关系、由等末速度假设推导物体沿斜面

和竖直面下落的时间比等，再现伽利略的实验情景如研究小球沿斜面下滑距离与时间的关系、高楼释放轻重石块演示传说的比萨斜塔实验、模拟滴水计时等，超越伽利略的实验探究如使用光电门传感器研究自由落体的位移时间关系、使用加速度传感器研究不同质量物体的自由落体加速度、进行频闪照相研究，等等。

图1示意了教学设计的两条线索流程。两条线索的教学设计保证了教学活动的"放"和"收"。课堂实验探究活动保证了对基本教学目标的落实，课外课题研究活动则保证了学习自主性的发挥和个性优势的发展。两条线索的展开反映出学生探究活动和科学家探知自然规律的吻合之处。

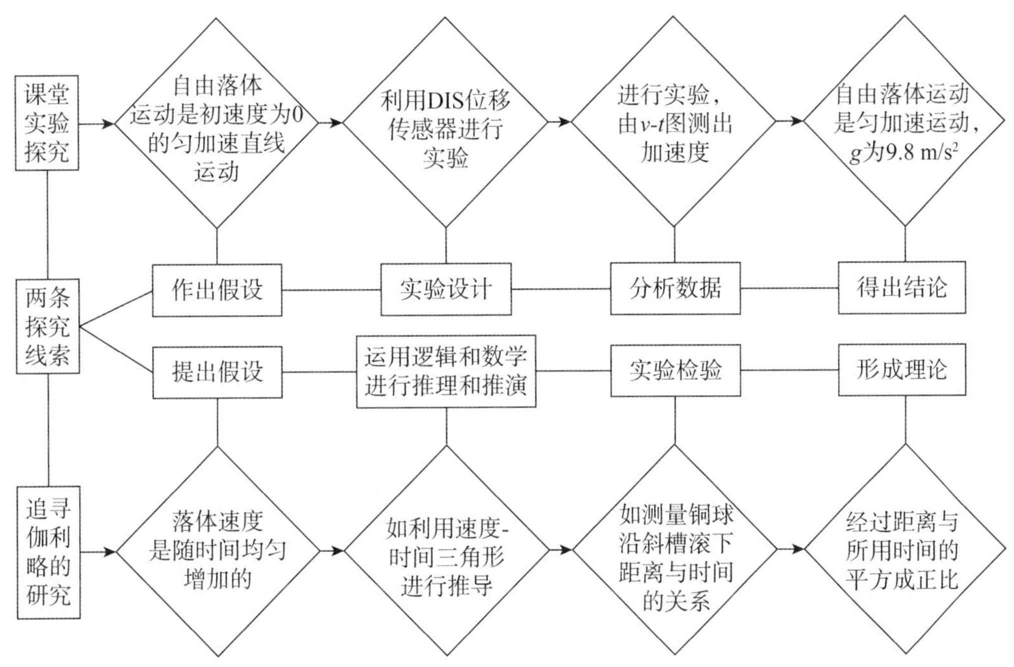

图1　教学设计的两条线索

（二）用足课时，明晰任务，保障两条探究线索稳步推进

传统教学的不足在于注重物理结论及其应用，而忽视了获得物理结论的过程和方法，本节教学设计为探究式教学，教学的过程性更为鲜活充实，这就需要明晰的任务进行驱动和评价。

另外，作为学习体验以及感悟内化过程，探究式学习需要教学时间的保障，本节内容安排三课时进行教学。第一课时的教学任务是教师通过启发性问题引导学生进入学习情境，明确探究学习的目标，完成探究学习的提出问题、作出假设和实验设计环节。第二课时的教学任务是完成实验探究，掌握自由落体运动的特点和规律，完成"史实追寻"课题研究小组的组建（如："伽利略研究落体运动的主要困难"课题组、"模拟伽利略斜面实验"课题组、"比萨斜塔和落体实验"课题组等）。第三课时的教学任务是"史实追寻"课题研究报告会，为了保证课题研究有足够的时间，本课时的时间一般安排在第一、第二课时之后的两周。

师生在三个课时中的教学任务单如表 2 所示：

表 2　教学任务单

课时	第一课时：进入学习情景	第二课时：实验探究	第三课时：史实追寻（两周以后）
教师任务	① 简介物理学史，演示钱毛管实验 ② 提出课题，引导学生明确探究活动需要经历的过程 ③ 评价学生实验设计方案，从中选择能够实际操作的方案（如按教材方法实验、研究 $v^2 \propto s$ 关系实验、频闪摄影研究等）	① 辅助学生实验 ② 指出实验探究过程的共性问题 ③ 总结自由落体运动的规律和特点，介绍应用自由落体运动规律的实例 ④ 引导学生探究伽利略对自由落体运动研究的过程	① 主持“史实追寻”交流会 ② 补充介绍学生未涉及的有关伽利略对自由落体运动研究的资料 ③ 介绍伽利略科学思想方法的伟大意义
学生任务	① 做出对问题的假设 ② 每人独立设计实验探究方案 ③ 以方案类别划分小组，各小组内讨论完善探究方案 ④ 以小组为单位在班级内交流探究方案	① 进行实验，收集和分析实验数据，得出探究结论，完成实验报告 ② 以小组为单位在班级内交流实验结论 ③ 用自由落体运动规律分析解决实际问题 ④ 拟定“史实追寻”的探究课题。按相近课题分组	① 各小组汇报“史实追寻”的探究学习过程 ② 相互评价各小组的研究课题 ③ 总结伽利略的科学研究方法的基本要素

（三）充分发挥师生集体力量，突破“史实追寻”线索中的资源瓶颈

伽利略的研究困难在于概念的建立、物体运动的计时和定位方法等，但伽利略能够通过敏锐的观察和思考，不断质疑否定前人和自己的错误论断，通过逻辑推理（包括数学推演）和实验检验两条途径，不仅得出了正确的落体运动规律，更有力推进了人类科学认识活动的进展。克服困难的过程，本身就是科学研究的魅力之所在。学生的探究学习过程亦理应如此。

本节教学活动实施的关键困难在于课外探究资源的制约。可靠文献资源的供给、非常规实验室器材的得到以及实验场景的营造等，都需要教师和全体学生的共同努力。如在课题“探究伽利略对自由落体运动研究的历程”中，除了搜索网络上一些条目介绍或文章摘录外，还应该阅读一些可靠的物理学史书籍、伽利略传记乃至伽利略原著《关于两门新科学的对话》等，这些文献需要师生共同收集。又如在课题“模拟伽利略斜面实验”中，长度至少 2 米的木板、板面上的轨道、计时“水钟”等的制作，都需要师生共同完成。从一定意义上来说，发挥团队力量来化解制约因素以达成目标的过程，本身就体现了探究学

习的深层价值。

参考文献

[1] 上海市教育委员会.上海市中学物理课程标准(试行稿)[M].上海：上海教育出版社，2004.

[2] 人民教育出版社，等.普通高中课程标准实验教科书物理 1 必修[M].北京：人民教育出版社，2006.

[3] 束炳如，何润伟.普通高中课程标准实验教科书物理共同必修 1[M].上海：上海科技教育出版社，2007.

[4] 上海市中小学(幼儿园)课程改革委员会.高级中学课本物理高中一年级第一学期(试用本)[M].上海：上海科学技术出版社，2007.

[5] 郭奕玲，沈慧君.物理学史(第 2 版)[M].北京：清华大学出版社，2005.

(2015 年发表于《物理教学》)

5. 高中语文教学中的“收”与“放”

阎 霞

(中学语文一级教师)

一直以来，我希望自己在课堂上能够收放自如。在近二十年的教学生涯中，我对这四个字的认识和理解一直变化着。

刚做老师的时候，我认为收放自如就是让学生讨论他们就能讨论起来，让他们集中他们就能集中起来；之后，又觉得课上多让学生回答问题就是“放”，最后教师的总结就是“收”，这个观念也陪伴了我很多年；而如今才发现，之前的理解稍显简单和狭窄，我又有了一些新的认识。

我认为，“收”应该是教师基于课文主旨、教学目标、教学重点和教学环节对学生提出的阅读要求和引导点拨。“放”就是放手让学生去大胆质疑、讨论和互相点评。

一、布置预习题并对学生的质疑进行有根据的筛选是教师“收”的体现，鼓励大家质疑和讨论则是对学生的“放”

例如，在教学《祝福》之前，我一直在思考确立什么教学目标作为第一课时的重点，现在的学生对小说所描写的社会环境有较大的隔膜，要让他们理解封建礼教吃人有一定的难度。为此，第一课时我就决定围绕“祥林嫂”故事的特定背景（“祝福”），由表及里，层层深入，分析祥林嫂悲剧命运产生的必然性。于是，我布置了以下的预习题：

（1）小说中哪些篇幅描写了“祝福”？请品味这些内容。

（2）细读小说，说说你有哪些阅读的疑惑。

之后，我根据本节课的教学重点——小说的环境描写，对学生的质疑进行筛选，挑出了与教学重点相关的 6 个问题，让学生以小组为单位，自由选择 2—3 个问题进行讨论。筛选出的题目分别是：

（1）小说题目为什么叫《祝福》而不叫《祥林嫂》？

（2）像祥林嫂这样处在封建礼教压迫下的劳动人民哪有“福”可“祝”？又岂能“祝”来幸福？

（3）小说多次运用环境描写的作用是什么？

（4）最后一段有何作用？

（5）造成祥林嫂悲剧的原因是什么？

（6）祥林嫂为什么要到处说自己的遭遇？

学生在投影上看到这些题目时还是挺兴奋的，特别是那些题目被选用了的学生，他们觉得这是因为自己的题目有质量，于是分外高兴，因而组内的讨论也尤为热烈。

这个环节操作起来要花费不少的时间，不过看到收效不错，花费的时间还是值得的。

二、对学生发言后的点拨及引导是教师的“收”，鼓励学生发言并生生互评则是对他们的“放”

这一环节的“收”与“放”是在大组交流中进行的。在平时的课堂上，我经常会想一些办法来鼓励学生大胆讨论交流甚至是争论，比如组与组之间的“对抗”或每小组的必答题抢答等，这就是放手让他们主动思考和交流。时间一长，让他们回答问题变得简单了，“放”的效果的确是显现出来了，可是“收”却变得艰难起来了。学生发言后，教师应该做些什么呢？不可能只是听吧，应该有穿针引线的作用，将学生的回答能串联起来，这就是点拨和引导，但这并不容易。比如，发现学生回答有误时，我必须引导学生自己或其他学生发现这个问题，但平时上课常常习惯使然，我会紧接着追问下去，想让学生往自己备课的方向走，这样就可能造成只有这位学生在回答其他人就不思考了的局面。所以，在平时上课的时候，我就有意识地改变旧习惯，但旧习惯真的不容易改，有时真的是下意识的。

例如，在学习杨绛先生的《老王》时，有学生提问：文中写到“‘文化大革命’开始，默存不知怎么的一条腿走不得路了。我代他请了假，烦老王送他上医院。我自己不敢乘三轮，挤公共汽车到医院门口等待”，“我”为什么不敢呢？文章开头不是说“我常坐老王的三轮”吗？

生1："文革"的原因……

这位学生的回答我是比较赞同的，而且他们这个年龄的孩子能够关注到"文革"这个特定的背景我觉得也是不容易的。但他回答之后，还是有学生不赞同。

生2：不同意，就是因为坐不下了……

当时，我紧接着就问道："那为什么说'不敢'呢？"刚问出这个问题，我就后悔了，尤其是我看到第一位回答的学生不停地在那里点头，他认为我问得很对，但我心里实在是后悔自己问太快了，我相信这个问题其他学生也是能问出来的。所以当发现问题时，一定要先管住自己的嘴，缓一缓，要给学生们留一个思考的时间，让他们自己发现问题，而且从当时的情况来看，他们也的确是能够发现的。

如果说，上面这个例子是忽略了"收"中"引导学生自己发现问题"的话，那么，下一个例子就是没有将"收"中的"点评学生发言"做到位了。

例如，在上《祝福》时，有个小组要回答的问题是：小说多次运用环境描写的作用是什么？

生：环境描写的作用是推动情节的发展……，烘托了……

师：你把环境描写的作用共性的内容都说了，可见基本功很好。

然后，我又直接找了挺重要的一处描写让学生做具体分析，试图把他们带到我的预设中，这就有点急了。如果改成"请你说说本文中的环境描写的作用，并举例说明"会比较好。因为这样一来，既肯定了他的回答，又不着痕迹地将他引入了教学的重要内容中，而我当时的做法就比较刻意了。

此外，与发现学生回答有误进行点拨引导相比，我觉得更难的是学生回答得很好，我该怎样点拨并引导其他学生对此评价呢？只是简单地问一下学生回答得好不好，然后其他学生回答说好这样吗？如果是这样的话，就显得教师的语言太过单一，时间一长也会让学生有呆板和无趣之感，所以就需要教师有意识地去尝试和改变，争取在这样的细节上完善自己的课堂教学。

例如，同样是在学习《祝福》时，有一个问题是：小说题目为什么叫《祝福》而不叫《祥林嫂》？

生：为什么不叫《祥林嫂》，是因为"祝福"是明线……体现出作者对旧社会的讽刺、挖苦。"祝福"是旧时江南一带家庭每年旧历年终祭拜天地祖先的习俗。"祝福"之时也正是封建思想对人们影响和制约最深的时候，也是人们对祥林嫂歧视和迫害最甚的时候……"祝福"与人物的性格和命运息息相关，是人物命运转变的契机和背景……

师：请你把刚才的发言用一句话概括起来。

当时这位学生回答得很好，好到和我备课时找的参考资料上的答案是一模一样的，这是一节异地教学的公开课，说实话当时很紧张，他回答得那么好，我该怎么点评呢？而且这是第一个回答的学生，如果接下去大家都答得这么好，那么总共6个问题，是不是很快就能讨论完呢？我一下子想了很多，真的挺慌的。后来终于在他洋洋洒洒地回答完后，我先表扬他预习得很到位，表述也很清晰，然后我让他用“一句话”将自己的回答概括一下。这既是让学生再一次突出重点，抓住问题的核心；同时也是考查他是否真正对问题有这么深入的理解；最后也是给其他学生一些启发，之后马上就有学生用一句话或一个词对这个问题进行了补充。毕竟，具体细致的分析和精练准确的概括都是我们要学会的语文能力。

再如，学完汪曾祺的作品后，我进行了一次拓展，让学生介绍一下自己曾经读过的汪老的作品。小徐同学为大家介绍了《受戒》，着重介绍的是小英子和明海的对话，她非常喜欢这些对话，觉得汪曾祺将纯洁的爱情写得非常简单而又有诗意，又塑造了活泼开朗甚至有些任性与骄纵的小英子形象，这也是她特别喜欢的人物。而且小徐同学多次重复了“我喜欢”“我真的很喜欢”，满满的喜爱之情溢于言表，大家也都被她感染了。

她的介绍自然是成功的，我也在思考该如何点评，不少学生都是从作家作品的角度认为小徐同学介绍得很全面也非常细致，而我就无须重复了。于是，在最后我说：“我知道小徐为什么这么喜欢这部小说，喜欢小英子，因为我觉得她就是和小英子一样活泼、开朗、可爱的女孩儿……”大家都笑了，小徐笑得最开心。

以上两个例子是我觉得点评得还不错的，但同样也有我不太满意的。

例如，在上《祝福》时，有一个问题：小说中为什么多次描写祥林嫂同别人说儿子被狼叼走的事？

生：……就像闰土那样已经麻木了……

师：你们说他回答得怎么样？

当时，我觉得这位学生回答得很好，特别是能将祥林嫂和闰土进行类比，可见他对于学过的作品都是牢记在心的。于是我就想“放”一下，让其他学生能抓住他回答中的闪光点，于是就想用“你们说他回答得怎么样?”来“抛砖引玉”一下，但这句话一说完我就觉得自己说得太随意了，这样的引导没有明确的方向，会让学生不明所以。虽然当时其他学生也的确指出了这个回答中出色的地方，但我事后想想，如果改成“你们认为他的回答最精彩的地方在哪里?”或“他的回答很有特色，你们发现了吗?”，“收”与“放”的效果可能会更好些。

这样的点拨引导不是一节课就能养成的，需要每节课都有这样的意识，平时做得多了，才能应对学生的各种回答，不然临场反应就会大打折扣。上面的几则关于“收”的例子，是我一直以来的努力尝试，虽然有成功更有失败，但都是一种进步，相信只要自己不放弃就会越来越好。

三、总结与反思

“收”与“放”，简简单单的两个字，实际操作起来真的不容易。比如在“收”中如何对学生的回答进行评价就是留给我最大的问题：当学生回答得不够完整准确时，该怎样在鼓励的基础上引导他和其他学生往更正确的思路上走；当学生回答得很好时，又该怎样去表扬他，并用最佳方式点出他的回答好在哪里，从而让其他学生都能学习他的方法。

而在“放”中，以前的我似乎把教师作为了绝对的主导主体，养成了一些不太容易改变

的习惯——大多都是自己来评价，常常会忽略掉“生生互评”，而这是不对的。我们应该给学生更多的信任、时间和机会，让他们多想、多说。在近来的教学中，我发现学生是有这个能力的，而且有些学生还很有想法，并且“生生评价”也更容易引起大多数人的呼应和讨论。我希望在今后的课堂上能有更好的改善，能使更多的人都动起来，锻炼思维。

《义务教育语文课程标准(2022 年版)》指出：要努力探索、积极建构新的课堂教学模式；要以“学生发展为本”的教育理念为指导，促使学生自觉地达成教学目标；要明确教学过程中教师、学生、教材三者的地位，充分发挥教师、学生的主体作用，使师生在合作、交流的过程中共同提高，并有利于学生的终身发展。

我觉得最理想的状态是，学生问出的、说出的都是我们想要说的，那就是最好的“收放自如”了。而要达到这种状态，真的需要我们努力和改变。

（2016 年发表于《静安教育》）

6. 两种模型的比较

鲍明丽

【摘　要】通过分析一道物理高考模拟试题的错误解答，联系相似模型情景的高考物理试题，指出两种模型问题区别的关键在于线性量和非线性量的累积求和与平均值的应用方法，并列举了高中物理教学中常见的两类模型问题。

【关键词】线性量；非线性量；累积求和；平均值

一、问题由来

在近两年的区县高考物理模拟试题中均出现了“以匀强电场中电荷定向移动形成电流”为物理情景的压轴计算题，试题考查了动能定理、功能关系、牛顿定律、匀加速直线运动规律以及电场力做功、匀强电场中场强和电势差的关系、电流的定义等高中物理的主干内容，知识点综合程度较高，对学生分析和综合能力的检测与训练都很值得借鉴。但笔者发现，试题后给出的解答有误，其原因可能是将该试题物理模型错误地类比了 2003 年上海市物理高考卷最后一题中的物理模型。本文将模拟试题中涉及的物理情景问题称为模型一，2003 年上海高考卷最后一题中涉及的物理情景问题称为模型二，通过剖析模型一试题的错误解答，将这两种不同模型的问题做比较。

二、模型一试题的解答及错因分析

模型一的模拟试题如下（这里略去与本文无关的其他 2 个小问）：

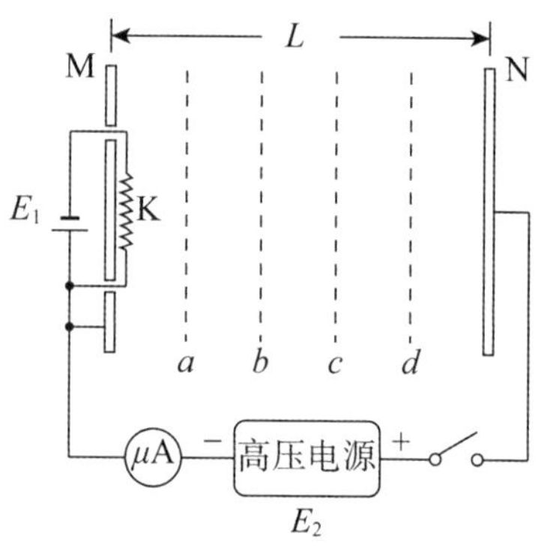

图 1

当金属的温度升高到一定程度时就会向四周发射电子，这种电子叫作热电子，通常情况下，热电子的初始速度可以忽略不计。如图 1 所示，相距为 L 的两块平行金属板 M、N 接在输出电压恒为 U 的高压电源 E_2 上，M、N 之间的电场近似为匀强电场，a、b、c、d 是匀强电场中四个均匀分布的等势面，K 是与 M 板距离很近的灯丝，电源 E_1 给 K 加热从而产生热电子。电源接通后，电流表的示数稳定为 I，已知电子的质量为 m、电荷量为 e。求：

（1）电子从灯丝 K 出发到达 N 板所经历的时间；

（2）电路稳定的某时刻，MN 之间运动的热电子的总动能。

原试卷后给出的解答如下：

解：（1）由牛顿定律 $e\dfrac{U}{L}=ma$，得

$$a=\frac{eU}{mL}$$

由 $L=\dfrac{1}{2}at^2$，得

$$t=\sqrt{\frac{2L}{a}}=\sqrt{\frac{2L}{\frac{eU}{mL}}}=L\sqrt{\frac{2m}{eU}}$$

（2）根据功能关系，在 M、N 之间运动的热电子的总动能应等于 t 时间内电流做功的 $\dfrac{1}{2}$，即

$$E_{k总}=\frac{1}{2}UIt=\frac{1}{2}UI\left(L\sqrt{\frac{2m}{eU}}\right)=\frac{IL}{2}\sqrt{\frac{2mU}{e}}$$

笔者认为上述第(2)小问的解答是错误的，原因是解答中认为“平均动能”为最大动能的一半，即取平行金属板 M、N 中截面处的动能，而实际上由于电子在电场中处于加速运动状态，在中截面左侧的电子数多$\left(占平行板内总电子数的\dfrac{\sqrt{2}}{2}\approx 0.707\right)$，右侧的电子数少$\left(占平行板内总电子数的\ 1-\dfrac{\sqrt{2}}{2}\approx 0.293\right)$，所以初步判断所有电子的“平均动能”小于最大动能的一半，即 $E_{k总}<\dfrac{1}{2}Uq<\dfrac{1}{2}UIt$，故原解答为错解。

三、模型一试题的正确解答

由于平行金属板 M、N 间电子分布不均匀，为了解答上述第(2)小问，需要对不同距离处的电子被电场加速做功的值进行微元累积求和，以下用定积分求解。

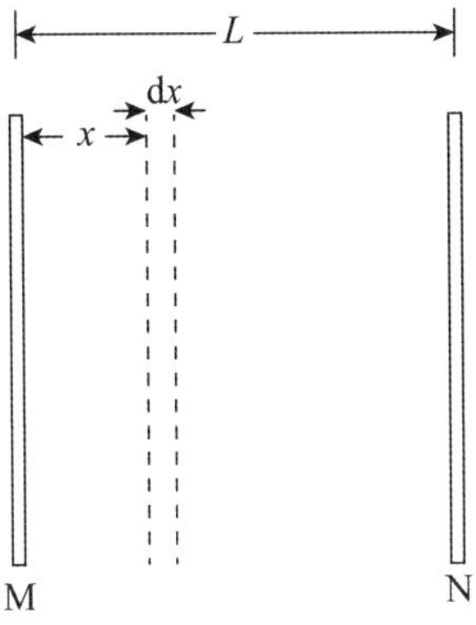

根据题意，单位时间内发射的电子数为 $n=\dfrac{I}{e}$。

如图 2 所示，在距极板 M 距离 x、间距为 $\mathrm{d}x$ 间隔内的电子数为 $\mathrm{d}n=\dfrac{I}{e}\mathrm{d}t$。

由 $v=\sqrt{2ax}$，可得 $\mathrm{d}t=\dfrac{\mathrm{d}x}{v}=\dfrac{\mathrm{d}x}{\sqrt{2ax}}$，其中 $a=\dfrac{eU}{mL}$。

图 2

则电场对距极板 M 距离 x、间距为 $\mathrm{d}x$ 间隔内的电子所做的功为

$$\mathrm{d}W=\frac{U}{L}xe\,\mathrm{d}n=I\sqrt{\frac{mU}{2eL}}\cdot\sqrt{x}\,\mathrm{d}x$$

因此，电场对 MN 之间电子所做的总功为

$$W=\int_0^L I\sqrt{\frac{mU}{2eL}}\sqrt{x}\,\mathrm{d}x=\frac{IL}{3}\sqrt{\frac{2mU}{e}}$$

所以，MN 之间运动的热电子的总动能 $E_{\text{k总}}=W=\dfrac{IL}{3}\sqrt{\dfrac{2mU}{e}}$。

显然，$E_{\text{k总}}=W=\dfrac{IL}{3}\sqrt{\dfrac{2mU}{e}}<\dfrac{IL}{2}\sqrt{\dfrac{2mU}{e}}$，即 MN 之间运动的热电子的总动能小于原解。

四、模型二的解答

模型二的高考试题如下(2003 年上海市物理高考卷第 23 题，这里略去了其他 2 个小问)：

为研究静电除尘，有人设计了一个盒状容器，容器侧面是绝缘的透明有机玻璃，它的上下底面是面积 $A=0.04\ \mathrm{m}^2$ 的金属板，间距 $L=0.05\ \mathrm{m}$，当连接到 $U=2500\ \mathrm{V}$的高压电源正负两极时，能在两金属板间产生一个匀强电场，如图 3 所示。现把一定量均匀分布的烟尘颗粒密闭在容器内，每立方米有烟尘颗粒 $N=10^{13}$ 个，假设这些颗粒都处于静止状态，每个颗粒带电量为 $q=+1.0\times10^{-17}\ \mathrm{C}$，质量为 $m=2.0\times10^{-15}\ \mathrm{kg}$，不考虑烟尘颗粒之间的相互作用和空气阻力，并忽略烟尘颗粒所受重力。求闭合开关后：除尘过程中电场对烟尘颗粒共做了多少功？

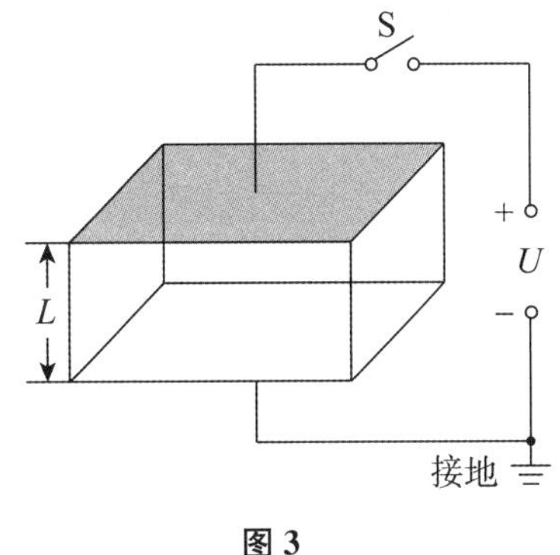

图 3

试题解答如下：

由于板间烟尘颗粒均匀分布，可以认为烟尘的等效电荷中心位于板间中点位置，因此，除尘过程中电场力对烟尘所做的总功为：$W=\frac{1}{2}NALqU=2.5\times10^{-4}$ J。

对于上述解答，可以通过 W_x-x 图线直观表达出来。如图 4 所示，将距离下极板 x 处、沿 x 方向单位长度上的带电灰尘颗粒移动到下极板的过程中，电场力所做的功为：$W_x=NAq\frac{U}{L}\cdot x$，据此绘出 W_x-x 图线如图 5 所示。

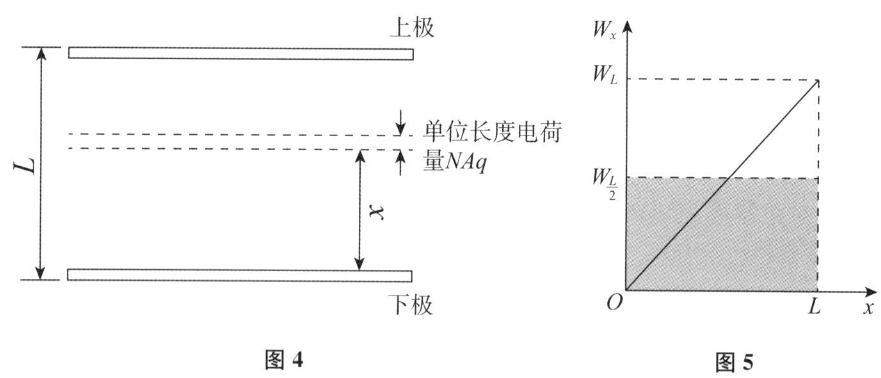

图 4　　　　图 5

图 5 中 $W_L=NAq\frac{U}{L}\cdot L$，图线与 x 轴所围的三角形面积就表示除尘过程中电场力对烟尘所做的总功，即 $S_\triangle=\frac{1}{2}\left(NAq\frac{U}{L}\cdot L\right)\cdot L=\frac{1}{2}NALqU$。

由图 5 可以看出，由于 W_x-x 关系为线性关系，因而图线与 x 轴所围的三角形面积可以用图中阴影部分的矩形面积来等效替代，即可以认为烟尘的等效电荷中心位于板间中点位置。

五、两种模型的比较

为了比较在模型一和模型二中对功的数值进行微元累积求和时的区别，作出模型一试题中的 W_x-x 图线如图 6 所示。

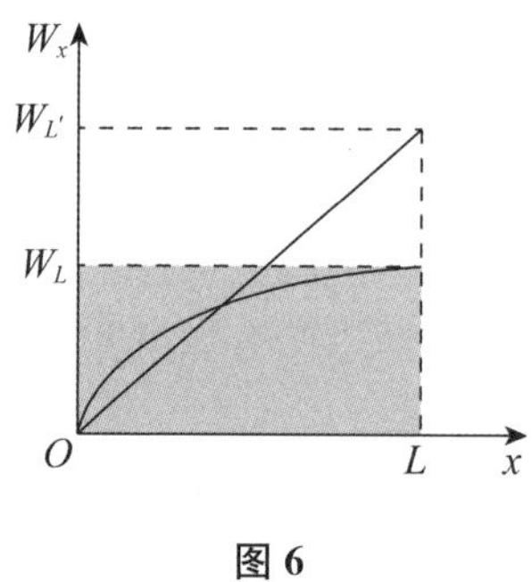

图 6

图 6 中 W_x 为电场对距极板 M 距离 x、沿 x 方向单位长度上的电子所做的功，$W_x=\frac{U}{L}xen_x=I\sqrt{\frac{mU}{2eL}}\cdot\sqrt{x}$，式中 n_x 为距极板 M 距离 x 处单位长度上的电子数，由于 n_x 随

着 x 的增大而减小，因此 W_x-x 关系为非线性关系。

图 6 中 $W_{L'}$ 为假设所有电子均匀分布在两板间，在距极板 M 距离 L 处单位长度上的电子数，通过计算可知 $W_{L'}=2W_L$。由图 6 可以看出，若将两板间所有电子的等效电荷中心取为板间中点位置来计算总功，即图中阴影部分所示，其结果必然是大于曲线 W_x 与 x 轴所围的面积，这也就是从图像上看出模型一的原解答认为“在 M、N 之间运动的热电子的总动能应等于 t 时间内电流做功的 $\frac{1}{2}$”的错误之所在。

值得注意的是，在模型一的试题中，由于 n_x 为定值 NA，得到的 W_x-x 关系为线性关系，因此总功等于电场将所有电子从一个极板移动到另一个极板所做功的 $\frac{1}{2}$。由此可以看出，模型一和模型二问题的本质区别在于：线性量和非线性量的累积求和与平均值的应用方法。这个区别在中学物理教学中也常常出现，也是教学中的疑难之处，以下用表 1 列举两种模型中平均值的比较。

表 1　线性量与非线性量的比较

两种模型	线性量	非线性量
函数关系	$f(x)$-x 关系为直线	$f(x)$-x 关系为曲线
平均值关系	$\overline{f(x)}=\frac{f(x_1)+f(x_2)}{2}$	$\overline{f(x)}\neq\frac{f(x_1)+f(x_2)}{2}$
物理实例	 匀加速直线运动的 $v-t$ 图线 平均速度等于 $\frac{v_1+v_2}{2}$	 汽车以恒定功率启动的 $v-t$ 图线 平均速度大于 $\frac{v_1+v_2}{2}$
	 弹簧的弹力 kx 与伸长量 $F-x$ 图线 平均弹力等于 $\frac{kx_1}{2}$	 线圈在重力作用下减速进入磁场的 $I-t$ 图线 平均电流小于 $\frac{I_1+I_2}{2}$

与平均值相联系的研究问题常常就是两种模型中物理量的累计求和问题。相应地，线性量的累积求和可以用$\frac{f(x_1)+f(x_2)}{2}\cdot(x_2-x_1)$，而非线性量的累积求和则一般不能用此式而改由其他途径求得。譬如，对于表1中的物理实例，匀加速直线运动在时间t_1内的位移$s=\frac{v_1+v_2}{2}\cdot t_1$，弹簧的弹力在伸长量$x_1$内做功$W=\frac{kx_1^2}{2}$；质量为$m$、受到阻力为$f$的汽车以恒定功率$P$启动过程发生的位移$s$通常用动能定理$Pt_1-f\cdot s=\frac{mv_{max}^2}{2}$求得；电阻为$R$的线圈在重力作用下竖直减速进入磁场、当磁通量变化量为$\Delta\Phi$的过程中，通过线圈任一截面的电荷量Q通常由法拉第电磁感应定律和闭合电路的欧姆定律联立求得$Q=\frac{\Delta\Phi}{R}$。

（2016年发表于《物理教学》）

7. 地理综合思维及其培养的实践与思考

姚伟国

【摘　要】立德树人背景下，地理学科如何更好地培养学生关键素养，解码复杂的、不断变化的地理环境，提升综合思维品质，让地理视角成为生活伴侣，受益终身。本文从“地理综合思维之内涵”“地理综合思维培养之缺失”“地理综合思维培养的实践探索”三个维度，由思考到践行进行探讨。

【关键词】地理综合思维；培养缺失；实践

人地协调观、综合思维、区域认知、地理实践力，这四个地理核心素养，是我国地理课程“继承与发展”历史过程的综合体现，其中涉及的“人地观”“综合性”“区域性”都是长期在基础教育地理课程领域使用的概念。“核心素养”是“核心的”素养，不仅是“共同的”素养，更是“关键的”“必要的”“重要的”素养。“地理综合思维”入围地理学科核心素养就说明它是基于“共同的素养”之上的“关键的素养”之一。多年来，笔者在地理教育中追求学生地理视角素养的培养和地理学科魅力的传播，现结合自身的教育实践探讨地理综合思维及其培养。

一、地理综合思维之内涵

《普通高中地理课程标准(2017年版)》是这样描述综合思维的：它是地理学基本的思维方法，指人们全面、系统、动态地认识地理事物和现象的思维品质和能力。综合思维素养有助于人们从整体性的角度分析和认识地理环境，以及地理环境与人类活动的关系。对于综合思维可以从以下两个方面来认识。

1. 地理综合思维是地理学科的主导性思维方式

地理思维是提供人类不可缺少的认识世界和理解世界的一种方式。每一门基础学科都提供一种主导性思维方式，如：数学和物理的数理逻辑思维与分析性思维，历史学的动态—过程—演化—阶段思维，文学艺术的形象思维与直觉思维，等等，地理学科则具有空间思维和综合性思维。思维体系中有批判性思维、反省性思维、逻辑性思维、创造性思维、直觉思维、形象思维、归纳思维、移植思维、目标思维、发散思维、逆向思维、聚合思维等多种思维方式，众多学科也皆有这些共性的思维方式。综合思维也并非地理学科独有，但它是地理学科的一种主导性思维方式，这与地理学科四大基本视角之一的"综合的视角"相关，也与地理学六大原则中的综合性原则内涵一致。地理学科是基础教育中唯一跨自然科学和社会科学两大领域的学科，它研究对象的整体性和关联性，以及地理学与其他学科之间的关联交叉性。相对来说，地理综合思维比其他学科综合思维特质更明显。

2. 地理综合思维是未来公民的诠释解决问题方式

综合性是地理学的基本特性之一，培养学生综合思维使之成为生活方式是地理学科的基本目标之一。实现这个目标的关键是，教师需要理解地理综合思维的内涵与外延，而对其的理解必然是一个发展的过程。因此，地理学科研究者、地理教研员、一线地理教师等对此发表个人看法，参与社会性讨论，才有可能将地理综合思维及其培养的思考与实践带入深水区。一些知名学者也对这个议题做了许多诠释，如袁孝亭教授曾经从"地理素养在内容上是综合的、在构成要素上具有综合性"两方面阐述综合性是地理素养的显著特点。他将综合思维看成是地理学科的科学方法和能力之一。王建芹老师则引用《重新发现地理学：与科学和社会的新关联》(美国国家研究院地学等编、黄润华译，2002)一书中的"地理视角矩阵图"，即由综合的领域、空间表述、动态观察世界的方法三者关系说明地理学的视角是综合的、三维的、动态的、系统的，且其以较为复杂的人-地系统为主要研究对象，进而阐释综合思维的地理特质。综合思维是学生分析、理解地理过程与规律及人地关系地域系统的重要思想和方法。陈红老师眼中的综合思维即综合性的分析思维，是地理学基本的思维方式，并指出综合思维包括三个方面，即要素的综合、地方的综合、时空的综合，分别体现了整体性、区域性和动态性的思想。

这里必须强调的是，对地理综合思维内涵的认识，绝不能只停留在字面上，必须在地理教学实践中加深理解，这对于身处教学一线的地理工作者尤其重要。地理综合思维就是当学习者面对复杂生活真实的地理现实问题或者现象时，抑或面对虚拟的生活情境时，必然会启动的"那辆车"，因时因地因人因境地系统分析的思维品质，它也是公民需要具备的关键素养。

二、地理综合思维培养之缺失

人类整体认识地理环境，需要全面、系统、动态地结合起来，三者不可或缺，但对于具体某一事物或者现象及其对人类活动的影响，其综合思维视角还是有侧重点的。基于此，地理课堂上指导学生分析、解决问题时需要关注“综合思维”的非综合引导。考察目前地理教学的状况，的确存在地理综合思维培养缺失的现象。以下通过实例说明地理教学中几种地理综合思维培养之缺失的情况。

1. 缘于思考维度指导不足缺失“全面性思考”培养

在“工业布局”教学中，让学生“对大气、水源有污染的工业部门”选择布局地址时，往往简单地给予“上下游、上下风向”的选择性思考。殊不知，一地的下风向、下游就是另一地的上风向、上游地区。在人地关系紧张、生存环境脆弱以及人们对“美丽中国梦”“生态文明”追求的今天，这种思维方式是有缺陷的，也是本位主义和缺乏战略的思维方式的体现之一。当下，产业迁移时我们强调不是简单的、复制式的产业物理迁移，而是需要技术革新原有的工艺和设备后再搬迁。一地引进企业落地也都需要环评测试和民意公示，先不说引进工业项目时需要考虑项目是否赢得社会、经济、环境三种效益，就说我们需要反思“这样的问题在地理学习中简单设置”其背后实质是地理综合思维培养的缺失。类似的例子还有在“宇宙探索”篇中，仅仅从“人类通过宇宙探索获取宇宙密码，并改善人类的生活”这一维度思考，而忽视了“在探索过程中带来的技术不断革新”和“人类的探索精神”等维度，就难免会有“这些巨资不如投入到改善基础设施”的疑问出现，这也是综合思考角度不全面所导致的。现实地理教学从应试角度出发设计地理学习，追求标准答案，一定程度上会禁锢学生的综合思维。

2. 缘于思考要素关联引导不足缺失“系统性思考”培养

在进行“地震烈度的影响因子”教学时，往往从地震的震级、震源深度、震中距、地质构造等自然因子引导学生思考，比较少地想到或者去思考地面建筑结构、防灾意识与能力、人口分布等人文因子，更难思考到地震诱发的次生灾害、土壤结构、地貌条件、当地经济发展以及自然与文化遗产等因素。这里一般性引导的思维方式，其主要后果是综合思维中的系统性思考的缺失。地震作用的对象是复杂人地关系系统，烈度又是地震的破坏程度，理应做系统性思考，涉及的系统关联要素有自然、社会、经济和人文等。一加一的破坏效应往往大于二。类似于尼泊尔地震震坏的特色古建筑，价值则更加难以估算。至于烈度的大小，有日本的7度表、西欧和中国的12度表，在测定时引入了物理量，以便于用仪器做定量测定，及时知道地震破坏情况，决策后续的救援行动。但要脚踏实地做好一地防灾减灾工作和减灾机制完善，系统地思考烈度是必不可少的。

3. 缘于思考变化关注不足缺失“动态性思考”培养

在进行工业区位分析教学时，钢铁、汽车、机械、电子、纺织、制糖、有色金属冶炼等作为主要工业部门，其工业区位分析依然占据了地理教材主要篇章。课堂教学中对于新兴的、我国走向世界的诸如光伏、高铁、核工业以及新能源新材料等产业探讨相对较少。现

实是这些工业部门如今发展迅猛，学生、社会对其关注度高但缺少深度的了解。这种思维方式滞后于现实生活的发展，缺失对地理问题或者现象观察的敏锐度，属于综合思维中的动态性缺失。世界科技在进步，越来越多的产业也会在新时期出现，新世界、新环境、新问题、新人地关系时移世易，需要摒弃静态思维，要用动态的眼光审视这个时代。类似的例子还有“我国完善生育政策推出二孩政策”“‘一带一路’正在改变新疆是我国交通边角地区的宿命”“雄安新区建设带来开发区规划理念的突破”等。教材在一定程度上有滞后性，但教师、课堂对动态的综合思维的关注、培养是可以跟上时代节奏的。

三、地理综合思维培养的实践探索

作为地理学科，综合思维的培养是贯穿多方面的，无论是地形的形成、气候的成因、区位的选择，还是灾害防治、地域文化的形成、城市规划以及新老地理问题等，都需要综合思维，都要注意对未来公民地理综合思维的培养。这方面改进的基础和关键是地理教师地理素养的提升，以及地理教师对于地理学习的目标规划、方法与内容设计、实施路径的选择。

每一项地理教学活动开展目标，都会指向提升学生多种素养。现实地理教学指导中，如何聚焦地理综合思维素养的培养，解决全面性、系统性、动态性地理思维培养缺失的问题，从而整体性地思考地理问题，我们可以通过情境设置、作业设计、命题原则等途径去探索。以下是笔者从教育实践体验和效果出发，针对综合思维培养缺失现象进行的实践与思考。

1. 地理主题学习

新高考制度谋划中的等级考试制度初衷是让爱好这一门学科的学生能够深度探究学科问题。学生可以在高二、高三年级时选择参与地理等级考试，出于对时间的考虑，多数选择地理学科的学生会在高二年级完成等级考试，而高二年级没有现成的地理教材可以利用，地理主题学习成为选择的主要学习方法之一。地理主题主要是围绕某一地理主题展开的学习方法，对学生地理综合思维极有挑战性。一般时效性强、争议话题多、牵涉面广的重大事件、工程、时事新闻等往往成为教学的选择。

例1：对中缅输油管道建设这一主题学习的设计。该主题教学目标是：目标一——以中缅油气管道建设遇到的困难切入，结合多种专题地图分析经过区域的自然和社会经济条件，巩固读图能力和区域分析能力，归纳区域开发要进行的分析角度；目标二——创设中缅油气管道决策的情境，结合区域分析的认识对工程的价值进行分类并做出决策，培养学生决策能力；目标三——结合中缅油气管道运营中的问题，创设发展规划的情境，培养学生在区域开发原则指导下解决问题并制定发展规划的能力。部分学习流程设计为：在“吾遥地理”微信平台上推送学习素材（地图和文字图标资料），便于课前学习和课堂利用，并在学习中充分利用微信平台上决策投票和评价功能，形成高阶思维，助学地理。

实践后有三点体会：一是主题学习是整合的学习，突破原来地理学习中过细的、碎片化的思考，其整体性认识得到加强，思考维度可实现跨学科、跨领域、跨时空、跨身份；二是主题学习是开放的，通过这样的主题学习，从不同的角度、不同的层面来思考同样的问题，然后感受到不同的表述方式的力量；三是主题学习是情境化的学习，主题学习在学生的创新思维培养这方面具有非常大的优势，就是让学生在真实的教育环境当中承担着真实的学习任务，让学生在主动积极地发现问题的过程当中学习地理。以上说明主题学习可以激发学生自愿投入、深度开展地理综合思维训练。

这样的话题还有如“中国第五南极科考站筹建”“欧洲难民”“太空种菜”等，其兼顾社会与自然科学，综合思维不仅解决了这些疑难问题，而且让学生感受到地理学科的全面性魅力。

2. 地理生活化探究

许多久居在大都市的高一学生虽然接受过初中地理教育，但依然对于校园门口的朝向不甚了解，要绘制出相对客观的、标清方向的校园地图则更是难上加难了。或许这个问题不复杂，教师多指正一下即可解决，但学生是否真正地学会判断方向则难说了。笔者所带的学生去崇明前进农场学农基地实践，一落地，部分学生在陌生环境下对于相对独立的又是斜建的一排居民楼房走向的判断遇到了困难。崇明前进农场是一个新能源研发利用的基地，屋顶披上了倾斜的太阳能光板。事实上要判断该楼走向的方法很多，太阳的方位、路牌指向、太阳能光板倾斜方向等皆可作为不同时段下的方向判断依据。死学教材、脱离生活最终带来的是学生无法解决现实生活中复杂的问题。地理生活化探究将地理学科知识带入生活并加以探究，触发综合思维，增加地理学科知识的收获、解码生活地理常识以及提升知识迁移、运用能力。

例 2：对“上海海派文化”学习的部分设计。海派文化主旨内容源于上海地理教材专题 25 中的“环境对文化的影响”和专题 27 中国地域文化。目标有三：一是基于我校独特的上海都市中心位置，引入邻居“中国历史名街——陕西北路”作为学习的对象，以此解读海派文化和老上海味道；二是通过地理加生活的学习，拉近学生教材与生活之间的距离，并初步学会地理知识的生活化学习方法和综合思维路径；三是引领学生地理学习的生活化意识，同时树立解读、传承、传播传统的、优秀的文化的意识。

实践后的思考：对于陕西北路的历史文化从“之所以成为历史名街的要素、中西合璧的建筑、丰满的历史人物故事、多样的产业形态、多元的文化元素、区域生态”等方面进行系统性探究，这是一个区域地理文化生活化的认识过程。既要探究陕西北路历史文化形成的地理环境要素，也要从时间维度、社会制度、政治背景等多方位去综合思考。进入生活的地理实践分析解决问题的思维综合性强，而且还进一步跨越了学科边界，涉及历史、政治、语文、艺术等学科及其思维特质，提升了学生跨学科综合思维素养。

这样的地理生活探究过程是一种基于现实存在的综合思维。类似地，如“上海外白渡桥为保养而移动和复位时间的选择”“为上海浦东机场的安全专门辟地建湿地转移候鸟路线”等话题生活性、地理性强，加以探究的话，对学生的综合系统思维素养提升益处良多。

3. 地理研究性学习

高中地理实行等级考试，原意就是希望对地理学科感兴趣的学生能够多深入研究地

理问题，并非浅尝辄止，停留在表面或者静态思考层面。这就要求教师对教学材料进行一定的深加工，无论是从内容上、视角上还是方法上都要进行筛选，也就是对广义的地理教材做校本化处理。开展研究性学习，必然会突破静态思维定式，寻求思维的创新点。

例3：对于“城市功能、工业区位分析”这一部分的学习，选择“上海自来水取水口和水厂位置变迁的归因分析”作为研究的切入口。目标也有三个：一是知道上海自来水厂（水源地）位置的变迁及其主要原因；二是上海自来水厂（水源地）今昔位置，从区位要素出发研究其输水路线建设成本的经济效益和社会效益；三是上海水源地变迁引发的联想思考以及对未来水源地走向的思考。

实践后的思考：上海水源地经历了黄浦江支流（如杨树浦、苏州河）、下游、中游、上游，到如今的黄浦江上游、陈行水库、青草沙水库、东风西沙水库（崇明）四大水源地，再到2015年启动的“总投资约81亿元的黄浦江上游水源地原水工程”。这里上海水源地不同时段的选择都是基于时代背景和现实用水危机综合性思考后的应对。其思维经历了“就近取水，舍近求远，舍远求近”的过程。还有，对如何避免“金山槽罐车向黄浦江上游支流违法倾倒油性废弃物”“黄浦江死猪事件”等人为原因引发的水危机事件，彻底解决上海饮用水源问题的探究，等等。

地理知识因动态变化而显得更加丰富而有魅力，关于动态变化研究也会有益于促进地理综合思维向纵向发展。类似的案例还有“南水北调与引江济汉”“从开发崇明东滩到保护东滩”等。展开地理研究性学习，不仅会实现地理问题的“深度解码”，更重要的是可以以此为载体，养成动态思维习惯，提升学生综合思维素养。

地理综合思维的培养是一个需要整体性思考的、基于以往的积累逐步创新路径和方法的漫长过程。地理综合思维培养会成为教师今后地理教学重点思考的方向，这种期许是可以预见的。

参考文献

[1] 林培英，张冬梅.漫谈高中地理核心素养的提出[J].地理教育，2016(03)：4－6.

[2] 王爱民.地理学思想史[M].北京：科学出版社，2010.

[3] 王向东，袁孝亭.地理素养的核心构成和主要特点[J].课程·教材·教法，2004(12)：64－67.

[4] 王建芹.谈地理核心素养中综合思维的培养[J].中学地理教学参考，2016(09)：17－19.

[5] 陈红，吴燕坤，田甜.基于学习进阶的地理综合思维能力培养[J].中学地理教学参考，2016(13)：28－30.

（2017年发表于《地理教学》）

8. 思想政治课“经济生活”的概念学习研究

杨　田

【摘　要】任何一门学科都是建立在一系列概念的基础上的，对一个概念的理解与掌握的程度，将影响到对整个知识系统的学习。本文以上海教育出版社出版的《思想政治》高一年级第一学期（试用本）教材中的“经济生活”内容为范本，围绕“经济生活”中的概念如何进行分类，概念分类学习的方法是什么，以及概念分类学习案例，展开对思想政治课概念学习的研究。

【关键词】思想政治课；经济生活；概念学习

一、思想政治课“经济生活”的概念分类

概念分类的前提是先确定哪些概念需要学习，本文主要以正文中的核心概念作为学习重点，确定“经济生活”中作为学习的概念有159个。但有些核心概念教材中并没有给出明确的定义，出现了“无定义概念”。这个情况下面将会做进一步讨论。

概念分类的标准，本文主要参考加涅的概念分类理论。加涅将概念分为具体概念和定义性概念。前者是只需通过观察就能把握一类事物的本质特征，从而形成概念。后者是不能通过观察，必须通过定义才能揭示事物本质特征，从而习得概念。“经济生活”的概念都是定义性概念。根据华东师范大学黄建军老师的研究，思想政治课的定义性概念可以做进一步的划分，本文依据黄建军老师的观点和方法，将定义性概念进一步分为经典定义概念、描述定义概念和操作定义概念。

（一）经典定义概念

“定义是最邻近属＋种差。”这种方法最常见，也最古老，从亚里士多德开始一直沿用至今，因此可以称之为“经典定义”。从“正方形是等边的矩形”到“人是理性的动物”，我们都可以看到它的身影。这种方法的关键，一是要找到被定义概念的上位概念（属概念），如“矩形”“动物”；二是要揭示出被定义概念的特殊性（种差），如“等边的”“理性的”。

“经济生活”中属于经典定义概念的有40个（见表1），约占全部概念的25％。这类概念都比较典型地表现出“属＋种差”的特征。比如，“生产力是人类改造和利用自然以创造社会财富的能力”。“生产力”这个概念的上位概念（属概念）是“能力”，种差有两点，一是“人类改造和利用自然”，二是“创造社会财富”。这两点所概括的是生产力的本质属性。

表 1　“经济生活”中的经典定义概念

课时	经典定义概念	经典定义概念数量
第一课	经营管理、生产力、生产关系、GDP、数量型发展方式、质量型发展方式	6
第二课	产业结构	1
第三课	安全权、知情权	2
第四课	税收、纳税人	2
第五课	保险、债券、股票	3
第六课	我国现阶段的基本经济制度、国有经济、集体经济、混合所有制经济、个体经济、私营经济、我国现阶段的分配制度、公平、初次分配、再次分配、社会保障制度、社会保险、社会救济、社会福利、社会优抚、社会互助	16
第七课	价格机制、供求机制、竞争机制、通货膨胀、通货紧缩、计划（规划）手段、财政政策、货币政策	8
第八课	对外开放	1
扩展部分	资源配置	1

（二）描述定义概念

所谓描述定义是指通过描述被定义对象的外部特征或者形成过程等来构成种类的差别，它同样具有属概念，但不同的是种差是在描述中显示出来的。例如“雾是充满水蒸气的空气突然变冷而形成的气象”就是一个典型的描述定义。

“经济生活”中属于描述定义的概念有 106 个（见表 2），约占全部概念的 67%。这类概念的定义以描述为主，相对经典定义而言比较具体，往往涉及对象的各个方面，但对其本质属性却缺乏实质性的概括和揭示。比如，“商业保险是指以集中起众人的保险费，建立保险基金，补偿参与者因自然灾害或意外事故所造成的经济损失，或对个人死亡、人身伤残给予经济补偿的一种方法和制度”。“商业保险”是描述定义概念，属概念是“一种方法和制度”，“以集中起众人的保险费，建立保险基金”是描述了商业保险这种制度产生的条件，“补偿参与者因自然灾害或意外事故所造成的经济损失，或对个人死亡、人身伤残给予经济补偿”是描述了被定义对象的目的和用途。

表 2　“经济生活”中的描述定义概念

课时	描述定义概念	描述定义概念数量
第一课	生产、交换、分配、消费、资本、货币资本、生产资本、商品资本、最终产品、新型工业化道路、信息化、积累	12
第二课	第一产业、第二产业、第三产业、新兴工业、就业、劳动争议、协商、调解、仲裁、诉讼	10

（续表）

课时	描述定义概念	描述定义概念数量
第三课	合理消费、攀比消费、炫耀消费、理性消费、自主选择权、公平交易权、获得赔偿权、受尊重权	8
第四课	财政、财政收入、财政支出、预算、决算、强制性、无偿性、相对固定性、征税对象、税率、诚信纳税	11
第五课	交换媒介、计价单位、货币的借贷活动、中间业务、转账结算、银行卡、中央银行、商业保险	8
第六课	家庭承包经营、统分结合的双层经营体制、外资经济、中外合资经营企业、中外合作经营企业、外商独资企业、按劳分配、按劳动要素分配、按资本要素分配、按技术要素分配、按管理要素分配、按土地要素分配、效率	13
第七课	市场、统一的市场、开放的市场、竞争的市场、有序的市场、自愿原则、平等原则、互利原则、市场经济、计划经济、宏观调控、扩张的财政政策、紧缩的财政政策、扩张的货币政策、紧缩的货币政策	15
第八课	经济全球化、最惠国待遇原则、国民待遇原则、透明度原则、公平竞争原则、反倾销、反补贴、对外贸易、外汇、利用外资、吸收直接投资、吸收间接投资、对外投资、开放型经济体系、互利共赢、多元平衡、安全高效	17
扩展部分	优化资源配置、计划配置方式、市场配置方式、科学抽象、需求曲线、均量分析、边际分析、边际效用、经济指数、CPI、经济图表、经济模型	12

（三）操作定义概念

操作定义是通过描述被定义对象测量过程来定义对象。这实际上也是一种描述定义，但不同的是属概念已经淡化，更加注意操作过程的描述，而且这种过程基本上是人为的过程。例如，智力的操作定义为：“由韦克斯勒智力量表所测到的东西。”

“经济生活”中属于操作定义概念的有13个，约占全部概念的8%。它们是：第三课的“恩格尔系数”，第四课的“财政赤字”和“财政结余”，第五课的“利率”“单利”“复利”和“年化收益率”，第七课的“买方市场”“卖方市场”和“银行存款准备金率”，第八课的“贸易顺差”“贸易逆差”和“汇率”。比如，恩格尔系数是指食品支出占家庭总支出的比重，用公式表示为：恩格尔系数＝食物支出÷消费支出总额×100%。根据“恩格尔系数”这一定义，我们就可以实际测量某一个家庭或某一地区的恩格尔系数，这样，“恩格尔系数”就不仅是一个言语的陈述，更是一个明确的测量操作过程了。

（四）无定义概念

除了上面所说的三种概念，“经济生活”中存在着一类比较特别的概念。它们是核心概念，应该是学生学习的内容，却似乎无从学起，本文称其为“无定义概念”。“经济生活”

中共有 8 个无定义概念(不包含在 159 个需要学习的概念之内)。它们分别是:经济、产业、现代服务业、创业、货币、家庭理财、经济制度、分配制度。无定义概念的出现,对“经济生活”的概念学习必然产生不可忽视的影响,也对如何组织概念学习提出了新课题。

通过上述的概念分类,我们对“经济生活”中所要学习的概念有了一个全景式的基本了解(见表 3)。

表 3　“经济生活”中的概念数量统计

课时	经典定义概念	描述定义概念	操作定义概念	小计
第一课	6	12	0	18
第二课	1	10	0	11
第三课	2	8	1	11
第四课	2	11	2	15
第五课	3	8	4	15
第六课	16	13	0	29
第七课	8	15	3	26
第八课	1	17	3	21
拓展部分	1	12	0	13
合计	40	106	13	159

对表 3 进行初步分析,我们大体上可以得出以下结论:

(1) 描述定义概念占据了全部概念的 2/3,是“经济生活”概念学习的主要内容。

(2) 经典定义概念仍然是“经济生活”重要的概念学习内容,是仅次于描述定义概念的学习内容。

(3) 操作定义概念虽然在“经济生活”的概念中所占比例不大,但是相对于“政治生活”“哲学生活”而言,却是出现最多的。这一概念定义形式及其学习是最具实践意义的,为课程改革特别是进一步生活化教学提供了新的思路。

(4) 相比较而言,概念的分布很不均衡,下册(第五课至拓展部分)概念明显多于上册。其中,第六课有 29 个概念、第七课有 26 个概念、第八课有 21 个概念,这三课概念比较多。此外,经典、描述和操作定义概念的分布也不均衡。这些都对概念学习将产生不利影响。

(5) 新编写的教材增加了拓展部分,这部分知识是高考加选政治学生的学习内容。相比较前面八课,拓展部分更为抽象,比如,“资源配置”“均量分析”“边际分析”等概念抽象程度高,以往教材中也没有涉及,教师对此也感到较为陌生,学习的难度相对较大。因此,这对拓展部分的概念学习提出了新的挑战。

二、思想政治课“经济生活”的概念分类学习方法

学生在进行概念学习时,如果能够找到适合的学习方法,那么学习起来会事半功倍,达到很好的学习效果。“经济生活”乃至整个高中政治教材中的概念都是定义性概念,在

学习上有很多相似的方法。但这些概念又分为经典定义概念、描述定义概念、操作定义概念，因此，每一类概念都有自己最佳的学习方法。

（一）经典定义概念学习的方法

1. 定义剖析法

定义剖析法就是利用概念形成的基本特征去剖析概念的定义，从而掌握概念的一种方法。经典定义概念常见下定义的方法是：属概念＋种差＝种概念。讲这类概念时，笔者通常分如下三步进行：第一，找出被定义对象的属概念；第二，找出被定义对象的种差；第三，如果是较为复杂的概念，分层阐释概念实质，加深对概念的理解。

2. 联旧引新法

经典定义概念是以“属＋种差”的方式定义概念，其中属是“邻近属概念”（相对最近的属），因此学习这一概念，可以联系已经习得的“邻近属概念”。维果茨基的“最近发展区理论”，认为学生的发展有两种水平：一种是学生的现有水平，即学生已掌握的知识和技能；另一种是学生可能的发展水平，也就是通过教学所获得的潜力。两者之间的差异就是最近发展区。教师引导学生利用已有的知识启发出新概念，是一种行之有效的方法。

3. 整体考察法

当几个概念属于某一整体中的不同部分时，我们可以把它们置于整体中，从整体出发，把握它们的共同点，分析它们的不同点，这样既关注了局部的变化，又揭示了局部与全局的关系，有利于概念图的形成，从而将知识结构化。第六课中的经典定义概念较多，且有些概念同属于一个整体，适合运用整体考察法学习。

（二）描述定义概念学习的方法

1. 联系实际法

联系实际法是指学生把学到的理论知识同社会实际相联系，既加深了对理论知识的理解，也解决了社会实际问题。很多描述定义概念以被定义对象的内容或者形成过程呈现出来，这些概念很多就是与人们的生活实际相关，采用描述的形式更能为人们理解。在学习这些概念时，如果通过运用其他技巧学习之后，学生虽然能理解概念的含义，但是不一定真正理解概念本身的内涵，这就需要运用联系实际法，把对这些概念的学习与实际生活联系起来，进一步加深对概念的理解。

2. 情境导入法

情境导入法是指在学习概念之前，为了引起学生学习的兴趣，提高学习效果，以一定的形式或者情境作为导入，通过小品、故事、音乐、视频、朗诵等手段引导学生思索，然后再揭示概念的方法。

3. 对比分析法

在描述定义中有很多相似的概念，高中生对于这些概念容易混淆，觉得两个概念差不多，这是因为学生没有养成对概念进行辩证学习的习惯。如果学生学会用辩证的方法对比两个相似概念的相同之处和不同之处，学习的效果就会显著提升。对比分析法是指

通过将两个或两个以上的相似概念进行对比，以做出正确合理的分析评述。首先，要确定进行比较的概念之间有一定的联系，并且这些联系能够有相互比较的方面。其次，在进行概念对比的时候，要以学生为主体，教师起到启发和指导的作用，让学生自己去发现概念之间的联系和区别，不仅加深学生对一个概念的理解，又能帮助学生理解与之相关联的概念，从而避免概念混淆，可谓一举两得。

（三）操作定义概念学习的方法

“经济生活”中的操作定义概念可以分为两种。一种是文字描述的方式。比如：“财政支出大于财政收入，其间的差额用红笔记账，就形成了财政赤字。”“财政支出小于财政收入，其间的差额形成财政结余。”学习“财政赤字”和“财政结余”这一对概念，可以运用对比学习法，前面已有详细阐述，这里不再赘述。“买方市场”和“卖方市场”、“贸易顺差”和“贸易逆差”、“单利”和“复利”都属于这种概念，均可采取对比学习法。

另一种是数学演示公式，这类型概念操作性更强，建议采用练习巩固法。“利率”“单利”“复利”“年化收益率”“银行存款准备金率”“汇率”都属于这类概念，均可采用这种方法。通过实际操作练习，学生加深了对概念的理解。

（四）无定义概念学习

“经济生活”中无定义概念一般都是概括性比较高的上位概念，如“经济”“产业”“经济制度”“分配制度”。如果学生不知道它们的含义，就会对与之相联系的一系列下位概念的学习产生不利影响。那么，这些概念究竟是怎样学习的呢？本文认为可能有两种学习的情形存在：

第一种情形，这些无定义概念是学生在日常生活中或者是以前学习中习得的，比如“现代服务业”“创业”“货币”“家庭理财”这些概念。因此，现在在学习无定义概念时，要求教师能够适当地帮助学生复习这些概念，对于原来没有掌握好这些概念的学生要给予适当的指导。

第二种情形，这些无定义概念虽然教材中没有直接的定义陈述，但其实在整课或者整框的内容中从不同角度和程度阐述了这些概念，比如“经济”“产业”“经济制度”“分配制度”这些概念。学习一课或一框的内容，实际上也是在学习某一个无定义概念的内容。针对这种情形，教师在教授一课或一框的内容时就应该有意识地强调和阐明相关概念，而不能把无定义概念作为学生不言自明的内容。

参考文献

[1] R.M.加涅.学习的条件和教学论[M].皮连生，等译.上海：华东师范大学出版社，1999.

[2] 黄建君.论思想政治课的概念学习[J].上海教育学院学报（社会科学版），1997(02)：61－67.

（2017 年发表于《思想政治课研究》）

9. 谈如何以读促写有效地开展高中概要写作指导

丁捷敏

（中学英语高级教师，校学科带头人）

一、课程背景

在培养和发展学生英语学科素养的过程中，教师应当更加关注学科育人价值、关注学生思维发展和学科核心素养。同时，学生以主题意义探究为目的，以语篇为载体，在理解和表达的语言实践活动中融合知识学习和技能发展，通过感知、预测、获取、分析、概括、比较、评价、创新等思维活动构建结构化知识，在分析问题和解决问题的过程中发展思维品质形成文化理解，塑造正确的人生观和价值观，促进英语学科核心素养的形成和发展。

二、概要写作要求

概要写作是提供一篇350字左右的语篇材料，要求学生依据该材料内容，通过阅读理解、概括归纳出其主旨大意，再用学生自己的语言缩写为字数在60字以内的概要短文。也就是用最简明扼要的语言提炼文章的主要内容，去除次要内容，用评判性的思维来理解文章，厘清文章的结构，是一种将阅读和写作紧密结合的考查方式。学生只有通过精确到位地解读文本、把握文本关键信息和语言特点、梳理文本脉络，才能有逻辑地、客观合理地进行概要写作。

三、学情分析

概要写作最大的特点是对语言的理解运用和内容改变创新进行有机的结合。分值为10分，评分标准为内容、语言、结构三方面：①文本理解的准确性及是否涵盖所有要点。②语法结构和词汇应用的准确性。③上下文的连贯性和结构的紧凑性。同时，该题型也对教师提出了新的要求和挑战。那么，教师如何指导高三学生针对该题型进行有效教学就成了当务之急。

概要写作，其答题要求、解题方法和评价标准学生并不熟悉，因此学生往往对于该如何进行概要写作不得要领，不知从何下手。学生的难点在于：①如何把握文本要点。②如何改写归纳要点。③如何使行文逻辑合理。学生往往会存在以细节代替主旨、抄袭原文等问题。

作为高三班的教师，在进行高考备考时，我尝试着用“以读促写”的方式，利用牛津上海版高中三年级第一学期教材中的More reading（多读）板块进行课堂阅读和概要写作

指导，从而帮助刚进入高三阶段的学生厘清概要习作的答题思路，培养学生在语篇阅读中的思维品质，也使牛津上海版英语教材的语篇素材在高三教学中得以有效利用。

四、教学策略实践

我选取了第三单元 Travel（旅行）中的 More reading 板块的“What is ecotourism?（什么是生态旅游?）”文本，指导学生形成以阅读文本为导入，从解析文本结构到明确内容主旨，再到动笔进行概要写作，以以读促写的形式进行课堂概要写作的策略。

• 策略一：以阅读文本为导入，厘清语篇结构和主旨

明确文本体裁结构和主旨是概要写作的重点。“What is ecotourism?”以“生态旅游”为主题，通过五个段落分别就其定义、发展过程、与伪生态旅游的区别以及生态旅游发展前景四个方面进行事实说明，让学生了解生态环境与旅游发展之间的关系，从而增强学生对当前旅游盛行的浪潮中生态环保的重要性的意识。本文是一篇主题明确、结构清晰、难度适中的说明文。

(1) 通读全文，把握主旨：教师通过引导学生快速通读全文，找出文本的主题“生态旅游”。在通读过程中，教师要求学生就说明文的文本特征，借助“What is ecotourism?（什么是生态旅游?）”“Why did ecotourism appear?（为什么会产生生态旅游?）”以及“How does ecotourism develop?（如何发展生态旅游?）”等问题来阅读文本、梳理脉络。通过理解各段段首句和主题句，概括各段主旨大意。

pp.1—2：the present condition and definition of ecotourism

p.3：the fast development and ways of ecotourism

p.4：the difference between greenwashing and ecotourism

p.5：the future prospect of ecotourism

(2) 分段细读，画出重点：教师引导学生分段细读就是要厘清每段的重点信息，并对这些重点信息进行圈画，从而忽略和去除次要信息或细节信息。把握每段的重点信息有助于培养学生获取和理解重点信息、提取和概括信息的能力，并让学生以合作的形式完成表格（见表 1）。将这些重点信息结构化，也为学生下一步动笔写作奠定基础。

表 1　“What is ecotourism?”的重点信息

Theme	Structure	Main points
Eco-tourism	Definition	• a kind of responsible tourism which seriously takes ecology and culture into consideration
	Developments and ways	• ... has developed at great speed • Over 80 activities have been listed for ecotourism
	Difference	• greenwashing：hurt the environment • ecotourism：help the surroundings
	Future prospect	• Smaller towns and rural areas rich in ecological cultural and historical resources

• 策略二:以词汇运用为依托,替换改写归纳要点

在得出文章的要点和结构之后,难点在于学生如何用自己的语言准确归纳表达。学生往往不得要领,或者照抄原文,或者表达混乱,语意不通。教师应以词汇运用为依托,培养学生词汇替换(paraphrase)的能力,让学生建立用英语来同义解释单词、短语和句子的意识,有助于学生在整合信息的基础上夯实并内化语言,同时培养学生理解、转化、分析、归纳的思维品质。

(1) 词汇理解、同义替换:教师指导学生用词性转换、同义词替换的方式理解各段主题句或主要信息中的词汇,并尽量做到避免词汇照抄。

例如:"Ecotourism is considered as a kind of responsible tourism which seriously takes ecology and culture into consideration."。

be considered as a kind of ... 可替换为 be regarded as / be viewed as a sort of ...(同义替换);seriously take sth. into consideration 可替换为 consider sth. seriously(词性转换)。该定语从句可以概括为用分词做定语的简单句:"Ecotourism regarded as a sort of responsible tourism considers ecology and culture seriously."。

(2) 语言归纳、化繁为简:教师指导学生用语态转换、句型转换的方式,以小组讨论合作学习的形式,进行概要改写。要求学生不能简单地罗列照搬每段主题句,而是要对这些主要信息进行提炼、转换、归纳,合并重复内容,删除细节内容,以达到化繁为简的目的。

例如:"Ever since the United Nations declared the year 2002 as the International Year of Ecotourism, this side of the tourist industry has developed at great speed. Over 80 activities have been listed for ecotourism, such as bird-watching, hiking, diving, photography, mountaineering and participating in various kinds of local cultural events."。

develop at great speed 可替换为 develop fast/ rapidly/significantly/remarkably(单词替换词组);Over 80 activities have been listed for ecotourism 可转换为 with 80 activities listed 或 listing 80 activities 的非谓语结构作为后置定语(语态转换)。这两个单句可以概括为:"Ecotourism has been developing significantly since 2002 with over 80 activities listed for it."。

学生在教师的引导下由易到难,逐步递进,在小组讨论合作中用已知的语言知识进行多种可能的改写,也激发了学生的创造性思维。

• 策略三:以行文逻辑为承接,客观概括表达正确

(1) 逻辑合理、内容客观:用适当的逻辑关联词来承接使内容客观、表达流畅,是提升学生概要写作的关键。在说明文概要写作中,教师要引导学生用正确简短的关联词来

表明逻辑关系，如递进（moreover，further，besides，additionally）、对比（while，whereas，by comparison）、转折（although，though，while，as，however，nevertheless）、因果（so，therefore，hence，because，thus）等。例如：第三段是将生态旅游 ecotourism 和伪生态旅游 greenwashing 进行比较，说明在生态旅游的发展中人们应当意识到伪生态旅游的特点和其对生态环境的破坏。此段中"If this were true ecotourism，the tourist resorts would help-not hurt-the environment."，用 if 条件状语从句对比出生态旅游和伪生态旅游对环境的不同作用。那么，该句可以用表对比的逻辑关联词 while 将句型改写成："Greenwashing hurts the environment while true ecotourism helps the surroundings."。

(2) 修改成文、表达准确：教师用 ABC（即 Accurate 语言准确、Brief 内容简练、Coherent 逻辑合理）的概括概要写作的三方面要求，让学生将之前各段概要的草稿修改成文，并检查是否概括了全部要点以及是否忠于原文；是否语法、拼写准确，字数控制在 60 字以内；是否逻辑一致，没有重复和抄写。

通过以上概要写作策略的课堂指导，学生将各段概要草稿连句成文，修改润色，并互助检查和修改完成整篇概要写作。学生当堂概要写作示例如下：

Ecotourism as a sort of responsible tourism considers ecology and culture seriously and it involves protecting some natural and cultural sites. It has been developing significantly since 2002 with over 80 activities listed for it. However，greenwashing hurts the environment while true ecotourism helps the surroundings. The future travel destination will be rural places with rich resources.(57 words)

五、教学实践反思

我尝试用以读促写的方式，培养学生文本阅读的意识和能力。以任务型的教学方式进行概要写作的策略指导，帮助学生掌握概要写作的方法和步骤，逐步把阅读中的语言输入激活转化为写作中的语言输出，从而使概要作文内容更有条理、语言更加简练、逻辑更为清晰。我利用牛津上海版英语教材 More reading 板块的文本素材，结合概要写作语篇特点和考查要求因材施教，能有效地发挥课本素材在高三教学中的作用。学生也在以读促写的过程中梳理、概括信息内容，分析、推断逻辑关系，创造性地改写归纳，英语学科素养中的思维品质得到了培养。

（2018 年发表于《静安教育探索》）

10. 游戏辅导在中学生生涯志趣辅导中的运用

刘 懿

（中学心理一级教师）

一、问题的源起

美国职业指导专家约翰·霍兰德(John Holland)认为，一个人的性格类型、学习兴趣与将来的职业有着密切的关系。要使自己未来从事的职业能让自己感到快乐并且愿意为工作投入自己的精力，那么选择与自己兴趣相符合的职业很重要。

自1915年第一个职业兴趣测量问卷诞生以来，职业兴趣测量便一度成为职业领域研究的热点。霍兰德通过对前人研究的分析，初步形成了将职业兴趣分为六种类型的思想，编制了由160个职业名称构成的职业爱好问卷(Vocational Preference Inventory，VPI)。后来又在其基础上发展了自我导向测验(Self-Directed Search，SDS)。SDS是一种可供受测者自己管理、计分和解释结果的职业咨询工具，整个测验由四部分构成：第一部分是列出自己理想的职业；第二部分包括活动、潜能、爱好职业及能力自评四方面，每一方面都按霍兰德职业兴趣六种类型编制项目，每类型题目数相等；第三部分按六种类型的四个方面得分高低由大到小取三种类型构成三字母职业码；第四部分为职业寻找表，包括1335种职业，每种职业都标有职业码和所要求的教育水平，受测者根据职业码可在第四部分中寻找相应职业。霍兰德职业兴趣测试是由霍兰德根据他本人大量的职业咨询经验以及他所创立的“人格类型”理论编制的测评工具，是对职业和职业兴趣的分类较具影响力的测试。

在以往的教学和辅导过程中，学生职业兴趣倾向的澄清一般运用的是现行的心理辅导自助手册上收录的“职业个性测试”，该测试基于霍兰德的职业理论，由60道判断题构成，对应霍兰德的六种职业兴趣类型。通过计算得分，将得分最高的三种类型按从高分到低分的顺序排列，即可获得自己的职业类型代号。

然而，在实际工作实践中，学生对传统的纸笔测试却提出了如下的一些质疑：

“这么多题目，看起来就好麻烦，做起来略枯燥。”

“自评容易有人为因素的干扰，在测试的过程中会有主观选择的倾向。”

“纸笔测试没有实际的操作部分，你觉得你擅长的有时候不一定就是你擅长的。”

……

这些质疑，似乎不无道理，那么，是否可以把霍兰德职业兴趣测试从传统的量表测试，转换成一种更加有趣的、可以实际体验的活动呢？

如果能够为每种职业兴趣倾向类型找到相应的游戏活动，那么通过学生在参与这些游戏时的偏好和完成情况是不是就能够预测他们的职业兴趣倾向呢？玩一组游戏可比做一组测试题有意思，而且学生也会有更多的切身体会。

由这个大胆的想法开始，设计一系列游戏活动、组织一场“志趣园游会”、进行生涯志趣辅导的创意慢慢地显出雏形。

二、游戏的设计

在这场“志趣园游会”中，游戏活动的设计无疑是核心。霍兰德职业兴趣理论将人的职业兴趣类型分为六种：艺术型(A)、社会型(S)、企业型(E)、常规型(C)、现实型(R)、研究型(I)。“志趣园游会”拟根据这六种职业兴趣类型划分六个游戏活动区，每个区域分别设置若干与此类型特征相契合的活动。每个区域的游戏设计原则和具体游戏设计如下：

（一）艺术型

艺术型的人偏好模糊、自由和非系统化的活动，并在这些活动中创造艺术作品；厌恶明确、秩序和系统化的活动。艺术型的人想象丰富，富有表达能力和直觉、独立、有创意，并看重美。

由此，在艺术型的游戏设计中侧重自我表达、创意和艺术素养的体现，据此设计了以下 3 个游戏活动：

1. 我演你猜：两人一组，一人用肢体语言表演，另一人猜；3 分钟内猜对 5 个词语。

2. 蒙眼辨音：工作人员给出 5 个音，成功辨别出相对音高变化。

3. 新型七巧板：5 分钟内用一副新型七巧板完成一幅图形。

（二）社会型

社会型的人偏好对他人进行传授、培训、教导等方面的社会活动，具有合作、友善、慷慨、助人、仁慈、负责、圆滑、善社交、善解人意、说服他人、理想主义等特征，喜欢帮助别人、了解别人，有教导别人的能力，且重视社会与伦理的活动与问题。

由此，在社会型的游戏设计中侧重社交、理解他人和助人的体现，据此设计了以下 3 个游戏活动：

1. 寻人启事：抽取特征描述卡，找到有指定特征的人，并把他们带到工作人员处。

2. 察言观色：抽取表情图片，并辨认相应情绪。

3. 志愿服务：在任意游戏区协助维持秩序 5 分钟，并获得相关区域工作人员的肯定。

（三）企业型

企业型的人对领导角色和冒险活动感兴趣，喜欢从事领导他人实现组织目标或获取经济效益的活动。爱冒险、有野心、独断、冲动、乐观、自信、追求享受、精力充沛、善于社交等。

由此，在企业型游戏设计中侧重冒险和策略的体现，据此设计了如下 2 个游戏活动：

1. 围猫游戏：点击游戏界面，设置障碍阻止猫逃走。

2. 五子棋：两人进行五子棋对弈。

（四）常规型

常规型的人偏好对数据资料进行明确、有序的整理工作，具有顺从、谨慎、保守、自控、服从、规律、坚毅、稳重、有效率、缺乏想象力等特征。

由此，在此类游戏活动的设计和选取中侧重细致耐心和遵循规律的体现，据此设计了如下 3 个游戏活动：

1. 找不同：找齐两幅图的不同之处。

2. 拣彩晶：3 分钟内将彩晶石分拣到对应颜色的盒子内。

3. 写数字：7 分钟内从 1 写到 300，不能出错、不能涂改。

（五）现实型

现实型的人动手能力强，擅长与物体打交道，喜欢摆弄和操作工具，肢体控制能力强，务实、安静。

由此，设计的游戏活动侧重手和肢体的协调控制，有如下 3 个游戏活动。

1. 双手协调游戏：双手分别握住旋钮，左侧旋钮调节光标左右水平位置，右侧旋钮调节光标上下垂直位置；双手同时旋动旋钮，调节光标力图使其既快又准地沿圆轨道绕行一周，偏离两次则任务失败。

2. 转圈行走：原地转 10 圈后按指定路线行走到指定座位坐下。

3. 吃饼干：将一块饼干放在额头上，在不用手的前提下，试着吃到饼干。

（六）研究型

研究型的人擅长对各种现象进行观察、分析和推理，看重科学研究，具有善分析、谨慎、有条理、精确、理性、保守的特征。

由此，在研究型的游戏设计中侧重思考和研究的体现，据此设计了以下 4 个游戏活动：

1. 河内塔：5 分钟内将第一根柱子上的塔盘移到第三根柱子上，要求移动的过程中只能移动一层塔盘，并且只能将小盘放在大盘上。

2. 推理题：抽取一道推理题并给出正确解答。

3. 魔方：成功还原魔方。

4. 数独：需要根据 9×9 盘面上的已知数字，推理出所有剩余空格的数字，并满足每一行、每一列、每一个粗线格内的数字均含 1—9 且不重复。

三、活动的策划与组织

（一）活动名称

志趣园游会

（二）活动目标

体验和了解霍兰德职业兴趣的六种类型，对自己的职业兴趣和职业性格有更加切身真实的感受，初步了解自己的职业兴趣。

（三）活动参与对象

全体学生

（四）活动过程

1. 园游会分 6 个区域，每个区域对应一种霍兰德职业兴趣类型，安排若干与该类型相关的游戏活动。

2. 每个游戏活动分别由一名学生辅导员负责。

3. 参与者们可以选择感兴趣的摊位和活动并参与其中，在规则内完成游戏则可获得签章，集齐一定数量的签章可换取相应的礼品。

四、活动的实施及成效

“志趣园游会”自 2015 年策划实施以来，已经过了多年的实践，表演、志愿服务、决策、推理、肢体协调、找不同……在一个个特征鲜明的活动中，学生们根据自己的参与兴趣和完成情况，发现自己的职业兴趣和性格；并通过相关区域的海报，了解各类型的特征和相匹配的典型职业；在相关活动区域的周围墙面上，参与活动的学生们还能看到高一的学生在心理辅导课中完成的“职业信息思维导图”，这些被遴选出的优秀作品，被按照所属的职业兴趣类型进行展示，呈现了更加丰富具体的可参考职业信息，为活动参与者将来的职业选择提供了科学而多元的参考。

活动的最后，“大赢家”们通过集章兑换到了手绘明信片，将一份份充满了正能量的祝福和问候寄给未来的自己。

相较于传统的霍兰德职业兴趣测试，被采访到的绝大多数学生都表示自己感觉最有意思、最得心应手的游戏区域和之前量表测试的结果还是非常类似的。也有很多学生表达了对体验式活动的肯定：

“‘园游会’相比做测试更能让我们感受到自己擅长与感兴趣的内容，从而更准确地对应。纸笔测试一般都为概念性的内容且较枯燥，‘园游会’更为有趣生动。”

……

由此可见，此次游戏活动在中学生生涯志趣辅导中的运用还是一次比较有效的尝试。

五、反思与小结

在绝大多数学生表示欢迎和肯定的同时，也有学生提出了不一样的看法：

“感觉准备和实施的过程挺麻烦的，传统的纸笔测试会更高效吧。感觉纸笔测试适合于班集体进行，体验活动的话更多的是考验能力，只适合人数少时。”

“游戏展现得更直接，但不够完整，有针对性但不够强，纸笔测试的科学性和完整性更强一些，感觉结果会更具有代表性。”

由此可见，如何在人力和资源有限的条件下，让体验活动更加地丰富和精准，也将是接下来“志趣园游会”进一步完善和发展的方向。

不过，霍兰德职业兴趣测试体验式活动的设计与开展，原本就并非旨在替代传统测试，而是传统测试的一种拓展与补充。将传统的纸笔测试化为可参与、可体验的活动，旨在让学生于参与中具象地感受到自己的职业兴趣和能力；同时，用更加有趣的方式，激发和提升他们对自身职业兴趣和能力的探索热情。生涯辅导，授之以鱼的同时，更加重要的是授之以渔，并且“乐于渔”的态度。

学校的学习是为将来的事业做准备，一个人逐步培养自己善于规划人生路途、善于选择恰当职业的能力，是未来事业成功的条件之一。发现自己，展望未来，开始为自己寻一个合适的航向，才能知道什么风是顺风，才能拥有更多到达远方的力量。

（2018 年区级教研公开交流）

11. 像艺术家一样与世界对话

——点、线、面在装置艺术中的运用

张　莺

一、背景

本文以上教社八年级《美术》第一学期第二单元“创造现代生活”中的内容为例进行撰写。该单元在现有平面的剪贴和半立体的基础上进一步拓展内容，其中让学生尝试接触具有后现代主义风格的线立体装置艺术作品为“我的点、线、面”系列专题研究中的第三讲内容，前两讲学生已经对点、线、面的构成法则和形式美感有了一定的了解。这一讲学生将要进入像艺术家一样的创作过程，赏析后现代主义的艺术作品、体会艺术的多元表达、感悟作品表达的情感，继而引发学生对现实生活的关注、理解意义的解构、分析艺术形式与内容之间的关系。学生没有学过后现代主义作品的表达方式，综合实践的体验较少，但他们在小学和初中的美术学习中有过赏析和探究“三大构成”的经历。因此从这一角度看，初中生还是有一定的知识与技能储备的，这也为投入到更深层的学习与体验中提供了可能性。八年级的学生对艺术有一定的感知力，尤其是生活在大都市的学生，现代化、快速发展而开放的城市环境为他们提供了很多现代艺术的学习机会和条件，他们用多元文化来增加对艺术的理解和表达，用不同的艺术形式进行情感的倾诉，关注生活，关注自然，关注科技，关注社会。

二、案例描述

（一）复习与回顾点、线、面构成的形式美感

伴随着悠扬的钢琴曲，在一张张课件的转换中，教师用诗一样的语言告诉学生点、

线、面在艺术作品中的意义。点是生命的起源，线是情感世界的纽带，面是生命的舞台。聆听、回忆、联想，体会点、线、面构成的形式美感。第一部分的导入意在复习前2课时的内容，通过音乐、诗、画面等营造安静而诗意的艺术氛围，在学生享受艺术之美的同时，快速激发学生对本节课的学习兴趣，并为接下来的新课做铺垫。

（二）聆听大师与世界的对话，尝试理解大师表达的情感

通过观察欣赏日本当代艺术大师盐田千春的装置艺术作品，从材料（点材、线材、面材）、组织形式（散点、密集、发射等）、表达情感等方面了解盐田千春作品的艺术特征及其风格，在教师的带领下尝试读懂作品想要表达的观念与情感。

（三）分析归纳如何像大师一样用后现代的方式进行艺术创作和表达

在对盐田千春的作品分析解读的基础上进一步分析艺术家的创造方式，归纳总结出艺术创作的内容、原因、过程、方法。在教师的引导下尝试完成表格分析，从对盐田千春创作的材料、创作手法、风格、时代背景着眼，学会像艺术家一样思考。在分析中带领学生了解后现代艺术的三大要素，引发对后现代艺术意义及价值的思考；引导学生认识到艺术应当与时俱进，要关注社会，关注生活等；尝试思考如何借鉴经典并像艺术家一样创作。

（四）模仿艺术家创作的手法，从点、线、面出发，以线为主，尝试设计

布置作业任务，在教师范例的引导下启发学生运用盐田千春的创作手法（以线为重要表现语言）创作作品。感悟线的情感，设计拟创作作品中线的排列，直观感受线立体的形式美感，思考拟创作作品内容与形式的关系，合理布局点、线、面元素以及美感的呈现方式，为完成一组后现代主义的装置艺术作品做准备。

（五）小组合作积极参与后现代艺术作品的创作及表现

1. 分小组讨论像艺术家一样创作的作品的名称、工具材料、构成形式，并设计草图。

表1　“像艺术家一样与世界对话”作业单

<table>
<tr><td>小组成员</td><td></td><td rowspan="4">草图</td></tr>
<tr><td>作品名称</td><td></td></tr>
<tr><td>工具材料</td><td></td></tr>
<tr><td>构成形式</td><td></td></tr>
<tr><td colspan="3">我对世界有话说：</td></tr>
</table>

2. 选择材料。

3. 在组长带领下完成作品。

4. 填写表1。

5. 通过师评、互评、自评，说出对作品的整体感觉；体会后现代艺术作品的感官印象

及情感表达，共享像艺术家一样创作的体会。

学生作品选

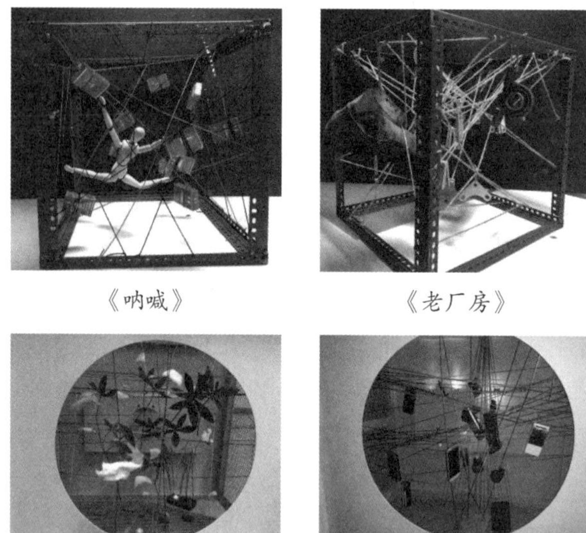

《呐喊》 《老厂房》

《绿色畅想》 《信息时代》

三、案例分析

（一）立足时代，寻找多样的表达方式，创新探索

这个综合实践活动以让学生接触后现代风格的装置艺术为教学的内容和形式，这是符合当下时代发展并具有创新意识的尝试。

后现代是当下艺术创作表现的很重要的形式，因为它更综合、更广泛，更关注艺术家内心的情感和观念的表达。让学生接触后现代艺术，也是让他们尝试走出传统艺术表现形式，接触一个更为自由、更为多彩的艺术世界。本案例围绕学生已有的点、线、面的构成法则和形式美感等核心内容知识，从欣赏日本艺术家盐田千春的作品入手，与学生共同研究盐田千春在其作品中所体现的艺术风格与艺术手法，讨论其解决内容与形式之间关系的个性所在，分析其在材料运用等方面的独到之处，帮助学生感悟艺术家在作品中所传达的情感，强化对后现代艺术的认识。发现生活中的点、线、面，运用掌握的基本的点、线、面的构成规律，启发学生像艺术家一样创作，学会对艺术作品进行意义解构及多元表达。这是一种对艺术创作的全新体验和创新实践。

（二）综合实践教学，更显大艺术精神

在夯实初中基础型艺术课程中“三大构成”教学内容的基础上，既要把握好形式美感固有的特征和规律，又要考虑到初中生现有的认知水平和学习能力，还要引导学生像艺术家一样去创作，开展艺术综合实践活动。让学生在“大艺术”的各个领域中，围绕现实生活中有意义的主题，收集素材、筛选信息、借鉴经典、构思并进入具体制作、修改、充实、完善等过程，运用对比、类比、体验、赏析、表现等方法，开展合作、展示、交流、自主探究等多种方式的艺术学习。

在本案例中以基础的点、线、面为元素，从平面到立体，尝试完成一件后现代风格的

装置艺术作品，不但能全面学习艺术、锻炼多种学习能力、创作出高质量的艺术作品，也能落实三维目标，更好地实现艺术学科的育人价值。这是内容形式的统整和综合运用。

（三）关注情感，引发思考，彰显学科育人的本质

就当前艺术教学而言，或许更侧重于关注作品的形式美，引导学生创作美的艺术作品，而没有过多地关注艺术创作的真谛——情感的表达。而后现代装置艺术关注生活中不起眼的事物，用艺术的语言赋予这些事物以更多的意义和生命，这对于中学生是一种全新的体验。让学生选择使用这些曾经不起眼的废旧材料时，更多地引发了其对生活的关注、对社会的思考、对自然的感悟等，这些或许能触动他们的心弦，或许释放了他们心底的情感，让他们关注生活，关注自然，关注科技，关注社会。通过艺术的形式进行阐述和表达，反过来也会增加对艺术的理解和认同。我想这就是我们艺术学科审美立德、文化立身的学科育人宗旨吧！

（2018 年获上海课改 30 年学科类成果丛书一等奖）

12. 高中英语阅读词义推断策略教学的实践与思考

——巧用语境、聚焦词句篇

李成君

【摘　要】本文探讨了教师如何从词、句、篇的层面利用范例，如何指导学生利用语境信息（即句内句间的语法和语义线索、段间衔接手段和篇章结构线索）在阅读中进行词义推断，提高学生的阅读效率及词汇学习能力。

【关键词】词义猜测；语境；句内句间线索；段间篇章线索

一、引言

在英语阅读过程中，读者时常会遇到生词，在语篇难度与阅读能力大致匹配或语篇难度略高于阅读能力的前提下，为了流畅高效地阅读，结合语境推测词义，是有大量英语阅读需求的读者需要熟练掌握的一项阅读技能。同时，在高考阅读理解试题中，也包含了对这种阅读能力的考查，其形式涵盖了推测生词含义、推测熟识词汇在语境中的新用法等。有时这种考查不仅限于对单个词的理解，也涉及对短语和句子含义的推测。

然而，就词义猜测相关策略，笔者通过对所任教班级的学生进行问卷调查发现，有近

三成的高三学生在阅读中很少有意识地进行词义推断。而在那些经常主动在阅读中运用词义猜测策略的学生中,通过词汇层面的线索(构词法)进行词义推断的占六成左右;能运用文章篇章结构线索,联系上下文进行词义推断的学生则少之又少。

《普通高中英语课程标准(2017 年版)》指出,英语学科核心素养之四,即学习能力,要求学生需具备主动调适英语学习策略、拓宽英语学习渠道、努力提升英语学习效率的意识和能力。因此,在文章略有生词时,教师应当鼓励学生坚持阅读,借助上下文语境对这些生词的词义进行推敲,指导学生形成主动猜词的意识,帮助他们熟练掌握相关技巧。

二、巧用语境,从词、句、篇层面推测词义策略的教学实践

结合高中阶段学生所接触的语篇特点,可以从单词、句子、语篇三个层面入手。在词的层面进行词义猜测,主要借助构词法,对语境的依赖性相对较小,学生了解及掌握程度较高。因此本文主要聚焦句与篇,总结、梳理句(句内、句间)与篇(段间衔接、篇章结构)层面,并结合语境猜测词义的实用策略。

(一)利用句内和句间语法、语义线索推断词义

在句子层面,无论是句内还是句间,语境都为读者提供了丰富的语法、语义线索,因此有助于推断出词义的线索非常多。就帮助高中学生梳理和积累推断词义的策略而言,教师可以从定义解释方式、词汇衔接方式、逻辑衔接方式这三个角度切入,帮助学生梳理与总结。

1. 定义解释方式(下定义、举例、复述)

为了帮助读者理解所要阐述的术语和概念,避免混淆和误解,直接下定义是一种非常常见的释义手段。常使用含有 define、mean、refer to 等释义类动词或短语的信号词和定语从句。以 2013 年高考上海卷阅读 A 篇中 amusic 一词为例:原文在第一次出现 amusic 一词后,紧接一个定语从句"People who are amusic are born without the ability to recognize or reproduce musical notes."对 amusic 加以阐述,使读者立即明了 amusic 指的是天生不具备辨认音调能力的"无乐感的人"。

除了下定义,用举例的方式对术语和概念进行补充说明也很常见。如在"Defined most broadly, folklore includes all the customs, belief, and tradition that people have handed down from generation to generation."这个例句中,通过信号词 include 及下文中代代相传的习俗信念传统,读者不难推断出 folklore 指的是"民俗"。

对生词进行释义的方式还有复述,即使用 that is (to say)、in other words、namely、or 等信号词;冒号、破折号、括号等标点符号;同位语、同位语从句、同位成分等引出生词的解释及说明。如在"Analyzing the law of the talion — an eye for an eye, a tooth for a tooth — William Ian Miller presents an original thinking over the concept of 'pay back'."一句中,通过破折号内的信息"以眼还眼、以牙还牙",以及后文 pay back,帮助读者推断出 talion 意为"报复、复仇"。

2. 词汇衔接方式(原词、同义或近义复现,上下义复现,反义复现)

另一大类的猜词策略是利用词汇衔接手段来推测词义。有时,当读者们第一次在阅

读中遇到某个生词时，周围没有明确指向信息；而当读者继续阅读，该词可能会在后文再次甚至多次出现，并且提供了足够的语境信息来帮助推测词义。以 2014 年高考上海卷阅读 C 篇为例，文中 swap 一次以不同形式复现，结合语境信息，Rikke Wahl 参加了一个实验，通过虚拟现实装置，看到自己与搭档交换了身体，从而可以推断出，这是一个“身体交换”实验，因此 swap 是“交换”的意思。

除了原词复现，当文中有需猜测生词的同义词、近义词时，读者同样不难做出推断。如在“He replied quickly. But after he considered the problem more carefully, he regretted having made such a hasty decision.”两句中，如果读者结合了前一句中的 quickly 这个副词，立即就可猜出后一句中的 hasty 是“仓促、草率”的意思。

上义词和下义词是具有种属关系的一组词。意义概括的词是上义词，意义具体的词是下义词，如在“Select one of these periodicals: *Time*, *Reader's Digest*, *Newsweek*, *The Economist*.”一句中，根据下义词《时代周刊》《读者文摘》《新闻周刊》《经济学人》等杂志名称，上义词 periodical 是显然指“期刊，杂志”。

反义复现也经常出现。如在“Recognize your personal strengths and weakness. Everyone has both. As self-acceptance grows, shyness naturally diminishes.”一句中，有三组意思相反的词“长处”和“短处”、“自我接纳”和“害羞”、“增长”和“降低”，因此读者可以立刻得出 diminish 表示“削弱，降低”。

3. 逻辑衔接方式（转折、对比、因果、比较等）

除了定义解释、词汇衔接手段，在高中阶段英语阅读中常见的第三大类猜词策略——利用句内和句间的逻辑关系，其也是猜测词义的有效助力。其中信号词为 but、however 等词的转折关系，信号词为 because、therefore、thus、so 等词的因果关系，高中学生都已非常熟悉，在此不再赘述。

当句子中存在对比关系时，读者只需找到信号词 unlike、while、in contrast to、on the contrary、rather than、instead of 等词，根据语境信息，取其对立面即可得出生词词义。如在“A good supervisor can recognize instantly the adept workers from unskilled ones.”中 from 表示对比，虽然比较隐蔽，但从句意来判断，相对于缺乏技术训练，adept 自然表示“熟练的”。

通过比较、类比推测词义常可以借助 by comparison、similarly、just as 等信号词。如在“Doctors believe that smoking is detrimental to your health. They also regard drinking as harmful.”一句中，利用信号词 also 与下文 harmful 一词，读者不难推断出 detrimental 同样意为“有害的，有破坏性的”。

（二）利用段间衔接手段与篇章结构线索推断词义

除了句子层面的猜词策略，篇章层面的段间衔接手段和篇章结构也可以为读者提供词义猜测的线索。以 2014、2015 年上海卷真题为例。

1. 段间衔接手段

2015 年阅读 A 篇第 67 题，包含题干中“the heyday of the snowman”这一短语的句

子，位于文章第四段首，起承上启下的作用。文中第二、第三段主要介绍了雪人在历史上受人关注的几段时期及相关的历史事件，而第四段则主要介绍了当代雪人依旧作为重要文化现象存在的具体例子。通过段落间的承接关系，学生可以推断出第四段的段首句意为“如果你害怕雪人受欢迎的日子一去不复返的话，请不要担心”。

2. 篇章结构线索

再以 2014 年高考上海卷阅读 A 篇第 67 题为例。这篇文章分七段，为首段总起、末段总结的总分总结构。首段中的 lie、behave dishonestly、dishonesty 和末段中的 can't trust her 提示了文章主题，动物为了更好地生存而愚弄和欺骗其他动物。首段里的“from birds to chimpanzees”又提示文章主体部分分为两层，分别讲述鸟类与猩猩。因此，不难猜出画线词 sneaky 是 dishonest 的同义词，即“偷偷摸摸、鬼鬼祟祟”的意思。

三、思考与建议

词汇的具体含义无法脱离其存在的语境，找寻语境中隐含的句内句间、段间篇章线索是准确理解词义的途径之一，掌握和积累相关词义猜测的策略也是提升词汇学习能力、促进阅读能力发展的有效渠道。基于上文结合语境对词、句、篇层面相关词义猜测策略的分类、梳理，教师在教学中可关注以下几点：

第一，高中学生在阅读的过程中，往往见木不见林，更多地关注局部的信息，而缺乏对阅读篇目整体性、脉络性的把握。在利用语境进行词义猜测时也是如此。因此篇章结构意识在教学中必须进入教师视野，从而提升学生阅读中的语篇意识。

第二，通过梳理不难发现，每种类别的词义猜测策略往往有相应的信息提示。熟练掌握这些信号词，能帮助学生在阅读过程中第一时间发现推测词义的线索。基于此，教师应重视信号词以及相关语法线索，并在教学中帮助学生加以提炼、总结。

第三，在帮助学生进行词义猜测策略梳理时，需要大量为学生所熟知的语料，这就需要教师及时做好语料例句、范例篇目的积累和更新。除了需要单独语篇的及时指导，还需要综合多语篇进行系统梳理。

第四，在阅读过程中，能否成功地运用词义推测策略推断出词义，也受到学生自身阅读水平和对于相关背景熟识程度的制约。阅读水平较高、知识面广的学生，更有机会在正确理解句意及语篇内容的前提下，成功地运用策略推断出生词含义。因此，结合语境猜测词义虽然能有效地扫清阅读障碍、提高阅读效率，但其作用不可过分夸大。鼓励学生通过广泛阅读、积极主动地进行多层次的词汇学习，在语境中掌握、积累词汇来提高阅读能力，仍是教师词汇教学的主要任务。

参考文献

[1] 中华人民共和国教育部.普通高中英语课程标准(2017 年版)[S].北京：人民教育出版社，2018.

[2] 王瑛.外语阅读水平对词义猜测影响的探析[J].外语与外语教学，2011(06)：47－50.

[3] 王改燕，万霖.二语阅读中语境线索水平对词义推测的影响[J].外语学刊，2011(06)：94－97.

[4] 赵福利.关于阅读中词义猜测策略的探讨[J].解放军外国语学院学报，2002(02)：74－77.

（2019年区级教研公开交流）

13. 渗透学科思想，提升学科教学价值

严　虹

现代教育引入了很多新颖的教学手段来提高课堂教学的效率，促成学生学习方式的改变，如数码互动教学、电子白板教学、组织有特色的学生活动等。随着新技术的运用，课的容量大大扩增了，那么课的密度该如何跟上？应该拓展哪些内容？今天的教师，尤其是青年教师大多依赖电脑等多媒体技术实施教学，如果有一天学校因停电等原因无法启用这些设备了，那我们的课该怎样上呢？抛开技术因素，回归教育的本真，探索教育的方法，我想这些应该是学科德育所赋予的使命。

教育的本真应当是育人，通过知识的媒介培养学生对知识的运用和解决实际问题的综合能力；通过学校的社交帮助他们树立正确的价值观，成为一个健全的人。教师在这个过程中所担当的责任在于准确认识教学的目标指向，深刻理解教材、理解课程标准的含义，了解学生的认知起点与认知基础，进而正确地制订教学目标，有效组织、运用教学资源，切实提高教学效率。

就生命科学这门学科而言，学生能记住的知识是极其有限的，这门学科教给学生最重要的是生物知识背后所蕴含的生命存在的意义。生命世界中无处不在的适应现象，对学生树立正确的价值观有着不可或缺的引导作用。正是基于这样的理念思考，我们在教学过程中，立足将学科思想融入学科教学，使学生对生物学有一个整体性的认识。

我们主要可从以下三条路径来渗透学科思想。

路径一：以科学研究史为探究载体，使学生掌握科学研究的方法，学会对事物的综合理解和评析的能力。呈现科学研究历程，可以使学生了解科学研究的艰难性和复杂性，也可以对难点知识进行精细化的分析和处理。例如“光合作用”经历了200多年的研究

历程,至今仍然是生物学研究的热点前沿。教学中让学生分别按时间年表和研究问题类型对实验进行分类整理,使得学生感悟到对光合作用过程的研究并不是按发生顺序进行的,而是不同的小组围绕不同的问题,同一问题又可运用不同的方法展开交叉式、螺旋式的研究的。同时,这部分知识也是教学中的一个难点,抽象而深奥,需要在宏观与微观两个领域进行思维转化。同样,可以利用研究史找出某一关键实验作为组装点,以展示难点知识的发生、发展过程,并借助其内在的逻辑关系,促进学生思考,发现问题,解决问题。

路径二:融入生物进化、统一性等生物学观点,帮助学生确立科学的辩证唯物主义自然观。任何一门学科都渗透着哲学思想,生命科学的哲理体现的应是自然生命独有的思想价值。在生命科学中,有很多哲学思想是隐含在知识当中的,需要教师对教材、对课标有深刻的理解,并将其挖掘出来,赋予学科知识哲学使命。例如在“细胞结构”教学中,关于细胞器的种类及功能,学生在初中已有一定的了解,但对这部分内容的认识程度还不够全面和深入;高中阶段对细胞器的学习正是从系统的角度来认识细胞,认识系统内的主要细胞器的结构和功能及细胞器之间是怎样分工的。但教材并未提供建立细胞器功能之间关联性的信息材料,这就需要教师精心设计教学过程,引导学生深入学习,以利于学生形成个体独立与整体统一的细胞学观点。又譬如“生殖和生命的延续”一课,通过对不同生殖方式的优劣分析,培养学生的辩证思维;引用生殖方式演变的阅读材料,融入生物进化的生物学观点。这些亮点设计提升了整节课的内涵,贯穿了结构与功能相适应、生物进化的学科思想,使得整堂课内容更丰满、知识结构更完整。

路径三:进行社会生活实践,学习、积累有益的生物学经验,促进人生健康成长。生命科学的学科价值在于“生命”二字。教会学生认识生命、珍惜生命、尊重生命、热爱生命乃是生命学科的教旨所在。而一线教师所要做的就是努力把这一宗旨化为一切实实在在的体验和感悟,使学生从中获得启迪。例如“遗传病预防”的内容相当浅显,三页的教材内容,基本上五分钟就能看完、读懂,并能很快记忆、复述。这样的知识,有必要花费一节课的时间来进行教学吗?从学科价值的角度重新审视教材内容可以发现,降低遗传病发生的措施、提倡优生对于学生今后的家庭生活有着重要指导意义。从学生认知程度看,学生多半知其然而不知其所以然,这就需要教师有效组织教学,帮助学生深入理解实施这些措施的科学原理。在教学中以真实的新闻报道呈现情境,涵盖从恋爱走向婚姻、从新生命孕育到诞生的几个人生重要历程,使学生在学习的过程中能深切领悟到有效预防遗传病关乎自己一生的幸福。通过案例讨论,引导学生发表自己的见解,更正学生对于遗传病的误解,并指导学生运用所学的遗传学知识来帮助解决案例中的问题。更重要的是,学生在帮助他人解决问题的同时,也在无形中对自己的健康生活做了正确的规划。最后从婚前、孕前、产前、产后四个阶段加以整理、归纳,引导学生将看似独立的各个措施之间建立起逻辑关联,从而加深对预防措施的理解和记忆。

能力的培养有多种途径,在教学中重视学科思想的发展是极其重要的,因为“自然科

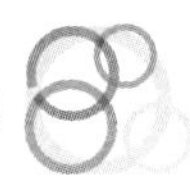

学自身的观念更新推动了自然科学的发展”。基础课程中基础知识的深刻化处理，对教材中或比较浅显、或比较枯燥、或比较深奥的知识点进行创造性的再处理，融入学科思想，精心打磨课堂，力争上出生物课的内涵，提升生物学的学科价值。

（2019 年发表于《学科德育经验汇编》）

14. 高中统编教材单元资源设计策略研究

——以《思想政治》必修 1“中国特色社会主义”为例

吴文艳

【摘　要】使用统编教材的思想政治课采用单元议题教学，单元资源是单元活动设计依托的主要对象，直接关系到学习目标的达成与学科素养的落实。本文结合教育者在必修 1 教材施教过程中的具体案例，以高中统编教材单元资源设计利用策略为重点，提出建议与思考。

【关键词】单元资源；核心素养；资源设计策略

一、单元资源的内涵

教学资源是指为教学的有效开展而提供的各类可被利用的条件，即教学过程中被教学者利用的一切要素。美国教育传播与技术协会（Association for Educational Communications and Technology，AECT）在 1994 年将其定义为教学材料、教学环境和教学支持系统。现根据教学理念的转变，我们也将其理解为学习资源。单元资源即指立足教材单元编排，在某一特定单元内教育者为实施其教学，以帮助学生达成单元学习目标的所有显性或隐性的资源组成要素。它包括显性的物化资料，如图片、音频、视频、实物、程序软件、场馆元素；也包括隐性的跨学科理论、学生既得经验等要素。

二、单元资源的类型及其开发利用策略

单元资源设计包括单元资源的选择、整合与使用，它直接服务教学活动设计，关系整个学习目标的达成，是单元规划视野下思政课教学的关键一环。不同类型的单元资源在教学过程中发挥的作用与切入的时机都不尽相同，在选择与利用资源支撑学习活动设计，推进课堂教学的同时，应根据相应的标准区别对待不同资源，并对资源进行“再改造”，使之成为有价值的单元资源，有效助推学生的学习活动。尤其在思想政治课统编教

材新增模块“中国特色社会主义”内容教学中，涉及了更广泛、更丰富的资源使用，同时又面临教学任务重、学业水平质量要求相对较高的实际状况，故而对单元资源进行系统认知和有效整合利用就显得格外重要。

（一）单元资源类型

单元资源按其载体形式划分，有文本、图片、视频、实物等资源；按课程领域划分，有本学科课程资源、跨学科课程资源；从对教学实际支持作用看，有显性的材料资源、相对隐性的生成资源以及软件支持系统等。

（二）单元资源设计策略

对于不同类型的单元资源，笔者选取其中的一些常用类型，分析其相关的设计策略。

1. 资源的甄选做到来源真实可靠，内容典型适切

（1）科学筛选、善于积累

这一策略主要针对文本、图片、视频等载体的材料资源。网络信息技术的突飞猛进，给资源本身的“真”“伪”识别带来了严峻的挑战。只有保证单元资源的“真”与“实”，才能正确引导青年学生树立正确的人生观、价值观，坚定理想信念，立志为中国特色社会主义事业奋斗终生。

统编教材《思想政治》必修1“中国特色社会主义”需要大量相关文献、史料、新闻元素的支持。在当前开始推行的统编教材教学交流中，时常发现资源选取随意、表达方式不规范的情况，对此，单元资源的“正本清源”显得尤为重要。在当前信息高度发达的时代，甄别来源其实并非难事，我们可以从主流、权威的刊物、网站等渠道检索获得。这些媒体平台提供的资源来路正规，表述科学，不会歪曲事实与产生歧义。

所有的有用资源需要教学组织者有一个长期关注积累的习惯，可以通过建立思想政治学科资源素材库目录，将查找到的相关资料分门别类置于文件夹内，同时备注出处时间，做到对知识产权的尊重与检索的科学严谨。

（2）勤于比较、取舍有度

从单元资料的形式上看，视频资料较图片资料更为生动立体，尤其辅助音频支持，能全方位地展现需要的情境，对于时间充足、重点突出的环节，其表达效果更好。而若是从直观性、阅读素养、学习维度比较来看，文字资料则显得优点突出。

从单元资料的内容上看，课堂学习需要的资源素材应当典型、独特。典型是指资料对于教学主题表达的直接性、关联性、重要性。独特是指资源的甄选应当结合不同地域、不同层次的学校，注重乡土资源和身边资源的开发利用。对于学习者和教学组织者，都更容易凭借既有经验与情感认同进入课堂过程。

2. 资源整合立足核心素养，围绕学习目标，紧扣议题教学

统编教材采用单元议题式教学，单元资源在甄选后需要根据教学议题的情境、学习目标进行整合再加工，以促进学生核心素养的习得与提升。

在单元资源整合过程中，可以将以学科核心素养及其表现水平为主要维度的单元学业质量标准、单元学习目标、单元核心议题及其子议题与单元资源进行列表式对应，寻找

到各个标准、目标、议题、资源之间的交叉呼应点，进而将甄选后的单元资源进行对接。

3. 资源使用融合过程性评价，助力学生对资源的再创造

在这一过程中，可以将过程性评价融入资源设计，通过可观察、可测量的生成性资源的收集开发，并辅以软件系统资源的支持形成混合式学习模式，有效推进教学。在资源的本身使用中，可以将学生的参与情况作为过程性评价依据，其参与成果作为原资源的延伸与重整，通过媒体软件系统资源的支持，构成可供课堂使用的新生资源。

比如在讲述必修1“中国特色社会主义”第二单元到第四单元的过程中，我们同时设计了大型主题活动“我看新中国70年”。按时间顺序将新中国70年的发展状况分为六个历史阶段，每个班级根据拿到的时段，依据当时的现实国情，寻找最具代表性的特征，通过线上线下资源进行呈现。通过任务尝试，学生最终的呈现状况以录像的方式进行了全程记录，形成了宝贵的课程评价依据，并通过相应的软件平台转变为若干个可供后续教学使用的优秀单元资源。

三、单元资源在统编教材必修1教学实践中的运用案例

以“原始社会的解体和阶级社会的演进”教学为例，见表1。

表1　单元资源在统编教材中的运用

核心议题	子议题	能力目标要求	单元资源类型	资源设计策略重点
原始社会到奴隶社会的过渡是历史的进步	1. 私有制产生的标志 2. 奴隶社会的进步性	• 列举原始社会末期私有制产生的标志，正确认识私有制在原始社会解体中的作用 • 阐述金属工具的使用、劳动分工及其对生产力的影响，懂得奴隶社会化代替原始社会是历史的进步	• 材料资源：文本、图片 • 跨学科课程资源：马克思主义基本原理；中国古代史；考古人类学 • 系统资源：UMU互动学习平台	1. 文本、图片资源来源可靠 恩格斯著作《家庭、私有制和国家的起源》 2. 跨学科课程资源介入围绕议题，服务“能力目标要求” 3. 关注课堂过程性评价路径，实现资源再生成

本框题教学中，采用单元议题教学，围绕“原始社会到奴隶社会的过渡是历史的进步”这一核心议题进行主题活动与单元资源的设计。

在单元资源设计过程中，首先根据学科核心素养划分水平、按照课程标准学业质量要求制订单元目标，同时依据能力水平中描述的关键动作如列举、阐述等，结合分解后的子议题进行资源的筛选整合。

在子议题“私有制产生的标志”单元资源设计中，主要采用了材料资源中的文本资源，经过节选整合，辅以少许图片资源。文本资源能较好地实现理论“定向”，科学引导学生认识社会发展与私有制的产生；同时涉及跨学科课程资源，如马克思主义基本原理。

在以获取现存的天然产物为主的蒙昧时代，群婚制度广泛存在，是人类最古老的家庭形式；在人们已经学会畜牧和农耕的野蛮时代，与之相对应的对偶婚制产生，但没有使

共产制家庭经济解体，于是为了维护更加稳定的家庭关系，生育有确凿无疑的生父的子女，专偶婚制度产生。

一夫一妻制（专偶制）的本质是以经济为基础，即以私有制对原始的自然产生的公有制胜利为基础的第一个家庭形式。

单元资料设计意图旨在帮助学生全方位完整了解人类私有制在原始社会产生的社会背景，私有制的诞生伴随着人类婚姻家庭结构的演变发生发展。而鉴于后代在劳动工具、牲畜、土地等物质财产继承上的确定性增强，以及社会生产力的发展、劳动生产率的提高，以家庭为单位的个体劳动开始兴盛。这对学生全面合理把握私有制的产生起到了有效的辅助作用。

在子议题“奴隶制社会的进步性”单元资源设计中，采用了UMU互动学习平台资源，将子议题设计的学生活动以在网络平台上传交流的形式实现。在资源整合中，结合了中国古代史的理论知识，同时也形成了一批课堂生成资源。

活动设计：查找、提供你所知道的我国奴隶制社会的文化遗产（文物），并对其价值进行简单备注说明，通过UMU互动学习平台“照片”课程栏目进行上传与互评。

单元资源的设计中涵盖了具有可操作性的课堂过程性评价，可依据学生的活动情况及呈现状态判断教学目标是否达成；同时每位学生的实时反馈也成了再生单元资源。从课堂实际效果看，不少学生凭借对古代史的了解与对文物的兴趣提供了具有典型性的时代文明成果，如后母戊鼎、散氏盘、大克鼎、曾侯乙编钟、甲骨文等，并备注了馆藏地点、出土时间、所属时代。在互动学习平台上，学生能够共享资源，每一位学生都成为单元资源的创造者与参与者。

“中国特色社会主义”课程并非历史课。在利用中国古代史跨学科资源的过程中，笔者通过追加设问“评选最能反映人类社会进步性的文物”“奴隶社会与原始社会生产方式比较”，让学生对现实史料资源进行再度筛选，最终将着眼点聚焦到“青铜文明”“文字起源”上。学生理解了奴隶社会在存在私有制剥削关系的前提下，实现了生产力的大发展与文明的繁荣，进而领悟到人类社会发展的客观规律。总之，在统编教材单元教学中，单元资源本身虽不是最突出的构成部分，但却深刻影响教学目标的达成，其本身已成为议题教学学习活动的有机组成部分。在系统教学环境下，尤其是信息技术高度发展的当前，我们需要对单元资源的内容有充分的认识——在立足学科素养的前提下，将资源的整合设计与单元教学设计充分融合，使单元资源真正成为紧密附着在单元“骨骼”上的血肉，才能使课堂学习变得灵动而真实，才能使理论深入人心，培育出有着坚定信仰的社会主义事业接班人。

参考文献

[1] 刘颖.基于课程标准的思想政治学科教学设计与评价——思想政治学科“教学评一体化”研究初探[J].现代教学，2019(18)：42－47.

[2] 曾鹏辉.思想政治学科课程资源建设“三为”解读[J].中学政治教学参考，2019

(13):56－57.

[3] 张异宾，张天宝.普通高中教科书　教师教学用书思想政治　必修1　中国特色社会主义[M].北京：人民教育出版社，2019.

[4] 中华人民共和国教育部.普通高中思想政治课程标准(2017年版)[S].北京：人民教育出版社，2018.

(2019年发表于《思想政治课研究》)

15. 新材料与数字化手段在初中篆刻教学中的探索实践

丁哲峰

(中学美术二级教师)

【摘　要】篆刻作为一门中华优秀传统技艺，具有欣赏价值与文化传承意义。初中学段由于学情、材料工具准备及安全性等问题，在篆刻初体验与篆刻创作之间产生了明显的习练断层，存在提升的空间。本研究中运用调查法、对比法、实验法和观察法探究新材料和数字化手段对篆刻教学效能的增强作用，弥补习练断层，尝试更好地将篆刻教学在初中学段中进行落实。

【关键词】传统文化；初中；篆刻教学；新材料；数字化

一、研究背景

党的十八大以来，党中央高度重视中华优秀传统文化的传承与发展。篆刻艺术于方寸间施展技艺、抒发情感，深受中国文人及普通民众的喜爱。少年儿童出版社的七年级(上)教材中“灿烂的书法艺术”单元与八年级(上)教材中“感受古老文明”单元中涉及篆刻教学的内容与要求，受限于初中学段学情、材料工具准备及工具使用安全性的考量，篆刻课程往往削弱或避过篆刻体验部分，使得课程过于平面化。在印面设计环节中，传统的图示法和讲授法以及纸质手绘的呈现方式已经无法满足学习者的需求。

二、研究综述

(一) 国内有关篆刻教学落实的研究现状

国内篆刻教学研究主要集中于激发学习兴趣研究、篆体字识别研究、治印步骤简化研究。而利弊并存,例如激发学习兴趣而增设的课堂互动可能会延长课时;查阅名家篆体字帖有一定权威性,但会增加备课成本,且仍有准备盲区;治印步骤简化在传统技法与体验连贯性上难以两全。

(二) 国内外关于新材料篆刻工具介入教学的研究现状

新材料篆刻工具介入教学的研究在国内与日本等亚洲国家开展得如火如荼,主要是寻找替代成品材料的方法,但其性能本身仍有缺失和提升的空间。

(三) 国内外关于数字化混合式教学环境的研究现状

混合式学习(Blended Learning)是一种来自国外的新型学习方式,我国研究者将其与我国国情融合并进行实践,其在优化学习体验方面有较高应用价值。

三、研究设计

(一) 研究目标

(1) 研究可以扩容课堂、激发学习者兴趣、提高表现力的教学模式。

(2) 基于篆刻习练功能开发新的篆刻材料,替换传统篆刻配套工具,简化体验过程,提高操作中的安全性、时效性,呈现完整度。

(3) 切实贯彻传承优秀传统文化大概念,培养学习者的核心素养。

(二) 研究内容

(1) 将篆刻内容融入混合式学习,设计相应的线下环节,整合线上学习资源。

(2) 针对体验过程时间长、步骤多、工具难操作等问题,优化篆刻习练教学具。

(三) 研究方法

(1) 运用调查法梳理传统篆刻体验难点。使用分层抽样、群体抽样与随机抽样相结合的模式,从初中学生、未体验过篆刻的成年人与有一定篆刻经验的成年人中收集问卷数据。通过数据分析,了解篆刻教学的普及现状以及造成体验困难的核心问题,锁定研究突破口。

(2) 运用对比法找出混合式学习在篆刻教学中的优势。记录传统模式与混合式学习中的篆刻教学数据。在原有基础上,拓展混合式学习的线上平台资料上传功能,打造课堂兴趣培养与课后自学成才的混合式篆刻学习课堂。

(3) 运用实验法优化篆刻技法体验所涉及的材料,完善各项材料指标,以形成教学具,设计相应的课程环节后投入课堂实践。

(4) 综合上述调查法、对比法、实验法,通过观察法总结评估其对于初中学段篆刻教学的推动与促进作用。

(四) 研究过程

1. 初中篆刻教学的现状调查与分析

(1) 问卷调查:由10道题目构成,其中4道是非题、4道选择题、2道简答题。闭合式问题占80%,开放式问题占20%。反馈如下:

初中学生	① 知道阴刻、阳刻,但对篆刻治印步骤不清楚 ② 课前对篆刻印章的发展历程不明确,对章法布局特点及美感不理解 ③ 相比于传统印章更倾向于软韧的橡皮章体验
无篆刻经验的成年人	① 听说过印章设计和篆刻治印,一旦提起就能想到复杂的工序 ② 关于章法美观停留在方正整齐,即横平竖直 ③ 知道几种篆刻刀具,但具体的分类不清楚,也不知道该如何使用
有篆刻经验的成年人	① 不知道篆刻印章作品可以单独欣赏,认为印章是书画落款附属品 ② 不了解印谱的呈现形式 ③ “刻”的环节最需要辅助,同时也是乐趣所在 ④ 希望有柔软易于塑形的篆刻章石及更容易获得、操作的篆具 ⑤ 希望省去边款拓印,着重于单字或双字的体验

(2) 访谈调查:围绕初中篆刻课堂现状进行提问,并向美术教师与教研员进行了解。

问题一	目前初中篆刻教学的课程标准是否需要充分落实?
问题二	篆刻教学目前遇到的最大难点是什么?
问题三	篆刻教学的痛点在哪里?
问题四	课堂设计环节有哪些地方可以进行优化?
问题五	课堂治印环节有些什么比较好的材料推荐?

在访谈调查中,美术教师与教研员都认为充分落实课程标准中篆刻教学的要求是非常有必要的。篆刻教学目前遇到的最大难点是篆刻教学的体验环节——治印步骤多、耗时长,学生兴趣低。教研员给出了寻找替代品的思路,基于现有的篆刻材料找到更易于篆刻体验的替代品,创设适合学情的治印环节及体验方法。

2. 初中篆刻教学中的问题与对策梳理

经归纳筛选的主要问题有以下两点:第一,课程与生活脱轨。初中学生在生活中见过篆刻印章,但只停留在见过、初识或欣赏层面。对于篆刻技艺与文化是如何诞生、怎么样传承、运用于何处还不甚明了。第二,缺乏学习兴趣。学习者不明白传承优秀文化的意义,很难有动力去深入了解并体验篆刻。来自步骤、工具、材料等的非必要难点和衍生问题较多,当学生投入精力后但成效不佳时,自信心会被打击。

经归纳筛选的积极对策如下:第一,注重知识迁移。篆刻学具应根据学情进行优化及调整,在安全性的基础上考虑新时代的环保理念,配套工具应贴近生活用具。第二,减弱教师讲授部分,辅以影音、动图等多元素来调动学习者。课堂互动讨论、合作环节需要适量增加,让学生成为教学的学习主体。第三,借助信息化手段增设线上预习和自学兴趣小组功能,在课堂教学之外也可以随时随地地学习。

四、研究成果

通过“一起来篆刻”单元课程的实践可以发现：混合式学习所提供的教学环境与设备能够较好地辅助教学的开展，新材料学具能够切实降低篆刻体验门槛。课程的设计中根据学情、教情、已有设备，增设了互动、合作的教学活动，以兴趣引领着学习者完成了本单元的教学目标。

五、研究结论

（一）新材料篆刻对传统篆刻教学体验的改变

新材料篆刻使学习者对篆刻教学的传统认知发生了转变。学习兴趣变化从三分钟热度变成了持续升温；课堂氛围从沉闷变得活跃；学习效能由低变高。

（二）数字化混合式教学课堂对初中篆刻教学的促进作用

在本单元中，希沃白板作为混合式学习的硬件设备、课件演示及作品展示的平台，对课堂教学的推进帮助很大。数字化混合式教学平台贯穿整个教学过程，课前的预习、自主探究在课前早已开始，在课堂之上的课件播放、资料参考、作业上传与展评，以及课后自评、学习笔记也是在平台上完成。让教学借助数字化混合式平台一直延展到每一位学习者的生活中。

参考文献

[1] 马士达.究心篆刻本质　建立开放模式——关于改进篆刻教学的一管之见[J].书法之友，1999(10)：31－36.

[2] 庄维嘉.书法和篆刻：亟待重视的美术基础实践课程[J].艺术与设计(理论)，2009，2(06)：149－151.

[3] 蒙涓.方寸之境——印章篆刻的意象美[J].现代装饰(理论)，2016(02)：159.

[4] 余胜泉，路秋丽，陈声健.网络环境下的混合式教学——一种新的教学模式[J].中国大学教学，2005(10)：50－56.

[5] 裴爽.小学篆刻艺术校本课程开发实践研究[D].武汉：华中师范大学，2017.

[6] 严云芬.建构主义学习理论综述[J].当代教育论坛，2005(15)：35－36.

[7] 黄爱晖.橡皮篆刻在中学美术教学中的实践探索[J].宁夏教育，2017(05)：48－49.

[8] 毕景刚，马井娟.篆刻——信息技术与劳动技术课程整合的研究性学习初探[J].中小学信息技术教育，2007(11)：31－32.

[9] 黄荣怀，周跃良，王迎.混合式学习的理论与实践[M].北京：高等教育出版社，2006.

（2019年发表于《静安教育探索》）

16. 新冠疫情下“体适能教学系统平台”的应用性实践

杨　靖　孙　亮　张亮亮　张　彬　郑瑞婷

（中学体育一级教师；中学体育正高级教师，体质健康中心主任、体育教研组组长；中学体育一级教师，体育教研组副组长；中学体育高级教师，副书记、副校长；中学体育一级教师）

【摘　要】 我们自主研发的“体适能教学系统平台”具有较高的技术含量和诸多的功能优势，系统平台的运行，带来了教学观念和学习方式的改变，拓展了学习的时空。在新冠疫情防控期间，系统平台为我们实现大面积在线开放课程（慕课，MOOC）提供技术支持和功能保障。

【关键词】 新冠；体适能；信息技术；居家锻炼

一、疫情防控期的特殊群体

一场突如其来的新冠疫情，瞬间打乱了人们的正常生活和工作节奏。作为社会的特殊群体，全国近2亿的中小学生，只能长时间居家，很少出门，他们的学习、生活等都因疫情的突发而被改变。疫情防控期间，学校的教育教学受到严峻的挑战，学生如何居家学习也面临着诸多困难。为此教育部发出《关于疫情防控期间以信息化支持教育教学工作的通知》，提出了“畅通网络学习空间应用”“大规模在线开放课程（MOOC）”等要求，做到“居家管理，停课不停学”。为此，我们结合学校的实际情况，充分利用和发挥学校“体适能教学系统平台”资源优势，通过信息化的技术支持，较好地解决了疫情防控期间的“在线教学”，使学生做到“足不出户，居家锻炼，快乐学习”，以健康的心态克服新冠疫情带来的困难。

二、疫情防控期正是“平台”发挥功用之时

1.“体适能教学系统平台”的设计理念

“体适能教学系统平台”在设计理念上，力求打破传统的体育教学和运动项目训练模式，构建全新的“教”与“学”的时空观，是对传统学习方式的一次变革。在平台E-Learning（即数字化或网络化学习）的支持下，实现信息的瞬时采集和分析传输，其特色是凸显了对学生个体的个性化指导评价等系列功能，通过人性化的设计及有针对性的互动，使学生的学习变得更加积极、自主、高效和快乐。

具体地说，“体适能教学系统平台”是在传统学习方式的基础上，结合了E-Learning的优势，既能充分发挥教师的主导作用，又能充分体现学生作为学习主体的基本特征，极

大地满足了学生的学习心理，充分调动了学生学习的主观能动性与创造性。在设计上，平台系统通过运动传感器实时反馈人体运动的速度、频率、心率等变化信息以及HTML5技术跨平台反馈学生练习的密度、强度以及体感等情况，形成学生个体的长效数据链。教师可随时有针对性地对学生进行个性化的指导，学生即可随时了解自己的学习和运动情况。

2.“体适能教学系统平台”的功能简介

（1）多路径选择锻炼方式

平台分为器械锻炼、徒手锻炼、自由力量三部分。器械锻炼部分主要针对的是在有专业的健身器械的环境下学生该如何进行练习；而徒手锻炼和自由力量部分则是针对在居家环境下，学生徒手或采用简易的器械如哑铃或者瑜伽垫等进行练习。在本次疫情期间主要采用后面两部分的内容进行运动指导。

在动作选择方面我们设计了两种路径。一种是根据要锻炼的部位来选择对应的动作图，如需要锻炼下肢，系统会提示可以采用如徒手深蹲、弓箭步下蹲、纵跳等方法来练习，并同时出现如何锻炼的演示视频、主动肌肉和协同肌肉以及对抗肌肉的生理解剖图示。第二种是根据人体姿态来进行动作选择。如在坐姿状态下，系统会推荐坐姿肩上哑铃推举、坐姿双臂支撑等动作。通过多种选择渠道让学生自主根据自身情况来进行选择锻炼，这大大提高了学生的自主性和灵活性。

（2）练习方式方法详尽

为了让学生能更好地掌握每一个动作，在编制动作的示范视频过程中就考虑到了三种情况，为此设计了三段式的视频。一开始需要学生先全程观看整个动作的正确示范、错误示范，以及会使用到的肌肉等内容，重点是让学生先在大脑中形成动作的最初印象。第二部分的视频则是学生学练视频，这部分重点在于学生跟着视频中教师的节奏动作来进行练习，掌握正确动作，并配合呼吸练习，让动作在练习中分化。第三部分是动作练习的完整音乐和视频，其重点在于学生可以观看或者只需要听视频中的音乐节奏就可以进行自我动作的练习，让动作固定，形成动作自动化。这样一个运用了运动生理学基础的动作形成的泛化、分化、固定、自动化的过程，提高了学生练习的正确性。

（3）练习方式方法有趣味性

为了提高学生的练习兴趣，我们从各种渠道获得了有关于Tabata（一种高强度间歇训练）的各种练习动作。Tabata训练法是一种通过提升有氧耐力水平和无氧耐力水平，进而提升体能水平的训练方法。这种训练方法非常适合青少年在空间有限的居家环境中使用。

经过筛选，我们把练习内容按动作难度值、运动量、运动形式等做了分类。低年级主要以运动量为主，分为高、中、低三个阶段，分别以一个星期的课程周期来制订：周一以低强度为主，周三以中强度为主，周五以高强度为主，一套动作以一个星期为一个周期，每个星期更换不同内容。高年级则以体能加技巧为主要练习内容，练习方式和低年级类

似，让学生在练习过程中有新鲜感。

（4）制订居家锻炼学习任务单

为了让居家锻炼的内容和目标更有针对性，我们根据不同学情制订了居家锻炼学习任务单（表1）。任务单中明确规定了学生应该完成的基础部分的练习，同时也有结合学生个性化的运动练习，做到让居家锻炼有可行性、完整性。

表1　第一周练习安排（2020年2月17日至21日）

<table>
<tr><td colspan="3">预备年级、初一年级</td></tr>
<tr><td>一级动作（6个）</td><td>练习强度</td><td>备注</td></tr>
<tr><td>1. 侧卧直臂支撑（10秒）</td><td rowspan="6">每个动作练习2—4组，每组动作练习15—20次，组间休息30秒，每个动作之间休息1分钟左右</td><td rowspan="6">1. 运动鞋服
2. 调整呼吸，根据自己身体情况进行
3. 循序渐进，注意安全</td></tr>
<tr><td>2. 单肘侧支撑提臀</td></tr>
<tr><td>3. 俯卧肘支撑抬单腿</td></tr>
<tr><td>4. 跪式俯卧撑</td></tr>
<tr><td>5. 仰卧弓背</td></tr>
<tr><td>6. 站立提膝</td></tr>
<tr><td colspan="3">初二年级、初三年级</td></tr>
<tr><td>一级动作（3个）　二级动作（3个）</td><td>练习强度</td><td>备注</td></tr>
<tr><td>1. 俯卧撑</td><td rowspan="6">每个动作练习2—4组，每组动作练习15—20次，组间休息30秒，每个动作之间休息1分钟左右</td><td rowspan="6">1. 运动鞋服
2. 调整呼吸，根据自己身体情况进行
3. 循序渐进，注意安全</td></tr>
<tr><td>2. 侧卧直臂支撑（10秒）</td></tr>
<tr><td>3. 俯卧肘支撑（20秒）</td></tr>
<tr><td>4. 跪式直背支撑抬单腿</td></tr>
<tr><td>5. 俯卧肘支撑抬单腿</td></tr>
<tr><td>6. 站立提膝</td></tr>
<tr><td colspan="3">高一年级、高二年级、高三年级</td></tr>
<tr><td>二级动作（6个）</td><td>练习强度</td><td>备注</td></tr>
<tr><td>1. 俯卧撑</td><td rowspan="6">每个动作练习2—4组，每组动作练习15—20次，组间休息30秒，每个动作之间休息1分钟左右</td><td rowspan="6">1. 运动鞋服
2. 调整呼吸，根据自己身体情况进行
3. 循序渐进，注意安全</td></tr>
<tr><td>2. 单肘侧支撑（10秒）</td></tr>
<tr><td>3. 俯卧肘支撑（20秒）</td></tr>
<tr><td>4. 跪式直背支撑抬单腿</td></tr>
<tr><td>5. 跨步侧蹲</td></tr>
<tr><td>6. 仰卧支撑抬腿</td></tr>
</table>

（5）跨平台优势

为了更好地适应网上课程的开展，系统在多个平台上进行了尝试，如我校的App等平台，还有在我校的微信订阅号上同步推送了居家体能练习的教学视频，让学生有多种方式来获得学习资源。

（6）结合学生体质情况进行个性化指导

为了学生能更有针对性地居家进行体育锻炼，我们根据学校2016年实践创新项目中的学生体质数据分析平台导出了学生当前的体质分析报告，生成学生个性化的锻炼建议方案，通过钉钉课堂发送给每一位学生，让学生了解自身在哪一个环节存在不足。体质分析报告是根据学生疫情之前的体质数据进行的分析，例如，某一位学生的立定跳远存在薄弱环节，那么对应生成的运动建议里就会有建议学生进行下肢锻炼的项目，如深蹲、弓箭步跳等。系统根据学生性别、年龄等其他因素生成练习的组数、组间休息时间、练习的频率，还有运动时候的靶心率等内容，这能让学生居家锻炼更有针对性，更加个性化，更准确。

（7）闭链管理收集分析数据

为了能定量定性地评估学生居家锻炼的效果，我们自主设计了App来帮助学生在线反馈居家训练密度、强度、心率以及体感等信息，学生只要扫描自己账号的二维码就可以登录系统了，并在界面上拖动滑块，选择对应的锻炼强度、密度以及体感等信息便完成了一次居家锻炼的数据反馈。教师在后台可以看到学生本次居家锻炼的情况，可以根据记录来进行指导，并且通过数据前后对比来了解学生居家锻炼的身体变化情况。

（8）体质以及健身数据追溯

由于系统开发前期就设计了数据的闭链管理，保证了数据的完整性，有利于教师了解和追踪学生体质变化情况，也能方便学校了解目前学生的整体情况，并能进行群体化统计进而制订群体化干预方案，等等。

平台实现在手机端、电脑端的数据反馈。根据不同的权限展示不同的数据信息，实现教师、学生、家长实时查看学生的运动状态信息，并能实现信息互动，及时给学生进行个性化的指导，督促和鼓励学生不断进步。

三、疫情防控期“平台”的运行情况

新冠疫情防控初期，学校正常的教育教学活动受到严重影响。家长着急，学生着急，学校着急！如何实现“停课不停学”？如何顾及全体学生居家在线网上学习？应该说，我校之前研发并运行的“体适能教学系统平台”为我们克服新冠疫情造成的困难提供了帮助，因为该系统平台从设计理念及功能开发上与这次新冠疫情防控期对居家学习的要求正好吻合，系统平台正逢“用武”之时，正是发挥其功能和作用的时刻。事实证明，整个疫情防控期间，我们在平台的支持下线上网络教学得心应手，师生相互沟通“近在咫尺”，学生学习积极主动，锻炼健身自觉自主。各项教学计划通过平台的运行而得以顺利推进，各项教学活动在“线上”“线下”、在家庭中有序开展，做到了在新冠疫情防控期间教师“停课不停教”、学生“停课不停学”。其具体做法如下：

由于疫情期间情况特殊，教学活动受到诸多的条件限制，我们将平台锻炼方案设计得尽可能简单易行，实用有效。例如，我们推出的家庭“器械”训练模式，是充分考虑疫情防控期间学生“居家”这一特定情况，所谓“器械”则主要是普通家庭中的桌椅板凳、阳台

栏杆等,因地制宜,就地取材。教师认真制订教学计划,精心设计教学方案,细心录制并制作各类“器械”上的活动锻炼视频教材供学生训练学习。教学过程中,平台会根据学生选定的锻炼“器材”显示出该训练主要能训练什么部位;学生选择要训练的部位后系统会显示训练该部位有哪些训练动作;当选择完训练动作后,系统会显示出相对标准的训练动作、错误的动作、注意事项、纠正方法;同时可以看到训练的肌肉立体解剖图,让学生们直观地理解运动生理结构,做到学习目标明确,锻炼要求清楚,讲求实效。在学习活动的过程中,学生会按照教师的指令,随时报送自己的脉动、心率、运动感觉等信息,以便系统采集分析,便于教师随时掌握情况,给予实时指导。教学的过程中师生随时进行沟通互动,教师更多的是进行个别化的教学指导。教师指导方式主要通过“运动处方”形式呈现。

系统平台会根据学生的体质状况和反馈的信息进行综合分析后,给出针对每个个体的个性化运动处方。如运动频率、运动周期,以及运动过程的靶心率的控制等内容,关键在于针对个体制订出运动量配置合理的方案。系统还可以根据个性化的要求来生成运动参数,如果要减少脂肪和增加肌肉的“RM”设置,系统也会做出相应的调整和安排。

平台引入目前国际上流行的“FMS”,即功能性运动训练,对学生核心、下肢力量等进行多角度测量评价,让学生学会自我评价的方式方法。同时,也引入了先进的自我筋膜放松技术——这是一套最初应用于专业运动员、教练以及康复方面的整体放松技术,用来放松紧绷的肌肉或者扳机点,通过向身体的某一点进行施加压力来帮助肌肉恢复至正常的功能,能帮助学生进行自我放松,缓解疲劳。通过我们设计的 App 的信息反馈,教师可以了解学生每次的练习情况,如练习的组数、强度、持续时间以及体感等信息。

在整个疫情防控期间,借助“体适能教学系统平台”技术,我们的教学形式、内容以及教学要求等都采取灵活多样、因人而异、注重实效的策略。虽然疫情给我们造成诸多的困难,但学生的学习反而更加自主、每天锻炼更加自觉,虽然极少出门,但学生都能保持良好的身心状态。

四、体会与思考

疫情期间,通过在独特的环境下解决居家锻炼的问题,提高了学生的身体素质,也提升了教师在新环境、新背景下的终身学习的能力,这是对教学模式新的探索。

在实践过程中我们发现,最大的问题还是如何有效地监控学生的实际锻炼情况。有的学生自律性较强,能按要求完成练习内容并进行真实数据的反馈;但是有些学生则是应付了事,没有进行锻炼却填了完成锻炼的内容,这对学生来说并不是一件好事。我们计划在下一阶段引入 3D 加速度传感器进行监控学生的运动状态,并通过蓝牙连接移动终端回传数据,这样一方面能提高学生回传数据的便捷性,另一方面也能很好地监控学生的锻炼情况。

疫情过后,我们希望中国的教育体系能有深刻的变化。

参考文献

[1] Tabata I., K. Nishimura, M. Kouzaki, et al. Effects of moderate-intensity endurance and high-intensity intermittent training on anaerobic capacity and VO2max. Med Sci Sports Exerc, 1996, 28(10): 1327 - 1330.

[2]陈方灿.运动拉伸实用手册[M].北京:北京体育大学出版社,2008.

（2020 年获上海市电化教育馆信息化征文一等奖）

17. 基于思维品质培养的高中英语诗歌教学探究

周婷婷

（中学英语一级教师）

【摘　要】 英语阅读教学是培养学生思维品质的重要路径，而英语诗歌教学则是高中英语阅读教学的重要组成部分，因此英语诗歌教学对于培养学生的思维品质有着积极作用。以上教版高中英语必修第二册 Unit 2 中的诗歌“The Geography Lesson”为例，探讨在挖掘诗歌的语言美、韵律美、意象美的过程中，如何培养学生的思维品质。

【关键词】 高中英语；诗歌教学；思维品质

随着课程改革的迅速推进，核心素养的落实和培养日益成为英语学科教学的重中之重。同时，《普通高中英语课程标准（2017 年版 2020 年修订）》（本文简称“新课标”）指出，普通高中英语课程具有重要的育人功能，旨在发展学生的语言能力、文化意识、思维品质和学习能力等英语学科核心素养，落实立德树人根本任务。其中，思维品质是体现英语学科核心素养的心智特征，是帮助学生提高语言能力、学习能力和文化意识的强大动力，而且语言和思维有着密不可分的联系，因此，思维品质的培养在英语教学中显得尤为重要。

英语诗歌，作为一种特殊的文学体裁，具有丰富的文化内涵、优美的语言和独特的韵律感，能够极大地展现英语课程工具性和人文性的统一，因此开展英语诗歌教学能够让学生们在感知、理解、分析、评价、内化运用诗歌语言的过程中，逐步培养自身的思维品质。下面笔者从英语诗歌的教学实践出发，以上教版高中英语必修第二册 Unit 2 Cultural focus（文化聚焦）板块的诗歌“The Geography Lesson（地理课）”为例，分析高中

英语诗歌教学中的常见问题，着重探讨在挖掘诗歌的语言美、韵律美、意象美的教学过程中，如何培养学生的思维品质。

一、思维品质的概念及高中英语诗歌教学现状

新课标指出，思维品质是指思维在逻辑性、批判性、创新性等方面所表现的能力和水平。其中，在学习活动中，教师可以根据学生的实际水平，采用观察、比较、分析、推断、归纳、概念建构等方法培养学生的逻辑思维能力。纵观这几年的高中英语阅读教学，尤其是英语诗歌教学，不少教师由于课时紧张或考试需求流于表面，采用单一的模态教学方式，让学生朗读完诗歌之后，着重强调语言知识的讲解和阅读技能的传授，忽略了对语篇结构、诗歌语言鉴赏、诗人写作意图等方面的学习指导，弱化了对学生高阶思维的训练，从而限制了学生对比分析、推理判断、应用实践、迁移创新等思维能力的发展。

二、高中英语诗歌教学案例

（一）诗歌内容与教学目标分析

本单元的话题是"education(教育)"，探讨了教育的主题及其对我们生活的影响。诗歌"The Geography Lesson"全文展现了诗人的老师的梦想、现实生活以及老师对诗人人生目标的影响。整首诗共有六节，第一节到第二节描述了老师的梦想，第三节到第四节介绍了老师的现实生活，第五节和第六节则突出老师对诗人人生目标的影响。同时，作者用了各种意象、押韵的词汇和修辞手法来突出老师的梦想与现实生活，以及两者之间的巨大反差，其丰富的语篇内涵能够引发学生辩证地思考自己的人生。因此，经过本节课的学习，学生能够：

(1) 掌握诗歌的含义，了解诗歌的结构特征和语言特点；

(2) 提高预测语篇内容、获取信息的能力；

(3) 基于诗歌特点懂得如何欣赏诗歌；

(4) 联系现实生活，创作诗歌，培养自身的创新精神、合作意识。

（二）诗歌教学过程分析

新课标明确提出高中阶段对英语诗歌教学的要求，即在学习活动中，在探讨主题意义的同时，了解诗歌的语篇特征和语言特征，理解并欣赏英语语言表达形式(如韵律等)的美，理解诗歌中的意象及修辞手法在语篇中的表意功能，能够从诗歌的意蕴美中获得积极的人生态度和价值观启示，并能根据节奏、韵律、修辞创作一定主题的英文诗歌。因此，结合教学目标，笔者设计了如下的教学活动流程：

Step 1　Pre-reading(读前)

通过多媒体呈现一张有关人生目标的思维导图，引导学生思考他们在 21 岁之前可能会实现的人生目标。接着教师让学生翻开诗歌"The Geography Lesson"，让学生基于标题和文本图片预测语篇的体裁和主题内容。

【设计说明】英国学者东尼·博赞(Tony Buzan)提出思维导图(mind map)是一种集图形、文字于一体的思维工具，通过图形、词汇等可以有效地表达个人的发散性思维。思维导图也是一种情境导入的工具，外加借助标题和图像预测可以更好地激活学生的背景

知识，激发学生对文章的兴趣，从而更加积极地参与到课堂教学活动中。

Step 2　While-reading(读中)

(1) 课件呈现本首诗歌，教师询问学生："How do you know it is a poem rather than a novel or a report?（你怎么知道这是一首诗而不是一篇小说或一份报告？）"

【设计说明】通过课堂的师生交流，结合学生已有的汉语诗歌学习背景，自然引导出诗歌的文体特征，如诗节(stanza)、诗行(line)等，让学生通过观察、归纳的方式发现诗歌的形式之美。

(2) 略读：接着教师让学生们通读全文，并完成下面的填空题：

This poem has ________ stanzas, each of which is made up of ________ lines.

(3) 教师要求学生朗读诗歌，并完成诗歌划分任务。

【设计说明】通过快速浏览全文梳理文本结构，并获取有关事实信息，使文本信息结构化，有助于培养学生的逻辑思维能力。

(4) 教师让学生们默读诗歌第一部分(第一节到第二节)，并回答下则问题：

Q1：What is the teacher's dream?（老师的梦想是什么？）

Q2：How is the dream expressed?（这个梦想是怎么表达的？）

【设计说明】采用问题链的形式引领学生通过观察、分析等思维活动赏析、品读诗歌，梳理诗歌内容，并感悟诗歌中的韵律、意象、修辞手法以及了解它们的表意功能。

(5) 要求学生齐读诗歌第二部分(第三节到第四节)，并思考以下三个问题：

Q1：What are the rhyming words in the second part?（第二部分的押韵词是什么？）

Q2：What images are used to show the teacher's real life?（用什么场景展现了老师的真实生活？）

Q3：What figures of speech are used in this part?（这部分运用了什么修辞手法？）

【设计说明】基于对第一部分诗歌内容的赏析，学生们从韵律、意象和修辞三方面对第二部分的内容进行分析，这不仅有助于学生内化并运用语言知识，而且有利于提高学生观察、分析、归纳信息的逻辑思维能力，从而提高学生的思维品质。

(6) 引导学生对比分析表现老师梦想的意象与表现老师现实生活的意象。

Q1：Compare the images to show the teacher's dream with those to show reality, what figures of speech are used here?（比较老师梦里和现实生活的场景，这里用了什么修辞手法？）

Q2：Why does the poet use this figure of speech?（诗人为什么要用这种修辞手法？）

【设计说明】通过对两组意象的比较，学生可以梳理出诗歌第一部分和第二部分之间的逻辑关系，从中推断出作者使用对比修辞手法的目的。对比分析的过程，不仅为学生们提供了表达个人观点的契机，也培养了学生自主探究能力和批判性思维品质。

(7) 采用小组合作的形式，将班级学生分为三组，即 Rhyme detectives(韵律)、

Image describers（意象）、Figures of speech explorers（修辞手法）三方面分析诗歌的第三部分（第五节到第六节）。学生先在组内讨论、分享自己认领的任务，然后每个小组选出一位代表进行陈述汇报。

• In the last part，in order to describe ________________ vividly，the poet uses the following rhyming words such as ________________.

• What's more，the author employs such images as ________________ to express ________________.

• The figures of speech used here include ________________，for example，________________，which can show ________________.

【设计说明】分析、探究、领悟语言现象背后的逻辑关系有利于促进逻辑思维能力的发展。通过小组合作的形式，学生之间可以相互讨论、交流，产生思维的碰撞，而且这种多向互动的语言环境，有助于培养学生思维的敏捷度。在小组陈述汇报的过程中，运用口语、听觉等模态方式，既分享了思维成果，又充分调动了学习动力，维护了学生积极主动的思维动机。

Step 3 Post-reading（读后）

（1）深入解读：引导学生重新审视标题，阐述自己对标题的理解，并分析作者为什么使用“The Geography Lesson”这个标题。

Q1：How do you understand the title “The Geography Lesson”？（你是怎么理解题目《地理课》的？）

Q2：Why does the author use such a title？（作者为什么用这个题目？）

【设计说明】学生通过解读标题，探讨标题与文本信息之间的关联，可以推理归纳出作者的观点和态度，加深对诗歌主题意义的理解，进而实现深度学习，培养学生的逻辑思维能力。

（2）朗读诗歌：教师播放背景音乐，带领学生声情并茂地朗读这首诗歌。

【设计说明】在朗读的过程中，学生们可以结合诗歌中的韵律、意象和修辞手法，更好地感受诗歌的语言美、形式美、意境美，既能体会并归纳出诗歌语言的特点，又能与诗人产生情感共鸣，从而将感性认识上升到理性认识，加深对本首诗歌的理解和感悟。

（3）词汇讨论与总结：教师以头脑风暴的形式引导学生讨论并总结诗歌中描述现实与理想所使用的形容词和动词。

【设计说明】这一环节旨在引领学生根据文本所获得的信息，归纳、概括所学的内容，为下一步的诗歌创作储备词汇，从而处理、解决新的问题。

（4）诗歌创作与评价

教师鼓励学生以小组（4 人）为单位，联系实际生活，先确定好诗歌主题——梦想或者现实，再模仿四行诗进行创作，最后其中一人朗读小组创作的诗歌，另外三人分别从韵律、意象和修辞手法三个角度赏析这首诗歌，其他学生则根据评价表对这首诗歌进行评价。

【设计说明】语言知识的学习关键在于运用，有效的读后活动能够检查阅读效果以及所学语言的巩固和运用情况，使学生能在阅读基础上将阅读材料相关的主题内容、观点和所学语言知识结合起来，进行语言输出。本环节旨在创造新的情境，通过自主合作的学习方式，让学生内化并运用所学的语言和信息，创造性地解决新情境中的问题，实现知识的迁移与创新。诗歌创作可以集语言表达、分析评价、价值取向于一体，从而引导学生思维由低阶向高阶发展，而基于评价量表的自评和互评也有利于培养学生的批判思维能力。

Step 4　Homework(家庭作业)

(1) 有感情地朗读诗歌"The Geography Lesson"。

(2) 未完成创作的学生：继续完成并完善四行诗，于下节课朗读分享；已完成创作的学生：在完成的基础上，尝试增加诗节，写一首两节以上的完整诗歌，并为其绘制海报，于下节课朗读分享。

【设计说明】家庭作业的分层设计，一方面可以充分调动不同英语水平的学生学习的积极性；另一方面，通过将思维的迁移创新活动延伸到课外，可以为每位学生提供培养思维品质的机会。

三、结语

思维品质是英语学科四大核心素养之一，而英语诗歌作为一种阅读素材，则是落实核心素养、培养思维品质的最佳途径。从本文的英语诗歌教学案例来看，"引导学生利用语篇标题和文本图片预测语篇体裁；让学生联系已有知识背景，通过观察、归纳的方式发现诗歌形式之美；让学生根据所学知识从韵律、意象、修辞手法三方面赏析诗歌；创设情境，让学生联系实际生活进行诗歌创作与评价"等，这些都是课堂教学活动中培养学生思维品质的积极尝试，不仅有学习理解类的逻辑思维培养，更有应用实践类、迁移创新类的批判和创新思维的培养。

因此，在高中英语诗歌教学中，教师不仅要分析诗歌的文本内容，引导学生了解诗歌的韵律、意象和修辞手法，还要结合学生的认知规律，精心设计层次分明、由易到难、由浅入深的活动链，鼓励学生自主探究，深入思考诗歌内涵，让思维品质的培养贯穿整个高中英语诗歌教学，从而全面提高学生的核心素养能力。

参考文献

[1] 戴军熔，郑春红，朱雯，等.英语阅读教学中的读后活动：设计与实施[M].杭州：浙江大学出版社，2011.

[2] 程晓堂.英语学习对发展学生思维能力的作用[J].课程·教材·教法，2015(06)：73-79.

[3] 程晓堂，赵思奇.英语学科核心素养的实质内涵[J].课程·教材·教法，2016(05)：79-85.

[4] 林玉萍，王东，解利群.微课形式的思维导图在大学英语实践课写作中的应用[J].海外英语，2017(01)：73-74.

[5] 梅德明，王蔷.改什么？如何教？怎样考？[M].北京：外语教学与研究出版社，2018.

[6] 中华人民共和国教育部.普通高中英语课程标准（2017 年版 2020 年修订）[S].北京：人民教育出版社，2020.

（2021 年获上海课程教学研究优秀奖）

18. 关于沪科版化学新教材（必修）“项目学习活动”的几点思考

张金梅
（中学化学一级教师）

【摘　要】随着新课程改革的全面实施，为落实化学学科核心素养解读新教材就显得尤为重要。而在新教材的实验部分，为了提升学生的实验探究能力新增了“项目学习活动”。笔者分析了沪科版化学新教材（必修）中的项目学习活动，同时也提出了几点思考。

【关键词】新教材；核心素养；探究实验

《普通高中化学课程标准（2017 年版）》（本文简称“新课标”）中要求教师在化学教学实践中落实化学学科核心素养。化学学科核心素养是通过化学课程学习形成的适应个人终身发展和社会发展所需要的正确价值观念、必备品格和关键能力。

新课标重视开展“素养为本”的教学，将“科学探究与创新意识”作为化学学科核心素养单独列出，从实践层面激励学生勇于创新，并基于此确定了相应的课程目标，尤其在学业质量部分也划分为 4 级水平，每一级水平都描述了该素养学生学习结果的具体表现。从水平 1 到水平 4（见表 1），对学生在科学探究过程中的问题意识、实验方案设计与实施、实验证据收集、实验现象和数据的解释与分析、实验结果交流与反思等要求逐步提高。新课标以化学学科核心素养及其表现水平作为主要维度来划分化学学业质量水平是一种创新，为高中化学学科教学指明了方向。

表 1　化学学科核心素养 4 的水平划分

素养水平	素养 4　科学探究与创新意识
水平 1	能根据教材中给出的问题设计简单的实验方案，完成实验操作，观察物质及其变化的现象，客观地进行记录，对实验现象作出解释，发现和提出需要进一步研究的问题

（续表）

素养水平	素养4　科学探究与创新意识
水平2	能对简单化学问题的解决提出可能的假设，依据假设设计实验方案，组装实验仪器，与同学合作完成实验操作，能运用多种方式收集实验证据，基于实验事实得出结论，提出自己的看法
水平3	具有较强的问题意识，能在与同学讨论基础上提出探究的问题和假设，依据假设提出实验方案，独立完成实验，收集实验证据，基于现象和数据进行分析并得出结论，交流自己的探究成果
水平4	能根据文献和实际需要提出综合性的探究课题，根据假设提出多种探究方案，评价和优化方案，能用数据、图表、符号等处理实验信息；能对实验中的“异常”现象和已有结论进行反思、提出质疑和新的实验设想，并进一步付诸实施

一、传统探究实验存在的问题

以往我们化学教材中学生实验活动的传统定位也使其在内容设置上过于强调学生本位，为了教授知识而进行实验，实验内容与教材正文的演示实验存在一定的重复性，验证性实验较多，探究性实验较少，对过程体验和创新精神的关注不足。

实验探究活动要注重过程，更好地体现过程性，避免“探”而不“究”。实验探究活动应紧密结合具体的化学知识教学来进行，教师在教学中应重视创设真实且富有价值的问题情境，设计多样化的实验探究学习任务，结合具体的化学教学内容特点和学生实际，引导学生开展分类与概括、证据与推理、模型与解释、符号与表征等具有学科特色的学习活动，引导学生通过小组合作、实验探究、讨论交流等多样化方式解决问题，形成一般的探究思维模式（见图1），促进学生实验探究能力的发展。

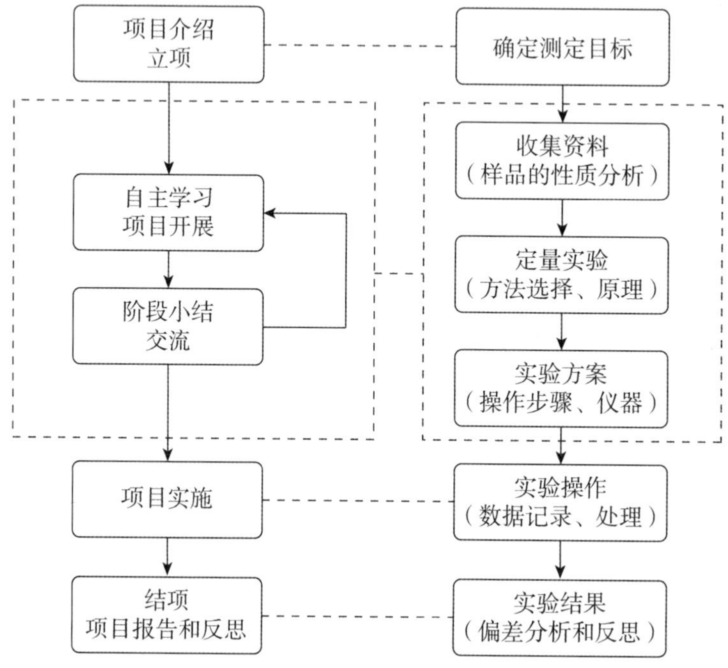

图1　学生探究的一般思路

二、沪科版新教材设计项目学习活动的目的

沪科版新教材中除了9个学生必做实验之外,还设计了4个项目学习活动:如何测定气体摩尔体积,如何测定硫酸铜晶体中结晶水的含量,如何测定菠菜中铁元素的含量,如何利用数据库探究有机分子的空间结构,分别对应了原理实验、定量实验、数字化实验以及数据探究实验。

(一) 通过项目化学习体验科学探究的过程

项目学习活动的设计正是为了让学生体验真正的科学探究的过程。这里以我们熟悉的"硫酸铜晶体中结晶水含量的测定"为例。在"二期课改"教材中,这就是一个重量法定量实验,教材中罗列了具体的实验步骤,学生只要按照步骤完成实验报告即可,重点在于体验重量法的操作。然而在新教材中则放在了"项目学习活动"中,那么教学的重点就发生了巨大的改变,成为了学习解决实际问题的一种探究方法。在这个项目学习活动之前,学生已经完成了必修第一册教材前三章的学习,已经具备了计算物质的量、常见硫酸盐的物理和化学性质等相关的化学知识,但学生只有较简单的定量实验的学习经历和操作,还缺少综合实践,尚未达到较高的认知水平。而测定硫酸铜晶体中结晶水的含量,需要学生运用物质的量的计算查阅硫酸铜晶体分解温度等数据得出测定的原理,再从理论向实践转化,最终设计成定量实验方案,完成实验操作,对实验偏差原因进行分析和反思。

(二) 通过项目化学习体验现代科学探究手段

在必修第二册"项目学习活动"当中设计了一个数字化信息系统(Digital Information System,DIS)探究实验——如何测定菠菜中铁元素的含量,让学生体验利用数字化实验解决浓度的测量问题。它主要是利用分光光度法——利用物质对光的选择性吸收而进行分析的一种方法,依据某特定波长下测定该物质对吸光程度与物质浓度的关系进行定量分析。首先让学生们有定性的认识:溶液的浓度越大,溶液的颜色就越深;溶液颜色相同,浓度就相同。接着启发学生类比pH试纸的使用,如果制作出了标准的比色卡,我们直接可以根据颜色比对出大致的浓度大小。最后我们用分光光度计,根据测量标准液吸光度,绘制出标准的曲线图,从而找到溶液浓度和吸光度成正比的一种定量关系。通过小组探究,学生基本能掌握利用吸光度测量浓度的一般方法。

(三) 通过项目化学习体会查阅资料的重要性

"项目学习活动"当中还特地设置了一个特殊的实验——如何利用数据库探究有机分子的空间结构。以往的教材中往往是通过定性或者定量实验探究物质的性质,很少会让学生通过查阅数据库的资料来进行探究。中学阶段学生对于如何查阅资料还是很陌生的,然而查阅资料恰恰是实验探究、论文撰写当中必不可少的关键步骤。该选择什么样的网站或者期刊? 选择什么样的材料? 又该如何使用查阅的资料? 因此新教材中设计了这个实验,让学生通过该项目学习活动来掌握此类知识,恰好也填补了之前教材中的空白。

三、教师在项目学习活动中做好引导者的角色

（一）教师应提升自身的实验教学能力

从新课标的要求不难看出实验教学的重要性。教师更应重视实验教学，不能因为课时紧、资源缺就少做演示实验，也不能以学生多、不安全等理由不做或者少做学生实验。教师应当利用好化学本身的学科属性，不断地以实验激发学生学习化学的兴趣。应当在实验中有效地组织学生进行科学探究，引导学生在假设、观察、分析和推理的基础上去解决问题。因此教师应当不断提高自身的实验教学能力，以适应新课标的要求。

（二）教师应当适应多元化教学模式

化学是一门科学学科，而在目前科技呈现几何级发展的势态下，实验教学手段早不再是以前的瓶瓶罐罐。因此，教师还应当掌握一些现代实验仪器的使用方法，将现代的科技手段融入化学实验教学，让学生更多地了解当下科学实验该如何去探究。同时教师还要结合自身的环境因素，不断地优化改进化学实验方案，可以设计一些微型实验、家庭小实验、创新实践项目等，尽量让学生通过自身的实践感悟掌握化学学科知识。

（三）教师应当注重培养学生的高阶思维

通过仔细研读新课标，可以感受到新课标要求教师在教学中应当引导学生不断地建立一种解决某种化学实验问题的特定思路与方法，促进学生发展动手能力和高阶思维能力。因此教师可以利用项目学习活动，创设一定的背景环境，让学生感知和体验如何探究，从而建立一种解决此类问题的一般方法，并且可以利用这种一般方法自行地探究和解决问题。因此项目学习活动更需要教师设计好活动，引导学生进行概括关联、分析比较、解释说明、推断预测、设计验证等高阶思维。

（四）教师应当多维度、多样化地评价学生

教师可以通过学生实验多元化地对学生进行评价，即诊断性评价、表现性评价、总结性评价相结合。探索基于“教、学、评”一体化的学生实验教学模式，通过教学与评价来提升实验课的教学效率。因此教师应当以目标为导向来设计评价，以评价为驱动组织实验活动，促进目标的达成，从而使实验教学真正地适合当代学生。

因此，项目学习活动的设计是以一种背景为例，学习解决问题的一般过程。它将形成一种科学探究的模型，从而解决一类问题。科学探究的过程正是思维与操作的统一体，只有这样的探究过程才是科学的、真实的科学探究过程。让学生在发现问题、提出问题、建立假设、设计实验方案、进行实验、得出结论的过程中开展实验探究，在此过程中学生能体验、理解科学探究，并在潜移默化中逐步形成科学探究能力。

（2021 年发表于《新课程教学》）

19.“双新”背景下运用 WebGIS 提升中学生地理实践力的策略研究

胡　彬

【摘　要】在信息时代，信息技术在教学中的运用已经成为中学地理教育的发展趋势。本文探索 WebGIS 平台及其教学功能，基于学者关于地理实践力培养模式的研究制定实践力培养学历案，结合“常见的地貌类型”，开发 WebGIS 应用于高中地理教学的课例，为推广 WebGIS 在课堂教学中的应用提供教学参考。

【关键词】地理信息技术；WebGIS；地理实践力

一、“双新”背景下运用 WebGIS 提升中学生地理实践力的研究背景

《普通高中地理课程标准（2017 年版 2020 年修订）》的基本理念中指出，要“充分利用地理信息技术，营造直观、实时、生动的地理教学环境”。在中国中华地图版高中地理新教材的“实践活动”栏目中，越来越多地将地理信息技术融入教学，其中很多案例使用了 WebGIS 平台。

WebGIS（Web Geographic Information System）是由 GIS 衍生的，是地理信息系统与互联网融合的产物。传统 GIS 对学校的电教化环境和教师的操作水平要求高，而 WebGIS 的操作简便、功能实用、成本低、开放性强等优点更加贴合高中教师对于地理教学的需求。

二、WebGIS 培养高中生地理实践力的应用方式

（一）WebGIS 平台及功能划分

WebGIS 应用于培养高中生地理实践力的教学功能，分别为视图操作功能、数据分析功能、地图制作功能。

1. 视图操作功能

WebGIS 的视图操作功能是指对遥感图像、专题图片等的获取、加工、表达和操作。例如，天地图的在线地图中提供影像图、地形图、三维地图，用户可进行标点、标面、测距、测面等操作。

2. 数据分析功能

WebGIS 的数据分析功能是指对空间数据的查询与分析，可细分为空间数据的属性查询与位置查询、数据分析、距离测算等功能。WebGIS 技术的应用能够建立用于交互操作的地理空间信息数据网。例如 HTML5 网页可实现交互式图层分析，教师可以根据自身的需求，制作图层以满足不同的教学需求。

3. 地图制作功能

WebGIS 具有免费的地图制作功能，按照网页指示步骤可快捷高效地制作统计图、线路规划图等，ArcGIS Online、地图慧、BDP 是常见的制图平台。地图将地理信息可视化，极大地便利了学生分析地理问题、解释地理现象。

WebGIS 平台众多，依据 WebGIS 功能分类可总结如表 1 所示。

表 1　部分常用 WebGIS 平台

功能	功能描述	WebGIS 平台
视图操作	在线地图浏览	Google Earth(谷歌地球)
	在线地图浏览、地图数据下载	30 米全球地表覆盖数据
	在线地图浏览、地图数据下载	图新地球
	在线地图浏览、图层的控制与图层总览	天地图
	交互式图层操作	H5 创意平台
数据分析	提供温度、风向、气压等数据	Windy
	提供风力、洋流模拟可视化数据	Earth NullSchool
	提供人口迁徙、机场热度等可视化数据	百度迁徙
地图制作	了解和测量地理数据、制作地图	ArcGIS Online
	地图制作	地图慧
	地图制作	BDP 个人版
	线路规划图制作	兰图绘

（二）WebGIS 培养地理实践力的学历案设计

为了促进学生的深度学习，培养学生的地理实践行动能力，笔者编制了实践力培养学历案模板，如表 2。

表 2　基于 WebGIS 培养高中生地理实践力的学历案模板

环节	步骤	记录
制定方案	如学习、操作软件、设备等	记录方案制定的要点
	如罗列实践所需的数据、材料等	
	如拟定实践流程和时间节点	
准备素材	如所需的文本材料	记录所准备的各类素材
	如所需的数据图表	
	如所需的专题地图	
解决问题	软件或设备操作步骤	操作软件、设备的阶段性成果与结论
总结成果	撰写实践微论文	截图呈现微论文、课件和微视频，并提交相应成果原件
	制作分享课件	
	制作微视频	

（续表）

环节	步骤	记录
交流收获	分享实践项目	记录交流过程图文过程
	同伴互评	
	总结实践经验	

（三）WebGIS培养地理实践力的教学案例

基于上文提出地理实践力培养模式，进行WebGIS培养地理实践力的案例实践探索。

（1）实践主题：基于图新地球探究典型地貌。

（2）实践目标：学会利用图新地球软件探究典型地貌，借助影像图对地貌进行观察、识别和描述，提升地理实践力。

（3）WebGIS平台简介：图新地球是一款基于互联网的三维数字地球，使用它可以下载地图影像和地理数据，可以浏览三维模型，可以进行多种类型的测量和空间分析。

（4）实践过程：

① 搜索“陕西省柏社村”，观察这里的地坑式窑洞建于哪种黄土地貌类型（塬、墚、峁等），分析选择这种地貌类型的原因。搜索“山西省临县李家山村”，这里的窑洞多为靠崖式窑洞，观察该处窑洞选址、朝向有何特点。

② 用图新地球软件搜索疏勒河冲积扇，添加“天地图水系”，观察昌马河的流向，解释该冲积扇的形成原因。利用“提取剖面线”功能提取剖面图，根据生成的剖面图描述冲积扇特征，尝试辨识扇顶、扇中、扇缘。观察农田位于冲积扇的哪个位置，从土壤、水源的角度分析该处发展农业的有利条件。

③ 输入参考坐标定位到318国道与金沙江交界地，利用“高度测量”功能测量峡谷两岸山地的垂直高度。利用“等高线分析”功能对金沙江河谷两岸山地进行高程分析，观察河谷两岸交通线与等高线的关系，分析原因。

（5）案例分析：本案例选自中国中华地图版高中地理新教材必修一主题10“主要地貌类型”，该主题的教学目标为学生学会在野外对地貌进行观察、识别和描述。实地野外考察受条件限制，但基于网络环境的虚拟地貌考察则突破了环境限制。本案例中利用图新地球“提取剖面线”“等高线分析”等功能，有助于学生更直观地了解典型地貌的形态。

三、WebGIS培养高中生地理实践力的实践总结

（一）WebGIS教学对教师的要求

1. 加强技能学习，主动开展实践

教师要关注地理信息技术与教学融合的新动向，通过课堂教学、校本课、课外实践等开展典型案例教学设计，丰富教学内容，建立教学资源库。当前，不少学校都配备了专用地理教室、数字化教室等，多媒体软硬件设备的完善为信息化教学提供了更好的支撑。

2. 转变教学角色，以学生为主体

教师要从知识的传授者转变为学习的指导者，教师提前编制学历案、实践手册等作为实践力培养的抓手。学生借助学历案，根据实践步骤展开操作，在独立思考、合作交流中完成相关任务，真正体验地理信息技术的实践过程，提高动手操作、解决地理问题的能力。

3. 注重适切性，提高课堂效率

教育信息化强调运用现代信息技术辅助学科教学，信息技术是辅助教学的有效手段，并不是唯一手段，因此 WebGIS 应用于地理教学的实践要注重适切性。在实践活动开展前，教师要依据教学目标与教学建议，选择合适的 WebGIS 平台，设计真实的问题情境，设计难度适中的问题。

（二）WebGIS 教学对学生的要求

1. 提高信息素养

随着信息时代的到来，"信息""知识""能力"已成为社会各个领域最活跃、最具积极意义的要素。信息素养是人们适应信息社会的综合能力的核心组成部分。在日常教学中，本人曾开展过"看视频学地球历史""新闻时事中的地理微视频制作"等实践活动，借助影视资料、制作微课来丰富课程，提高学生的信息素养。

2. 转变学习观念

传统教学是以教师、教材、课堂为中心的，在教学中教师处于绝对的主导地位，而地理信息技术的应用则结合驱动式任务的实施助推学生深度学习，学生要转变传统学习观念，提高自主学习的能力，主动建构探究、实践、思考。

参考文献

[1] 中华人民共和国教育部.普通高中地理课程标准（2017 年版 2020 年修订）[S].北京：人民教育出版社，2020.

[2] 李瑞.GIS 辅助中学地理区域位置和分布教学的研究[D].福州：福建师范大学，2015.

[3] 马小伟.新课改背景下初高中地理教学衔接策略研究[D].烟台：鲁东大学，2014.

[4] 陈丹.地理信息技术在高中地理教学中的应用[D].石家庄：河北师范大学.

[5] 罗文慧.基于高中生综合思维培养的 WebGIS 教学策略研究[D].南通：南通大学.

[6] 侯璐.WebGIS 应用于地理教学功能初探——以培育区域认知核心素养为例[J].地理教学，2020(02)：49－52.

（2022 年发表于《静安教育探索》）

20. 实现图层操作的进阶式地理交互学件的实践探索

高立洋

【摘　要】为了顺应在线学习的需求，有效落实地理学科核心素养，笔者团队开发出基于图层操作的交互式学件，通过图层叠加与图层拆分等操作，可视化地培养学生的综合思维与区域认知等素养；并根据学生的学习特征和核心素养的培养水平要求，创设了问题情境和进阶式学习任务来优化学件的学习体验。该学件通过交互功能充分调动了学生的视觉、听觉、触觉等多元感官，借助问题链设计有效地促进了高阶思维的培养。

【关键词】图层操作；交互学件；进阶式；核心素养

一、实践背景

“地图是地理学的第二语言。”地图中包含了丰富的地理信息，它按照一定法则将地球表面各种事物用地图符号表现在平面上，以反映各种自然、社会现象的地理分布和相互关系。地理是一门空间性很强的学科，课堂中仅能通过语音描述无法穷尽不同的地理事物。因为，掌握地理事物的空间分布，就必须借助地图把广阔的地理事象的空间结构、空间分布、空间联系、时间变化用地图语言展现在有限的地图上。

地图因为具有传递空间信息的特性，对空间素养的培养很有帮助。全美研究委员会发表专题报告指出，空间素养在当今信息经济中发挥着越来越重要的作用，与人们的日常生活、学习和工作或是科学发现密切相关，报告对其在当今社会中的作用给予高度肯定。美国心理学界甚至将其与计算能力、语言能力一并列为现代教育应赋予人的“三大基本能力”。有研究表明，人们接受的空间信息中有80%以上都是地理空间信息。

运用地图进行教学对传授地理知识，发展学生能力、素养有重要意义。因此，在平时教学中地理教师会借助丰富的地图开展教学活动，引导学生进行地图分析。得益于地理信息技术的迅速发展，诸如最短路径、空间叠置和缓冲区分析等GIS的空间分析功能在现实问题解决中得到广泛认可并发挥重要作用。

但是受传统地图的限制，教学挂图、黑板板图、纸质地图等实物地图在空间分析中都有一定的困难，尤其是图层叠置很难通过传统地图实现，限制了空间分析能力的培养。虽然随着地理信息技术的快速发展，地理信息系统软件已经可以提供成熟且稳定的空间分析功能，但是这类软件使用不菲，学校一般没有配备充足的软硬件设备，即便提供了所需的软硬件设备，软件过于专业、缺少师资和学习周期较长也常成为限制因素。

针对这一现状，笔者想发挥互联网信息技术的优势为教学所用，选择合适的平台、软件创设图层叠置的功能，开发出基于图层叠置的学件用于地理课堂教学和课外自主学习，让学生在移动端就可以对不同的地理图层进行叠置操作，从而培养学生的能力和素养。

二、实施途径

虽然当前线上教学让我们接触了很多平台，但是大部分线上平台都是通用性的基础平台，对不同学科差异化的需求兼顾有限。为了实现图层操作的效果，笔者团队通过丰富的尝试，虽然没有找到现成的平台可以实现云端的图层操作交互，但发现这样的操作可以在教师常用的 PPT 中较容易实现，教师通过对底图和要素透明图层进行动画设置就可以实现图层叠加或拆分的操作。

通过 PPT 动画无法实现在线自主交互的功能，为此我们寻找了多种可以将 PPT 转变为 HTML5 网页并能进行分享和在线操作的平台，但基于 PPT 的动画与链接等基本功能制作的 HTML5 网页在交互性方面表现较一般。为了进一步优化学件的交互体验性，我们找到了 PPT 的 iSpring Suite 插件，通过此插件就可以把 PPT 课件发布为 HTML5 格式的网页，对应的网页发布在网站，学生就可以便捷地操作了。而且 iSpring Suite 插件还有丰富的场景功能，可以大大提高学件的交互性（图 1）。

图 1　iSpring Suite 窗口菜单

三、案例分析

笔者团队结合中国中华地图版高中地理新教材必修第二册主题 7“农业区位”的探究活动“澳大利亚‘小麦—牧羊带’分布的影响因素”，在核心素养培养的要求下，开发了交互式学件，该学件通过以下四方面保证其效果。

（一）情境创设，沉浸式体验自主学习

情境教学是新课标中的一条重要建议，对教学效果的提升很有帮助，在在线自主学习中则更为需要。此案例中，首先对澳大利亚小麦—牧羊带的素材背景进行了介绍，创设了探究其分布的情境，激发学生的好奇心；并通过问题设置、语音录制等方式，引导学生对其区位因素进行深入探究。借助层层递进的问题创设和教师的原声指令，不仅可以拉近师生之间的距离，有效避免人机交互不足的弊端，还给学生营造沉浸式的自主学习环境，更调动了学生的多元感官。

（二）图层操作，可视化培养综合思维

为了培养学生对不同地理要素综合分析的能力，借助澳大利亚小麦—牧羊带区位条件分析的案例，在学件中给学生提供了丰富的相同尺度的专题半透明图层。这些图层中

有些要素是与小麦—牧羊带的形成相关的，有些是无关的，学生根据初步判断后进行有针对性的图层叠加操作，可以可视化验证小麦—牧羊带与不同要素之间的相关性，从而初步筛选出影响小麦—牧羊带分布的影响因素。

但是仅仅实现相关要素筛选对综合思维的提升是有限的，从新课标中的核心素养水平来看，该交互仅能实现综合思维水平 2 的培养，即“能够对给定的简单地理事象，从多个地理要素相互影响、相互制约的角度进行分析；能够结合时空变化，对其发生、发展进行分析，给出简要的地域性解释”。所以还需要更丰富的交互来优化核心素养的培养。

（三）关卡进阶，螺旋式提高素养水平

为了培养学生的学习兴趣，此学件创设了闯关进阶的场景，并基于核心素养水平的划分设置不同关卡的任务（表 1）。

表 1　交互学件关卡设计思路

环节	问题链	交互实践	技术支撑	培养目标
关卡一	影响小麦—牧羊带分布的因素有哪些？	图层操作 筛选要素	PPT 图层叠加动画 iSpring Suite 测验图点交互	综合思维水平 2
关卡二	各因素如何影响小麦—牧羊带的分布？	量化分析 逻辑表述	iSpring Suite 测验拖拽与复选题等交互	综合思维水平 3
关卡三	不同因素对小麦—牧羊带分布的影响有何差异？	精细分类 客观评价	iSpring Suite 测验是非、简答、完形填空，以及流程、注释类交互	综合思维水平 4
关卡四	如何应对小麦—牧羊带面临的不利影响因素？	解决问题 提出对策	iSpring Suite 测验简答、短文，以及阶级类、目录类交互	地理实践力

关卡一，图层操作筛选小麦—牧羊带分布相关要素符合综合思维水平 2 的要求。

在此基础上，关卡二针对综合思维水平 3 的要求，学件设置了对不同图层所代表要素和小麦—牧羊带分布的逻辑表述，引导学生在感性判断的基础上，理性分析各要素的具体影响。

关卡三针对综合思维水平 4 的要求，引导学生客观评价不同影响因素，对各影响因素进行分类，比如哪些是自然因素、社会经济因素，哪些是有利因素、不利因素，哪些是直接因素、根本因素，或者哪些是偶发因素、普遍因素，并预测不同因素的影响程度，帮助学生对该类问题形成系统认识，从而实现举一反三的效果。

关卡四，在对该问题形成客观、系统认识的基础上，引导学生运用所学知识解决实际问题。就此学件而言，在了解了澳大利亚小麦—牧羊带的不利影响因素后，引导学生从可持续发展的角度出发，提出合适的应对措施。

（四）交互测评，过程化评价学习效果

为了支撑关卡进阶模式的顺畅推进，笔者充分利用 PPT 与 iSpring Suite 插件的不同交互功能。比如为了增强学件的交互性与沉浸感,笔者对需要按钮操作的环节都录制了语音,通过语音的引导、说明提高交互效率、优化交互体验。

同时,充分利用 iSpring Suite 中测验、互动、对话模拟等不同的插件,通过交互式测评方便学生对自己的学习过程进行实时评价。测验模块包含了选择、填空、简答、配对、排序、评分、问卷等常规的测验内容,还有图点等地理性强的测验内容,图点可以考查学生对区域的认知能力;互动模块包含了流程类、注释类、阶级类、目录类等不同类型的交互功能;而模拟情境对话模块可以快速创建关联场景的情境对话模拟,既能优化人机交互体验,还可以有效地训练学生的表达能力。

四、总结展望

基于图层操作的进阶式交互学件顺应了线上教学交互性提升的需求,可以满足学生独立自主学习,同时该学件可以成为日常教学的有益补充。该学件通过典型的情境案例,在项目式学习、做中学、认知建构等理论的支撑下,将核心知识、能力的培养以进阶式交互探究的形式融入学件,在过程化探究中达成学习目标(图 2)。

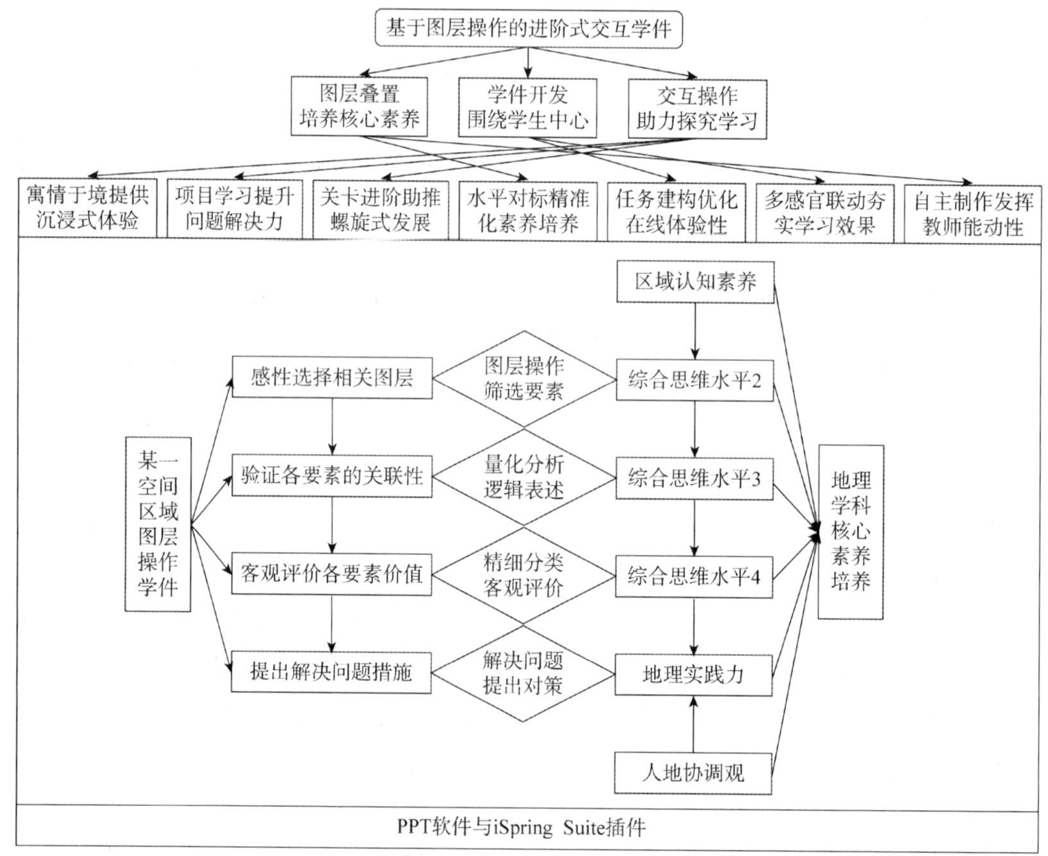

图 2 基于图层操作的进阶式交互学件的开发逻辑

经过总结,该学件有以下两方面主要创新:

首先,该交互式学件创造性地实现了云端的图层操作交互。该图层操作是在没有成

熟平台支持下实现的，借助 PPT 的插件，不仅解决了图层操作的功能需求，还符合教师的操作习惯，使这样的学件在推广使用中也有优势。

其次，该学件可以实现地理学科核心素养的可视化培养。对图层的叠加与拆分操作，就是对综合思维水平和区域认知素养可视化培养的过程，对地理学科核心素养的培养有直接效果。而且也符合做中学的要求，是对“双新”“双减”教学的有效落实。

目前阶段，基于 iSpring Suite 的交互式学件虽然可以发布到网站供学生在线自主学习，初步解决了在线使用的问题，但是经过学生使用反馈发现，还存在交互效果和使用体验欠佳的问题：当前学件的界面设计比较简单，不利于学生沉浸式学习；而且学件还没有对学生的交互和提交数据进行收集、分析，也制约了学件效果的进一步发挥；等等。

关于文字类型评价交互不准确是一个较为普遍的问题，大部分在线教学平台都存在这样的不足，此问题的彻底解决需要借助机器学习。接下来可以对网站收集到的学习数据进行分析，给学生反馈对应的学习报告，客观评价学生的素养水平，并根据报告为学生推送有针对性的学习资源，从而实现自适应性学习平台的搭建，为学生提供更加智能、便捷的帮助。

参考文献

[1] 褚亚平，等.中学地理教学法[M].北京：高等教育出版社，1981.

[2] 林国银.GIS 在中学地理地图教学中的应用研究[D].福州：福建师范大学，2005.

[3] 韩金荣.基于中学生地理空间素养培育的 GE 运用策略研究[D].长春：东北师范大学，2009.

[4] 段玉山，姚泽阳.地理学科核心素养测评——基于现代测量理论的视角[J].中国考试，2018(02)：24 - 29.

[5] 陈建桃，申大魁.基于深度学习的人地协调观培养策略研究[J].中学教学参考，2019(34)：92 - 93.

[6] 刘雅慧，徐志梅，马金玉.基于深度学习的地理区域认知教学探析[J].天津师范大学学报(基础教育版)，2019，20(01)：68 - 71.

[7] 李海年，周跃.利用 iSpring Suite 提高 PowerPoint 课件质量[J].中国教育信息化，2017(01)：88 - 93.

[8] 吕金鹤.Snap！在“微课”制作中的应用探索[J].中小学电教，2014(06)：74 - 76.

[9] 张帆.网页课件、教案轻松做[J].中国教育技术装备，2012(24)：46 - 48.

[10] 王建新.基于 iSpring 的英语多题型测试 Flash 交互式课件的设计与应用[J].现代教育技术，2010，20(06)：118 - 120.

（2022 年参加第六届上海市教育信息化论文征集遴选活动）

21. 一堂高三数列与方程的探究课

孙利明
（中学数学一级教师）

【摘　要】本节课围绕 2020 年上海春考选择题压轴题展开探究，探究过程中学生加深了利用方程思想解决数列问题的意识。教学中，提出问题—启发引导—探究解答—推广结论—深入探究，整个过程始终让学生主动参与、亲身实践、独立思考与探究，使学生真正成为研究者和发现者。

【关键词】探究课；数列；方程思想；周期

一、背景

数列题中经常要用方程思想求值，利用方程思想能起到化繁为简、化难为易的作用。笔者以"数列与方程的问题探究"为题开设了一堂探究性学习课，目标是在教师的引导下，让学生能自主地探究问题、解决问题。

二、过程

1. 提出问题

数列 $\{a_n\}$ 各项均为实数，对任意 $n\in\mathbf{N}^*$ 满足 $a_{n+3}=a_n$，且行列式 $\begin{vmatrix} a_n & a_{n+1} \\ a_{n+2} & a_{n+3} \end{vmatrix}=c$ 为定值，则下列选项中不可能的是（　　）.

A. $a_1=1,c=1$　　B. $a_1=2,c=2$　　C. $a_1=-1,c=4$　　D. $a_1=2,c=0$

这是我校组织的一次考试中的一道选择题，也是 2020 年 1 月上海春考选择题压轴题第 16 题。从测试的情况来看，学生得分率低。大多数选对的学生也是猜对了答案，对本题的解答没有思路。

2. 问题探究

探究 1：

师：本题中的条件 $a_{n+3}=a_n$ 是想告诉我们什么？

生：周期为 3 的数列。

师：本题中条件 $\begin{vmatrix} a_n & a_{n+1} \\ a_{n+2} & a_{n+3} \end{vmatrix}=c$ 是想告诉我们什么？

生：$a_na_{n+3}-a_{n+1}a_{n+2}=c$，因为 $a_{n+3}=a_n$，所以 $a_n^2-a_{n+1}a_{n+2}=c$，也就是知道了数

列连续3项的关系。

师：我们只要知道了这个数列每一项，就可以去代上面的关系式了。这个周期为3的数列应该怎样表示呢？

生：因为选项中知道了 a_1 的值，可以把第二项和第三项用字母 x 和 y 设出来，比如A选项可以设周期为3的数列 $\{a_n\}$ 为 $1,x,y,1,x,y,1,x,y,\cdots$。

师：接下来同学们就将 $1,x,y,1,x,y,1,x,y,\cdots$ 代入 $a_n^2-a_{n+1}a_{n+2}=c$ 看一下吧。

生：$\begin{cases}1-xy=1\\x^2-y=1\\y^2-x=1\end{cases}$。

师：上面的方程组如果有实数解，那么 $a_1=1,c=1$ 就是有可能的；上面的方程组如果无实数解，那么 $a_1=1,c=1$ 就是不可能的。

探究2：

师：这样的方程组我们应该如何求解呢？

生：这个方程组有两个未知数，两个未知数借助其中两个方程就能解出来，那么第三个方程有什么用呢？

生：只需借助其中两个方程将 x 和 y 求解出来，再验证它是否满足第三个方程。

师：说得非常好。请同学们求解上面的方程组。

生：我求解了 $\begin{cases}1-xy=1\\x^2-y=1\end{cases}$，解得 $\begin{cases}x=0\\y=-1\end{cases}$ 或 $\begin{cases}x=1\\y=0\end{cases}$ 或 $\begin{cases}x=-1\\y=0\end{cases}$，但 $\begin{cases}x=1\\y=0\end{cases}$ 不满足方程 $y^2-x=1$，所以舍去。因此方程组的解是 $\begin{cases}x=0\\y=-1\end{cases}$ 或 $\begin{cases}x=-1\\y=0\end{cases}$，A选项是有可能的。

探究3：

师：请同学们用同样的方法探究B选项。

生：设数列 $\{a_n\}$ 为 $2,x,y,2,x,y,2,x,y,\cdots$，求解方程组 $\begin{cases}4-xy=2 & ①\\x^2-2y=2 & ②\\y^2-2x=2 & ③\end{cases}$，由①得 $y=\dfrac{2}{x}$，代入②得 $x^3-2x-4=0$，通过按计算器，求得 $x=2,y=\dfrac{2}{2}=1$，再把它们代入第③个方程检验，发现不满足方程。因此B选项对应的方程组是无解的。本题应选择B选项。

师：同学们还有其他验证方程组无解的方法吗？

生：将 $y=\dfrac{2}{x}$ 代入③解出 x，看看是不是和前面解的 $x=2$ 一样。我求解了一下，将 $y=\dfrac{2}{x}$ 代入③得 $x^3+x^2-2=0$，通过按计算器，求得 $x=1$，和 $x=2$ 不相同，所以方程组是无解的。

生：$\begin{cases}x^2-2y=2 & ②\\ y^2-2x=2 & ③\end{cases}$，②－③得$(x-y)(x+y+2)=0$，即$x-y=0$或$x+y+2=0$，解方程组$\begin{cases}x^2-2y=2\\ x-y=0\end{cases}$和$\begin{cases}x^2-2y=2\\ x+y+2=0\end{cases}$，得$\begin{cases}x=1+\sqrt{3}\\ y=1+\sqrt{3}\end{cases}$或$\begin{cases}x=1-\sqrt{3}\\ y=1-\sqrt{3}\end{cases}$，经检验它们不满足方程①，因此方程组无解。

师：同学们可以从多个角度研究方程组是无解的，真棒！

探究4：

师：一般情况下的结论如何研究呢？设数列$\{a_n\}$为$a_1,x,y,a_1,x,y,a_1,x,y,\cdots$，请同学们探究$a_1$与$c(a_1,c\in\mathbf{R})$满足怎样的条件时，关于$x$与$y(x,y\in\mathbf{R})$的方程组$\begin{cases}a_1^2-xy=c\\ x^2-a_1y=c\\ y^2-a_1x=c\end{cases}$是有解的。

生：由前面同学说的我得到了启发。先将方程组$\begin{cases}x^2-a_1y=c\\ y^2-a_1x=c\end{cases}$求解出来，再将解代入$a_1^2-xy=c$。

生（师）：$\begin{cases}x^2-a_1y=c & ①\\ y^2-a_1x=c & ②\end{cases}$，①－②得$(x-y)(x+y+a_1)=0$，即$x-y=0$或$x+y+a_1=0$。

（1）$\begin{cases}x^2-a_1y=c\\ x-y=0\end{cases}$，$x^2-a_1x-c=0$，$\Delta=a_1^2+4c\geqslant 0$，解得$\begin{cases}x=\dfrac{a_1+\sqrt{a_1^2+4c}}{2}\\ y=\dfrac{a_1+\sqrt{a_1^2+4c}}{2}\end{cases}$或$\begin{cases}x=\dfrac{a_1-\sqrt{a_1^2+4c}}{2}\\ y=\dfrac{a_1-\sqrt{a_1^2+4c}}{2}\end{cases}$，代入$a_1^2-xy=c$整理得，$4c^2=3a_1^2c$，即$\begin{cases}c=0\\ a_1\in\mathbf{R}\end{cases}$或$4c=3a_1^2$。

（2）$\begin{cases}x^2-a_1y=c\\ x+y+a_1=0\end{cases}$，$x^2+a_1x+a_1^2-c=0$，$\Delta=4c-3a_1^2\geqslant 0$，解得$\begin{cases}x=\dfrac{-a_1+\sqrt{4c-3a_1^2}}{2}\\ y=\dfrac{-a_1-\sqrt{4c-3a_1^2}}{2}\end{cases}$或$\begin{cases}x=\dfrac{-a_1-\sqrt{4c-3a_1^2}}{2}\\ y=\dfrac{-a_1+\sqrt{4c-3a_1^2}}{2}\end{cases}$，经检验，两组解均满足方程$a_1^2-xy=c$。

综上，$\begin{cases}c=0\\a_1\in\mathbf{R}\end{cases}$或 $4c-3a_1^2\geqslant0$。

3. 深入探究

师：你们能自己提一些问题，并做适当的研究吗？

生：能否推广到复数集？

生：能否将$\begin{vmatrix}a_n & a_{n+1}\\a_{n+2} & a_{n+3}\end{vmatrix}=c$改为$\begin{vmatrix}a_{n+1} & a_n\\a_{n+2} & a_{n+3}\end{vmatrix}=c$？

……

4. 小结

生：要多角度思考问题和解决数学问题。

生：研究数学问题要善于观察，要学会推广、类比、归纳和拓展。

三、反思

本节课采用了启发和问题探究相结合的教学方法。教学中，提出问题—启发引导—探究解答—推广结论—深入探究，整个过程始终让学生主动参与、亲身实践、独立思考与探究，使学生真正成为研究者和发现者。本节探究课学生学习了利用方程思想解决数列问题，找到了一般情况下的结论，体会了由特殊到一般的科学研究方法，感受了数学结论的奇妙和完美。这样的探究课能激发学生数学学习的兴趣、提高解决问题的能力，同时在最短的时间内让学生学习到更多的知识，能有效提高高三数学复习的效率。

探究课“探什么”。在数学概念教学时开展探究性学习，引导学生探究概念的生成、理解和应用；在揭示数学基本思想和方法的题目上开展探究性学习，引导学生掌握和运用通性通法；在容易出错的题目上开展探究性学习，引导学生进行自主思考、归纳和总结；本节课围绕 2020 年上海春考选择题压轴题的解决展开探究，探究过程中学生加深了利用方程思想解决数列问题的意识。

探究课“怎样探”。在高中数学中有很多题目不止一种解法，教师可以引导学生利用一题多解开展探究性学习；在高中数学中有很多很好的结论，教师可以引导学生利用由特殊到一般、由具体到抽象的方法开展探究性学习；此外，借助计算器、实物操作和感知也是探究问题的有效途径。本节课探究 3 中，学生尝试从多个角度研究问题，拓展了解题思路，提高了解决问题的能力。整节课由特殊到一般，学生学习了科学研究的方法。

在平时的课堂教学中，教师的“灌输”应该少一点，学生的主动探究应该多一点，学生的交流应该多一点，学生的小组讨论应该多一点。只有这样，学生的思维才能一直处于活跃的状态，学生对问题的理解才能更加深刻，学生的思维能力才能得到真正提高。

参考文献

[1] 孙利明.一题多变　变出精彩[J].上海中学数学，2016(03)：22－23.

[2] 孙利明.刻苦钻研　精益求精——浅谈如何做一名钻研型数学教师[J].高中数学教与学，2017(10)：3－6.

[3] 李庚青,李小英.数列教学与方程思想[J].郴州师范高等专科学校学报,1998(04):89-92.

[4] 邱明武.例谈方程思想在数列中的应用[J].新课程(下),2015(11):41.

[5] 张晨辉.浅议高三数学复习中的研究性学习[J].中学生数理化(学习研究),2018(03):51.

(2023 年发表于《中学数学研究》)

22. 利用自主小实验提高初中物理复习效率的有关思考

陈 亮

(中学物理高级教师、区学科带头人,物理教研组副组长)

【摘 要】“减负”这个词已经出现了很多年,最近这个呼吁声似乎又高了。面对“减负”这个问题,我个人认为真正的减负不应该单纯的是作业少,关键是学生愿不愿意做,如果是他们愿意做的事情,我想他们就不会认为是负担。家庭作业无疑是对所学知识的复习巩固,如果能找到使学生更感兴趣的复习方式来代替单调的读、背、写、算,并且能够达到同样的复习效果甚至更好,是否也算是一种减负呢?本文从复习的重要性、目前复习现状和利用自主小实验进行初中物理复习等几个方面阐述对提高复习效率的思考。

【关键词】自主小实验;初中物理;复习效率

学习是由预习、上课、复习、练习等诸多环节组成的。复习是学习过程中非常重要的环节。艾宾浩斯遗忘规律指出人的大脑是一个记忆的宝库,人脑经历过的事物,思考过的问题,体验过的情感和情绪,练习过的动作,都可以成为记忆的内容。外界的信息经过人的学习后,成为人的短时的记忆,如果不及时复习,这些记住过的东西就会被遗忘;而如果及时复习,这些短时的记忆就会成为一种长时的记忆,从而在大脑中保持很长的时间。然而,在现在的学习过程中,有多少教师告诉过学生正确的复习方法?有多少教师根据人的遗忘规律制定过准确的复习方案?即便做到了这些,又有多少学生会按照教师的方法去做?其主要原因是学生自主学习能力不强,主动学习的意识不强,对学习缺少

兴趣，对读、背、算、写这种复习方式有厌倦感。新课程改革更注重激发学生的学习兴趣，那么，如何在学科教学上激发学生的学习兴趣？这是我们一线教师所要思考的问题。

物理实验在激发学生学习兴趣上有着独特的优势，利用自主小实验进行复习，就是指教师在布置复习的过程中，由教师设计或学生设计，也可师生共同讨论设计一些小实验，学生通过所学知识来完成这些小实验，从而达到复习的目的。实验过程中学生可以自行完成，也可以分组合作完成。实验器材学生可以自行设计制作，也可由学校提供，最好学校能给学生提供自主实验室。

一、及时复习的重要性及传统复习效率低的主要原因

艾宾浩斯遗忘曲线表明遗忘遵循“先快后慢”的规律。随着时间的推移，遗忘的速度会减慢，遗忘的数量也会减少。所以，在新课教学后，有效的复习是掌握知识的关键。因此，有效的复习方法显得尤为重要。

传统的物理复习模式主要是教师通过布置家庭作业，使学生通过作业对所学知识进行巩固，其方式主要是“背概念”和“做练习”。稍有质量的复习就是教师能够根据所学内容选择或自编具有概括性的习题，就是目前比较流行的所谓的“精讲、精练”。其弊端是复习方式老套，难以激发学生的学习兴趣。十几年的学生生活，十几年近乎固定的学习模式，学生早就厌倦了。我想这也是造成目前初中学生自主学习能力不强、主动学习的意识不高的主要原因吧！试想想，我们成年人做同一件事情能够十几年不变的有多少？这是否也是现在的各行各业都会出现“职业倦怠”现象的原因呢？

二、提高复习效率必须改变复习模式

这里我先讲一个案例。在一次测试以后，我请学生们到我的办公室订正试卷。有位学生到了办公室拿到试卷后并没有去订正，而是蹲在一个角落里，脸上的表情非常痛苦。我以为他身体哪里不舒服，急忙问他：“哪里不舒服？”他无奈地摇摇头。我意识到应该是考试成绩的原因，便赶紧让其他学生先回教室，然后单独与他交流。他用无奈的眼神看着我说：“老师，我每天都背概念，做题目可还是只考了这么几分！”交流以后我发现，主要问题在于复习效率不高。学生所说的“每天都背概念，做题目”都是为了完成教师布置的任务，而这样的“任务”是学生不愿意去完成但又不得不去做的，于是便出现了现在“抄作业”普遍、宁可“罚抄”也不背的现象。久而久之，学生不但失去了学习的兴趣，也失去了学习的信心。

为了解学生复习物理的实际情况，本人对任教班级 70 名学生进行了问卷调查。调查项目和结果如下：

1. 你喜欢复习吗？（　　）

A. 喜欢　　　　B. 不喜欢　　　　C. 有时喜欢

2. 你的复习是（　　）。

A. 教师的要求　　　　B. 自己的习惯　　　　C. 家长的要求

3. 你复习物理的方式是(　　)。

A. 背概念　　B. 做练习　　C. 按照教师的要求

4. 你喜欢现在复习物理的方式吗？(　　)

A. 喜欢　　B. 一般　　C. 不喜欢

5. 你最喜欢哪种物理课？(　　)

A. 概念课　　B. 实验课　　C. 练习课

选项	题号		
	A	B	C
1	9	53	8
2	57	4	9
3	0	0	70
4	12	30	28
5	3	57	10

从调查的结果来看，大多数学生没有自主复习的习惯，也不喜欢目前的复习方式。而且目前的学习方式也失去了物理学科学以致用的本质，这是否也是出现“高分低能”现象的原因呢？因此，寻找新的复习模式来改善目前的课后复习状况、提高课后复习的效率显得尤为重要。

三、利用自主小实验进行物理复习的形式

利用自主小实验进行复习，在课后复习中用所学知识设计实验来解决生活中的简单问题，或用所学知识完成教师设计的课后小实验，学生可自主完成，也可以小组协作完成。这种复习方式不仅有助于学生对所学知识进行掌握和理解，而且在完成小实验的设计与探究过程中，有助于提高学生分析问题和解决问题的能力，更有助于培养学生的创新意识和动手能力，从而达到学有所用的目的。

1. 教师设计式

教师设计实验，由学生利用所学知识完成实验。这类方式主要适用于学生初二刚学物理、对设计实验还不熟练，或者所学知识在生活中的应用不多等情况。如在初二年级探究音调与哪些因素有关的教学中，可以设计这样的实验：请同学们回去用芦苇叶做大小不同的哨子，听一听它们发出的声音有什么不同，并用手感觉它们发声时有什么不同。再如在学习电能的内容时，可以设计这样的实验：请同学们回去观察家中的电能表在用一个用电器和用两个、三个用电器时示数变化的快慢有什么不同，并思考是什么原因。

2. 学生自行设计式

这类复习方式主要是让学生利用所学知识，课后自行设计实验进行探究。这类方法适用于学生对探究实验有了一定的基础，并且实验设计和操作过程相对简单的情况。

如在初二年级刚刚学习质量时，为加深学生对质量是物质的一种属性，不随位置、形

状和状态的变化而变化的知识的理解，可以引导学生设计这样三个小实验作为课后作业：(1)请同学们回去测量一小石块的质量，在室外测一次，在室内再测一次；(2)请同学们回去测量一块橡皮泥的质量，把它捏成其他形状后再测一次；(3)请同学们回去测量一碗水的质量，把它放在冰箱里冻成冰后再测一次。

再如学习内能时，可以设计这样的实验：请同学们每人设计三种使一根铁条温度可以升高(内能增加)的方法，并说明这三种方法中哪一种属于做功，哪一种属于热传递。

3. 师生讨论设计式

在课堂中留一点时间布置复习作业，教师可以给予一些提示，待问题提出以后，师生共同讨论设计实验，由学生按照设计的实验课后进行探究。这类实验适用于探究过程比较烦琐，或研究的问题是生活中不常见的问题或不容易关注到的问题等情况。

如在探究电流与电压的关系的实验中，由于电子设备的广泛应用，很少有学生会知道老式手电筒中用三节干电池要比用两节干电池小灯泡发光更亮的现象。因此，可以师生共同进行实验设计，并提供器材让学生自行探究。通过实验，学生会很容易发现小灯两端的电压越大，通过小灯的电流也越大，从而也就很容易理解同一导体通过它的电流与它两端电压的关系了。

利用自主小实验进行复习，通过复习模式的转变可以更好地激发学生学习物理的兴趣；通过师生共同设计实验，大大提高了学生主动学习的参与度，学生的发散性思维也得到训练和提升；学生通过自己动手探究实验、观察记录现象、归纳总结结论，其动手操作、观察发现、归纳总结等各方面的能力得到加强。通过经历实验探究，学生对概念和规律的形成过程有了一定的认知，这能起到学以致用、培养创造性思维的作用。

总之，利用自主小实验进行课后复习更容易激发学生的学习兴趣，特别是提高后进生的复习效率。通过动手操作代替读、背、写、算，可以提高学生复习的执行度；通过自主实验代替枯燥的理论练习，可以激发学生学习物理的兴趣；通过形象的实验现象代替抽象的理论分析，可以提高学生接受知识的效率；通过动手促进动脑，可以提高学生理解知识的能力，从而更好地达到提高复习效率的目的。

参考文献

[1] 上海市教育委员会.上海市中学物理课程标准[S].上海：上海教育出版社，2004.

[2] 倪闽景，刘贵兴，周鸿烨.自主物理实验[M].上海：上海教育出版社，2006.

[3] 乐国安.心理学教授谈记忆魔法——艾宾浩斯遗忘曲线[J].中学生英语(高中版)，2008(Z6)：49－50.

(2023年获上海市物理教育学会三等奖)

23. 基于核心素养的高中信息科技算法课堂教学设计的思考

彭火保

信息技术学科的核心素养由信息意识、计算思维、数字化学习与创新、信息社会责任四个核心要素组成，是学生在接受信息技术教育过程中逐步形成的信息技术知识与技能、过程与方法及情感、态度与价值观等方面的综合表现，信息技术学科核心素养是学生必备的素养。

《普通高中信息技术课程标准(2017 年版 2020 年修订)》要求学生在高一阶段，通过对算法模块的学习和运用，初步感受在学习简单编程思想的基础上，结合对具体算法实例(解析、枚举、顺序、查找)的分析，体验如何用框图来描述算法，并且通过算法在 VB 语言中的实现，感受算法在解决实际问题中的作用。在算法教学中，从实际出发，在算法课堂设计中着眼于学科核心素养的培养，将有利于实现全面提升全体学生信息素养的课程目标。下面结合自己高中信息技术算法部分的教学实践与反思，提出几点培养学生信息技术学科核心素养的建议。

一、关注算法生活实例的趣味性与生活化

信息意识是信息技术学科核心素养之一。学生的信息意识的培养需要教师在课堂教学中建构学生信息意识发展的环境，让学生了解和熟悉算法在实际生活中的应用，从而让学生在生活体验和感悟中逐渐培养信息意识。在算法教学中，教师主动为学生寻求一些有趣味性的生活实例，提高学生对算法的学习兴趣，让学生感知信息技术对生活的影响与社会发展的重要作用。

例如，在进行“枚举算法”教学时，可举寻找“水仙花数”“鸡兔共笼”等应用实例，让学生分组探究用枚举法处理实际生活中的问题，感受算法对人们日常生活的影响。

二、创设操作体验环境，注重算法与程序的结合

数字化学习与创新是建立在实践能力基础上的，实践操作是人在发展过程中升华形成的基本活动技能，实践强调行为的体验过程。实践能力的培养需要以学生为主体。在高中信息技术算法教学活动中，教师往往容易采取“分离式”教学，按照教材编写次序，先讲算法，再讲 VB 程序设计，将算法与 VB 语言程序设计部分内容独立起来传授给学生，我认为这样是不利于学生理解算法思想的。如果教师在讲授算法的过程中能有意识地创设 VB 操作环境，引导学生在 VB 实际编程操作中理解算法，体验算法背后的程序设

计的魅力，感受信息技术给人们生活带来的便利，那么算法教学就会更具有效性。

具体讲，教师可以打破课本的章节顺序，采用算法结合 VB 程序设计同步讲授，将算法与 VB 程序设计教学内容融于一体，让学生通过程序的编写和调试来进一步理解算法。学生只有将操作规则、步骤放入实际程序语言环境中，才能完全理解、消化算法体现的思想。教师应鼓励学生尽可能上机尝试，在尝试中认识、掌握程序语言的基本句式，这也是提升数字化学习与创新的基本实践过程。

三、设计算法实例，重在解决问题

计算思维是信息技术核心素养的重要内容，它是运用计算机科学的基础概念去求解问题、设计系统和理解人类的行为的一系列思维活动。学生解决问题的能力包括两个方面：一是运用所学知识模仿式解决问题的能力；二是运用知识创造式解决问题的能力。在高中信息技术教学中，教师在算法教学中设计例题时，要注重培养学生解决问题的意识，提高利用信息技术解决问题的能力。

例如，在进行“基本算法实例教学时，可创设程序设计活动，组织学生在解决问题的过程中探究顺序结构、选择结构和循环结构的特点，也可以以小组学习的形式，分析问题，设计解决问题的算法。教师可让学生通过编程实现“百钱买百鸡”（枚举法）等经典算法，体验程序设计的基本过程，学习程序设计的基本方法。

四、指导学生数字化混合式学习，培养创新意识

混合式学习是“互联网＋教育”时代的一种个性化学习方式，强调学生主体性与教师主导性的结合，强化学生主体作用的发挥。在混合式学习模式下进行算法教学设计，作为学生，可以选择适合自己的学习方式，开展多渠道、多形式的师生、生生以及人机互动，由于可以不受时间和地点的限制，学生有更多的时间对学习过程进行评价和反思；作为教师，可以由原来的课堂主体和知识传授者转变为教学过程的组织者、指导者。通过线上、线下结合，教师引导学生认识到数字化学习环境的优势，指导学生运用数字化学习工具开展自主学习、协同工作与知识分享，引导学生积极参与数字化学习与创新活动，适应数字化学习环境，养成良好的创新习惯。

例如，在进行“基本算法实现”教学时，可通过线上绘制流程图帮助学生学会运用数字化工具，表达程序的设计思想、建构知识。在小组研讨过程中，也可让学生利用思维导图等数字化工具，梳理小组成员在“头脑风暴”活动中的观点，建立自己观点算法结构图，形成研讨报告，等等。

我们已进入“互联网＋教育”的时代，面对数字化工具不断普及的现实，信息技术带来的不仅仅是教学模式的变革，更是学习方式的颠覆。作为一位信息技术学科的基层教师，在信息技术学科教学中要坚持立德树人根本任务，提高学生在信息社会中生存、发展与创新的能力，并让其形成良好的信息素养。

（2023 年发表于《天津教育》）

24. 高中语文综合活动课情境设置的实践与思考

——记一堂“诗样年华　诗意青春　诗创品诵”综合活动课

邵海云

《普通高中语文课程标准(2017 年版 2020 年修订)》指出,“语文课程应引导学生在真实的语言运用情境中,通过自主的语言实践活动,积累言语经验,把握祖国语言文字的特点和运用规律,加深对祖国语言文字的理解与热爱,培养运用祖国语言文字的能力;同时,发展思辨能力,提升思维品质,培育社会主义核心价值观,培养高尚的审美情趣”。

统编版高中语文必修上册“青春激扬”单元写作学习任务群要求学习写现代诗歌,基于“青春激扬”诗歌创作的单元任务,我设计了综合学习活动目标:借鉴本单元诗歌的写作艺术,感受不同主体青春价值认识的独特性;学习运用意象和诗歌语言,发挥想象联想,抒发对青春的独特感受,表达自己对“青春价值”的认识;在品诵和展示中培养审美鉴赏素养和提高表达交流能力。

在综合活动课的教学过程中,情境设置的实践探索的心得体会我总结为——因地制宜,因人而异,因势利导。

一、因地制宜　求真激趣

综合活动课离不开教师的具体指导。在诗歌创作活动前期,教师充分调动校园资源来设置情境,让学生感悟诗情。课外教师从“开启校园诗歌文化之旅”入手寻找灵感,比如品校歌歌词意蕴、荐学长学姐作品、感校园诗歌文化,强调利用本学校、本地区的资源,加强学生的现实体验;课内引导学生拓展阅读大量现当代诗歌,品味富有表现力的词语,感受诗歌的结构、韵律、节奏在表达上的效果,鼓励学生结合个人的经历、感受尝试创作诗歌。

写诗虽难,但可以先尝试仿写。通过课外学习诵读高尔基的《海燕》和裴多菲的《我愿意是激流》,姜同学模仿借鉴,创作了《我愿做一只海燕》:“我愿做一只飞翔在南极上空的海燕,绝不学立在枝头的百灵,安逸而又悠闲地重复单调的歌曲。我愿做一只在南极上空的海燕,绝不学冰上玩耍的企鹅,憨厚而又可爱地用圆圆的肚皮滑冰。”同时,该诗也借鉴了舒婷的《致橡树》,表达了要像海燕一样迎难而上、毫不畏缩的勇气:“我会在每日太阳升起时冲上碧蓝的天空,那白色的羽,相触在云里。又会在傍晚时轻触夕阳染红的海面,见那墨黑的鲸尾,将我轻轻托起。不,这些都还不够! 我会在暴雨来临之前盘旋在咆哮的大海上。海水打在我身上,如同一条无形的手,要将我压入海底,可我并不怕,依旧向上飞行,我会穿行在黑压压的乌云夹层中,银蛇般的闪电从我身边闪过,如同一条张

着血盆大口的蛇，要将我吞噬。可我并不怕，依旧向上飞行。”诗歌创作活动并不是要培养诗人，学生仿写的文笔虽然稚嫩，但教学前期调动各方面的资源，因地制宜，营造诗歌吟咏的情境和创作的氛围，求真激趣，调动了学生创作诗歌的积极性。

学生在真实的语言运用情境中和创作过程中，体会了用诗歌语言抒写情志，体验了在综合活动中发展、在综合活动中受益、在综合活动中体验成长。

二、因人而异　尊重个性

创作的灵感最初都来源于生活，最大限度地走进学生的生活，尊重属于他们的独特体验，挖掘他们的鉴赏力、联想力，就会产生品位各异的审美效果。

王同学的生活积淀启发她选择将记忆中的场景转化为恰当的意象，完成了最具诗歌味儿的《半糖玄米茶》的创作：“雨一直下，像那个六月的夏。淌着水滴的塑料瓶和卷了边的封皮。我走过南京路的繁华，也品过内蒙古的奶茶；我坐在西湖的边上看长白山的雪花，我经过秋冬春夏回首看旧事如画。画室的石膏像眨了下眼，刚削的铅笔会突然断裂，新买的橡皮转眼不见，我翻开本子锤炼稚嫩文笔，想起桌角的奶茶忘了加糖加冰。”作者把过往的拼搏、珍藏的友情、画室学艺这些生活体验浓缩组接成多重意象，极富形象感而又不胡乱堆砌，诗歌的跳跃感传达了诗人敏感的思绪。虽然在诗歌语言魅力、艺术构思技巧上还有提升的空间，但用喜爱的日韩风味玄米茶来点睛，诗歌整体还是富有绿茶淡淡的幽香与特制的烘炒米香有机交融的恬静淡雅、温馨醇和，有属于她的淡淡的情绪色彩。

特级教师冯渊老师在《阅读期待，以及隐喻》中说，当诗人终于找到一个突破口，便将自己的苦闷、欢乐、追逐、梦想凝结在一起，用象征、隐喻的形式展示出来；当然还可能是某种理性的思考，或者仅仅表现一种趣味……顾同学的《枝叶》就是这样一首回归纯朴、宁静自然的难得的小诗：“任枝繁叶茂，枝繁、叶茂。风照常吹，雨一样下。雨携叶落，林润枝生。你悠悠荡去，我渐渐醒来。”作者充分运用标点，丰富了感情和音律的变化，使诗歌的语言富有弹性，具有言外之意的张力。特别是叠词的运用不仅使诗的音律和谐而且富有形象美感，涵泳日常生活的小趣味显得颇为难得。这次创作的过程本身就是一次在学习体验中生成的情境，会对他今后的创作提供直接的经验。

“诗创品诵”综合活动不等同于课堂教学，应为学生打开更为开放的时空。传统的教学方式往往注重预设，忽视学生是教学的主体，忽略与学生交流沟通的重要性，真实的教学情境应提倡一种互补相长的氛围，尊重学生的个性，爱好和属于他们的审美风格，充分尊重年轻人的特立独行。黄同学较为喜欢某支乐队，借“诗创品诵”活动的契机创作了一首不同寻常的《刀凿镐楔》：“木马精细雕镂，空印黑白公文，面容镜中不同，这些雕塑不见远方——重塑雕像的权利吧！斩断颤抖的腿换有力结实的臂，废我无神的目换洞察一切的耳，弃我僵化的脑换鲜活敏感的心。我不再用刀凿镐楔细细雕刻，我用长剑、长矛，请给我一双灵巧的手击碎木马，奋不顾身指引那迷茫的后来者。”学生的创作并非假话、套话、空话，经查阅资料发现，这支乐队的音乐以严谨细致著称。“诗创品诵”综合活动一定是在关注真情与健康的和谐统一的基础上尊重学生的想象力，充分肯定学生的发散思维，在尊重学生创作整体构思的基础上，在语言呼应、先后顺序以及后期排版上给予建议，经过反复指导、鼓励和多次修改，这首富想象力、发散思维和极富个性的“狂而不傲”的诗歌作品得以完善。

可见，只有接近真实日常生活的情境才能反映出个体认知的真实情况，真实情境不是教师想出来让学生被动接受的。真实情境贯穿每一个学习环节，其中包括尊重学生个体的点滴思考、观察，引导学生形成感悟，启发哲思。

三、因势利导　立德树人

教师在诗歌创作教学过程中要善于结合学情调动各方资源设置教学情境，激发学生的创作热情。情境设置求真务实要因地制宜、因人而异，同时在综合活动课的教学过程中，还需要因势利导，让“立德树人”理念自然而然地渗透在教学活动中。

因势利导，“势”为对单元主题的深入解读。再一次回溯文本，我们看到的是“舍我其谁”的“时代担当”单元主题：险恶环境下勇于奉献、敢于追求的红烛诗人；雪峰之侧对于自我生命价值理性反思的现代诗人昌耀；为了台儿沟人不央求人不受盘问，鼓起勇气勇敢跨出一大步的香雪。“势”还应该是时代的呼唤——结合 2019 年 4 月 30 日习近平总书记在纪念五四运动 100 周年大会上的讲话“只有把自己的小我融入祖国的大我、人民的大我之中，与时代同步伐、与人民共命运，才能更好实现人生价值、升华人生境界”“不论是成就自己的人生理想，还是担当时代的神圣使命，青年都要珍惜韶华、不负青春”。对此，我们再次加深了对青春精神的理解，让学生领悟“青春就是要发现自我、挑战自我，奋斗中勇于担当，不懈追求，去成就最完美的自我”。

俞同学的诗歌《少年风采》在第二轮诗歌创作习作中脱颖而出：“曾以为，未来的日子，会像当时那般无忧无虑；直到现实来临，才深知自己的天真烂漫。在这看似风平浪静的时代，浪涛在我们眼前狂涌着，而我们，则是那一叶扁舟上的，漂泊不定的旅人。疫病的浪潮席卷世界，我们惊慌失措地，躲在那小舟上，等待着海面的平息。此时，却有一人，义无反顾地站了出来，高举着抗争的旗帜，引领我们在风雨中前行！我们历尽苦难，但永不衰竭；我们高举风帆，却从未止步。这，才是属于我们，中国少年，真正的风采！”洋溢着深沉意志、丰富想象、炽热感情的青春诗人在“诗创品诵”活动中展示了自己的才华，张扬了个性。

“诗创品诵”综合活动课的“品诵”阶段，背景音乐创设教学情境是不可或缺的方式，诗歌是一种艺术，音乐也是一种艺术形式，学生结合自己诗歌的主题风格选用喜欢的、契合的音乐作为背景音乐，将二者结合，能起到较好的渲染作用。他们既是创作者也是品诵者，还是教学情境的创设者，感染着身边的同龄学子们。

我想本次活动课，学生有独立创作与反复打磨作品的经历，有鼓足勇气登台展演的

体验，有班级同学对其诗歌创作才情的肯定与鼓励，对于他们而言，这是一次“践敦品励学，展学子风采”的洗礼。不论创作者、吟诵者还是品赏者，在这样的学习情境中都会留下难忘的回忆。

所以，我理解的“教学情境”是广义的——因地制宜，因人而异，因势利导——基于本单元诗歌文本的教学，利用校园文化资源，结合本校“丰富学生学习体验”的理念，了解该学段学生的认知水平，尊重学生个体情感需求，引领感悟时代对人才的培养目标，学生围绕着具有挑战性的学习任务，全身心地积极参与这次获得发展的有意义的学习过程。与此同时，教师的指导应注意度的把握——不求面面俱到，但求适时点拨启发，从而实现让教学触及学生心灵。

参考文献

[1] 中华人民共和国教育部.普通高中语文课程标准（2017 年版 2020 年修订）[M].北京：人民教育出版社，2020.

（2022 年发表于《静安教育探索》）

第五板块
敦品励学，促进学生全面发展

校歌中唱到的“敦品励学”，它反映了学习者致力于自身道德修养、发奋学习的高尚境界。近十年来，在促进学生全面发展的道路上，民立教师面对新形势、新要求、新任务，奋发前行，不断磨砺自身教育本领，融合前沿教育理念，运用先进技术手段，不断为学生全面发展的大目标砥砺前行，落实立德树人根本任务，注重创新人才培养，促进学生全面而有个性地发展。

同时，学校更顺应社会发展的趋势，把握学生成长的脉搏，以“五育”并举为宗旨，以深入细致的思想教育为重点，以开展符合学生实际的系列活动为主体，在学科德育上下功夫，在教学实践中投精力，在家校互动间求突破。

1. 完中社会主义核心价值观教育一体化的实践探索

姚伟国　卢晓菁

一、政策依据和工作思路

完中社会主义核心价值观教育一体化的实践探索研究，对于区示范性实验性完中，在办学效益上能获得可持续的增长、在办学品质上有独特性的案例、在社会上有良好声誉，同时也能解决教师素养、学校文化认同、初高中一体化育人等问题。

完中社会主义核心价值观教育一体化的实践探索，从"需求"维度来看，能满足"国家与时代"需求：目前国家和时代需要一大批拥有社会主义核心价值观的未来公民，他们具有文化自信、制度自信，以保持社会制度的延续和稳定、国家的健康发展；亦能满足"学生发展"需求：社会主义核心价值观不止于学生的理想信念，也对学生精神追求、态度选择、团队合作、社会交往等关键能力产生巨大影响。

民立中学在新世纪提出"博雅育人"的教育理念，培养"精深广博之学问，高尚儒雅之举止"的当代中学生的目标，就是出于这样的思考。这样既能满足"学校、教师、课堂、课程、学科"建设的需求，开展社会主义核心价值观的实践探索，在振奋士气、理念认同、办学品质上有促进，更能在培养"富有正能量、高尚师德、专业扎实"的教师实现课堂转型、完善课程设置和学科建设上有拓展。

因而，从"一体化实践"维度看，两个学段设计连贯的和系统的育人目标，携手共建着力于"育人"理念的、能形成共振并产生良好效益的、力图使"学校办学"成为有说服力的实践案例，增强示范性实验性。

同时，初高中一体化的实践，通过寻找基于校情、学情的培养社会主义核心价值观的有效路径，以匹配党的十八大、十九大精神提出的育人要求，辐射同行，尤其是民立中学对接的(奉贤区)郊区"携手共建学校"，为城乡教育一体化均衡发展尽绵薄之力，形成"高初中教师促进互动交流""初中生拓宽视野、心智发展提速"和"高中生社会责任感、服务意识增强"等多赢局面。

二、实施过程和特色做法

（一）实施过程

完中社会主义核心价值观教育一体化的实践探索，经过与高校、基础教育专家共同研讨于 2007 年提出，并经过两轮四年规划不断调整完善、实施；同时搭建市级成果推介的教育论坛，借此不断梳理与完善、总结与提炼，向外辐射影响"育人"实践探索。具体过程如下：

第一阶段，由市级科研项目"中学开展博雅教育的行动研究"引领，探索"博雅教育"

路径，着力指向“学校办学理念”的认同和“学生发展方向”的确定，明晰了民立中学和民立学子将走向什么方向、追求怎样的工作和学习目标；同时针对学校未来的发展、对办学规律的把握等问题，在办学发展规划上明确提出“五用”理念，即“用博雅教育统领学校发展、用学科德育提升教学价值、用课程建设奠基学校文化、用科研激活团队活力、用人文管理锻造组织品质”。

第二阶段，由市级科研项目“用学科德育提升教学价值的实践研究”引领，实现了学校“全员育人、全过程、全方位育人”的意识和教育生态，更重要的是提出和探索了“学科德育提升教学价值”这一崭新的教育思维和教育命题，学科教学和德育也实现了有机的高度融合，育人的时空、内容得到大大的拓展。

第三阶段，由市级科研项目“个性化教育背景下中心城区学校活动课程建设的实践研究”引领，基础型、研究型和拓展型课程相对成熟，我们思考如何让“育人活动”“校园学生活动”课程化。通过 21 个子项目的实践探索，我们实现了“活动的课程化建设”，使活动更加精致、高效，使中心城区的学生在享受其丰富的地域生态文明、历史积淀的基础上获得个性发展。目前我校已形成“四大节日、爱心义卖、毕业典礼、爱心书淘会、升旗仪式”等 20 多项初高中互融、共同经营策划的常规活动机制和图景，初高中一体化生态日臻优良。

（二）特色做法

设置跨学科合作课程：人类生存的外部世界是一个相互联系的有机整体，因而人类对于自然与社会的认识所形成的科学知识体系也必然具有整体化的特征。科学史表明，科学经历了综合、分化、再综合的过程。今天，学科交叉、学科相融成为越来越重要的方向。在活动课程的开发上，我们充分考虑了学科相融的特点，提倡组室合作，发掘新型课程内容。跨学科合作课程分为两大类：一是课程内容的融合，如地理教研组和政治教研组合作开发的“海上说事”课程。这是两个组联合开发的“地上说政”大课程的一部分。地理、政治两个教研组的合作由来已久，从最初的“模拟联合国”到今天的“海上说事”，两个教研组充分发挥各自的学科优势，在课程内容上做到了充分融合。二是内容与方法的结合，如生物组的学科内容与信息技术组的平台技术结合，形成了“民立网上绿色天地”课程。跨学科的合作课程，一方面迎合了活动课程的特点；另一方面也充分发挥了学科相融的优势，解决了单一学科无法解决的问题。我们的“公民写史”系列活动课程，结合了语文、历史、政治、地理等多个学科的特点，用小公民的视角来观察、整理、书写我们身边的历史，培养了学生的历史视角、家国情怀。

设置跨学段合作课程：对于一所完中来说，学生年龄跨度大、层次不均衡是我们的特点，也是设置课程体系的障碍。为此，我们做了不同的设计，如化学组的 IDo 课程设计，不仅包含了高中三个年级，也把预备、初一年级科学课程中有关化学的部分、初二探究课相关内容和初三化学容纳进来，使化学活动课程贯穿于整个初高中学段。我们的科技节活动打破分年级活动的惯例，以学生体验和项目内容设置活动板块，以人人参与、班级竞赛的活动方式，吸引每一位学子参与自己喜爱的科技活动。我们的毕业典礼系列课程，

把初三年级和高三年级的毕业生组合在一起，设置了微电影制作、互赠礼物、毕业证书领取和谢恩师等多项活动。

跨学科和跨学段的活动课程，打破了学科教学之间的专业壁垒，统筹思考学生的知识能力与思维情感的发展过程，使活动课程的要义得到充分展现。

三、主要成效和经验

该研究最值得一提的成效是建立了一个较为完备的民立中学初高中一体化活动课程体系。该课程体系由五大课程构成，分别是：人文艺术类课程、科学素养类课程、身心健康类课程、自然情怀类课程与社会交往类课程。

活动课程是关于活动的课程，其关注的是学生的实践。人类的实践活动有两个重要指向，那就是自然和社会。以往教育的关注点在社会实践上，我们提倡学生要走入社会、走进社区，但较少关注自然领域。而我们的学生，尤其是生活在大城市的孩子们，更需要走近自然，去体验、思考我们生活的这片土地。与自然的实践互动，从某种意义上来说，更重要，其教育也更紧迫。所以，在我们的课程体系里，自然情怀是非常重要的一个板块。

与自然情怀板块相对应的是我们的社会交往板块。从五四运动开始一直到今天，公民精神的培养始终是一个重要的教育话题。社会交往类活动课程的设计即源于此。我们的孩子从一个个独立的小家庭中走出来，需要走进社会的各个领域全面地接触社会，改善其在家庭、学校、社会中的人际关系，建立积极的人生态度。所以我们社会交往板块的目标就是培养学生的公民精神，发展学生的合作能力。

身心和谐，心态积极，我们才能顺利地从事各项实践活动。身心健康是个人发展的根本。对身体的塑造与对心灵的塑造同等重要。我们的民族传统体育项目——太极拳、长拳、舞龙舞狮等，结合了民族优秀的传统文化，既发展了学生的身体素质，也培养了学生的爱国情怀。在这些活动的开展中，我们看到的是我们学生日新月异的精神面貌，自然流露出的气韵与风采。

第四和第五个板块是我们的基础板块，是我们不论从事什么实践活动都必须具备的文化底蕴。如果把我们的课程体系比喻为一棵大树的话，那么人文艺术类与科学素养类课程就是这棵大树广袤深入的根系。我们希望这些人文艺术、科学素养能真正转化为学生自己的储备——通过学习人文艺术课程，提升文化品质、涵养文化内涵、提升艺术修养；通过学习科学素养类课程，具备足够的阅读科学作品和使用科技术语的能力，提升科学思考、分析问题和解决问题的能力，培养热爱科学、勇于探索、敢于创新的科学精神。

近年来，上海市民立中学连续获得上海市文明单位、上海市文明校园、上海市行为规范示范校、上海市绿色校园、上海市地理学科与体育学科立德树人教育基地校、上海市红鹰大队、上海市共青团工作特色组等多项荣誉称号。

未来，我们将从更专业的视角总结我们的实践探索办学经验，从更高的学术高度梳理、提炼、总结我们的实践探索理论，以便更好地辐射、反哺学校后续的可持续发展。

（“初高中社会主义核心价值观教育一体化的实践探索”课题组）

2. 浅谈在数学课堂中实现育人价值的几点做法

韩　丹
（中学数学高级教师）

“教书育人”是教师的本分。教书是要向学生传递人类社会所积累的系统文化知识和使学生形成学习知识的技能、技巧，强调培养学生的认知能力和理解能力；育人是要促使学生确定积极向上的人生观、价值观。随着教龄的增长，自己越来越清楚地认识到了数学是一门工具学科，数学知识在数学教学中有着很重要的地位，但是它绝不是数学教学的全部。中学数学教学不仅仅要给学生传授数学知识与技能，而且更应该注重培养学生的数学思维，提高学生的数学素养。我常常会思考这样一个问题：数学课堂中如何实现育人价值呢？我们在这方面的教学一定比文科要弱一些吗？学生长大以后在生活工作中真的没有意识到数学带给了他们什么吗？记得有一位日本的教育家曾这样说过，数学知识可以记忆一时，但数学精神、思想与方法却永远发挥作用，可以受益终身。我坚信只要我们每一位数学教师都能有学科育人的理念并在课堂中努力实践，那么我想几年后、十几年后、几十年后我们今天面对的学生一定会清楚地明白数学到底给予了他们什么。

数学学科的育人价值是由学科特点决定的，不是在教学中介绍一些我国古代数学的成就、对学生进行爱国主义教育就可以了，它的价值蕴藏在数学学习的过程当中，有待于我们每一位数学教师去挖掘。在学校“创新学科活动育品德、挖掘课程内容润个性”的展示活动中，我作为一名数学教师简单地谈谈自己在实现本学科育人价值的几点做法。

一、培育数学思维能力，开发学生的智力

数学具有概念的纯粹性、语义的准确性、分类的完整性、运算的规范性、推理的严密性、结构的完整性，也具有高度统一的科学性、知识性、思想性和艺术性，这就决定了数学教学具有巨大的智力价值。数学的诸多特性反映在思维上，因此发展数学思维是初中数学教学的一项重要任务。良好的思维品质靠什么养成？靠有序的、有逻辑的、符合认知规律的教育教学。比如，在几何教学的过程中，告诉学生一条定理或者一条定理的证明方法往往是容易的，但是这样的教学方法对学生的思维培养是不利的。课堂中“重结论、轻过程”，淡化了学生的思维过程，其后果只能是学生“课上懂、课后忘”。几何教学中“怎么做”永远没有“为什么这样做”来得重要。比如我在上“几何证明”举例的内容时，针对例题“已知：在四边形 $ABCD$ 中，$AB=CD$，$\angle B=\angle C$.求证：$\angle A=\angle D$”我的设计是，先请学生说说证明两个角相等的方法有哪些，然后引导学生发现根据已知条件不能直接运用已有的方法，接着引导学生思考解题思路。可是总有学生会提出他们对图形的直观感

受："四边形 $ABCD$ 是一个等腰梯形就能解决问题了。"但也总会有学生质疑："那怎么证明它是一个等腰梯形呢？"这一问一答，看似和本节课毫无关系，因为特殊四边形的知识是下学期才会学习的，但是这个地方也往往是学生思考的真实反映，不要因为其与教材中重点介绍的方法无关就一句带过。我在这里反而让学生积极讨论，给予充分的思考时间，调动学生思考的积极性，在自然的状态下得到解决问题的方法，而且是比书上更多的方法；部分学生甚至通过这道题目对等腰梯形有了初步的认识，思维进行了飞跃。这样思维的过程，学生掌握的知识不是更加深刻吗？如果课堂中我们能抓住契机，开展这样的思维活动，一定可以提高学生分析问题、解决问题的能力。

二、学习数学思维方法，发展学生的能力

数学的思维方法是联系数学知识的纽带，是数学的灵魂，是渗透在知识与技能中具有普遍实用性的本质思想和方法，是知识技能转化为数学能力的桥梁，也是数学工具性的体现。记得我在"事件的概率"这一内容教学时，有这样一个问题：在一副扑克牌中取出红桃、梅花、方块各一张牌混合放在一起，从中任意摸出一张牌，"恰好摸到红桃"的概率是多少？虽然很多学生都知道摸到红桃的概率是$\frac{1}{3}$，但是却很少有人能讲清楚。于是我先设计了如下实验：(1)操作：全班每人摸一次牌，看看是哪种花色，然后记录；(2)统计：完成表格。从实验结果中发现，摸到的红桃、梅花和方块的概率都接近于$\frac{1}{3}$。再让学生体会教材中"我们通常把某事件在大数次试验中发生的频率，作为这个事件的概率的估计值"；同时提出如果增加试验的次数结果会怎样的问题，在课堂上花了 20 分钟的时间和学生一起做实验总结结果，使学生初步体会严谨地研究问题的方法和过程。这才是这节课的重要教学目标。

三、注重传播数学文化，培育学生的素养

数学是人类文化的重要组成部分，它的内容、思想、方法和语言已经广泛渗入人们日常学习、工作和生活中，影响人们的思维方式，推动社会文化的进步。将数学发展中的若干重要事件、重要人物与重要成果等融入教学内容中，是体现数学育人价值的一种有效的途径。我注重将数学文化与数学史融入日常教学，着力使数学课堂生动而富有韵味。我们上海"二期课改"教材中有很多地方体现了数学文化，平时的教学研究中应注意搜集与数学内容有关的数学家的故事、数学史等，那么在讲到相关内容、和学生进行交流、开展数学课外活动时就可以信手拈来，随时插入到课堂教学中进而传播数学文化，培养学生的数学素养。举例说明，比如学习实数的时候，人们发现了一类新的数，例如面积为 2、3、5 等的正方形的边长。他们用数学严格说理的方法，断定这些数不是有理数，再讲述古希腊数学家希帕斯发现无理数的故事，说明引入无理数是实际的需要，但无理数的发现经历了艰难的历程，它是人类理性思维和科学精神的伟大胜利。这种教学能够让学生清楚地看到知识产生的原因，能揭开数学神秘的面纱，消除学生对数学的畏惧感，使他们在内心深处亲近数学。再比如在八年级第一学期第十九章"几何证明"章头中有一个

著名的推论——“人是要死的”“苏格拉底是人”“所以苏格拉底是要死的”。这是古希腊哲学家在讲解“什么是证明”的示范，三句话清晰地向学生说明了推理的规则。这让学生从中看到逻辑推理既朴实又严谨，具有丰富的人文内涵。

数学学科的育人作用是隐性的，那么我们数学教师为了充分体现出数学学科的育人价值，就更要关注学科特点，立足课堂教学，探索育人途径。数学学科的育人价值不是短期的，而是需要相当长的时间才能显现出来，而一旦显现出来，会对我们的思维方式与行为模式产生持久而深远的影响。这就更加需要我们数学教师始终抱有学科育人的决心和信心了。

记得有一本书上这样写道，优秀的教师展现在学生面前的不仅仅是知识、能力、手段与策略，更有这些东西背后所拥有的精神力量。育人是教学活动之本，教师通过教书实现育人，同时又必须在育人的同时不断提高自己的修养、业务和境界。这就是我努力追求并实践着的数学课堂。坚信自己一定会在这样的课堂中携手我的学生们寻找到教育的幸福和学习的快乐。我也希望我的学生们长大后，当他们再回首回答他中学数学教师的这个问题——长大以后，请你告诉我，数学给予你的到底是什么的时候，答案里面应该有我想要的那些内容吧！

（2013 年区级学术季交流）

3. 走近学生，实现课堂增值

——谈谈“组长的烦恼”

顾亦君

自从事教师这个职业以来，我一直在问自己，什么样的课堂算是精彩的课堂？教师怎样才能和学生一起构建一个精彩灵动的课堂从而实现课堂增值的目的？我想到了一次从制订班规而引发的思品课堂的经历……

那年我担任预备年级的班主任，开学第一个月的班会课上要求学生成立合作小组为班级制订班规细则，并要求每个小组在两周的时间内完成自己小组的任务。没过几天，就有学生来和我抱怨自己小组内的成员不合作，抱怨小组长分工不合理……甚至有个小组长还写了一封信向我痛诉自己身为组长的烦恼。

六年级的学生初到中学，面临一个新的班级集体，首先需要适应新的集体生活，融入

集体，成为新集体中的一员，继而才能顺利地进入新的学习生活。而培养合作意识是顺利进入中学生活的一个前提，也是适应今后社会生活的关键。我该怎么帮助学生认识到合作的重要性，教会他们合作呢？于是我决定在六年级思想品德课“集体生活需要合作”这堂课上和学生一起谈谈“组长的烦恼”这个话题。

我先对六年级学生进行了学情分析：六年级的学生进入初中阶段，思维能力已大为提高，能够进行深层思考和理性探求；但对一些现象的认识还没有达到一定的高度、深度、广度，分析问题还缺乏活度。基于以上分析，我又确定了本节课的重点和难点是：在集体中如何合作。

一上课，我就安排了一个名为“看谁跑得快”的小组合作游戏，设置了这样的一个情境：某小队在野营活动中掉入了陷阱，现在我们要帮助他们尽快从陷阱里跑出来，看看谁跑得快……通过游戏引出了这样的一个话题：今天你会合作吗？紧接着我就谈到了学生们在小组合作时遇到的烦恼，还投影了小组长写的信的部分内容，同时要求学生们看完了这封信后，一起来找找组长有哪些烦恼。学生们马上就找到了这位组长的烦恼：(1)组员把工作都推给组长；(2)要和大家都不愿意接纳的同学在一个小组做事；(3)组员都凭兴趣做事，都挑自己喜欢的事情做。当问及能不能给这位烦恼的组长提一些建议的时候，学生们开始七嘴八舌，提出了很多自己的意见。他们的发言中有许多自己在小组合作中的亲身体验和感受，也有学生谈到了在小组合作过程中自己的烦恼和困惑，当然也有小组交流了他们小组合作的成功经验。有承担小组长工作的学生站起来，谈到既然身为组长就应该为组员考虑，多承担责任；也有学生说既然是合作就应该合理分工，承担责任……在师生共同探讨的过程中达成了共识：(1)肯定了集体生活需要合作；(2)合作中可能需要个人牺牲小的利益，这是承担责任和个人成长的表现。

于是，我在课堂上给出了这样一个观点：集体凝聚力的形成需要合作。在学生们都纷纷表示赞同的时候，我再一次提到了班会课布置的小组合作制订班规的任务，同时我也提出了这样的疑问：为什么我们一定要合作制订班规呢？这个时候班长站起来说：“既然我们是班级集体中的一员，每个人都有责任参与到班级的工作中。”她还罗列了许多在学校集体生活中合作的片段——学校的运动会、辩论赛、探究活动、雏鹰假日小队活动等。在学生叙述的过程中，他们谈到了合作之后的成绩提高，合作所带来的快乐。在这一节课的最后，我做了这样的总结：“‘合作’是我们这节课的主题，通过这节课的交流，我们在合作的过程中体验到合作的快乐，也增进了同学之间的友谊。同时，老师希望你们在集体中不仅要愿意合作，也应该学会合作，因为这是现代生活必备的品质。毕竟一个人的力量是有限的，希望我们大家一起合作，取得集体的成功！”

这一节课结束后，那位烦恼的组长来找我，他对我表示了感谢，因为他觉得上完这一堂课后，他的小组长工作开展顺利多了，同时他也改变了自己的工作方式，会和组员们商讨后重新进行分工。他对我说：“老师，虽然我还不是很会和大家合作，但是我知道了合作很重要。”

同样，这一节课后，身为教师的我也在思考这些问题：上完一堂课最希望学生学会什么？本节课应当培养学生的哪些能力？这节课是否基于学生的认知和能力起点？对于他们未来的发展是否有帮助？

课堂教学过程中所发生的一切并不是都能预料到的，但一个在课前有充足准备的教师，就能够在一些“可能”与“未知”发生时，游刃有余地引导学生创造出精彩，充分预设，点石成金。所以要让课堂发挥其最大的效能，教师应该做到以下几点：

（1）重视学情分析，巧用学生身边事做文章。这节课旨在让学生了解“集体生活需要合作”，同时通过学生身边的事例，引导学生学会合作。在教学过程中，学生能有步骤地根据教师的引导进行讨论、思考、开展活动，教学过程井然有序，效果较好。而教师在把握教材的同时，创设真实情境，做到善学启思妙问，理念实践并重，最终实现课堂增值的目的。

（2）重视体验，有效进行师生互动。我认为，在课堂中学生自主学习、探究实践，教师充当学习活动的组织者、引导者，在教学中还应当充分关注学生，发现学生存在的盲区和误区，及时发掘生成性问题，在帮助烦恼的组长的时候，教师也参与到讨论中，与学生平等交流，适时引导，帮助学生体验思品课所指引的核心价值，更有效提升学习效能。“二期课改”以来，师生参与课堂的广度、深度发生了质的变化，文本、教师、学生之间的三角互动已经形成，所以要实现课堂增值必须要有效激发学生的学习兴趣和热情，通过师生之间互动，充分生成精彩的观念与做法，实现增值的目的才能真正构建精彩课堂。

（3）重新细细解读新课程的理念，把握新课程理念的内涵，要对我们的初中思品课内容进行“增值”：在有限的40分钟时间里体验更多的精彩，在有限的时间里要实现大于40分钟的价值。课堂教学增值——这不是一句空洞的口号，而是作为一线教师的我们每天都要坚持的目标、追求的结果。

（2014年发表于《魅力德育：教师魅力塑造与学生品德培养》）

4. 关爱生命，热爱生活

——七年级英语课外阅读教学

张　莲

一、教材简析

“The change in my life（我生活中的变化）”是我根据班级的学情而特意选择的一篇课外阅读材料。这是一篇300字左右的励志小短文，文章讲述的是主人公在经历一次大

的车祸变故后不能再参加热爱的游泳运动，失去了生活的目标从而变得颓废，在医院遇到了生活的强者 Danny（丹尼）之后，又重拾信心和勇气、笑对人生的故事。在设计教学目标的过程中，我想到了班级里有近一半的学生，主要是男孩子，在平时的生活中遇到一点很小的事情和小困难，就很容易哭，而且常常哭，所以我决定结合班级的具体情况来制订教学目标中的情感目标：(1)帮助我们班级的学生培养并树立正确地应对挫折和困难的价值观；(2)帮助学生体会享受过程远远比结果更为重要；(3)学会关心身边的人。结合德育进行英语阅读教学，通过学习文章中的故事和观看有关身残志坚的人物视频来引导学生笑对人生，积极乐观去面对人生中的重大变化、挫折和转折。

从教学目标来看，文中新词汇和新短语适中，句型结构（除了个别句子）比较简单，作为阅读材料很适合低年级的学生。我的设计环节以整体阅读教学为主线，同时为学生搭建一个个阅读的小支架，让学生通过这些支架（图片、语言、内容的支持）一步一步地攀升，逐渐发现和解决阅读学习中的问题（词汇、理解等），掌握所要学习的知识，提高问题解决能力，成长为一个独立的学习者。通过不同的个性化任务单（口头和书面的）来引导学生进行阅读，并结合不同的阅读方法如 skimming（略读）、scanning（扫读）、inferring（推理）、word-guessing（猜词）等来帮助学生理解文章，同时帮助他们树立正确地应对挫折和困难的价值观。最后教师撤走“脚手架”，让学生自己进行归纳整理，并自主选择个性化的任务单；通过平板电脑来进行小组协作学习、查阅资料、分享成果。

二、情境描述

这堂课的重点在理解文章的基础上，借助数字化工具平板电脑作为辅助，放手让学生自己决定学习探索的方向和问题，用自己的方法独立地进行问题探究。同时将学生引入一定的情境，学生沿概念框架逐步攀升，在阅读文章的过程中完成情景学习（丹尼和作者之间的对话）。让学生两人一组进行讨论并编写对话：一人扮演灰心颓废、因受挫折而失去生活信心的主人公；另一人扮演性格积极乐观、安慰鼓励人的丹尼。要求学生发挥自己的想象来完成对话。在展示对话的环节中能够看到学生不仅通过言语，而且结合了拥抱、轻拍等肢体动作去安慰他人，这让我感到很意外并且很感动。学生们通过角色体验活动有了自己的思考和行动，更感受到了生命的珍贵和保持乐观勇敢的人生态度的重要性。此外，让学生们通过换位思考去体会他人的心情，并学习体谅、关心身边的人和特殊人群。

为了把文章故事进一步拓展，让学生走进身边真实残疾人的生活，我通过视频把内容拓展到课堂外，提前搜索下载预置了 5 段视频在学生的平板电脑里。我在网上进行了大量筛选后挑选了 5 段难易不同的视频，让学生通过 3—5 分钟自主选择自己感兴趣的一段或是两段视频来观看。如果这 5 段视频都由教师在课堂播放，一是占时间，需要大半节课，这样一来效率就很低；二是学生就会被动学习，失去了主动学习的机会，又成了传统的填鸭式学习，无法体现个性化教学。我经过大量的搜索和细致的考虑，最后选择了霍金、刘伟、张海迪、海伦·凯勒和邰丽华的 5 段视频。这 5 位人物给予学生的选择面很大：第一，性别上男女都有；第二，他们的年龄跨度大，从张海迪到最近选秀节目出来的年龄小的刘伟;第三,国内外的案例都有;第四,除了有伟大的科学家和作家,也有普通平凡的身边人物刘伟和邰丽华。学生可以根据自己的喜好来选择视频进行观看,这样带着兴趣更能提高学生学习的积极性。此外,也让学生能够直观地看到真实的案例,看到身边的英雄人物和平凡人物在面对挫折和困难的时候是如何思考、如何去做的,让学生在更有说服力的榜样力量的教育下接受挫折教育。

此外,这5段视频的介绍方式也是多样化的,有全英文介绍无任何字幕的,适合班级里英文好的学生;有英文介绍结合中文字幕的,适合学习比较好的学生;也有纯中文介绍结合中文字幕的视频,这是考虑到了学习能力稍差的学生的观看需求。学生的口头表达能力、听力能力、理解能力等都有差异,不同介绍形式的视频满足了学生的个体需求,方便了学习程度不同的学生有选择性地学习,能力强的学生甚至可以选择2段视频进行观看,体现了数字化对个性化教学的推力。短短的3—5分钟,学生可以从自己喜欢的人物视频中得出自己的感悟并组织语句与同伴和教师们分享,同时也可以从与同伴的交流中体会到其他人的感受,对生命有了更直观的思考和体会。在小组交流和班级的口头汇报中,让学生能够自发地去感受保持积极、乐观、向上的心态和人生观是多么地重要。

三、育人反思

作为一名在教育一线的班主任和英语学科教师,我常常也会思考:什么是挫折教育和生命教育?我们看到今天的学生们在家庭的保护下、学校和社会的关爱下渐渐丧失抗压和自主应对挫折和困难的能力,也渐渐缺乏了对生活和生命的一系列思考。我常常看到,学习上的一次考试成绩不如意或是人际交往中的一点不顺心,就能让一个学生痛哭流涕,失去方向而不知所措,严重的还会有一些心理上的障碍和问题。而单纯的说教早已不具有说服力,通过这堂英语课外阅读教学,结合和学生年龄相仿的小主人公的事例和生活中直观的真实人物的视频,让学生能有一个更直观、更丰富的体验,从而激发他们的内驱力去感受、去总结,引发他们对生活中的挫折和困境以及对生活和生命的思考。

虽然这堂课只有短短40分钟,但是课后的持续性教育却还在继续,在这堂课后,学生们开始更加关注到如何关心残疾人这个话题,如"挑战冰桶,关心渐冻人"这个当下的热点。我们的学生更加积极投身于同仁医院康复科的志愿者服务活动中,小队活动的次数增加了,内容也丰富了,积极性显然提高了很多,这对学生们的健康成长是很重要的。落实到如何具体去做来关心身边的朋友、家人、老师甚至是陌生人,这对于他们的终身成长和可持续发展也是很有帮助的,德育得以体现。当然,德育依靠一堂课是远远不够的,而是应该渗透在点点滴滴的日常教学和各项活动中。

(2015年发表于《学科德育优秀案例专辑》)

5. 感恩教育在亲子沟通课程中的无声浸润

——预备年级心理课“亲亲一家人”

刘　懿

一、教材简析

本课的主题为亲情教育，希望帮助学生理解和接纳家人，进而调整与家人沟通时的态度和言行。通过辅导活动课程想让学生们：①探索、呈现家庭系统和家庭关系；②换位思考，感受父母对自己的付出，理解父母的不易；③主动与父母沟通，改善家庭关系。

教材通过家庭场景绘制“我不能理解爸爸妈妈的事”和“爸爸妈妈不能理解我的事”的讨论梳理，“长大后，当我成了你”和“爱的天平”的活动，以及《守护天使（节选）》的阅读，引导学生发现亲子沟通中存在的问题，通过换位思考理解父母，并发现家人隐藏在生活细节中的爱，从而达到改善和促进亲子关系的教学目标。

理解父母，尊重父母是学生成长过程中的必修课。理解和尊重是学生对父母产生发自内心的感恩之情的必要前提；而主动地去理解父母，去促进亲子间的沟通，提升父母的生命质量，则是对父母感恩之情的一种表现。整个课堂教学中，虽不提“感恩”二字，但感恩教育已蕴含于课程内容之中，润物细无声。

二、情境描述

（一）换位思考，体验促理解

课程活动“长大后，当我成了你”是整个课程中的一个高潮。

活动中，学生们想象 20 年以后自己立业，成家，当爸妈。为了让他们更好地进入角色，首先请他们给自己的宝宝起一个名字。认真地起好名字以后，大家开始为宝宝写日记，记录宝宝成长过程中的点点滴滴。罗列出孩子 0—13 岁的过程中可能有的表现：比如 0 岁时“宝宝即将出生了！”，1 岁时“整晚地哭闹”，5 岁时“学会唱《世上只有妈妈好》”，7 岁时“上小学了，家长会老师点名表扬”，9 岁时“和同学打架，老师叫我去学校”，12 岁时“嘲笑我不懂流行”，等等。让学生代入父母的角色，并绘制当时自己的心情脸谱，以及自己的做法。

这样有趣的假想让学生们很踊跃地发表自己的意见，几乎每一个事件都能引起大家热烈的讨论。活动结束以后，当问起学生们“为人父母”的感受时，大家都觉得不容易，他们也能理解和相信，也许家人的教育方式不是完美的，但是他们一定是做出了他们认为最合适的选择，用他们认为最好的方式来对待自己。

（二）罗列分享，感受生感恩

课程中的第二个重要活动“爱的天平”——请学生寻找一位陪伴自己最久的家人，并用天平来称一称彼此之间的爱，尽可能多地详细罗列出“我为家人做的事”和“家人为我做的事”。

在活动的过程中学生们会发现，家人的爱常常隐藏在生活的细节中，仔细听、认真看、用心去感受，我们就能捕捉到。而大家在“爱的天平”两端所能罗列出的条目，往往是不平衡的，家人为我们做的事往往更多。这种感受通过罗列比较更加具体明确，学生们也自然而然地表示“希望能在比较轻的那一端再加些砝码”。其实让我很感动的是，学生们已经能在“我为家人做的事”这一板块罗列出不少事件，对于这一现象及时地进行肯定和鼓励就是一种很好的德育。而学生对这部分的罗列分享也引发了其他同学的思考：“这些事是我力所能及的吗?”“我有为家人做过吗?”“接下来我可以尝试着去做吗?”同伴间的影响真的是巨大的。

（三）制作卡片，实践获成长

在教材所设计的内容之外，我又补充了一个心意卡片制作的环节，在这个环节实施之前，学生们先要完成一个课前任务——回家采访自己的家人，让这位长辈说一件最让他/她感到自豪的事情，从中发现他/她身上的一个闪光点，写成一首赞美诗，作为心意卡片的一个重要组成部分。除了这个部分之外，还有表现学生对家人的关注和关心的小诗填写，以及写给家人的一封信。

制作卡片的主要目的是帮助学生习得有效的沟通方式，卡片的制作过程也是一次感恩教育。在信中建议学生表达感谢、歉意和爱，包括主动承担沟通和让父母了解自己的责任，了解父母，欣赏父母，等等。卡片的制作和送达本身，就是一次关于感恩的实践。

三、育人反思

（一）符合学生心理发展特征，让德育更容易被认可和接受

对于初入青春期的学生，怎么对他们进行教育是一件特别需要教育艺术的事情。

进入青春期的学生开始有较强的自我意识，有脱离父母的管束的渴望，而由于年龄、阅历、身份等的种种不同，加上缺乏有效的沟通，学生和家长之间可能会出现彼此不能理解的状况。这种不理解容易让青少年与父母产生冲突。如果在这样的客观现实下只是平铺直叙地教育学生说你们应该感恩父母，可能得到的只是口头上的响应，甚至引起更多反感的情绪。

所以，课程中的感恩教育，更强调的是让学生在沟通过程中主动承担“成长的责任”、享受“成长的快乐”、创造属于自己的“成长的尊严”。课程帮助学生透过成长过程中出现的亲子沟通障碍，从而领悟到：这不是因为父母变了，也不是因为自己变坏了，而是因为自己正在长大，我们有了自己的想法，而这些想法有时恰好与父母的不同，所以要消除这些障碍，亲子之间就应该增进彼此间的了解。换位思考是达成理解的最好途径之一，课程引导学生试着用换位思考的方法理解和接纳父母的情绪和做法，让父母感受到被理解和尊重，从而通过自己的主动努力提升对方的生命质量。因为“我们长大了”，所以“我们可以主动承担发展的责任，而不是被动接受关爱”，并且，相互鼓励着“让自己更成熟，让

父母更自豪”。这样的提法,符合学生这一阶段的心理发展特征,让德育更加容易被认可和接受。

(二) 体验和同伴分享,让德育更有说服力和影响力

德育,有的时候,教师说千遍,不如学生自己的感受和同伴的影响。用千百个故事告诉学生父母的不易,不如让他们代入父母的角色进行换位思考和体验。与其用“遥远”的感人事迹激励学生为父母做些力所能及的事,不如让他们听听来自身边的伙伴的声音。

在制作心意卡片和给父母写信的过程中,引导学生们用“感谢—自己之前的理解—现在的理解—期望—感谢和道歉”的流程来完成这次交流,在交流的过程中注意情绪的表达和语气的斟酌,帮助他们完成一次有效的沟通。把这封信交给父母、运用在课程中讨论出的一些沟通方法,或许不一定能如学生所期待的解决他们提出的问题,但是能让他们看到更多改善亲子关系的方法,看到更多的可能性。在他们想用的时候有章可循,这就是一件非常有意义的事情。

大家都已经认可,好的德育不应该只是简单的说教,而应该更多地强调实践、体验。所以,课程更多地旨在给学生提供一个话题、一个机会、一个平台,去体验和感受良好沟通带来的积极情绪和感受,而这些积极的情绪和感受,将帮助他们更加愿意在今后用沟通的方式来解决问题,让父母感受到被理解和尊重。让这种切实的感恩表现,落到日常生活中的每时每刻。

我想,并非一时的,而是有后续辐射作用的德育,才是真正的德育。

(2015 年获静安区征文三等奖)

6. 高三作文逻辑思维训练

阎　霞

本学期的作文在审题训练的基础上,更多地关注了学生在全文写作中的逻辑思维能力,我觉得“填空式”的训练还是有一定效果的。

一、“填空式”的论点与论证训练

我选择了一些各区模考中较好的文章,“挖”去其中的某些内容,让学生进行补充。

(一) 给出论证的段落,让学生概括论点

如材料:"知止"二字作为座右铭高悬于李嘉诚办公室的醒目处,曾国藩一生的作为和成就也处处有"止"的烙印。

例文:止中有智

(1) 古语云,"知行知止,知止而行",告诫世人既要懂"行"亦要懂"止",更要学会"于止中行"。此中之意,不难理解。行,是人生常态。人生恰似一场旅行,向前行是为了达到心中的远方。而"止"又为何?我想"止"应分两种:其一为寸步难行不得不止;其二则为停下脚步自行停止。如何对待这两种情况,恰体现了个人的智慧与风度。

(2) 好比鲁迅当年的救亡图存,文艺兴国之路何其困难。在日本留学时,他兴办杂志计划的早夭,无人理解的困窘孤独,让他的梦想不得不止。但是,正是他早年失败的经历,看尽世间冷漠后的领悟,成就了他后来一声呐喊唤醒国人的灵魂。止使之绝望,止使之重生。那一颗在"止境"中仍不泯灭希望的心,恰似黑暗中的光明,在被迫停止之中,人当隐忍而行积蓄力量,等待时机,走出困境。

……

这篇文章在第(1)段中就说到了两种"止"的情况:一为寸步难行不得不止;其二则为停下脚步自行停止。再根据第(2)段后面的论证部分可以发现在困境中的止并非停步不前,而是能为之后的前进蓄势。

我将学生概括出的分论点句分类整理了一下,找出了5句,让他们讨论哪一句更好。

① 当处于困境中时,我们应顶风向前。

② 在困境中止需要勇气,止而后进。

③ 困境中前进,何其艰难。绝望迫使人们停下脚步。

④ 懂"止"能蓄势待发,走出困境。

⑤ 行路之时,坎坷难免,此时的止步不行,未免不是他日一跃千里的蓄势。

大家都发现第①句是明显和后面的论证相反的,首先排除;第②句的重点是在"勇气",并非在说"止",也应排除;第③句只是提出了困境迫使人们"止",但这并不能作为本段的分论点句,因为没有概括出"止"的价值,把它和第④句放在一起就好了。于是大家觉得第⑤句是最好的。

在讨论的过程中,学生们也都发现主要问题是在于训练时没有关注前后文,或者说不能概括出论证部分到底在写些什么,所以错误很多。

(二) 给出论点,让学生写出后面的论证部分

如材料:如今,互联网为人们的社会交往提供了一个全新的空间。在这个空间里,人们更容易彰显真实的自我,也更容易掩饰真实的自我。

例文:活出真我

(1) 在信息爆炸的时代,我们在享受着信息潮流洗礼的同时,也不免被淹没失去一些珍贵的东西。社交网络是一把双刃剑,你可以在这个全新平台上游刃有余,但无法避免在不知不觉中迷失自我,掩饰一个本真的自我。

(2) 这是一个最好的时代。

(3) 然而，这也是最坏的时代。

……

针对第(2)段，我也找了4句比较有代表性的论证，让学生进行比较。

① 科技发达，一切讯息资料都可以通过互联网得到。

② 我们戴着千奇百怪的面具和焕然一新的马甲，去结识这个前所未有的世界。远在千里之外的两颗心被拉近，我们学会了认真谦虚地倾听，也学会了彰显心底的自我。

③ 因为真相已经无法被掩饰得如此完美，我们可以在这个互联网时代中彰显真实的自我，提出最真实的内心深处的看法，而不必顾及其他。

④ 人们拥有更广阔便捷的平台展示真实的自我。人们在社交网络上畅所欲言，尽抒所感。

大家发现了不少问题：脱离材料中的要点——互联网为人们的社会交往提供了一个全新的空间。在这个空间里，人们更容易彰显真实的自我，也更容易掩饰真实的自我。如第①、第②句是前后矛盾的，第④比第③句更加清楚明晰，而且第③句的前后也不成因果关系。

第(3)段的论证(论证部分为学生任务，故省略)，第①句是明显与材料的要求不符。第②、第③句虽然都写到了“掩饰真实的自我”，但还有些内容并非和这个观点有关，“掩饰”就是掩盖，是把自己的缺点、不足之处甚至是无法见人的一面掩盖起来，不让人发现。第④句比之前的又好一些，不过有些句子比较绝对，还有些内容是在写伪装自我，而并非掩饰自我。

通过这样的比较，学生更容易发现问题和不足。

二、文章“起承转合”的训练

论点与论证的训练做了几次之后，让学生把他们第一次的练习和最近一次的练习比较一下，他们发现概括的能力的确是比之前有所提高，对内容理解错误的情况也少了很多。但是在批改学生的完篇作文时，我又发现了一个问题，那就是他们只关注了某一个段落的写作而忽视了文章的整体性。

不少作文中，段与段之间是没有衔接的，明明上一段的结尾是在谈某个问题还没有说完，到了下一段又另起话题了。有时候甚至前后句之间都没有什么内在的关联，非常不严密。

于是，针对这一情况我又让学生进行了“起承转合”的训练，希望他们能关注前后文之间的关系，从局部走向整体。

如材料：有人说，勇往直前、积极进取，是成功的唯一秘诀。也有人说，退一步海阔天空。

例文：以退为进

(1) 易中天曾说过：“做人要学道家，大气一点；做事要学儒家，实在一点。”确实，

① 在做人中我们要学会大度，而在做事中要学会踏踏实实。

② 做人时要宽容忍让，方能活得舒心坦然；做事时应脚踏实地，才能成就一番大业。仔细一看，这不正是退与进的写照吗？

③ 我们应该脚踏实地、积极进取地做事，宽和有礼、大气谦和地做人。

④ 做人时要宽容忍让，方能活得舒心坦然；做事时应脚踏实地，才能成就一番大业。但是这些还不够，我们还要积极进取，遇到困难要勇往直前。

这是文章的第(1)段，是通过对名言的解读来提出中心论点的。通过讨论，大家发现，第①、②句对"大气"和"实在"的解读还算是比较准确的，但与材料所给的要点"勇往直前、积极进取"并不相符。而第③句与材料的要点符合了，但是其中的"积极进取"又不是从易中天的话中能得出的。于是我让大家在前3句的基础上又做了修改，得出第④句，即"做人时要宽容忍让，方能活得舒心坦然；做事时应脚踏实地，才能成就一番大业。但是这些还不够，我们还要积极进取，遇到困难要勇往直前"。通过这一讨论，也是教给大家一个正确解读名言的方法。

接下去是例文的第(2)、(3)段，我们对第(3)段做一些补充：

(2) 有人说，勇往直前、积极进取，是成功的唯一秘诀。勇往直前的精神与信念，确实是我们所需要的，这份勇气与果敢带领我们披荆斩棘，在成功的道路上越挫越勇。但是，莽夫也有"勇"，但为何这种"勇"却遭人不待见呢？莽夫之勇空有一腔热血，只知道前进的力量，却不懂后退的智慧，典型的"不撞南墙不回头"。所以，我们需要有智慧的勇气。但这绝不是成功的唯一秘诀，因为勇往直前或许能让你获得做事上的成功，但在做人上，是决计行不通的。

(3) 因此，也有人说，退一步海阔天空。子贡问曰："有一言而可以终身行之者乎？"子曰："其恕乎！己所不欲，勿施于人。"可见：

① 有人可以一生只前行而不后退，做事中，这样只会让成功越发遥远。

② 退一步海阔天空并不是可以终生不变的行事准则。

③ 宽恕的力量有多大。

④ 宽容、忍让已成为我们前进路上必不可少的一部分，已成为君子终生践行的东西。

⑤ 宽恕是做人的基本要求。

在这一处中，大家发现前两句明显没有看懂孔子与子贡的对话，也没有关注段落的开头句，第③句抓住了对话中的关键词"宽恕"，但整个对话是在说对人宽恕应该终其一生，并不是在说宽恕的力量有多大，第④、⑤句才是比较准确的解读。

讨论后我告诉学生第③句是从原文中找来的，他们一下子很兴奋，原来自己也有比原文写得好的地方，虽然只是简简单单的一句话，但也给了他们信心。

接着是例文的第(4)、第(5)段，第(4)段要写的是对前文的总结，基本上没什么学生写错。

第(5)段的转折是针对上文"做人方面要学会退一步"而言的，是一个辩证的思考，不

能一味地退，前两句不是针对“做人”这个方面来说的，一句是偏向于做事，一句是两者兼有，都不合适，只有最后一句才是最为准确的。

最后一处是在第(6)段中，经过大家的讨论，觉得第④句更好一些，将前文的两个层次全都包含进去了。

(6) 所以，(我们既要学会仁义忍让，也要懂得积极进取。/为人处世我们既要有仁义忍让之心，也要有积极进取之心。/前进中拥有仁义忍让的心，后退中拥有积极进取的心，才是进中有退，退中有进。/我们应该在做人中学会“退”，在做事中懂得“进”)只有有了一颗仁义忍让的心，才能在前进中有智慧，不会变成横冲直撞的莽夫，也只有有了一颗积极进取的心，才能在后退中有尊严，不会变成缩手缩脚的懦夫。李叔同说过，以仁义存心，以忍让接物。我们应该学会进中有退，退中有进，以仁义之心积极前进，以忍让之性宽容待人。

以上就是通过一篇文章进行的关于“起承转合”的训练。让学生从题目中的材料开始到文中语句、段落的衔接，再到辩证地思考，整体把握文章，每一处都不能忽略。而且，有一位学生提出“以退为进”这个题目不太合适，这个词是指在做同一件事时的策略。而本文对于在哪个方面应该后退哪个方面应该前进，分得很清楚。这也是从整体的角度关注文章的体现。

三、关于训练的思考

这种“填充式”的作文训练对学生而言比较新颖，因此，在训练时他们比较感兴趣，我想今后在作文训练中就可以和审题训练、完篇训练等交叉使用，避免了单一化。此外，在训练反馈之前，我也想过好几种方式，如找学生面对面交流，或者把原文直接发给他们看，最后才确定了这样一种先找出一些具有代表性的学生练习，再进行课堂讨论的方式。从第一次讨论之后我就发现这种方式是对的，我发现他们找别人的问题似乎比找自己写作中的问题更容易，因此大家讨论得很热烈。而那些被举例的学生不管是写得好的还是稍有不足的也都挺兴奋的，他们觉得这样更有针对性。所以在几次反馈中，我都是尽量让每位学生的练习至少出现一次。

当然，我也发现了问题，就是尽管当时讨论热烈，而且把问题都分析清楚了，大家也知道该怎么写才好，但是下一次的训练中依然会出现相同的问题。可见，学生比较“健忘”，这也给我提了醒，课后还要多写多练，一定要落到实处。

(2016 年发表于《静安教育》)

7.“阅”尽其义，“读”升其能

——高二学生数学阅读理解水平的实证研究

何世得 邢 斌 王 涛

（中学数学二级教师；中学数学高级教师；中学数学高级教师）

一、问题的由来

2016年2月，中国教育学会就《中国学生发展核心素养(征求意见稿)》向社会各界征求意见，该稿提出了包括学会学习在内的九大核心素养。学会学习要求学生乐学善学，能自主学习。而阅读理解能力，尤其是数学阅读理解能力，正是学生自主学习能力的重要组成部分，在大力倡导自主学习与个性化教育的背景之下，研究数学阅读理解有着重大的意义。

二、核心概念的界定与理论框架

阅读理解是一种从书面材料(文字、符号、公式、图表)获得意义的心理过程，它是由一系列的过程和行为构成的。而数学阅读理解指的是一种从书面数学材料中获得意义的心理过程，它包括对给出的数学材料中字、词层面上的理解，对数学符号、术语公式、图表的感知和认读，对整段阅读材料含义的理解；是在原有知识基础上对数学阅读材料进行重组、转化为数学问题，并根据已有数学知识、经验及题目中给的解题信息，选择适当的解题策略，解决问题的过程和行为。

为研究学生的数学阅读理解水平，笔者以可观察的学习结果的结构(Structure of the Observed Learning Outcome，SOLO)分类法为基础，根据研究的问题和测试题目，给出了学生在SOLO各个层次的阅读理解表现(见表1)。

表1 数学阅读理解水平的划分

水平	SOLO层次	具体表现
前理解水平	前结构水平 P	不能从阅读材料中提取有用信息
表面理解水平	单点结构水平 U	能从所给阅读材料中提取简单的信息，进行简单的操作
	多点结构水平 M	能从文本中得到较多的信息，并在不同的信息之间建立简单的联系，会对不同的量进行初步的操作
深度理解水平	关联结构水平 R	能够完全理解给定的信息，并整合各部分内容使之成为一个有机整体
	抽象扩展结构水平 E	能够联系所学知识，把要求解的问题转化为熟悉的问题，并选择相应的解题策略，得到正确的解答

三、研究过程

我们在阅读材料的基础上制定数学阅读理解水平的分析框架，然后根据框架编制测试题。在编制测试题时，主要考虑四个方面：(1)测试题应该包含较多的信息，能够考查学生对信息的把握程度；(2)测试题应该包含数学阅读理解的两种主要题型：应用题和新定义型问题；(3)每道测试题分四小问，每一小问对应一个数学阅读理解水平（见表2）；(4)测试题适合高二学生现有的知识水平。在编制的三道题中，第一题是函数应用题，主要考查学生对题中所给各量间数量关系的把握，以及利用基本不等式求函数最值问题模式的识别；第二题是新定义型问题，主要考查学生对材料中所提供的性质和解题策略的应用；第三题是解析几何与应用题相结合的题，题目较长，主要考查学生对题中所给众多信息的整合能力与相应问题模式的识别能力。

经过小范围预测并修改之后，于2016年5月31日—6月1日，对我校高二年级六个班的学生进行了时长40分钟的纸笔测试。本次测试共发放测试卷166份，回收166份，其中有效测试卷154份（男生79人，女生75人），有效率92.8%。

表2　各测试题各水平对应解答的说明

SOLO层次	题目一	题目二	题目三
前结构水平P	全部空白或者全错	全部空白或者全错	全部空白或者全错
单点结构水平U	能写出产品销售价格的表达式	能求出单项式的导数	能写出点A的坐标和直线ON的斜率
多点结构水平M	能根据销售总额等于产品的销售单价乘以销售量，算出产品的销售总额	能根据所给函数的前两条性质，求出多项式函数的导数	能根据点Q的相关信息，求出点Q的坐标
关联结构水平R	能根据题中所给数量关系，正确写出公司利润的表达式	能根据所给函数的三条性质，求出函数的单调区间	能求出直线AB的方程和点B的坐标，进而求出游轮从A点到B点所需时间
抽象扩展结构水平E	能把求函数的最值问题转化为利用基本不等式求最值，并得到正确的答案	能利用所给函数的性质得出函数的单调性，把问题转化为利用单调性求函数的最值	能求过已知直线外一点与已知直线垂直的直线方程，把问题转化为求两条直线的交点

回收试卷之后，先全部批改，按照评分标准给出每位学生每道题的成绩，并输入Excel表格，计算出每位学生的成绩；然后根据事先拟定的标准（表2），给出学生每道题的SOLO等级，根据三道题的SOLO等级，试着确定学生的总体数学阅读理解水平。为方便统计，将P、U、M、R、E这5个水平分别用0、1、2、3、4来替代。利用Excel的图表功能，得到学生在这组测试题上阅读理解水平的折线图。根据统计结果，大部分学生的折线图在相邻的2至3个阅读理解水平上波动（如图1至图3）；还有部分学生在三道题上的数学阅读理解水平都相同（如图2）。因此笔者把学生的数学阅读理解水平大致分为以下几个等级：P－U水平、U－M水平、M水平、M－R水平和R－E水平。

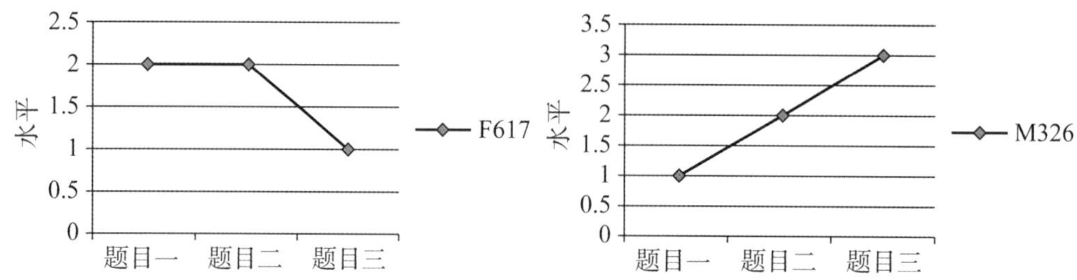

图 1　学生 F617 和 M326 的数学阅读理解水平

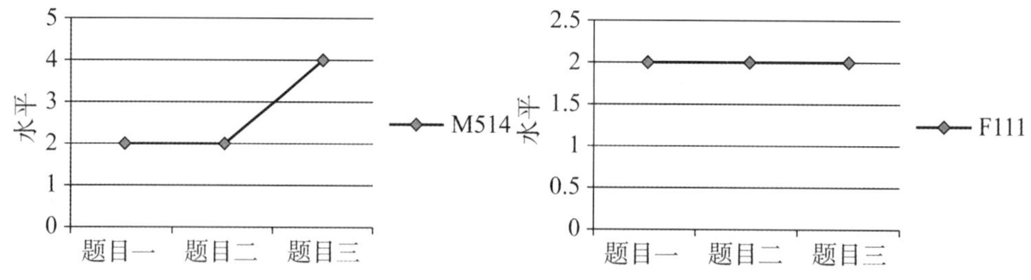

图 2　学生 M514 和学生 F111 的数学阅读理解水平

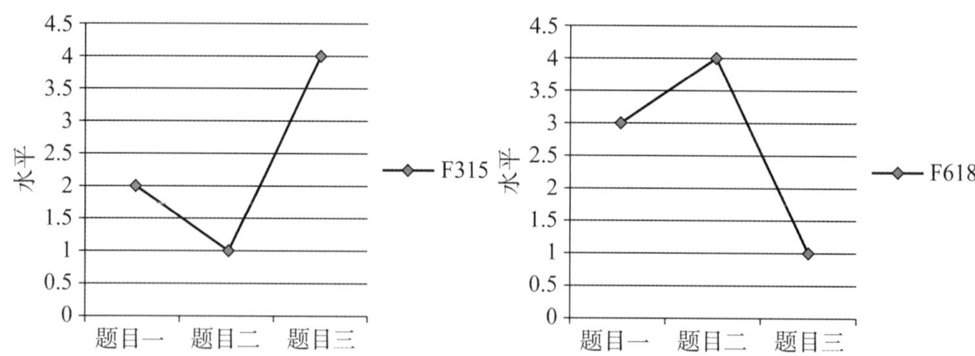

图 3　学生 F315 和学生 F618 的数学阅读理解水平

结合测试的实际情况，利用学生三道题的 SOLO 水平，我们制定了确定每位学生总体数学阅读理解水平的法则，具体如下：

如果某学生三道题的 SOLO 水平是 2 个连续的水平或者三道题的水平都相同，则认为该学生的数学阅读理解水平就是对应的 SOLO 水平，如学生 F617 三道题的 SOLO 水平分别为 M、M、U，就认为其数学阅读理解水平就是 U－M 水平，学生 F111 三道题的 SOLO 水平均为 M，则其数学阅读理解水平就是 M 水平。

若三道题的解答横跨 3 个 SOLO 水平，按照以下方法处理：①三道题中有两道题解答水平相同，则将第三道题的 SOLO 水平向这两道题的 SOLO 水平靠拢一个水平，如学生 M514 三道题的水平分别为 M、M、E，就将 E 往 M 靠拢一个等级，变成 R，这样学生 M514 的数学阅读理解水平就是 M－R 水平；②如果三道题的 SOLO 水平各不相同，即为三个连续的 SOLO 水平，则取中间的等级，如学生 M326 三道题的数学阅读理解水平依次是 U、M、R，则该学生的数学阅读理解水平就是 M 水平。

如果三道题 SOLO 水平横跨 4 个水平则分为以下两种情况：①三道题水平各不相同，则将最低水平升高一个等级，再将最高水平下降一个等级，所得 SOLO 水平即为该生的数学阅读理解水平，如学生 F315(三道题的 SOLO 水平为 M、U、E)和学生 F618(三道题的 SOLO 水平分别为 R、E、U)的数学阅读理解水平就都是 M－R 水平。②三道题中有两道题水平相同，第三道题水平与这两道题水平不同，则认为该生的水平比较接近这两道题的水平，具体做法是将该生第三道题的水平往这两道题相同的 SOLO 水平靠近一个 SOLO 水平，如某生有两道题是 P 水平，第三道题为 R 水平，则认为该生的水平为 P－U 水平(在 P 水平的基础上往 R 水平移动了一个水平)；如果是两道题处于 R 水平，第三道题处于 P 水平，则认为该生的水平为 M－R 水平(在 R 水平的基础上往 P 水平移动了一个水平)。

四、数据分析与研究结论

表 3　高二年级数学阅读理解各水平的人数分布

SOLO 层次	人数	百分比(精确到 0.01)
前结构-单点结构水平 P－U	11	7%
单点结构-多点结构水平 U－M	62	40%
多点结构水平 M	27	18%
多点结构-关联结构水平 M－R	46	30%
关联结构-抽象拓展结构水平 R－E	8	5%

由表 3 可知，高二年级 P－U、U－M、M 水平的人数占总人数的百分比分别为 7%、40%、18%，即高二年级学生的数学阅读理解水平在表面理解水平及以下水平的人数的百分比为 65%；而 M－R、R－E 水平人数所占百分比分别为 30%、5%，即高二年级学生的数学阅读理解水平达到深度理解水平的人数的百分比只有 35%。也就是说，我校高二学生中大部分学生的数学阅读理解水平较低，只有 35%的学生阅读理解水平比较高，达到了深度理解水平。

表 4　各题的数学阅读理解水平人数分布表

SOLO 层次	题目一		题目二		题目三	
	人数	百分比	人数	百分比	人数	百分比
前结构水平 P	3	2.0%	13	8.4%	5	4.5%
单点结构水平 U	18	11.7%	24	15.6%	80	51.9%
多点结构水平 M	108	70.1%	72	46.8%	37	24.0%
关联结构水平 R	13	8.4%	24	15.6%	12	7.8%
抽象拓展结构水平 E	12	7.8%	21	13.6%	20	13.0%
平均得分	2.08		2.10		1.75	

注：表中百分比因四舍五入，其总和不一定为 100%。

由表 4 可知，学生在解决应用题（题目一与题目三）与新定义型问题（题目二）时的阅读理解水平存在一定的差异，主要表现在：在解决应用题时，表面理解和前理解水平的人数比解决新定义型问题时人数更多（题目一 129 人，题目三 122 人，题目二 109 人），而深度理解水平的人数却比解新定义型问题的人数更少（题目一 25 人，题目三 32 人，题目二 45 人）。这说明和新定义型问题相比，应用题更容易入手，并能获得部分的解决；但要获得彻底的理解，完全得到正确的答案，则比新定义型问题要难。如果将 P、U、M、R、E 这 5 个水平分别赋值为 0、1、2、3、4 分，则它们的平均分几乎相等（题目一 2.08 分，题目二 2.10 分，题目三 1.75 分，这与该题较为复杂的计算有关），即学生在两种题型上的阅读理解水平基本相当。

表 5　男生和女生数学阅读理解总体水平的差异

SOLO 层次	男生（79 人）		女生（75 人）	
	人数	百分比	人数	百分比
前结构-单点结构水平 P－U	8	10.1%	3	4.0%
单点结构-多点结构水平 U－M	25	31.6%	37	49.3%
多点结构水平 M	12	15.2%	15	20.0%
多点结构-关联结构水平 M－R	24	30.4%	17	22.7%
关联结构—抽象拓展结构水平 R－E	10	12.7%	3	4.0%
平均分	2.04		1.73	

由表 5 可知，如果分别给这 5 个等级从低到高分别赋值为 0、1、2、3、4 分，则可得出男生的均分为 2.04，高于女生的 1.73 分（满分为 4 分）。这说明总体上，我校男生的数学阅读理解水平略高于女生。具体到不同的水平：男生 P－U 水平的百分比为 10.1%，女生为 4.0%；男生属于 U－M 和 M 水平的百分为 46.8%，远低于女生的 69.3%；在 R－E 水平上，男生的百分比为 12.7%，高出女生的 4.0%近 9 个百分点。这说明男生在最低水平和最高水平的比例都要比女生高，但在中等水平上则比女生低，这与男生中成绩在两端的人数比女生多、在中间段的人数比女生少的实际情况是比较吻合的。

五、教学建议

对我校高二学生数学阅读理解水平的研究表明，教师可以从读、议、讲、思四个方面培养学生的数学阅读理解能力：（1）“读”，即读题（书）。古人云，“书读百遍，其义自见”。因此，平时教学中加强学生读题的指导，注意培养学生的良好的审题习惯，如要求学生认真细致地读题，一遍不懂再读一遍，直到理解，并不断标注关键信息，厘清相关量之间的数量关系。（2）“议”，即讨论。在学生不理解时，让前后左右的学生议议，相互启迪。（3）“讲”，即思考后的交流。在交流过程中，师生可以共同查漏补缺，提高数学交流能力。（4）“思”即反思总结，通过对题解过程的反思，搞清楚知识之间的联系，形成结构化的知识网络，构建模型识别与何时使用模型的程序性知识。

（2017 年发表于《静安教育探索》）

8. 发心思考,合力践行

——"地上说政"活动课程的实践探索

吴文艳

【摘　要】"地上说政"活动课程是基于政治、地理学科核心素养而构建的活动课程,关注学生五大核心能力的培养。在我校历时五年的实践中,依托校本课程、人文节主题活动,形成了完整的课程体系,对学生综合素养的提升起到了促进作用。

【关键词】活动课程;课程实施

课程是教学活动的核心,活动课程则是区别于学科课程、基于学生兴趣和经验、依托相关学科理论、密切联系生活与社会的实践类学习活动。我校在课程改革探索实践中,开发出了人文艺术类、科学素养类、身心健康类、自然情怀类、社会交往类五类活动课程,"地上说政"即属其中的人文艺术类活动课程。

"坐地日行八万里,闲聊家国天下事。"在日新月异的时代生活里,引导学生用一双善于发现的眼睛,洞悉社会现象的细节,锤炼独立人格与理性精神,提升思维品质,增强实践行动能力,是"地上说政"活动课程的主旨所在。在我校政治、地理教研组的联合策划、合作实施中,"地上说政"活动课程逐渐成长、壮大,在课程内容整合、课程实施等方面做了具体探索,形成了相应的实践成果。

一、基于学科核心素养的活动课程

课程的建设开发与教学实施均离不开学科核心素养的指引,让学生真正能建立起知识世界与真实社会的联系,需要在跨学科背景下形成参与社会的认识。"地上说政"活动课程不仅显现了思想政治学科、地理学科的知识融通,更汲取了两类学科的核心素养的内涵。

地理学科的核心素养为"人地协调观、综合思维、区域认知、地理实践力",思想政治学科的核心素养则为"政治认同、科学精神、法治意识、公共参与"。而事实上,我们治国理政的过程正是一个在人地协调观以及综合思维、辩证思维、批判意识指导下,对区域特征、人地关系、经济状况、发展道路的认知与探索过程。我们倡导的依法治国即是在公众的广泛参与以及各种社会实践、利益平衡中形成的制度认同。两类学科的核心素养在解决社会现实问题中本身就体现了高度的融合。

传统的地理学科社会实践活动包括野外考察、测量观察,思想政治学科的传统社会实践则有模拟人大、模拟政协等。考察的结果、测量的数据,最终均服务于社会,落实到生活中;而模拟的议案、提案本身,也都来自人们的生活。于是,如何借助学科的理论价值和思维方法来为学生设计出“接地气”、有价值的学科活动，并形成相对稳定、规范的课程体系，就成了活动课程设计的主要出发点。最终，两个组室将地理学科、政治学科的核心素养、实践特点以及课程目标进行了有机整合，形成了“地上说政”活动课程的五大核心能力：判断选择能力、决策合作能力、创新实践能力、问题求解能力、批判思维能力。

二、“地上说政”活动课程的实施路径

“地上说政”活动课程自 2012 年确立以来，经过了五年的发展历程，目前已构建起了以“印象中国”“海上说事”为主题的系列核心课程内容板块，借助校本课程、学校主题节日两大主要途径进行具体的实施操作。

（一）“海上说事”校本课程的实施

首先，构建组室特色的课程体系，形成个性化的校本教材。2015 年，“地上说政”活动课程结合校本课程开发平台，推出了面向高中年级的“海上说事”系列校本课程，由政治、地理教研组的部分教师执教，结合学科特点和教师自身所长，围绕上海的历史沿革、经济发展、区域特点、风俗习惯等视角开展微讲座形式的选修课程。课程开发的过程中，教师们自己编制教材，整合素材信息，形成了点、线、面相结合的较为完整的“海上说事”校本课程教材。在课程建设中，同时注重校外资源的开发，充分发掘校友资源，让毕业生重回校园讲堂，运用自己的专业理论和兴趣所长拓展学生的学习视野和边界（见表 1）。

表 1　2015 年“海上说事”课程目录

经济首都的历史	吴文艳（政治教研组）
闲话“石库门”	顾亦君（政治教研组）
“自贸区”初探	杨田（政治教研组）
上海住房空间研究	马旭丹（地理教研组）
陕西北路文化街	姚伟国（地理教研组）
上海地铁“一点通”	高立洋（地理教研组）
上海的行政区划	彭松（地理教研组）
微电影制作基础	洪涛（毕业校友）
“骑行静安”课题考察	邱凌诚（毕业校友）

其次，确立形式多样、民主开放的课堂教学模式。2015 年，“海上说事”校本课程的课堂教学得以在崭新的微讲堂模式的“民立博雅苑”教室进行。阶梯连座式的课堂空间缩短了教师与学生、学生与学生之间的空间距离和心灵距离。在教学中，所有的执教教师均采用互动模式，探究思辨模式，给予学生充分思考、表达的机会。如课程中学生进行的“你眼中的新老上海”“你心中的宜居上海”微主题演讲，他们用绘画、文字、辩论等形式传达着自己的观点和认知。在期末“上海生活”的微视频制作中，勾勒出了一个真实、沉静而又匆忙、摩登的现代化都市形象，用自己的方式“事说上海”。

从课程实施的效果看，学生对上海地理、历史、经济、人口、社会、区域的认知有了显著的变化，对问题的思考和分析有了更理性的视角，合作中涌现出了充足的创新能力。

（二）“印象中国”与“海上说事”人文节主题活动的实施

民立中学人文节是学校传统的四大主题节日之一，利用这一平台，政治、地理教研组策划、设计、推出的面向高二年级的“地上说政”组室专场活动已成为人文节中最具传承性、代表性的学生活动。

2012 年，“地上说政”首次推出了“印象中国”人文节主题系列活动。围绕教室环境设计展示和专场主题活动两大板块进行。首届“印象中国”活动以“祖国山河知多少”知识竞赛的形式为专场模式，教室环境设计则依托“江”“浙”“皖”“豫”“闽”“湘”六省份进行。

2013 年，则将专场活动调整为“异地高考之我见”的主题辩论赛，教室环境设计则更换成了“京”“广”“沪”“鲁”“川”“藏”六省份。这一年的展示中，一张由高二(3)班学生设计的“中华旅游套票”邀请函博得了一致好评。

2014 年，“印象中国”活动进入第三个年头，为求推陈出新，更换了以往以省份设计教室环境的方案，主题定为“转型期的内政外交”，围绕当年国内外“‘一带一路’建设”“劳动力就业”“能源与环境”三大热点话题进行了教室环境设计展示和微视频访谈节目的录制。活动效果超出了意料，学生对时政热点的关切度和分析力随着活动的进行有了普遍而深刻的提高。青年的历史使命与职责在其身上得到充分的彰显。

2015 年，我们将视角从对国情、国策的关注，转到说家乡事、观身边人。“海上说事”人文节主题活动应运而生。这一期活动中，学生依据抽签结果，将教室设计成了“虹口”“崇明”“浦东”“静安”“黄浦”“松江”六个沪上行政区。专题活动则结合热点话题“二孩政策”进行了微视频故事的评比。

在历时几年的“地上说政”人文节专场活动中，我们始终坚持以培养学生的核心能力为目标，经过对课程的不断丰富与改善，活动课程的实施效果超出了预期。

三、“地上说政”课程个案与效果

（一）2014 年“印象中国”高二(2)班微视频访谈节目（片段）——受教育程度与就业

活动中，该班学生围绕当年话题之一的“劳动就业”，拟定了“受教育程度与就业”的视频专访主题。在调查前，学生设定了几个可行性较强的采访问题：

(1) 您的职业

(2) 您的学历

(3) 您的收入

(4) 您的工作时间和强度

学生最终完成了对学校周边拉面店老板、本校年级组长、小区保安的现场采访。（所有问题均在受访者自愿的前提下进行）学生在实地调查研究和资料参阅比对中同时还不断生成了新的问题：

(1) 受教育程度越高，就业越容易吗？报酬越高吗？个体和群体样本有何不同？

（2）拉面店的经营同老板的受教育程度是否真的没有关联？如果学历再高些，拉面店经营模式是否会有所变化？匠人精神与受教育程度之间有何关联？

（3）为什么保安和拉面店老板总面带微笑？一个受教育程度并不高的普通劳动者在可替代性较高的行业里是如何获得职业满足的？

学生在活动中明显感受到个人就业状况有很大差别。随着产业结构的升级和劳动力结构的优化，部分传统行业仍有不可或缺性，大量受教育程度不高的劳动者依然从事着这些行业。

在整个活动中，学生的思维能力得到了极大的延展，通过跨出校门、走进社会的体验，他们的就业、择业观有了巨大的变化，同时综合分析、问题求解的能力也有了显著提高。

（二）2015年“海上说事”高二(5)班“松江的前世今生”

在这场教室环境设计展示活动中，该班学生以考古发掘现场导入，引着所有参观者体验了穿越松江的千年。

学生用瓦楞纸手工制作的冠带头饰、纺纱机、松江大学城模型、天文望远镜导演了一幕声光电完美结合的影子剧。剧目中引用了战国春申君治水的典故、乌泥泾镇黄道婆研制纺纱机的始末，直至21世纪松江大学城的概貌。展示的最后，当一群有志青年齐集在佘山天文台，透过天文望远镜遥望浩瀚星空的时，气氛达到了高潮。水晶球体折射出的斑驳光影洒满教室的天花板，莘莘学子一如满天星辰，熠熠生辉，象征着上海的明天与希望。

整个活动从准备到展演，全班主动参与，自发进行合理的分工协作，团队的整体意识和效率令人惊叹。而且在剧本创作过程中，学生对松江史料的挖掘收集让他们对地方历史沿革和区域文化的认知达到了新的境界，超越了课本与大纲内容，学生的学习与求知行为也转变为内驱的自发主动行为。

四、课程反思

“地上说政”活动课程最大的收获是学生能自发地、全身心地投入活动课程。每一年的课程成果都着实令人感动，但这也导致在结束每一期的活动课程后仿佛进入了新的瓶颈期，需要构想新一年、新一轮的活动策划方案、具体实施细则等，也将面临新的挑战。但我们确信，天下日新月异，学生想象无限，“地上说政”一定能在新的探索过程中攀上新的高峰。

（2017年发表于《现代教学》）

9. 挖掘混合式学习中的数据价值，优化班级管理，支持个性发展

张金梅

俗话说，先成人后成才。育人是一所学校的中心工作。班主任是管理班集体的组织者、教育者和引导者，因此班主任的工作具有鲜明的时代性，工作理念必须与时俱进。在大数据时代下，如何开发线上线下混合式管理模式，提高班级的管理效率，实现多元化、人本化、个性化的教育管理，迫在眉睫。

我们也曾经历过一段利用多种 App 平台完成工作的时期，例如博客、微信、晓黑板、易查分等，有不同的任务则登录不同的平台。很希望能有一个专业的、综合的、属于我们自己的数字化管理平台。目前我们利用的民立校园 App 平台，是以班集体为主体的师生、家长共享的网络交流平台。它不仅为班主任的管理提供了便捷的平台，也为学生提供了自我表现、自我管理、多向交流的网络舞台，更为家庭教育增加了一条新的途径。

一、利用数字化平台促进班级常规的有效管理

班级常规管理是班主任每天的例行工作。利用数字化管理平台，可以在一定程度上减轻统计的难度，提高管理的效能。例如将日常考勤变得简洁明了；志愿者学时也便于统计，班主任很容易看出哪些学生学时不够，便可及时提醒他们积极报名志愿者活动。这样大大缩短学生反复登录博雅网查询学时的时间，也提高了班主任的工作效率。此外，班主任还可以利用数字化平台为学生建立个人档案，记录学生各方面的表现及发展过程，以利于班主任用发展的眼光对学生进行全面、客观的评价，更有效地根据学生的实际情况制订班级常规管理细则。同样在平台上学生和家长都可以看到单科成绩的曲线变化图以及多科成绩的雷达图；班主任也能在线上敏锐地获得这一信息，时刻关注学生成绩的浮动以及成绩浮动背后的心理变化、家庭变化等原因，在线下及早地进行干预，提供切实的帮助。

我们除了使用校园 App 来实现线上管理之外，还经常利用班级门口的展示班牌进行线下管理。班牌除了公布一些日常的考勤、课表信息之外还会张贴来自政教处、学生会、班主任等各方的通知，这样省掉了中间层层通知的环节。除此之外，班牌也成为班主任开展德育工作的新手段。德国教育学家第斯多惠说过，教育的艺术不在于传授本领，而在于激励、唤醒和鼓舞。其实，无论是什么样的学生都渴望得到教师的肯定和鼓励。班牌对学生有很好的激励导向作用。在班牌上不时地张贴一些有关学生先进方面的内容，比如评选出来的先进学生名单和照片、单元测试成绩优秀者、进步者名单、学生的先进事迹和荣誉等，实际上能起到肯定学生、放大学生的优点，从而激励学生的作用。各项

常规管理实现数字化管理后，省掉了很多环节，提高了工作效率。

二、利用数字化平台增强班级的凝聚力

数字化平台也将德育的阵地延伸到了课堂之外。我们班利用线上的微话题及时解决线下出现的问题，以达到增强班级凝聚力的目的。

班级管理除了常规管理之外，更重要的是对良好班风、学风的建设，以及学生的品德的培养。现在学生学习时间比较紧张，以往我们一周的问题必须等到周五的班会课才能展开讨论，然而现在利用数字化平台的微话题，可以实现随时开展德育。例如：我让学生们讨论最难忘的一件事，学生们纷纷留言。其中傅天宇同学这样写道："我觉得知识竞赛结束后，大家都抢着安慰和鼓励我。我没有大家想得那么脆弱，我对不起大家，虽然我不敢接受如此多'烦人'的热情，但那天晚上之后我真的很快乐，感谢所有人。"我的回复是："团结的集体不会计较得失，而是更在乎你的感受和成长！加油！"

一次次班级微话题的讨论，一方面通过学生们观点的相互碰撞及时解决了班级出现的问题，也让部分当面不太敢发言的学生可以借用这一渠道进行交流。学生们不仅可以畅谈自己的感受，还可以互相点赞。另一方面，班主任可以在这里了解学生的思想动态，和学生进行情感的"零距离接触"，让心灵走得更近。多次的讨论不仅增强了学生的集体意识、荣誉感、责任感，更增强了班级的凝聚力，从而奏响班级发展的"同一首歌"。

三、利用数字化平台记录学生成长的足迹

线下班级里一次次的活动，一次次精彩的瞬间，我们利用线上平台的班级相册一一记录着。这里有学生们精彩的作品展示、有学生们成长的喜怒哀乐，这里记录了班级中一件件平凡的事。凡是与班级有关的大小事情都可以在班级相册上读到。我们的交流，因为数字化平台而突破了时间和空间的限制，我们的沟通无时无处不在。

如今，我们也可以利用班级数字化平台积极主动地争取家长参与到班级的建设中来，对家长来说，除了平时线下的家长会，数字化平台也成为他们了解孩子的渠道。他们可以通过平台在第一时间了解自己孩子的学习生活情况，可以通过浏览平台的图片了解自己孩子的班级环境以及各类活动。对于教师而言，我们可以充分利用家长资源，让他们成为"编外辅导员"，对班级中的一些事件及时分析引导，实现教育效益最大化。

我们利用线上的整合，超越时空的限制，延长交流的时间，拓展沟通的空间，提高管理的效能，为教师、学生、家长提供了广阔的互动交流平台。时势在变，教育在变，学生在变，作为班主任必须要不断学习有用的新的东西，永远走在时代的前面。线上数字化管理结合线下进行有针对性的教育；线下出现的问题通过线上及时展开讨论，线下点滴的成长通过线上数据记录在册。这样线上线下的混合式管理模式，让我们的德育管理变得高效、温馨。

总之，借助校园App，搭建班级数字化管理的新平台，创建班级管理的新模式，有利于实现班级优化管理、学生个性化发展。这样的混合式管理模式，我们仍然还在摸索的道路上，相信只要不断努力，我们能使平台的建设和使用更加完善。

（2018年发表于《播下科技创新的种子——"双新"平台高中项目成果集》）

10. FMS在高中体育游泳专项课中的应用性研究

郑瑞婷
（中学体育一级教师）

【摘　要】当前中学体育教学多采用传统的教学手段，学生的身体素质往往是通过单个动作的重复练习来提高的。学生在练习后身体素质确有一定的提升，但效率不高。本研究尝试将功能性训练的方法运用到高中游泳专项体育教学中，在丰富教学内容的同时，也是对教学方法和手段进行创新的尝试。

【关键词】功能性运动测试；功能性训练；体质健康测试；专项体育课

根据目前我国中小学生运动能力普遍下降以及在运动时身体姿态不平衡的现象，本研究从改善身体功能的角度出发，对上海市民立中学高一、高二游泳专项学生（2017年）进行FMS筛查。从FMS筛查中发现学生在身体姿态上存在的问题、在运动时存在的缺陷，通过FMS筛查来评估学生的运动薄弱环节和身体潜在的损伤概率，继而查找学生身体弱点、代偿动作和身体局限性，有效减少运动损伤的发生。在筛查后，根据高一、高二游泳专项学生的特点及存在的问题，设计有针对性的干预功能性训练，从而提高身体功能。

目的：①运用功能性运动筛查对高一、高二游泳专项学生进行测试，发现学生肌肉活动的受限及不对称性。②实验组进行有针对性的功能性训练干预，从而有效地排除潜在的损伤风险。③探索高一、高二游泳专项学生身体功能的改善与游泳专项训练、体质健康测试之间的关系。探讨功能性训练在中学体育课中的可行性，为科学改进体育教学方法提供借鉴。

实验方法：本文运用文献资料法、实验法、数理统计法进行研究。选取40名来自上海市民立中学的高一、高二游泳专项学生作为研究对象。首先对两组成员进行第一次FMS筛查和体质健康测试，并记录成绩。随机将40名学生分为实验组和对照组。实验组男生9人，女生12人；对照组男生9人，女生11人。两组成员第一次FMS筛查和体质健康测试的成绩，经过统计分析，得出两组差异无统计学意义。随后在为期12周的训练中，实验组进行每周2次，每次30分钟有针对性的动作干预训练、60分钟与对照组相同的练习内容；对照组每周2次，每次90分钟的游泳专项体育课。

结果：经过12周的动作功能性干预训练后，实验组的FMS筛查成绩提升幅度明显高于对照组。高一实验组从第一次测试的14.30±2.71分到实验后的18.4±1.64分；对照组从14.7±1.49分到实验后的16.2±1.135分；高二实验组从第一次测试的13.30±

2.312 分到实验后的 17.3±1.636 分；对照组从 13.33±2.179 分到实验后的 14.44±1.667 分。从体质健康测试的实验前、后对比发现，功能性训练与体质健康测试不具有显著相关性，表明动作的运动模式是相对独立的，不随着力量、耐力、速度等素质变化。也可以认为是身体素质好的学生，不代表运动姿态一定正确；反之，运动姿态正确的学生，身体素质并不一定好。

结论：①我校高一、高二游泳专项学生在实验前的身体功能较差，基本运动能力及身体运动姿态水平较低。大部分学生髋、膝、踝、肩关节的灵活性受到限制，缺乏稳定性，需要进行专门的训练才能改善。②运用 FMS 筛查高一、高二游泳专项学生身体运动的姿态进行检测与评估。根据测试结果指定有针对性的、在实践应用中可以改善身体姿态的功能性训练。FMS 筛查后，学生成绩有显著的提高，游泳水平得到了提升，并减少了潜在的运动损伤发生。③高一、高二游泳专项学生的 FMS 筛查成绩与体质健康测试成绩之间不具有显著相关性，功能性训练对提高身体素质能力有限。④在中小学体育课中可以增加功能训练，预防运动损伤的发生。

一、研究结果与分析

1. 实验前后游泳专项成绩

游泳这项运动，柔韧素质的好与坏直接影响运动成绩。因为肌肉、韧带的弹性好，收缩力就大，关节的灵活性也越大，动作幅度越大，动作效果也就越好。所以游泳成绩提高的决定因素就是关节的灵活性和肌肉、韧带的弹性。游泳是在水中不稳定状态下进行的一项无固定支撑的运动，主要依靠运动员自身协调发力以及控制身体平衡，在水中向前游进或转体。所以在练习或训练中进行有针对性地加强平衡能力和姿态控制的练习，能帮助提高臂腿配合技术、划水与打水的效果，减少身体迎面阻力。

功能性训练的理念与游泳专项的技术特点不谋而合，都是多维度、多平面，强调整体运动链的协调发力。

游泳等级的划分根据《青少年游泳运动技能等级标准与测试方法》一书，采用 50 米蛙泳和 50 米自由泳两个泳姿进行测试、评分。

（1）实验前高一、高二游泳专项学生游泳水平

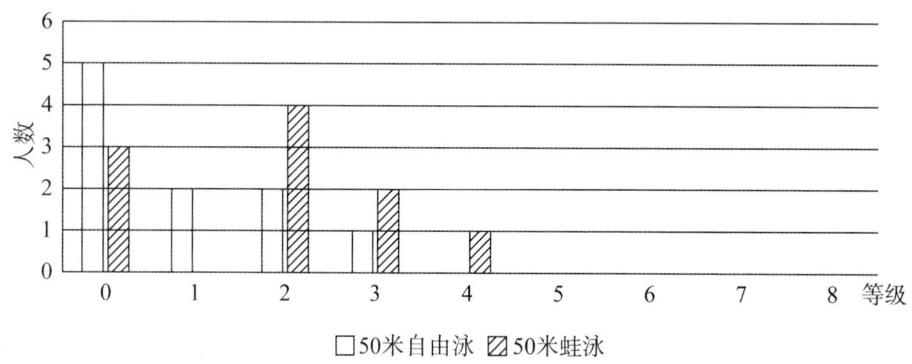

图 1　实验前实验组高一游泳专项学生游泳水平

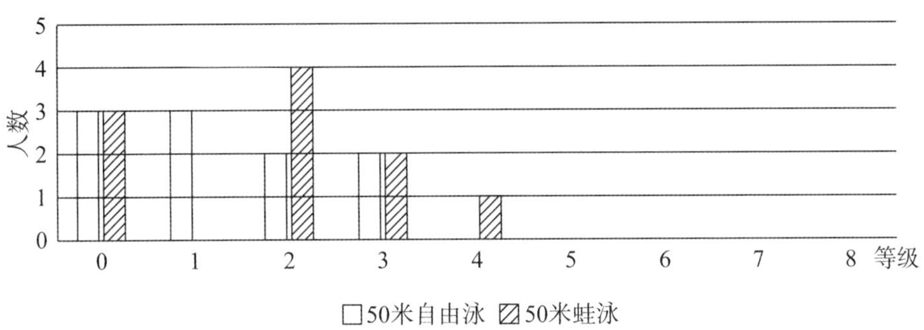

图 2　实验前对照组高一游泳学生游泳水平

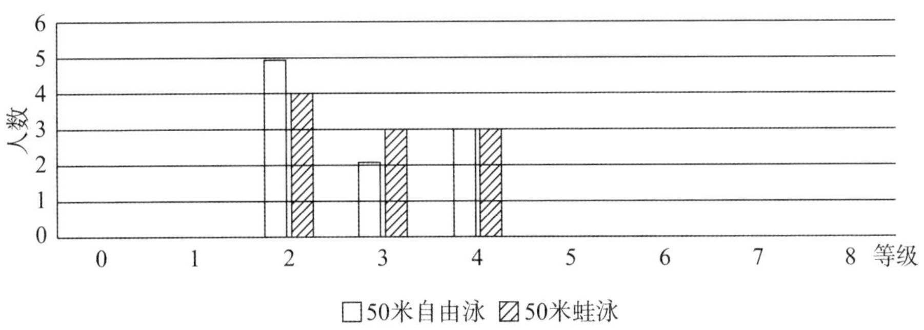

图 3　实验前实验组高二游泳专项学生游泳水平

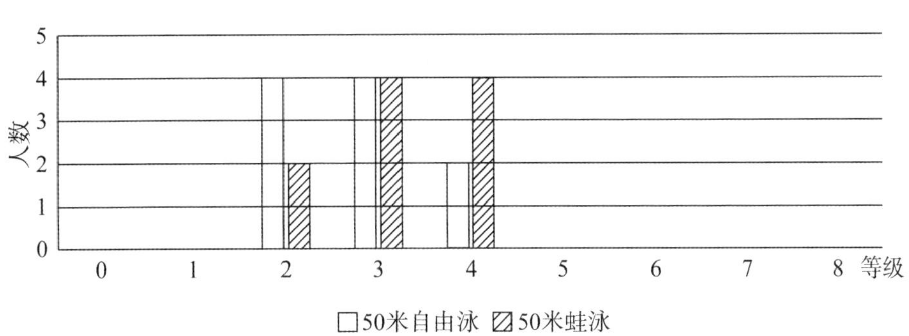

图 4　实验前对照组高二游泳专项学生游泳水平

(2) 实验后高一、高二游泳专项学生游泳水平

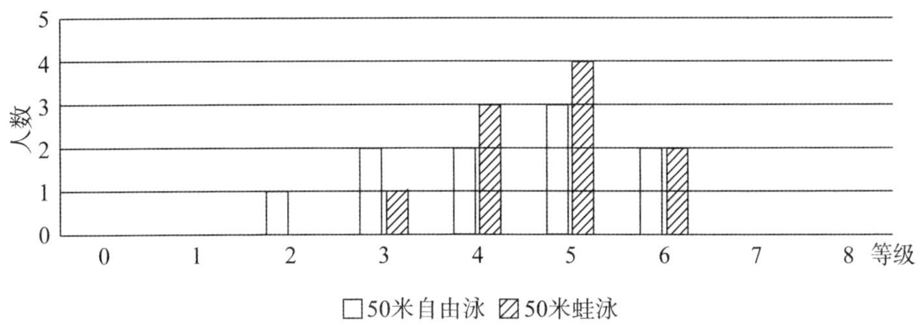

图 5　实验后实验组高一游泳专项学生游泳水平

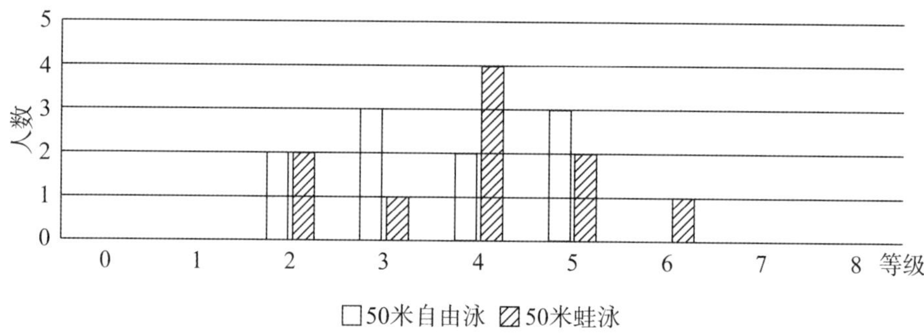

图 6 实验后对照组高一游泳专项学生游泳水平

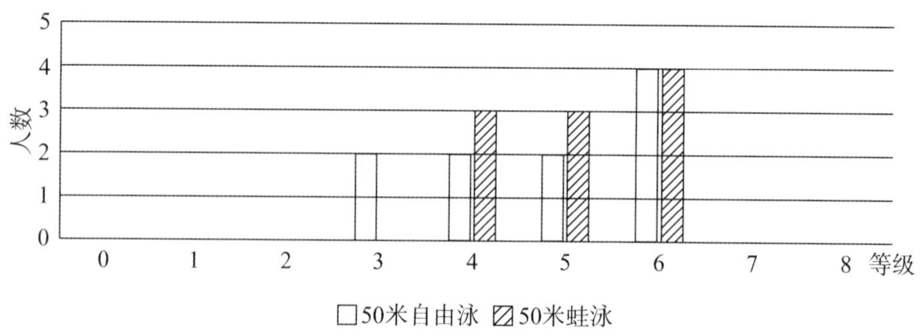

图 7 实验后实验组高二游泳专项学生游泳水平

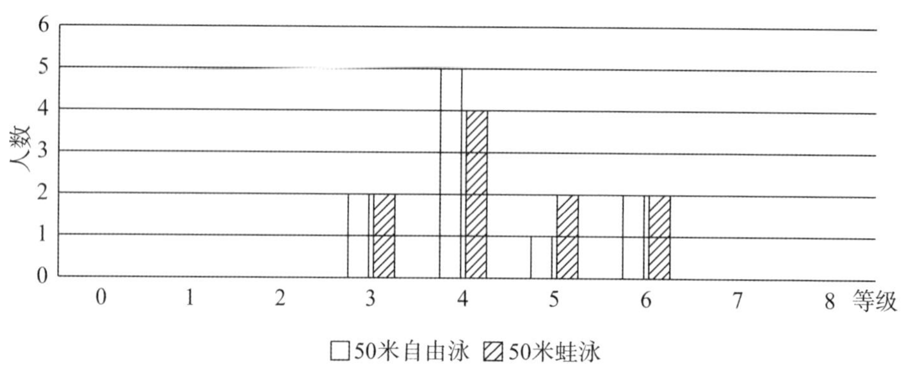

图 8 实验后对照组高二游泳专项学生游泳水平

可以从图 1 至图 8 中看出，实验组和对照组在 12 周的实验后水平都有所提高：一是通过有规律的、系统的练习后，能让正确动作得到巩固与强化，纠正了之前不正确的动作，游进时使用与实验前相同的体力，但获得了更好的推进力，提高了游进时划水与打腿的效果；二是游泳运动项目属于有氧运动，特别是对于初学者而言，经过每周 2 次、每次 90 分钟的练习后，心肺功能、有氧能力得到了很大的提高，从而提高了游泳成绩。

但将实验组与对照组相比后可以发现，实验组的提高更大。实验组在实验中加入了有针对性的功能训练后，提高了身体两侧的平衡性，能够让身体在无固定支撑状态下四肢协调、平衡发力，使身体保持最好的流线型游进；若四肢不平衡，容易导致一侧用力过

大，增长游进时的路线，或需要用多余的动作来弥补。水中身体平衡和姿态的良好控制对正确掌握臂腿配合技术动作、提高划水与打水的效果、减少身体迎面阻力起着极其重要的作用，最终影响着成绩的发挥。

功能性训练提高了韧带和肌肉的柔韧性。肩关节柔韧性决定着所有泳式的动作质量，例如自由泳空中移臂动作和入水时的角度，能够做出更大的伸臂伸肩动作，扩大臂的对水面积，增长臂的划水距离；同样肩关节的柔韧性也利于蛙泳回臂后更好地前伸滑行。肩关节的灵活性，可以有效地减少运动损伤，肌肉能得到充分拉引。肌肉与韧带弹性越好，游泳时受伤机会就越少。许多专业运动员及教练员表示，柔韧性好的人比柔韧性差的人受伤机会少。多数肩部损伤者是韧带较紧或训练时用力较猛、动作紧张或运动量过大所造成的。

二、结论与建议

1. 结论

(1) 我校高一、高二游泳专项学生在实验前的身体能力较差，基本运动能力及身体运动姿态水平较低。大部分学生髋、膝、踝、肩关节的灵活性受到限制，缺乏稳定性，需要进行专门的训练才能改善。

(2) 运用 FMS 筛查高一、高二游泳专项学生进行身体运动姿态的检测与评估，根据测试结果指定的有针对性的功能性训练在实践应用中可以改善身体姿态，FMS 测试的成绩有显著的提高，学生的游泳水平得到了提升，并减少了潜在的运动损伤的发生。

(3) 高一、高二游泳专项学生的 FMS 测试成绩与体质健康测试成绩之间不具有显著相关性，功能性训练对提高身体素质能力有限。

(4) 在中小学体育课中可以增加功能训练，预防运动损伤的发生。

2. 建议

(1) FMS 筛查测试可以作为体质健康测试的一种补充，帮助学生在提高身体素质的同时，指导和训练学生形成正确的动作姿态和正确的发力方法，避免运动损伤的发生，为终身体育奠定基础。

(2) 在平时的专项体育课中，增加功能性训练，不仅能丰富教学内容，也是对教学方法和手段的创新。

（2019 年立项为上海市青年课题）

11. 运用纸片模型培养学生科学思维的教学设计

——以"基因工程中限制酶的选择"为例

盛 清

（中学生物一级教师）

【摘 要】本文以"基因工程中限制酶的选择"课堂教学为例，在课堂教学中创设情境和分配任务，学生利用纸片模型模拟筛选含目的基因的受体细胞的过程。通过层层递进的问题培养学生的科学思维，并归纳总结限制酶的选择依据。

【关键词】科学思维；纸片模型；限制酶

一、教材分析与设计思路

"基因工程与转基因生物"是沪科版《生命科学》高中第二册（试用本）第6章第3节的内容。教材中使用"限制酶和DNA连接酶作用示意图""基因工程的基本过程示意图"以及"转基因鼠操作过程"，结合文字叙述讲解了基因工程的基本操作步骤，总体流程清晰易理解。同时对于重组基因导入动物受体细胞的过程也展示得很清楚，但是对于限制酶的选择以及受体细胞的筛选，教材内容未做详细介绍，这容易成为学生理解上的一个盲点。

（一）以"科学思维"构建课堂教学的主线

生物学学科核心素养包括生命观念、科学思维、科学探究和社会责任。核心素养是学生在生物学课程学习过程中逐渐发展起来的、在解决实际问题时所表现出来的价值观念、必备品格和关键能力，是学生知识与能力、情感态度与价值观等的综合体现。其中，"科学思维"又包括"归纳与概括""演绎与推理""模型与建模"等方法，是科学探究最终形成生命观念和承担社会责任的关键。因此本节内容从基因工程操作步骤引入，通过对限制酶的选择这个问题的讨论，层层深入，引发学生的积极思考和讨论，从而培养其归纳与逻辑推理的能力。

（二）以情境驱动厘清限制酶选择的原则

本节内容以"探索基因工程中限制酶的选择及受体细胞的筛选"为主题，学生以小组为单位，根据预设的3个情境进行讨论：

情境1：目的基因上限制酶的选择，并计算不同情况下目的基因长度。得到避免目的基因被破坏、避免自身环化的限制酶切割原则。

情境2：含1个标记基因的质粒上限制酶的选择。通过纸片模型模拟，分析限制酶的选择方案。认识到1个标记基因在受体细胞筛选过程中的不足之处。

情境3：含2个标记基因的质粒上限制酶的选择。通过纸片模型模拟，分析限制酶的选择方案。认识多个标记基因存在时，至少要保留1个质粒上的标记基因，且避免破坏复制原点的原则。

（三）以纸片模型促成对受体细胞筛选知识的理解运用

由于基因工程与微生物工程紧密联系，两者又都属于微观领域的知识，因此学生对受体细胞的选择一直觉得很抽象，再加上它还涉及微生物培养中选择培养基的相关知识，综合性较强，对学生知识整合能力要求高。本课设计使用纸片模型模拟"重组质粒导入受体细胞"的过程，组织学生以小组为单位讨论不同的导入情况。使用信息技术手段采集学生搭建的模型，引导学生比较、归纳，通过亲身体验与小组合作，更直观、更感性地获得受体细胞筛选的原理，构建更完整的知识框架。

二、教学目标

根据课程标准的内容要求、学业要求和学业质量标准，并围绕培养学生核心素养的要求，本节制定了如下教学目标：

（1）通过纸片模型的使用，模拟并分析限制酶切割后质粒导入受体细胞的不同情况。体验科学探究中理解抽象过程对模型构建和使用的重要性。

（2）描述限制酶的选择依据和筛选含重组DNA的受体细胞的方法，提升学生的归纳与概括的能力。

（3）体验受体细胞的筛选过程，训练科学思维中的演绎与推理能力。

三、教具准备

本节内容需使用实物投影仪和纸片模型。

四、教学过程

本节内容的授课对象是上海需参加等级考的学生，学生对基础的生物学概念以及基因工程的基本步骤是已知的。因此在教学时，给出不同的情境，让学生通过科学思维的方法推理、归纳出限制酶的选择依据。

（一）分析情境、运用练习来推理限制酶的选择要点

教师先帮助学生回顾基因工程的操作步骤、获取目的基因的方法、工具酶、运载体、受体细胞类型、限制酶的功能以及特点等基础内容，并提醒学生不同酶的识别序列和酶切位点可能不同。

情境1：给出目的基因片段和质粒，应选用哪种限制酶切割目的基因和质粒？

问题引导：酶切过程中，为什么要使用同一种限制酶？通过对情境问题的回答，引导学生观察与思考，得出使用一种限制酶是因为有相同的黏性末端，并且选择限制酶时要避免破坏目的基因的结论。

任务1：（1）原质粒2 kb，插入目的基因后变成2.8 kb，目的基因长度为______kb。

（2）原质粒2 kb，质粒中EcoR I之间片段长度0.5 kb，插入目的基因后变成2.8 kb，目的基因长度为________ kb。

(3) 使用同一种限制酶又会出现什么问题？用同一种酶切时一定能得到目的基因和质粒形成的重组质粒吗？

分析：任务1中的(1)和(2)讨论了质粒上酶切位点不同的时候，目的基因插入或者替换质粒相应片段的情况。体现了"科学思维"水平三中的基于证据概括出生物学的规律。任务1中的(3)主要用来引发学生思考。利用动画演示，清晰呈现单酶切的不足之处——会发生目的基因自连、质粒自身环化的问题。而使用两种不同限制酶的双酶切可以更好地解决自身环化的问题，从而引入之后的内容。

(二) 运用纸片模型分析限制酶的选择方案

情境2：当质粒含1个标记基因时，选用哪种限制酶切割目的基因和质粒？

问题引导：要选用什么培养基来筛选？当质粒上有青霉素抗性基因，含有这个质粒的细菌在涂布有青霉素的培养基上可否生长？如果这个青霉素抗性基因被破坏了，在涂布有青霉素的培养基上可否生长？选择限制酶时，要挑选什么样的限制酶，最终可以让目的基因通过运载体导入受体细胞并把含有重组质粒的受体细胞筛选出来？

任务2：学生分组，利用纸片模型模拟不同限制酶切割后，重组质粒导入受体细胞的情况。

提示：目的基因是否一定能够插入质粒？重组质粒是否一定可以导入受体细胞？选择什么培养基可以筛选含重组质粒的受体细胞？

分析：通过问题的引导，可以让学生认识到，可以使用含有抗生素的培养基来选择有抗性基因的细菌，通过筛选出标记基因不被破坏的质粒，最终寻找含有重组质粒的受体细胞。这里的内容联系到微生物的培养，综合性较强，又由于这个实验高中阶段学生无法完成，故用纸片模型可以更直接地让学生模拟这个筛选过程，在给定的情境中用模型进行分析和阐述，可以培养其科学思维的能力。

任务布置后，将学生的纸片模型模拟结果放在实物投影仪展示并分析。让学生理解由于人眼看不见基因，因此是通过抗生素培养基筛选的方式来判断重组质粒导入受体细胞的情况，并总结得出有重组质粒成功导入、空载质粒导入、质粒未导入三种情况。并且无论选用哪种限制酶，根据细菌在青霉素培养基上的生长情况，都无法区分重组质粒是否已经导入受体细胞。由此得出结论，只能通过观察培养基中是否有目的基因的表达产物来进行判断，或者需要质粒上有2个标记基因才可以帮助选择。

情境3：当质粒含2个标记基因时，选用哪种限制酶切割目的基因和质粒？

任务3：学生分组，继续利用纸片模型模拟不同限制酶切割后，重组质粒导入受体细胞的情况。

分析：在有2个标记基因时，学生可以推测出需要两种含有抗生素的培养基来筛选受体细胞，并且通过对印章法的介绍，可以帮助学生理解含有目的基因的受体细胞的筛选方式。学生利用纸片模型，通过小组讨论，认识到选择限制酶时还需要保留1个标记基因的知识点。

(三) 延伸情境，归纳限制酶的选择依据

情境4：若lacZ基因完整，便可表达出b-半乳糖苷酶，b-半乳糖苷酶能将培养基中

含有的 IPTG 和 X-gal 水解成蓝色，形成蓝色菌落；若 lacZ 基因中插入了外源基因，带有质粒的大肠杆菌便不能表达 b-半乳糖苷酶，将形成白色菌落。筛选含目的基因的受体细胞时，需要使用什么培养基培养？需要使用哪个限制酶？

分析：在之前的活动中，学生已经学习了纸片模型的应用，并构建出了目的基因、质粒、受体细胞的模型，因此在思考这个问题的时候，可以直接推理出限制酶的选择方案。

情境 5：复制原点为质粒复制所必需的 DNA 序列。当质粒上存在复制原点时，应如何选择限制酶切割质粒？

分析：综合前面构建的模型，结合资料情境，学生的科学思维得到进一步锻炼——可以归纳生物学的规律、总结限制酶的选择依据。

最终通过纸片模型，构建出目的基因、质粒、受体细胞的关系模型，并在筛选中总结限制酶的选择依据：要产生相同的黏性末端；避免目的基因被破坏；避免目的基因或质粒发生自身环化；有多个标记基因时，至少保留 1 个完整的标记基因；避免破坏复制原点；等等。通过这样的纸片模型模拟活动，学生的科学思维素养水平达到了水平三。

五、教学反思

整个教学过程采用情境分析、模型构建、小组讨论、分组展示的方式，每一个教学环节都有明确的任务目标，并且各个教学环节之间均有问题导入，通过层层深入，从动手搭建纸片模型到构建知识结构水平的模型，学生的学习目标明确了，参与度也提高了，科学思维以及科学探究的能力提升了。

（2020 年发表于《中学生物教学》）

12. 用专业力量为学生“把脉开方”

刘　颖

（中学美术高级教师，区个性化教育指导中心负责人）

个性化教育是未来教育的发展方向，核心素养是当下全球教育关注的热点和国家教育改革深化的重点。当前，培育和提升学生核心素养是国家意志和社会主义核心价值观的重要体现，也是全球教育改革的重要议题。核心素养的培育因为个体差异必然呈现出个性化的需求和特征。培养有文化基础、能自主发展、重社会参与的全面发展的人，必须尊重学生个性差异、关注学生不同需求。个性化的教育方式和手段应该成为培育和提升学生核心素养的重要举措。

由静安区教育局领衔申报的“深化教育个性化：发达城区提升学生核心素养的实践性循证研究”被立项为全国教育科学“十三五”规划的教育部重点课题。遵照区教育局的要求，我们以“充分尊重学生个体差异，促进学生全面而有个性地发展”为指导思想，以实践研究为基础，以为学校个性化教育提供指导服务为目的，为“学生全面而富有个性的持续发展”提供专业支持和服务。

个性化教育的实施，离不开对每一位学生的深入解读和精准分析，正如世界上没有两片相同的树叶，世界上也没有两位完全相同的学生，那么学生个体之间的差异在哪里？如何去识别学生的这些差异呢？

我们对学生的识别和解读大致可以分为两个方面。一个是对学生个性特征的识别，比如知晓每位学生的学科特长和发展潜力在哪里。另一个是对学生行为表象的解读，比如有的学生上课注意力不集中，有的学生学习态度不端正。那么什么是正确的态度？既没有维度，也没有指向，更缺少指标，从而让教育精准实施的效果大打折扣。实施个性化教育必须要对学生进行深入的解读和精准的分析。

作为区域个性化教育的支持机构，我们个性化教育指导中心自 2016 年 3 月成立以来，在区教育局的领导下，以个案研究为基础，边实践边研究，探索如何精准地为学生把脉、开方，为学校的个性化教育提供专业支持。通过四年的研究，已经初步形成了较为科学全面的诊断机制和指导方法。

一、形成综合多元化的评估机制

通过实践和研究形成的评估机制是由经验判断和科学实证构成的(见附件一)。

1. 经验判断

为学生把脉从经验判断起步。我们力求做到多维度、多方位地了解学生以避免单一化、片面化，因此设计并实施了以下几个环节。

(1) 学校推荐

通过学校填写的推荐表格，我们初步了解了被推荐学生的个人介绍、家庭情况、学习能力、兴趣特长以及学校的推荐意见等信息。

(2) 专家面谈

我们邀请了市、区资深教育专家与学生进行一对一的面谈评估，了解学生的兴趣特长是自己内心喜欢的还是家长要求培养的。对学生的学习水平和兴趣特长进行初步评定与验证，并了解学生以后的发展意愿等信息。

(3) 问卷访谈

通过班主任调查问卷(见附件二)进一步深入了解学生的个性、情绪、意志力、社交能力、心理特点等各个方面。

通过家长问卷和个别访谈，了解家长对孩子学习水平和特长潜质的了解程度，对孩子今后兴趣特长发展的期望值与支持度，以及希望孩子在特长发展过程中需要得到相关机构或部门怎样的支持或建议。

2. 科学实证

对学生的解读和分析仅靠经验判断是不够的，还需要通过科学测量来印证。我们通过运用以下工具来了解学生的智力状况、个性特征和自我价值倾向等信息。

（1）“认知能力测验”

（2）“多元智能测验”

（3）《跨文化（中国人）个性测量表》

（4）《韦氏儿童智力量表第四版（中文版）》

（5）“‘脑科学’学生多维度学习能力测评”

2019年，我们引进的东南大学儿童发展与学习科学重点实验室的脑科学专业学术力量和先进的测评设备。这些设备是基于神经生化检测技术、心理生理计算技术、行为分析技术，建立学生综合素质评估的关键生理、生化和行为指标体系，实现对学生的注意力、学习与记忆力、言语、执行功能、社会适应、智力、认知、运动等综合素质的全方位发展状况的精准评估。

二、提供个性化指导建议与服务

1. 开一人一方

在对学生进行了精准评估的基础上，我们为每位学生出具了《个性化教育指导建议书》（见附件三），建议书对学生的优势、薄弱与不足进行了全方位的诊断分析，并据此开出一人一处方，为学校制定个性化教育指导方案提供了建议和指南。

2. 建一人一档

学校依据《个性化教育指导建议书》制定培养指导方案。同时，我们分别设计了学校、家长、专家等指导反馈表，要求学校在实施过程中，做好指导记录。我们也在此过程中，持续地跟踪评估学生的发展，从而建立学生一人一档案。

三、构建个性化服务的资源平台

1. 提供课程资源

根据学校的反馈与需求，我们提供有针对性的课程指导服务，例如“创意编程”“数学长廊”“个性化阅读与写作”“演讲与表达”“人文课堂”等，这些课程我们聘请了教学专家、海归博士、优秀大学生志愿者分别进行个别化辅导。

2. 提供人力资源

我们还致力于建立基于学生个性化学习发展的人力资源平台——专家资源库、志愿者资源库等，通过提供资源、搭建平台、个别辅导、家庭指导、学校沟通等方式为学生提供个性化教育指导服务。

四年来，我们通过以上的工作实践，为区域内近100位学生进行了把脉和开方，也为每一位学生建立了个性化教育的指导跟踪档案。一批具有学科特征、品质特征的学生已渐渐地被识别出来，得到了个性化的培养和提升。

接下来我们将继续依托综合多元化的评估机制，为区域内学校创建学生个性化解读会诊制提供专业支持。

附件一：

推荐学生综合情况一览表

<table>
<tr><td>学生姓名</td><td>小D</td><td>性别</td><td>女</td><td>出生年月</td><td>2004.06</td></tr>
<tr><td>所在学校</td><td>民立中学</td><td>年级</td><td>六</td><td>学生户籍</td><td>沪籍(√)
非沪籍(　)</td></tr>
<tr><td rowspan="3">学校相关负责人联系方式</td><td>联系人</td><td colspan="4">张老师</td></tr>
<tr><td>电话</td><td colspan="4">624＊＊＊＊3转22＊</td></tr>
<tr><td>邮箱</td><td colspan="4">467＊＊＊＊＊2@qq.com</td></tr>
<tr><td>家庭住址及电话</td><td colspan="5">上海市静安区茂名北路＊＊弄＊＊号＊＊＊室180＊＊＊＊＊＊＊8</td></tr>
<tr><td colspan="6">学生情况描述</td></tr>
<tr><td>特长</td><td colspan="2">钢琴、舞蹈</td><td colspan="2">兴趣爱好</td><td>书法、阅读</td></tr>
<tr><td>擅长学科</td><td colspan="5">英语、数学</td></tr>
<tr><td>所获奖项或学科学习优势情况介绍</td><td colspan="5"></td></tr>
<tr><td>薄弱学科</td><td colspan="5">语文</td></tr>
<tr><td>薄弱原因分析</td><td colspan="5">语言的理解和文言文有些薄弱。</td></tr>
<tr><td colspan="6">家庭情况描述</td></tr>
<tr><td>家庭成员</td><td>学历</td><td colspan="2">职业</td><td colspan="2">联系电话</td></tr>
<tr><td>父亲</td><td>大学</td><td colspan="2">产品经理</td><td colspan="2">180＊＊＊＊＊＊＊8</td></tr>
<tr><td>母亲</td><td>大学</td><td colspan="2">自由职业</td><td colspan="2">180＊＊＊＊＊＊＊5</td></tr>
<tr><td>家庭经济状况</td><td colspan="5">一般</td></tr>
<tr><td>家校沟通情况</td><td colspan="5">交流顺畅</td></tr>
<tr><td colspan="6">学校推荐意见</td></tr>
<tr><td colspan="6">该生有自己的兴趣爱好，学习也刻苦努力。希望该生得到有效的指导，让其个性更突出、发展更全面。</td></tr>
</table>

<table>
<tr><td colspan="7">认知能力测验结果</td></tr>
<tr><td>语言分量表IQ</td><td>语言分量表评价</td><td>非语言分量表IQ</td><td>非语言分量表评价</td><td>全量表IQ</td><td>全量表IQ评价</td><td>自评成绩</td></tr>
<tr><td>128</td><td>优秀</td><td>113</td><td>中上</td><td>131</td><td>极优</td><td>良好</td></tr>
</table>

<table>
<tr><td colspan="9">多元智能测验结果</td></tr>
<tr><td>语文分量表评价</td><td>数学分量表评价</td><td>空间分量表评价</td><td>音乐分量表评价</td><td>动觉分量表评价</td><td>知己分量表评价</td><td>知人分量表评价</td><td>自然分量表评价</td><td>存在分量表评价</td></tr>
<tr><td>强</td><td>强</td><td>较强</td><td>较强</td><td>一般</td><td>较强</td><td>一般</td><td>强</td><td>一般</td></tr>
</table>

（续表）

一般性格量表概要(满分 100 分)											
新颖性	多样化	多元思考	领导性	外向—内向	开拓性	追求刺激	人际触觉	纪律性	责任感	严谨性	人生目标
92	89	83	62	85	95	65	62	77	99	99	84
专家评价基本意见											
该生主动学习钢琴、舞蹈,对学习钢琴和舞蹈都有兴趣,也较喜欢。能合理安排好自己的作息时间,每天练习 1—2 小时钢琴,循序渐进,自己感到学习压力也不大,而且该生认为弹琴可以让自己放松愉悦,调节自己的心情。 该生无论在钢琴还是舞蹈上,都具有了一定的兴趣和特长,能长时间地坚持,较好地将艺术学习和课业学习有机协调,潜移默化的艺术特性在该生身上得到良好体现。 评价专家:张 *											
家长问卷情况											
1. 觉得孩子有哪方面的兴趣爱好? 舞蹈、阅读、英语。 2. 孩子的兴趣爱好是通过何种途径培养的? 父母从小培养,在学校或平时学习时发现并喜欢上的。 3. 对孩子的兴趣爱好的态度是? 比较支持,顺其发展。 4. 孩子在兴趣爱好上的投入时间? 经常学习。 5. 在孩子的兴趣爱好培养方面有何计划和打算? 送孩子去培训机构学习,参加学校或少年宫的兴趣爱好社团。 6. 希望自己孩子在兴趣爱好发展方面得到外部什么样的支持? 提供学习场所,推荐优秀师资;提供体验活动,让孩子在活动中一展身手。 7. 在孩子成长过程中,关注孩子哪方面的素质?(结果按认为的重要程度排序) ①心理健康②道德品质③身体素质④语言素养⑤学习成绩⑥科学素养 8. 暑假即将到来,将如何安排孩子的暑假生活? 亲子旅游,让孩子自己在家自主管理,参加专业培训。 9. 如果本区有针对您孩子的个性化教育指导服务,您有怎样的需求和建议? 教育的目的性不要太强,以孩子的兴趣和个人能力为主,活动时间希望灵活一些。											

附件二:

班主任调查问卷

＿张＿老师,您好:

为了帮助我们更好地了解小 D 同学在校各方面情况,有针对性地为她制定个性化指导方案,我们拟定了下列一些问题,希望得到您客观、如实的回答,感谢您的配合!

在小 D 同学学校推荐表的基础上,我们还想进一步了解以下关于她在校的一些具体情况：

1. 推荐表提到她擅长英语、数学学科的学习，语文学科相对较为薄弱，情况是否属实？您认为主要原因是什么？

学生三科的学习成绩都属于优秀，只是因为语文学科的特殊性，成绩略有起伏。同时，她花在数学、英语学科上的时间比较多，并参加了课外的提高班进行学习。

2. 她的特长是钢琴和舞蹈，她是否能在学校各项艺术活动中发挥她的兴趣特长？请具体举例说明。

参加了学校的舞蹈社，但是由于学业压力，舞蹈练习得不多。近期在书法方面花的时间较多，她的书法作品在校文艺节上获了奖。

3. 如果把智力水平分为"优秀、良好、一般"三个层次的话，您认为她的智力属于哪个层次？

优秀。

4. 她的兴趣情况属于：(说明：请在表格内打钩。A、B两种情况请二选一。"1"为最不接近此情况，"5"为最接近此情况，如有不同看法请补充说明，调查问卷所有表格均是如此。)

情况选项	程度选项				
	1	2	3	4	5
A. 兴趣狭窄，喜欢简单安稳的生活，较少有好奇心和活力，乐于处理简单重复的事情。					
B. 兴趣广博，有活力，为人风趣，敢于/愿意尝试，愿意接受不同事物，喜欢探索，广交朋友/交游很广，能与不同的人合作，喜欢多姿多彩的生活，多样化。			√		

补充说明：兴趣广泛，性格比较沉稳。

5. 她在校是否担任班干部？是(　　)　否(√)

* 如果她担任班干部的话，她在领导性方面的具体表现是：

情况选项	程度选项				
	1	2	3	4	5
A. 服从被动，遇事不愿自己拿主意，愿听别人的意见，有从众心理，易受人支配而不能独立，逃避困难及具挑战性的环境。			√		
B. 独立自主，自认为有影响别人的能力，愿在团体中处于领导地位，有组织能力，积极进取，通常主动地寻找可以施展所长的环境或机会，以充分表现自己的独创能力，寻求挑战。					

6. 您觉得她的性格是：

情况选项	程度选项				
	1	2	3	4	5
A. 内向，退居，自省，避免与人交往，易害羞，不善于表达自己。				✓	
B. 外向，善交际，喜聚会，有许多朋友，乐于交谈，不喜欢独处。					

7. 在与老师和同学的交往中，您觉得她的表现是：

情况选项	程度选项				
	1	2	3	4	5
A. 感觉迟钝，难以理解别人的感受，避免与人接触，与人疏离，不太留意别人。					
B. 善解人意，能感同身受，愿意聆听和沟通，明白事理，有良好的人际关系，易相处，可亲近，主动了解别人。				✓	

8. 她在课堂上和班集体生活中，在纪律方面的表现是：

情况选项	程度选项				
	1	2	3	4	5
A. 反应灵敏，能随机应变，适应力强，不受传统规则约束，能较快地适应变化的情况。					
B. 重纪律，刻板，墨守成规，固执，有条理，讨厌外界干扰原定计划，想尽方法去遵从一定的规则及传统，害怕不可预测的事情发生。		✓			

9. 您觉得她是一个有责任心的孩子吗？是（✓）　否（　　）

10. 她在学校的学习生活中，您认为她属于下列哪种情况：

情况选项	程度选项				
	1	2	3	4	5
A. 做事较没条理，粗枝大叶，疏忽草率，丢三落四，不拘于形式，较灵敏。					
B. 言谨行慎，思虑周密，不夸夸其谈，不轻举妄动，谨慎地完成事情，严谨周密，工作有计划，生活安排有条理，做事刻板，流于细节。				✓	

11. 在您和她的接触中，您是否觉得她是一位有目标的学生？

情况选项	程度选项				
	1	2	3	4	5
A. 不清楚自己在社会上的价值；只着眼于现在；欠缺人生目标和方向，较少思索生命的意义。					
B. 有明确的人生目标及抱负；计划自己的事业及如何实现理想；愿意花时间在有意义的事上；不断增值自己，为将来做好准备，以目标为本，有一套自己的人生哲学。			√		

12. 您觉得她是一个乐于助人的孩子吗？是(√)　否(　　)

13. 您觉得她的家长是否容易沟通？是(√)　否(　　)

14. 最后，请问您对于小D同学的个性化指导方案有怎样的想法和建议？

有才华，她却不敢主动展示，更乐于接受安排。希望改变她的性格，让她乐意展示才华，让她的才华与学习成绩齐驱并进。

附件三：

个性化教育指导建议书

<table>
<tr><td colspan="6">基本情况</td></tr>
<tr><td>学生姓名</td><td>小D</td><td>性别</td><td>女</td><td>出生年月</td><td>2004.06</td></tr>
<tr><td>所在学校</td><td>民立中学</td><td colspan="2">现就读年级</td><td colspan="2">六年级</td></tr>
<tr><td colspan="6">诊断分析</td></tr>
<tr><td>主要优势</td><td colspan="5">1. 兴趣爱好广泛，有艺术才华，擅长舞蹈、书法和钢琴，较好地将艺术学习和课业学习有机协调，潜移默化的艺术特性在该生身上得到良好体现。
2. 学习成绩优良，学科学习能力均衡，爱阅读，善思考，能持之以恒地努力。
3. 性格沉稳、温和，对事心态平和，善解人意，易相处，在校有良好的人际关系，与同龄人、老师、长辈都能很好地沟通交流。
4. 做事有计划性，条理性强，有较明确的人生目标和计划。</td></tr>
<tr><td>薄弱与不足</td><td colspan="5">1. 尽管各方面较优秀，但还是缺乏自信，更愿意服从安排，有从众心理。
2. 性格内向导致她不善表达自己，在大庭广众之下不敢轻易发表自己的观点和想法，更乐意倾听他人的想法。
3. 由于语文学科的特殊性，成绩略有起伏，语言的理解和文言文有些薄弱。
4. 艺术才能突出性不够，缺乏学习后劲。</td></tr>
</table>

（续表）

指导意见
1. 该生的兴趣和特长明显，发展稳定，特别是艺术特性在该生身上得到良好的体现，建议根据她的学习特征、兴趣爱好，通过个性化指导，为其搭建平台，充分发挥其艺术才能，进一步地促进、维持该生的个性特长。 2. 建议安排学校心理辅导老师对她进行有针对性的心理辅导，侧重如何建立自信心，如何表现自己的独创能力，如何在自我挑战中完善自己。 3. 与家长进行定期的座谈，及时了解家长对孩子的要求和期待，了解家庭教育在对孩子兴趣特长发展过程中所起到的推动作用。 4. 可在语文学科方面对她进行有针对性的提高和培优辅导。
支持与服务
1. 中心可在书法特长方面为她请专家指点、提供与专家交流的机会。 2. 中心可定期组织她参与区内一些读书活动，并请相关老师或专家与她进行读书心得交流。 3. 中心如有相关心理辅导讲座，可邀请她或家长参加。 4. 中心将在学校实施一阶段的个性化指导后，为该生提供有针对性的评估，为学校制定下一阶段的个性化指导方案提供参考和调整意见。

（2020年“静安教育学术季”开幕式上主题发言）

13. 利用GIS技术在PBL课程中培养地理实践力的实践研究

乐声浩

（中学地理二级教师）

科学与技术的融合往往可以碰撞出思维的火花，更好地激发学生的创新思维。相对于不同学科或同一学科门类不同子学科之间不断打破学科壁垒，进而相互渗透、相互交叉，最终融为一体，逐步形成新学科的动态发展过程的学科融合，问题驱动教学法(Problem-Based Learning, PBL)项目学习课程的融合跨度更大。但是学科融合性体验学习仍然可以成为推进PBL项目学习实施的有效方法。

一、项目概述

本项目主要运用的前沿技术就是地理学科新技术之一的现代地理信息技术，因其理论性、技术性强，在培养学生创新方面有一定的难度。该项目是以遥感技术（RS）、全球定位系统（GPS）和地理信息系统（GIS）等三种地理信息技术为基础，通过学生分组选题、查找资料、自主探究等环节，创新解决现实问题，从而提高学生的自主探究与创新实践能力。

学生在半个学期的时间里，利用问卷星、实地调研等技术和方法在南京西路街道范围内进行人流量、咖啡馆数量与位置、大型写字楼分布等数据的搜集，培养了数据搜集能力。利用地理学科的“第三类语言”——GIS 技术，根据南京西路街道各咖啡馆门店的分布图与人流量、咖啡馆数量与位置、大型写字楼分布等相关地理数据，探讨星巴克门店的选址依据，结合数学学科的概率统计思想，制作专题地图，进行数据分析。结合南京西路街道简图预测下一家星巴克开在民立中学周边的位置以及原因，创建星巴克商业计划书。

二、对应的课程标准

（1）通过搜集南京西路街道人流量、咖啡馆分布、大型写字楼分布等信息，提高信息提取和区域认知能力。

（2）利用 GIS 技术对南京西路街道各地理要素进行数据分析，制作专题地图，按照需要设计各要素权重，发展数据分析和综合思维能力。

（3）利用所制作的专题地图，撰写商业计划书，说明商业区位的区位要素，培养地理实践力。

三、项目目标

通过对商铺选址的数据进行处理和分析，认同商业区位的变化性和决策的复杂性，激发对商业布局的关注意识和探究兴趣。

通过撰写商业计划书，体验创业从无到有的过程，体验数据搜集和分析的过程，提升对现实事物背后原因的综合分析思想，提高综合分析能力。

四、框架问题

1. 基本问题

基本问题是一个处于课程核心地位，能引发学生深度理解课程大概念的问题。基于此，我提出了一个基本问题：什么决定着我们的城市规划？

2. 单元问题

单元问题是两到四个立足特定主题，可以促进一系列具体项目活动的开展，并能导向对基本问题思考的问题。于是，基于我校学生特点，我提出了以下两个问题：

（1）在学校附近开一家星巴克，你认为最合适的位置在哪里？为什么？

（2）如何制订完善可行的星巴克商业计划书？

3. 内容问题

内容问题是基于事实的、有标准答案的三个或多个问题。基于地理学科的学科标准和核心素养，我提出了以下四个问题：

（1）星巴克门店的选址原则有哪些？

（2）如何搜集数据？

（3）怎么进行数据分析？

（4）哪些因素可能影响商业布局？

五、教学过程

1. 调查研究

从哪几个方面确定星巴克选址？

在活动开始之前，利用5课时的时间，让学生进行调查研究。在民立中学周围1000米的范围内，分布着许许多多的办公楼，所以在民立中学周围经常可以看到端着咖啡的行人。本阶段，学生在一周时间内，将利用周末和课余时间，通过实地走访、采访民立中学1000米范围内的行人，收集对咖啡产品的需求度和满意度信息，以及周边咖啡店的数量。

应用问卷星等调查技术和方法，辅助学生调查统计民立中学周围1000米范围内，各类人群对咖啡的需求度。在活动开始之前，由任课教师在课堂上初步讲解关于问卷撰写、采访稿撰写、样本统计方法等内容，以便于学生在问卷和走访调查过程中，能够保证一定的样本量和样本的多样化以及数据的可行性和准确性。最后让学生将统计结果展示出来，在课堂上进行讨论和研究，得出周边人群对咖啡的需求度和咖啡店的饱和程度，从而决定下一步行动的方向。

2. 地理要素搜集

通过上一阶段的活动，学生已经对周边人群的咖啡需求度和咖啡店的饱和程度有了初步的了解，之后就由学生在一周时间内经过小组讨论并结合地理学科商业区位的部分内容，确定“下一家星巴克”位置的区位要素，例如人流量、消费水平、车流量、交通便捷程度等。通过国家统计局、上海统计局等各类统计机构搜集该地区的人流状况、交通状况等数据，并且在搜集数据的过程中注意数据的时效性和准确性。在活动之前，由任课教师初步讲解数据的搜寻过程和搜集要点，从而培养学生信息的搜集与提取能力。

3. 数据分析

利用GIS技术中的密度分析对所搜集的咖啡店数量等进行栅格分析，直观地得出结果。学生们经过教师引导、小组讨论和资料搜集，最终确定对南京西路街道的商业区、人口、道路、咖啡店等要素进行密度等方面的分析，从而作为“下一家星巴克”的选址基础。虽然比较要素有差异，但是操作过程大致相同。

第一步：制作白领运动范围“缓冲区”。本课程的数据均来自教师与学生的自主搜集，并经过教师处理之后再发给学生进行分析。从最简单的加载数据开始到南京西路街道的矢量化，再到数据分析，一步步推进。

第二步：数据空间可视化。将咖啡店密度、路网、分布数据变成比较限制的基础要素，着实有一定难度。单纯的数据罗列既不能直观地进行比较，又无法发挥地理信息技术的优势，所以最终选择“要素密度”进行比较分析。运用GIS技术分析地理事物，并比较地理事物的特征和差异，让学生体验地理分析的乐趣，提升创新实践能力。

第三步：栅格图像裁剪。各类栅格图制作完成后，由于这些栅格图像是咖啡店在全图范围内的分析，存在无法聚焦到南京西路街道附近的问题。在数据分析过程中，学生提出问题：为什么“裁剪”功能不能裁剪栅格图呢？经过教师引导，以及学生已有的“裁剪缓冲区”制作经验，学生进行小组讨论并尝试自主完成。在教师的指导下，学生顺利地找到了合适的空间分析工具——“栅格裁剪”，最后制作出南京西路街道内的咖啡店地理要素的密度分析图。

4. 专题地图制作

经过一周时间，按照通用要求，对所获得的数据进行分析和处理并制作成专题地图集用来展示。在制作过程中，让学生亲自动手实践地理学科中的“地图要素”内容(比例尺、图名、图例、指北针等)，提高其掌握效率。每组学生所制作出来的专题地图由于审美等不同结果也会有所不同，异质性很强。

5. 商业计划书撰写

在撰写商业计划书阶段，通过对所制作专题地图的权重分析，确定“下一家星巴克”的选址位置并说明理由，使得“下一家星巴克”更具竞争力。

6. 成果汇报

学生通过汇报交流，各种思维在课堂上碰撞出火花，最后总体完成一份商业计划书。

7. 反思行动

成果汇报和反思阶段，是学生们成就感最强的时候。学生们把这段时间的调研内容进行整合，在项目结束之后，反思项目中做得不足和做得不错的地方，同时思考如果还有一次机会，会尝试用什么样的方式方法去进行实践研究。

六、项目评价

教学评价的设计是项目式学习教学模式中一个关键的环节。项目式学习不同于其他教学模式，其一便体现在教学评价上——采用多元化的教学模式。在项目实施过程中，主要采用表现性评价，通过项目活动探究进程中小组间合作学习评价表，让教师在项目活动的探究进程阶段了解各小组项目的实施情况，从而给出指导性建议。在项目作品展示阶段，主要采用表现性评价，通过各个小组项目作品的展示来评价学生对知识点的理解与应用程度，并评价学生从该知识点的理解中展现出来的学科核心素养等。对学生项目成果的汇报采用“量规”来进行评价(见表 1)。

表 1　星巴克商业计划书评价量规

内容	4	3	2	1
信息提取能力	基于几个不同的要素的角度，我们全面地搜集了民立周边的地理数据	从至少 2 个不同要素的角度出发，我们基本全面地搜集了民立周边的地理数据	从 1 个以上的要素出发，我们片面地搜集了民立周边的地理数据	我们简单地搜集了民立周边的地理数据

（续表）

内容	4	3	2	1
数据选择能力	我们数据的所有组成部分都致力于分析星巴克选址的需求	我们的数据大部分是致力于分析星巴克选址的需求	我们的数据有几个组成部分对分析星巴克选址的需求进行了粗略的描述和解释	我们的数据大部分是对分析星巴克选址的需求的粗略描述和解释
数据分析能力	在我们的专题地图中选用的数据准确，数据量大、数据种类大于等于4种，地图三要素完备，专题地图美观	在我们的专题地图中选用的数据基本准确，数据量大、数据种类大于等于3种，地图三要素完备，专题地图美观	在我们的专题地图中选用的数据基本准确，数据量大、数据种类大于等于2种，地图三要素有缺漏，专题地图较美观	在我们的专题地图中选用的数据基本准确，数据量大、数据种类大于等于2种，地图三要素有缺漏，专题地图较美观
商业计划书构成	我们的计划书包含了所有要求的组成部分和3个以上可选部分	我们的计划书包含了所有要求的组成部分和至少2个可选部分	我们的计划书漏掉了至少1个要求的组成部分	我们的计划书漏掉了多于1个要求的组成部分
书面展示	我们的写作清晰详尽，趣味性强，无标点符号错误，数据准确，图片清晰。所有对信息源的引用或解释都是准确的	我们的写作清晰详尽，无标点符号错误，数据较准确，图片清晰。所有对信息源的引用或解释都是准确的	我们的写作较清晰，有细小标点符号错误，数据一般，图片较清晰。部分对信息源的引用或解释是准确的	我们的写作冗杂，无趣味性，标点符号错误较多，数据不准确，图片模糊。小部分对信息源的引用或解释是准确的
表达与交流	我们的展示交流主旨清晰，图文结合，有较强的说服力	我们的展示交流主旨较清晰，图片较少，有说服力	我们的展示交流主旨模糊，图片很少，说服力一般	我们的展示交流主旨模糊，大片文字，图片很少或者无，说服力很小

（2020年立项为静安区青年课题）

14. 因材施教,拓宽学生的文化视野

——以高中文言文教学为例

张 丽

从两千多年前孔子根据冉有、子路等弟子的个性、能力等的差异,采取不同的引导与教育方式到今天因材施教成为教育教学活动中的重要原则与方法,无不说明了个别化教育的重要性。教育者在教育教学的过程中,需要根据学生不同的认知水平、学习能力与素质素养,以及各科各篇章不同的教学内容,选择更适合学生特点的学习方法来进行具有针对性的教学,激发学生学习的兴趣,树立学生学习的信心,从而促进学生的全面发展。

文言文是高中语文学科重要的阅读板块之一,尤其是在统编新教材中,文言文的篇目在增加,难度在提升,承载着传承中国传统文化重任的文言文教学任重而道远。

笔者所在学校的高中生,虽然部分学生文言文的基础相对较弱,但是学生们对文言文的学习普遍有着较浓厚的兴趣,有较强的好奇心与探究的欲望,也愿意发表自己不同的见解。如何根据本校学生的特点因材施教,从教与学的各个环节不断转变思维,拓宽学生的文化视野,进一步培养和提升学生的传统文化素养,是笔者近些年一直思考的问题。以下是笔者在平时教学活动中的一些实践与思考。

一、适时利用文化理论引导学生思考、领悟文言文学习中遇到的文化散点难题

阿基米德说过,“给我一个支点,我就能撬动整个地球”。笔者根据本校高中学生好奇心、上进心、探究欲望较强的特点,在常年的教学实践中深刻感到:教师在日常教学中有意识地给学生以一定文学理论、文化理论的熏陶与支撑,让他们在更高的支点与层面上理性地思考问题,进而创造合适的机会引导他们去深入探究与思考、给予合适的平台让他们来展示,学生们的潜力与能力的提升程度,总会远远超出教师的预期。

《孔雀东南飞》作为经典的长篇叙事诗,常年教学,却在新的年度遇到了新问题——一些学生对“孔雀东南飞,五里一徘徊”产生了异议:虽然可以解释为起兴的笔法,但为什么是孔雀飞而不是其他的动物?为什么要往东南飞,而不是往西北飞?这与诗歌结尾处焦仲卿“自挂东南枝”中的东南方向,是巧合还是有特别含义?

起初,笔者只当其为学生的戏谑之言,但细究起来,这的确是一个值得玩味的文化“难题”。看着学生们高涨的学习热情与好奇求知的眼睛,笔者决定借助这个机会,引领学生们查阅资料,从“文化人类学”的角度进行深入思考与探究。

笔者首先在课堂上介绍了文化人类学的有关基础知识与基本原则,尤其是英国人类学家J. G.弗雷泽(James GFrazer)在《金枝——巫术与宗教之研究》一书中谈到的原始人

思维的“相似律”，即彼此相似的事物可以产生相似的结果，相似即同一；以及法国人类学家列维-布留尔的“前逻辑”与“互渗律”，为学生们探究、破解文化“难题”创设必要的条件。

学生们认同《孔雀东南飞》这首乐府诗具有民俗特征，因此具有传统文化特质的意义。笔者在课堂上又引进了“文化符号”的概念，并引导学生去查找“孔雀”和“东南”这两个文化符号的意义。

由于《孔雀东南飞》是汉乐府诗，笔者指导学生查阅资料的范围应该确定在汉代及汉代以前。学生们重点关注了汉代以前的文化典籍《山海经》，他们发现：从文化的传承看，汉代处于中国封建社会发展的早期，受到原始文化的影响远比汉代之后的其他朝代深刻。很多具有人文精神的文化典故还没有产生，各种鸟类符号的文化含义还没有完成。“孔雀”并不像“鸿雁”“杜鹃”“喜鹊”“乌鸦”“鸳鸯”“鹧鸪”等有特定的文化含义，因此，笔者点拨学生更应该关注的是孔雀的类属——鸟——作为文化符号的含义。

学生们进一步查找资料，筛选出了较能充分说明问题的材料，《山海经・北山经》中：“炎帝之少女名曰女娃，女娃游于东海，溺而不返，故为精卫，常衔西山之木石，以堙于东海。漳水出焉，东流注于河。”《山海经・大荒北经》中：“东北海之外，大荒之中，河水之间，附禺之山，帝颛顼与九嫔葬焉。爰有鸱久、文贝、离俞、鸾鸟、凤鸟、大物、小物。有青鸟、琅鸟、玄鸟、黄鸟……”前者死后化为鸟，后者是死去埋葬之地出现鸟，学生们探究并领悟到，这两则神话的指向，都说“鸟”是死者的灵魂的象征。

那么，“东南”方向又意味着什么呢？笔者引导学生去寻找汉代其他的乐府诗，以探寻其文化含义。学生们查阅到《陌上桑》“日出东南隅，照我秦氏楼”，从中明白了“东南”的文化含义。东南是太阳升起的方向，代表温暖之地、生命的朝向、人世轮回之源，是吉祥之所。

“孔雀东南飞”就是孔雀向着太阳升起的东南方向飞去。“孔雀（鸟，即为灵魂）东南飞”与原始人的再生观念“互渗”为一。这样“孔雀东南飞，五里一徘徊”的含义，即为对此生的依恋与不舍。这看似矛盾的两句，正体现了中华民族多情而乐观的民族心理——无限依恋地不舍此生，充满希望地企盼未来。

而《孔雀东南飞》结尾处，焦仲卿诀别母亲时所言“今日大风寒，寒风摧树木，严霜结庭兰”，可知彼时已进入秋冬之季，因此，开篇处的“孔雀东南飞”，意味着要寻找温暖湿润的适宜之所——焦仲卿和刘兰芝所渴望、追求的幸福美好的理想之地。焦仲卿的“自挂东南枝”，体现出他对封建家长制的无言抗议，更表现了他对美好的爱情生活的向往之情。

这些不期而遇的散点式文化难题，随时可能在教学中出现，解决这些文化问题，需要教师有丰富的文化修养，更需要因材施教地引导学生，从而让学生的文化视野得到拓宽，思维得到扩展，能力得到提高。

二、立足教材进行纵向、横向的文化比较，提升学生的文化理解深度

除了随时解决文言文教学中遭遇的散点式文化问题，教师必须清楚，文化是语文教

学丰厚深刻的大背景。从纵的方向理解文化的传承影响，做出价值判断；从横的方向比较文化的异同，更客观理性地看待民族文化。只有这样，才能让我们的学生真正明了人生的价值、社会发展的意义，也才能让我们的学生拥有深刻的思想，提高认识世界的能力。

笔者在讲授《诗经·卫风·氓》后，很多学生对中国出现较多的弃妇诗不理解。而学生们进入高中已近一年，散点式的文化探寻已不能满足学生们的求知欲望，笔者意识到这是切入系统化沉潜式探究的最佳时机，于是笔者就将这个问题作为开启“系统性文化探究之旅”的选题，让学生们分成几个小组，利用课外时间收集古代关于妇女题材的相关作品，深入探究中国妇女地位的转变沿革，领悟封建文化对中国女性命运的深刻影响。

学生们查阅了大量资料：有的组从神话《女娲补天》到《嫦娥奔月》，再到《宝莲灯》《白娘子的传说》等；有的组由汉字造字中有关女性字的特征到《诗经》《古诗十九首》，再到李清照的诗词等；……最终，学生们从多个角度展示了我国古代妇女地位由母系社会到父系社会日渐趋低的发展过程。笔者欣喜于这种纵向的联系与比较，让学生们走过了一个从文学阅读到文化阅读的过程，勾勒出了中国妇女地位变化的基本“路线图”，为深刻理解古代女性人物、理解相关作品主题做了较深厚的文化背景铺垫。他们理解了封建文化与男权文化的狭隘与残忍，认识到“弃妇”在封建文化中是很多女性难以摆脱的文化“宿命”，从而让他们对中国古代女性命运的认识趋于深刻与理性。

为了进一步拓宽学生的文化视野，笔者还向学生推荐了 19 世纪俄国著名剧作家亚·奥斯特洛夫斯基的作品《大雷雨》。《孔雀东南飞》与《大雷雨》两个不同民族、不同时期的作品有着惊人的相似之处：女主人公都是落得被抛弃的结局，封建的道德观念、宗法（宗教）制度与价值取向，使得她们不得不面对自己悲惨的命运。在将卡捷琳娜与《诗经·卫风·氓》中的“弃妇”、《孔雀东南飞》中的刘兰芝的比较中，学生们看到了不同民族人民性格的不同，进而比较出文化的差异。同时，也让学生们明白了“弃妇”形象在世界文学史上并不是孤立的，在相同的历史文化氛围中，不同民族的女性近乎拥有相同的命运。

综上，对于中学语文教学而言，文化不是虚幻的附着物，教师只有善于“把脉”学生，深入地了解不同学段学生的认知、情感水平与能力，甚至是洞察每一届学生的特长与困难之处，巧妙地利用学生的兴趣点与生长点搭建平台，与教学内容进行合理的组合与无缝对接，才能让语文教学的文化氛围时刻充盈在日常的教学工作中。通过对文化的理解，可以拓宽教师的教学视野，进而拓宽学生的文化视野。

语文教学中若缺乏文化的目光、因材施教之法，那我们的教学将是短视的。

参考文献

[1] 方韬.《山海经》[M].北京：中华书局，2016.

（2021 年获区学术季征文一等奖，发表于《务实·突破·创新论文选编》）

15. 高中英语阅读教学中学生文化意识的培养策略

周婷婷

【摘　要】文化意识是英语学科核心素养的重要组成部分，而目前阅读教学中存在文化意识培养缺失现象，因此本文以具体的课堂教学实践为例，从文本解读、资源整合、课堂活动三个维度，探索高中英语阅读教学中学生文化意识的培养策略。

【关键词】高中英语；阅读教学；文化意识；培养策略

随着全球化进程的加快，在高中英语教学中，培养和发展学生的文化意识具有非常重要的作用。科学全面地提升文化意识不仅有利于学生知道一些文化知识，了解一些文化现象，而且能发展学生的文化鉴赏力，培养学生的文化世界观，形成正确的价值观。与此同时，《普通高中英语课程标准(2017 年版 2020 年修订)》(本文简称"新课标")指出：文化意识集中体现了英语学科立德树人的育人价值，明确指出了学生未来的发展方向，是 21 世纪学生的必备素养和能力。因此，文化意识的培养在英语教学中显得尤为重要。

英语阅读具有丰富的思想内容和科学文化内涵，能够让学生通过英语语言的学习，积累文化知识，感知、比较文化知识，发展人的品格和能力。下面笔者从英语阅读的教学实践出发，着重从文本解读、资源整合、课堂活动三个维度探讨如何培养学生的文化意识。

一、文化意识的概念及阅读教学现状

新课标指出，英语学科核心素养主要包括语言能力、文化意识、思维品质和学习能力。其中，文化意识是指对中外文化的理解和对优秀文化的认同，体现英语学科核心素养的价值取向，是学生在全球化背景下表现出的跨文化认知、态度和行为取向。

在教学活动中，教师可以充分利用语篇所载的文化和育人价值，通过深度学习和活动，培养学生的文化意识。然而受传统教育观念以及应试教育的影响，很多教师在开展英语阅读教学时还是倾向于将考试的分数和升学率等作为教学的重点和目标，因此往往注重传授英语单词、语法、结构等相关知识点而忽视了对文本文化价值的挖掘。此外，部分教师对文化意识的理解过于狭隘也是造成阅读教学中文化意识培养缺失的原因之一。文化涵盖物质和精神两个方面：物质文化包含饮食、服饰、建筑、交通工具等；精神文化主要包含哲学、语言、文学、文化、艺术、科学、风俗习惯，也包含价值观念、审美情趣等。喻侯林认为造成文化教学浅层化和标签化的原因在于教师对语篇中文化内涵的理解过于狭隘，对语篇的处理方式过于单一，没有挖掘隐含在文字背后影响文化意识、人文修养和行为取向的语篇内涵，更没有意识到仅仅熟知文化现象并不一定能让学生自然而然地增强文化意识。如果一个教师自身的文化意识薄弱，缺乏文化教学专业能力，那么也无法真正地引导学生鉴别、鉴赏异国文化。

二、阅读教学中文化意识的培养策略

1. 深入文本解读，明确文化意识培养目标

文本解读既是英语阅读教学过程的重要环节，也是构建学生阅读能力和人文素养的重要载体。在新课改的要求下，新教材在编制的过程中更加重视文本语言知识点与文化学习的融合。那么作为教材的使用者，教师应该以单元主题内容为引领，深入挖掘文本，分解单元教学中需要达到的文化意识目标，将文化意识培养目标列入单元教学重难点之中，从而引领学生关注作者的情感态度和文本所传达的价值观。

以上教版英语必修第三册 Unit 3 The way we are(我们的方式)为例，该单元的主题语境是"人与社会——历史、社会与文化"。从文化意识培养的角度来看，该单元的教学目标是通过听、说、读、写、看等活动，能够了解美以及不同地区文化沉淀后独特的文化社会现象。围绕单元文本信息，该单元目标可以分解为以下文化意识培养目标：

板块	文化意识培养目标
A Reading and interaction	理解美会随着时代变迁与地域差别而不同；阐释自己对美的理解，做到洞察自我、悦纳自我、提升自我
B Grammar activity	理解外貌外形是如何帮助动物在自然界生存的
C Listening and speaking	理解都市居民不同行走风格背后所反映的价值取向
D Writing	对于青少年时期的外貌有客观理性的认识，形成自尊、自信、自强的良好品格
E Cultural focus	理解文章中介绍的苗族服饰文化，并自觉认同优秀文化

通过分解后的文化意识培养目标，教师可以明确课堂教学的目的与意义，更好地设计课堂教学活动。

2. 整合多模态资源，搭建文化意识培养平台

在英语学习中，学生会接触大量的英语语篇；而教师在教学活动中，除了教参提供的背景知识外，还应当充分整合音频、视频、文本等多模态资源，收集与单元主题相关的文化知识，增强文本内在的逻辑性，在充实教学资源库的同时，也为培养师生文化意识搭建有力平台。

例如，上教版英必修第一册 Unit 2 Places 模块 A 的 Reading "Where history comes alive(历史重现的地方)"，以说明文的形式分别介绍了中国西安和意大利佛罗伦萨两座城市。结合主题，教师可以将资源整合成两类：第一类是课内资源，如从《你好，中国》(*Hello, China*)英语纪录片中下载好秦始皇兵马俑的视频介绍以及文艺复兴之城——佛罗伦萨的视频。英文版的视频介绍不仅可以用导入环节来提升学生的兴趣，也可以让学生直观地感受中西方城市在建筑风格、名胜古迹等领域的不同。此外，两座城市的人文景观图片和地图等教学资源都与文本内容高度匹配，从而促进了学生文化意识的发

展。第二类是课外拓展资源，如饮食、习俗等文化资料，该文本涉及西安和佛罗伦萨的特色饮食，与文本内容也是遥相呼应；还有国内外旅游等资料，从而为后续的学生迁移创新活动提供内容脚手架——为旅行社设计旅游手册。在课内外等多模态资源的帮助下，学生可以通过体验、比较、探索等方式学习中外文化知识，发展自身的文化鉴赏力，教师也可以借此丰富自身的文化积淀，提高文化专业能力。

3. 丰富课堂活动，探究文化知识

新课标指出，英语学习活动的设计应以促进学生英语学科核心素养的发展为目标，围绕主题语境，通过学习理解、应用实践、迁移创新等层层递进的语言、思维、文化相融合的活动，引导学生加深对主题意义的理解，形成正确的价值观念和积极的情感态度，进而尝试在新的语境中运用所学语言和文化知识，分析问题、解决问题，创造性地表达个人观点、情感和态度。因此，文化意识的形成是一个从知到行、知行合一的过程。在这一过程中，教师可以设计学习理解类、应用实践类等活动推动文化意识内化于心，也可以设计迁移创新类活动将文化知识外化于行。整个活动链既可以促进学生的思维由低阶到高阶发展，也能丰富学生的文化知识，促成其价值观的修正或养成。

例如，上教版英语必修第二册 Unit 2 Roads to education（通往教育之路）模块 E Cultural focus（文化聚焦）中的“The Geography Lesson”是一首英文诗歌，重点描述了诗人的老师的梦想、现实生活以及老师对诗人人生目标的影响。教学活动设计见下框：

Step 1 Pre-reading　创设情境，预测主题

Step 2 While-reading　学习理解，应用实践

Task 1：Skimming

Task 2：Analyze the poem

Task 3：Appreciate the poem from three aspects，i.e. rhyme，image，figures of speech

Task 4：Discussion

Q：Compare the images to show the teacher’s dream with those to show reality，what figures of speech are used here? And why does the poet use this figure of speech?

Task 5：Teamwork—Share your analysis

Step 3 Post-reading　迁移创新，巩固所学

Task 6：Create a poem with four lines and share it

Task 7：Evaluate your partner’s poems

【设计意图】课前引入一张人生目标思维导图，有利于激发学生的背景知识，预测文本内容。在课中，通过略读、分析文本，学生可以了解英文诗歌和中文诗歌在韵律、修辞手法上的异同点；通过对比分析表达诗人的老师理想与现实生活的意象，可以让学生在理解、欣赏诗歌语言意蕴美的同时，也能切身体会作者的情感态度。最后的迁移创新活动——写一首有关个人梦想或者现实的诗歌。这类活动对学生提出了评价与创造的要求，在创作的过程中，学生可以明白地把握现在，追逐梦想的意义，形成正确的价值观；在互评的过程中，学生能够得到同伴或者教师的评价建议，有效的总结和反思有助于加深学生对诗歌文化的了解。

三、结语

为了适应时代发展的要求，高中教师不仅需要提高自身的文化素养，而且在实际的高中英语阅读教学中，也要立足课标和教材，深入文本解读，充分整合多模态资源，将语言与文化密切结合起来，丰富课堂活动，为学生搭建探究文化知识、培养文化意识的平台，从而凸显英语学科的育人价值，全面提高学生的核心素养和各方面的能力。

参考文献

[1] 梅德明，王蔷.普通高中英语课程标准(2017 年版 2020 年修订)解读[M].北京：高等教育出版社，2020.

[2] 中华人民共和国教育部.普通高中英语课程标准(2017 年版 2020 年修订)[S].北京：人民教育出版社，2020.

[3] 喻侯林.基于语篇内容渗透文化意识培养的策略[J].中小学外语教学(中学篇)，2019，42(02)：52－56.

(2021 年发表于《英语读与写》)

16. 用教师的教学智慧点燃学生的学习热情

——读《给教师的建议》有感

丁捷敏

2020 年年初因为新冠疫情，教师和学生经历了史上最长的寒假，全员在这个特殊的时期进行线上教学与学习。在这个宅家时间最长、“停课不停学”的阶段，我得空拜读了苏霍姆林斯基《给教师的建议》这本书。在这个被新媒体充斥的网络时代，静下心来细细品读这本教育学著作，不禁醍醐灌顶、茅塞顿开，令人不得不赞叹这本书蕴含着的质朴而又博大精深的教育理念和丰富的教育思想。

一、用教师的教学智慧点燃学生的学习热情

苏霍姆林斯基认为每个人身上都具有某些好的素质，教师要善于挖掘这些素质。他说，“每一个儿童身上都蕴藏着某些尚未萌芽的素质。这些素质就像火花，要点燃它，就需要火星……教育最最重要的任务之一，就是不要让任何一颗心灵里的火药未被点燃，而要使一切天赋和才能都最充分地发挥出来”。创建和谐的师生关系，教师应用自己的

身心去影响学生，用自己的教学激情去点燃学生，用自己的教学热情去感染学生，使学生学习的情绪高涨、注意力高度集中。

在线上学习的特殊时期，我们教师不能面对面、直观地监控到学生学习的状况，就会有部分学生出现学习懈怠或放松的情况。因此，教师就应该从学生的兴趣入手，结合在线教学形式和资源的多样性、平台的灵活性等特点，做到翻转课堂，智能高效地进行在线教学，使在线教学鲜活起来。为此，我选取了从网络上搜寻的有关疫情时事的最新外刊语料，通过精讲文本中的词汇、精析语境背景知识，并配以相关的词汇要点的微视频，指导学生进行词汇理解、文本朗读、语音录制以此来加深对这些好文的理解，从而体会到疫情无情人有情的人性光芒。我所选取的文本有央视著名英语主持人刘欣在中国环球电视网上的发言——“The darkest time, the best heart!（至暗时刻，至善人心！）”当时，我自己看了这段视频非常振奋，一方面很钦佩刘欣作为英语女主播的语言素质。另一方面这篇发言非常正能量，反映当时在中国疫情最紧急的时刻，我们对国际社会的反应。学生观看之后也非常感动，这能很好地激发他们在这段特殊时期的学习动力，增加他们的民族自豪感和形成学习责任感。

苏霍姆林斯基说过，不要让上课、评分成为人的精神生活的唯一的，吞没一切的活动领域。因此，在这次与疫情做斗争的在线教学阶段中，我们教师不只是给学生传授知识、让他们记住知识，而且要注意发展学生的精神世界，让他们在网络时代看到更多的时代正能量，丰富学生的精神世界和培养正确的价值观。

二、用与时俱进的学习内容丰富学生的精神世界

苏霍姆林斯基说过，“尽可能深入地了解每个孩子的精神世界——这是教师和校长的首条金科玉律”。只有了解学生的个性差异、兴趣爱好、心理变化、发展特点，教师才会有与学生相处的基础。如果没有对学生的思想、心理和行为的观察与了解，我们的教育教学就只能就事论事。教师要了解每位学生的学习情况，了解他们的学习水平，对他们的学能差异提出个性化的要求。由此，我针对牛津上海版高二教材中的每单元的课文主题，设置了在线口头小话题，让学生根据自己的个性需求自主完成口头作业。

以高二第一学期第三单元的主题 fashion（时尚）为例。我在线上对课文主旨进行教学后，让学生再以他们眼中的时尚为切入点进行话题准备，并提醒他们可以结合当前“时尚与环保”“时尚与科技”“疫情中的新时尚”等热点话题。让学生根据自己的已有知识库和兴趣爱好来确定主题，并结合当下热点准备好 100 字的 oral speech（口头作文）；在完成语音录制后上传至钉钉作业平台，并指导学生进行线上相互点评。通过这些以期使学生关注到时尚在不同行业中的作用，尤其关注到疫情中的“时尚标杆”，如口罩、防护服、医务工作者们等。让学生畅所欲言，并引导他们树立正确的时尚观，拉近了师生、生生彼此在线上教学中的距离，增强了师生、生生的互动交流，也锻炼了学生的语言表达能力，有助于其英语学科核心素养的提升。

苏霍姆林斯基还说过，学校不能只给学生死的知识，更重要的是要培养学生对某门学科的兴趣，并使之成为他们的爱好，这样他们将来才能成为有个性、有创造能力的人

才。而我们教师也应该用与时俱进的学习内容来丰富学生的精神世界，培养他们的个性和学习兴趣。

总之，在英语教学中，教师首先要提高自身的素质，用自己的言行去影响学生，用自己的激情去点燃学生，用自己的热情去感染学生，使教与学协调一致、学生和教师心心相印。只有在良好的师生关系中、良好的教学情境中，课堂教学效果才能得以增强，学生学习效率才能提高。

《给教师的建议》是苏霍姆林斯基的教育学经典之作。我想，我们不仅要读好书中的教育箴言，从中汲取教育的智慧，而且要结合自己的教学工作情况，用智慧和爱心，让更多的学生从我们日常的教学中得到更多的收获。

（2021 年发表于《静安教育探索》）

17. 上海市民立中学初中学生社会实践管理工作的实践案例

孙鸿欣

（中学英语一级教师，少先队大队辅导员）

一、指导思想

1. 落实国家义务教育战略，“五育”并举，深化立德树人

引导民立学生在社会实践中坚定理想信念、厚植爱国主义情怀，提高学生的社会责任感、创新精神和实践能力，培养德智体美劳全面发展的社会主义建设者和接班人。

2. 建设现代学校办学制度，重构课程，培育核心素养

学习和落实《中小学德育工作指南》，深化管理育人、课程育人、文化育人、活动育人、实践育人和协同育人；整合家庭和社会资源，构建符合现代学校办学制度的课程与教学体系；在推进初中学生综合素质评价改革中，转变教师教育理念，变革教师教学方法，革新教育教学评价，切实关注和提升学生的核心素养与关键能力。

二、工作原则

1. 坚持价值导向

初中学生社会实践要坚持与社会主义核心价值观教育、中华优秀传统文化教育、革命传统教育、劳动教育、生涯教育、创新实践及生命安全教育等有机结合。

2. 注重统筹兼顾

以一体化发展思路推动社会实践资源整合，学段衔接、课内外衔接和师资衔接；统筹育人方式，既要重视课堂教育，又要强化实践教育；统筹学校课程，既要重视与综合实践课程的衔接，又要兼顾社会实践资源与时空的相融。

3. 注重客观真实

结合培养目标、学生实际以及课程内容，有选择、有计划、有目的地组织、引导学生在社会实践基地/场所（项目）中开展社会实践。如实记录学生社会实践过程中的主要经历和典型事例，以事实为依据，真实反映其全面发展和个性特长发展情况，并作为综合实践活动课程及其他相关学科学习评价的参考依据。

4. 注重公平公正

运用科学规范的记录与评价方法，促进学生健康成长；用好"上海市初中学生综合素质评价信息管理系统"，严格规范评价程序，建立信息确认制度、信誉等级制度、公示和举报投诉制度等，确保公开公平公正。

三、主要内容及要求

线下初中学生社会实践的主要内容包括社会考察、公益劳动、职业体验、安全实训等。这四类学生实践活动内容的划分是相对的，各学校根据校本特色进行统筹兼顾、融会贯通。

线上初中学生社会实践的主要内容包括在家和社区的公益劳动、跟社区和街道联动开展的一系列主题互动和活动。如校友讲师团的采访活动、居民互动的线上授课和技能指导（云端的居家安全指导、网上购物、防止网络诈骗）、云端的社会考察活动（线上场馆云体验、教育博览会云端体验）等。

（一）制定方案

学校结合办学规划、建设民立诚谨书院，以合理统筹少先队组织、共青团组织、班级或社团、学科教学等方式开展集体性社会实践活动，充分利用社会优质资源，合理安排各年级社会考察、公益劳动、职业体验和安全实训的活动内容和时间，确保每位学生都能完成规定的社会实践学时数。

具体操作：设计可供学生选择的课程菜单，从目标、策略、路径和成效等方面进行课程设置及课程体系建设，通过完整的课程设置、有效的过程性评价来提升社会实践的效果。

1. 目标

设计任务，并指导学生自主探究、合作学习，在实践中掌握解决真实问题的能力。

2. 策略

（1）根据社会实践中的不同场馆、地点、项目设计不同的探究任务，引导学生提前做好分工，运用提前上网收集、概括归纳、现场收集资料、访谈等方式进行知识内容学习收集。

（2）结合任务作业，引导学生在实践中学习并掌握综合能力，培养自主学习能力，提升政治认同、国家意识、文化自信，完善人格养成等。

3. 路径

(1)确定社会实践内容,梳理探究知识重点。(2)依据实践内容确定教育目标,设计任务。(3)依据所确定教育目标组织实践活动,在实践活动中以任务或问题作为驱动模式,组织小组讨论、合作学习、自主探究,帮助学生掌握解决实际问题的能力。(4)布置课后任务,设计项目化作业、拓展型作业,在作业中应用所学技能,通过过程性评价和总结性评价相结合的方式,实现社会实践效果的有效性,提高学生自主学习能力。

(二) 组织落实

1. 加强队伍建设

学校是初中生社会实践工作的责任主体,校长是第一责任人。学校要明确领导小组和工作小组的职责,要整合各类资源,加强指导教师队伍建设,发挥家长、校友、大学生和高中生志愿者等的作用,协同支持,加强管理,营造全员育人的良好氛围。

2. 选好基地/场所(项目)

学校要主动选择并对接市、区学生社会实践基地(项目),注重用好校园周边的社会资源。在充分挖掘社会优质教育资源的基础上,精心设计符合学生身心发展的社会实践活动。

3. 落实课程计划

按照课程计划的要求,切实落实学生社会实践的组织、实施和评价,确保社会实践活动进课表、进课堂、进课程,按照制定的方案,有序开展社会实践活动。

4. 写实记录

及时并精准地做好学生社会实践档案记录工作。指导学生将个人参加的社会实践经历记录在《上海市初中学生综合素质评价纪实报告》中的“自我介绍”部分。

(三) 课时安排

年级	社会考察	公益劳动	职业体验	安全实训
六年级	58	22	8	10
七年级	34	22	8	10
八年级	34	22	16	4
九年级	14	16	—	2
总计	140	82	32	26

社会考察					
项目	时间	六年级	七年级	八年级	九年级
春游	第二学期	8 课时	8 课时	8 课时	8 课时
N 项活动	第一学期	4 课时	4 课时	4 课时	—
	第二学期	4 课时	4 课时	4 课时	—
电影阳光行	第一学期	4 课时	4 课时	4 课时	4 课时
	第二学期	4 课时	4 课时	4 课时	—
祭扫殷夫广场	第二学期	2 课时	2 课时	2 课时	2 课时

（续表）

社会考察					
红色场馆之旅	第一学期	4 课时	4 课时	4 课时	—
	第二学期	4 课时	4 课时	4 课时	—
民立杯观众	第一学期	4 课时	—	—	—
军训	第一学期	20 课时	—	—	—

公益劳动					
项目	时间	六年级	七年级	八年级	九年级
班级值日生	第一学期	6 课时	6 课时	6 课时	6 课时
	第二学期	6 课时	6 课时	6 课时	6 课时
值勤班	第一学期	3 课时	3 课时	2 课时	2 课时
	第二学期	3 课时	3 课时	2 课时	2 课时
社区志愿者	第一学期	2 课时	2 课时	3 课时	—
	第二学期	2 课时	2 课时	3 课时	—

职业体验					
项目	时间	六年级	七年级	八年级	九年级
学校安排	第一学期	—	4 课时	4 课时	—
	第二学期	4 课时	—	4 课时	—
区统筹安排	第一学期	—	4 课时	4 课时	—
	第二学期	4 课时	—	4 课时	—

安全实训					
项目	时间	六年级	七年级	八年级	九年级
逃生演练	第一学期	1 课时	1 课时	1 课时	1 课时
	第二学期	1 课时	1 课时	1 课时	1 课时
市区统筹安排	第一学期	8 课时	8 课时	—	—
	第二学期			—	—
民防教育展示厅	第一学期	—	—	2 课时	—

（四）案例展示

线上创意环节：社会实践之“公益劳动”板块——“红领巾抗疫之五一劳动最光荣”

《中共中央 国务院关于全面加强新时代大中小学劳动教育的意见》对新时代劳动教育的基本内涵做了明确规定：实施劳动教育重点是在系统的文化知识学习之外，有目的、有计划地组织学生参加日常生活劳动、生产劳动和服务性劳动，让学生动手实践、出力流汗，接受锻炼、磨炼意志。

“公益劳动”这一部分，分为“家庭课程”“校内课程”“社区基地课程”三大模块，进一步凸显学校的资源特色与办学特色。居家也可以完成公益劳动，在疫情期间，我们开动脑筋，把社会实践活动前移到了家里和社区。

劳动是生活的基础、是幸福的源泉，在五一国际劳动节来临之际，我校开展了“红领巾抗疫之五一劳动最光荣”的活动，让学生们在居家抗疫的特殊时期，了解并且学习新时代劳模英雄，如钟南山院士、科学家屠呦呦以及身边默默无闻的劳动者的突出事迹，培养少先队员吃苦耐劳、热爱劳动、讲卫生、珍惜他人劳动成果的优良传统和好习惯。

居家期间，学生们一个个变成了居家劳动的小能手——清理自己的书桌、擦灰、拖地、整理床铺、换被单、洗衣服、晒被子等。学生们在用辛勤的劳动创造美好生活的过程中，体会了跟爸爸妈妈一起烧饭的亲子互动的乐趣。洗菜、清理活鱼、切菜等做饭的一系列工序、流程，充满着生活哲理。学生们在动手实践中体会劳动过程中的艰辛与成功后的喜悦，而这点点滴滴的感受就如同生活的真实滋味一样，五味杂陈、一应俱全。

除此之外，学生们浇花、种绿植和做公益劳动，更加体现了学生们心中充满了爱心、心中有他人，以及“互相帮助、助人自助、无私奉献、不求回报”的志愿者服务精神。在2020年春光无限的五一，我们民立学子用双手、头脑、知识和爱心开展各种居家劳动活动，有学生在社区、在楼道清扫公共设施，帮忙进行垃圾分类，这些让学生记住了这个特别的五一劳动节带给他们的快乐和收获。

走进新时代，以劳树德，以劳增智，以劳强体，以劳育美，劳动被赋予了更为重要的意义。立足劳动育人，创造美好生活，很多劳动模范其实就在我们的身边。他们也许是我们的家人，也许是我们的朋友，也许是我们的师长，也许就是我们自己……

（2021年静安区少先队研究征文活动）

18. 基于校园屋顶花园的跨学科教学实践探究

田　娜

（中学地理二级教师）

【摘　要】通过梳理初中地理、生物学科的课程标准，整合教材中学科的交叉内容，聚焦与社会生产生活联系密切的学习专题，基于我校的屋顶花园，开发初中跨学科实践活动课程，在教学实践中搭建多样化实施平台，促进多元、自主、有实践性的校本课程良性发展，不断优化课程实施路径，打造我校特色校本课程。将初中不同学科的实践课程

环节进行整合，开展促进学生认知能力、实践能力与创新能力提升的跨学科实践教学。

【关键词】屋顶花园；跨学科；实践教学

一、屋顶花园植被调查

根据我校早期教师对学生进行的植被问卷调查发现，学生对常见植物的认知度很低，就连校园里的盆栽植物都说不出其物种名称。另外，尽管屋顶花园内的很多植物设置了说明牌，但并没有对某一物种进行详细介绍，不利于学生的自主学习。对此，教师通过课题的形式，指导学生利用"识花"软件对屋顶花园中的植物进行初步认识，然后通过图书、报刊、网络等途径查阅植物的相关资料，运用科学的分类方法对我校屋顶花园中植物的种类、数量及分布进行调查，最后制作标本并建立专业的植物信息档案（见表1）。

表1 植被调查统计表

编号	名称	生活习性	栽种地点	生物学分类

通过屋顶花园植被大调查，学生们不仅了解了植物的生物学分类，同时认识到不同植物生长所需的地理环境等是不同的。此外，通过对比屋顶花园在建设时期所栽培的植物种类，发现有新的植物种类出现，在此情境下引导学生思考为什么屋顶花园的植物种类会变多的问题，后续则围绕这一话题开展植物种子传播的探究。

二、屋顶花园活动设计

屋顶花园的活动设计见表2。

表2 活动设计表

活动名称	实施方案
植物日志	屋顶花园四季美景更迭，借此引导学生观察比较校园植物四季的变化情况。在教师的指导下，两人一组，选择一种喜欢的植物，进行一学期的观察并绘制个性化植物日志、植物分布图等
种子基因库	收集植物的种子，并对植物种子的传播方式进行分类和探究
植物摄影和绘画比赛	小组每位成员在屋顶花园选择一种植物或者以屋顶花园为背景进行摄影和绘画，并说出选择的理由，同时附上解说词（50字以内）
"校园植物识别"竞赛活动	两人一组，以屋顶花园上的植物名称作为竞赛题，看哪组答出的植物名称最多
利用咖啡渣、豆浆渣进行土壤改良	借鉴我校GREEN环保社团的做法，对屋顶花园种植区的土壤进行改良。首先让学生们收集咖啡渣或豆浆渣，然后将咖啡渣或豆浆渣与原种植区的土壤进行搅拌，为后续种植活动做准备

（续表）

活动名称	实施方案
观察土壤中的微生物	组织学生们在屋顶花园采集土壤样本，将采集到的样本放入试管稀释，制作成观测标本，在生物实验室利用电子显微镜进行观测。观测后思考土壤中的微生物对于土壤有什么作用，为什么咖啡渣或豆浆渣可以改良土壤、提高土壤肥力等问题
赏桂花	对不同种类的桂花进行分辨，然后采集桂花花朵制作桂花糕
“农场”种植	在校园的屋顶花园中开辟了一个小小的“农场”，请学生们选择想要种植的植物并进行播种，然后观察“作物”生长情况
手工制作	采集植物叶片等，制作叶脉书签、冰箱贴、挂画等

三、屋顶花园实践案例探究

民立中学在不同的位置都种有鸡爪槭，我们围绕鸡爪槭开展了一系列实践研究。鸡爪槭为落叶小乔木植物，对二氧化硫和烟尘等抵抗和吸收能力均较强。它的叶对生，掌状5—7裂，裂片具锐锯齿，入秋变为红色。它的品种颇多，是观赏秋季色叶树的主要种类之一。

1. 分辨鸡爪槭和枫树

学生们一开始把鸡爪槭误认为枫树，其实鸡爪槭和枫树是有区别和联系的。所以首先给学生们进行科普讲解，分辨鸡爪槭和红枫——红枫是鸡爪槭的一个变种，但二者也有区别。从枝干来看，红枫的根茎枝干是红褐色的，而鸡爪槭的枝干则通常是绿色；红枫的枝干粗而硬，而鸡爪槭的枝干细而柔软。从叶片来看，鸡爪槭叶片别具一格，带齿状鸡爪模样，其也因此而得名，它的裂片长超过全长的一半，但不深达基部；而红枫的裂片裂得更深，几乎达到基部。

红枫　鸡爪槭

红枫　鸡爪槭

图1

2. 鸡爪槭为什么会变红？

通过长时间观察，我们发现鸡爪槭颜色的改变是一个渐变的过程，从秋天才开始逐渐变红——我们记录的情况是叶片从2020年9月初的绿色到11月下旬完全变红。通过查阅天气情况发现，这段时间正是由秋入冬的时候，气温不断下降（见图2）。现在正值槭树变红的时间，但是不同地理位置鸡爪槭变红的时间不一，变红的数量也不同。比如屋顶比楼下红的时间早，楼顶东侧的槭树比西侧的槭树更红。这是由什么原因导致的？可以顺势引导学生探究以下问题：

（1）鸡爪槭为什么会变红？

（2）影响鸡爪槭变红的因素是什么？

（3）鸡爪槭种子的传播方式有哪些？

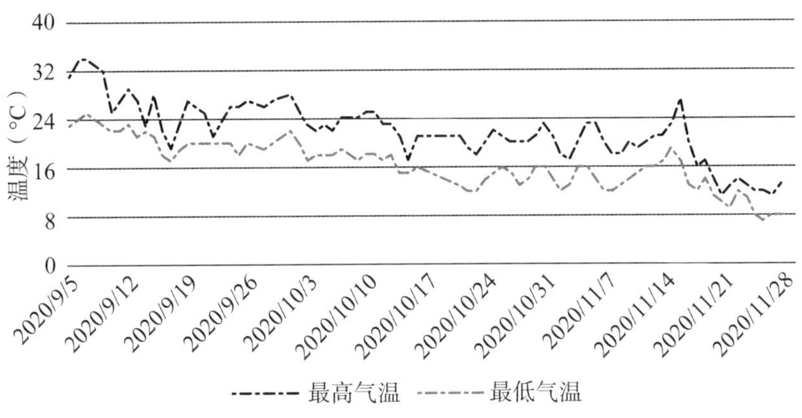

图2　气温变化情况统计

学生们通过查阅大量资料发现：当环境温度持续控制在10—15℃之间时，温度较低，植株产生的叶绿素变少，红色素的含量较高，鸡爪槭的叶子会变红。

3. 鸡爪槭种子是如何“乘风远行”的呢？

随着鸡爪槭叶片完全变红，鸡爪槭的种子也开始成熟并进行播种。鸡爪槭种子呈连体对生两籽，成熟之后呈褐色或者浅褐色，籽粒饱满，带有两个“翅膀”叶片，被称为翅果。每到播种的季节，学生们观察到鸡爪槭会向空中释放成群的具有两个“翅膀”叶片的种子。这些种子从树上脱落后，会旋转着落向地面。小翅膀降落的速度非常缓慢，在着陆前如果恰巧有风吹过，鸡爪槭的种子便会随风远行，在一片新土地上安家繁衍。引导学生探究以下问题：

（1）鸡爪槭种子是如何“乘风远行”的呢？

（2）这对于生物繁殖有什么意义？

学生们查阅相关论文研究发现，鸡爪槭的种子在下落过程中，“翅膀”叶片的种子是旋转降落的。从力学的角度来看，种子在下落的过程中会产生空气涡流，空气涡流会使鸡爪槭种子上方气压减小，种子的下方会因为“翅膀”的旋转而产生更强的浮力，足以对抗向下的重力，这使得它们在空中停留的时间更长从而飞得更远。

种子传播是植物繁殖的关键阶段。在传播过程中，植物的后代从母本植物分离。这种迁移减少了与“父母”和“兄弟姐妹”之间的竞争，帮助种子避开病原体和昆虫等天敌，从而增加了后代存活的概率。

四、跨学科实践活动反思

我针对初中生的学情和新课标中的核心素养，基于屋顶花园设计了一系列实践活动，活动实践中也遇到了不少问题并加以不断改进，以下是我的一些实践思考。

一是开展活动要有合理的分组和明确的分工。刚开始由于没有进行细致的分组和分工，学生能力参差不齐，任务的完成质量差异很大，有些学生爱玩的天性在屋顶花园被完全释放出来，后续我改进活动设计要求，进行明确合理的分组和细致的工作划分后，学生们井然有序并且高质量地完成了活动内容。

二是注重培养学生发现问题的能力，在活动过程中发现很多学生由于长时间生活在城市，对基本的农作物一无所知，对身边的植物没有认知能力并且也毫不关心。通过植物普查和农场实践活动的开展，学生们不仅对植物有了基本的认知，而且不少学生开始关心身边的植物和地理环境，甚至能主动发现和探究一些问题。比如有学生问到为什么要进行土壤改良以及土壤里究竟有什么，针对这个问题，我组织学生对土壤中的微生物进行观察。通过观察，学生们发现土壤中存在大量微生物，于是我让学生们思考微生物对于土壤有什么作用。学生们通过查阅资料后明白了将咖啡渣或豆浆渣搅拌进土壤后，土壤中的微生物将咖啡渣或豆浆渣进行分解，从而提高土壤肥力。这一探究活动，帮助学生理解了微生物对土壤的作用。

三是在实践中创设问题情境，激发学生探究的热情。比如在开展鸡爪槭的案例研究前，我先组织学生重点观察和记录鸡爪槭的生长过程，在记录的同时就向学生提出问题，比如鸡爪槭为什么现在才变红、鸡爪槭的种子为什么有两个“翅膀”等问题。学生们探究的热情被瞬间点燃，立即主动查阅相关资料并主动和教师进行讨论。另外我还组织学生利用相机慢动作拍摄鸡爪槭种子的降落过程，并通过实践来进行验证。

基于屋顶花园的跨学科活动设计，不仅促进学生学习了身边的地理和生物知识，而且借助屋顶花园这个平台能及时地、最大限度地让学生通过观察、分析等方式对生物、地理理论知识进行验证，这样更有利于学生实践能力的培养；同时，活动的开展，潜移默化地培养了学生保护环境、爱护自然的社会责任感。实践活动课程形式灵活多变，激发了学生的学习热情和学习内驱力，学生的个性得到充分展现，在一定程度上也促进了学生全面而健康地发展。

参考文献

[1] 张海燕.美国中小学跨学科课程研究[D].上海：华东师范大学，2005.

[2] 李兴业.美英法日高校跨学科教育与人才培养探究[J].现代大学教育，2004(05)：71－75.

[3] 杜惠洁，舒尔茨.德国跨学科教学理念与教学设计分析[J].全球教育展望，2005，34(08)：28－32.

[4] 史新强.基于跨学科融合的初中地理教学设计——以“陆地的五种地形类型”为例[J].地理教学，2020(01)：32－36.

[5] 邢芝明.跨学科教学理念下地理概念教学策略研究[J].中学地理教学参考，2018(14)：10－12.

[6] 郑丙沛，杨晓英.高中地理教学与数学的交叉融合[J].地理教学，2016(01)：6－10.

[7] 约翰·杜威.民主主义与教育[M].王承绪，译.北京：人民教育出版社，2001.

[8] 田慧生.综合实践活动的性质、特点与课程定位[J].人民教育，2001(10)：34－36.

[9] 吕琳琳.高中地理教学中开展实践活动的途径[J].启迪与智慧(中)，2020(08)：67.

[10] 高立洋.校园屋顶花园的功能与特色——以上海市民立中学为例[J].科学教育与博物馆，2016，2(03)：170－173.

[11] 孙樱，高嘉麟.基于屋顶花园的校本课程开发——上海市民立中学的探索与实践[J].科学教育与博物馆，2016，2(03)：178－181.

[12] 沈建国.中学屋顶花园一例[J].园林，2011(08)：36－37.

[13] 杨帆.屋顶花园植物的选择与配置[D].长沙：中南林业科技大学，2008.

[14] 李惠茹，汪远，左云娟，等.上海植物多样性现状及保护对策的研究[C]//中国植物学会.生态文明建设中的植物学：现在与未来——中国植物学会第十五届会员代表大会暨八十周年学术年会论文集——第1分会场：系统与进化植物学.生态文明建设中的植物学：现在与未来——中国植物学会第十五届会员代表大会暨八十周年学术年会论文集——第1分会场：系统与进化植物学，2013：102－103.

[15] 罗安才，阎晓灵，李利霞，等.鸡爪槭叶色变化机制研究[J].江苏农业科学，2018，46(22)：118－122.

[16] 蔡雪雁，李厚华，李玲，等.鸡爪槭叶片色素组成及叶色变化[J].东北林业大学学报，2015，43(07)：63－67.

[17] 龙武生，龙俞伶.奇妙的种子传播方式[J].湖南农业，2004(06)：22.

[18] 唐佳.野生植物种子的传播方式[J].西藏科技，2010(04)：63－65.

(2021年立项为静安区青年课题)

19. 创中教与创中学的双向奔赴

——“我是民立主播”高一英语学科项目化学习实践反思

薛佳悦

(中学英语二级教师)

我心目中的好老师是能够尽可能多地为学生创设展示风采的舞台的人。基于学生个体的唯一性,为了帮助学生意识到自己的潜能并展示个体独特的价值,我设计了“我是民立主播”项目。

我希望在项目中,学生能够借助学校电视台推出一档英语谈话类节目——以小组为单位,选取身边一种新兴的生活方式作为主题,讨论该新生事物的两面性,以完成一期节目的录制。节目呈现的内容不限,但必须包含英语访谈部分,可以加入英语情景表演、街头采访等元素,有创新点可加分。成果可以分期在校园电视台播放,或者在英语组微信公众号上推送。该项目内容是基于我对学科教材内容的解读以及对学生在现阶段学习、生活表现的观察设计而成的。

上教版高中英语必修第一册 Unit 3 Choices(选择)中 Cultural focus(文化聚焦)板块的文本阐明了网上订餐服务的利弊,并提出我们必须在选择前权衡利弊,充分考虑自身行为对于环境和健康的影响。

因此,单元学习的目标被定为引导学生关注社会现象,了解事物的正反两面,做出明智、积极的选择来影响周围的环境乃至世界。培养学生英语语感进而提高语言技能、深化对“选择”这一概念的理解是项目的第一个目标。高中生正处于人生非常关键的阶段,他们要面对繁重的升学压力和复杂的多彩世界。于他们自身而言,在现实生活中学会辩证地思考以应对复杂多变的问题,是我希望通过项目达成的另一个重要目标。

教学设计几经打磨修改,终于要“走进”课堂与学生“见面”了。但让我没想到的是,详细严谨的设计还是出现了几个“意外”。

一、从等待学生的答案到接纳学生的创意

在项目启动阶段,我原本打算以外卖行业为例导入项目,但当我提出问题“生活中哪些新兴的事物能够引起你们的探究兴趣?”时,学生的回答引发了我重新思考。

通过 KWL 表搜集到的学生的回答,高频的关键词包括“云课堂”“共享经济”“人脸识别”“直播带货”等,这一系列话题都与迅猛发展的互联网科技密不可分。学生还提出了“应急救护技能的普及”“疫情带动的产业”“综艺选秀热”等话题。话题的多元性反映了学生个体的独特性,以及学生群体对社会热点的敏锐感知力。

另外,一些学生提到“朋辈压力”“高考加三学科的选择”“外貌焦虑”“学生睡眠时间”

等话题，虽然这些话题超出了“新兴事物”的范围，但非常贴近学生的生活。这些讨论源于他们对自我的认识和探索，很符合该年龄段孩子的身心发展规律。我从中看到了高一新生对高中生活的憧憬、困惑、担忧、期待。

于是，我采用与学生平等对话的方式，想听他们谈一谈对于所列话题的看法和建议。在交流中，我感受到学生对社会时事的关心，对科技与人文的思考，这促使我改变了自己的计划。

我们从中挑选出了“外貌焦虑”问题，联系综艺选秀现象，以“何为真正的美”为主题，组织学生开展第一轮学习讨论。

在语篇学习的基础上，学生进行英语口语练习，表达自己对于“美”的态度和观点。随后，任务升级，学生完成一次与“美”相关的小组主题访谈，作为第一轮学习成果。

根据情节编排需要，有一组学生自行设定了四个角色，主持人、来电求助的听众、作为嘉宾出席节目的女明星、应届毕业生。在节目中，一位听众致电节目组讲述自己整形手术失败的遭遇，应届毕业生以自己的求职体验表达了对外貌的焦虑，女明星谈到自己曾为控制体重而付出的代价。四人讨论了外貌形象和劳动力市场的关系、是否存在理想美的标准等话题，共同寻求问题的出口，找到社会与自我的平衡点。学生在设定人物和矛盾冲突时颇具新意，对话中精彩的观点产生了碰撞。

作为教师，我率先接过他们抛出的话题，临时调整原先的教学计划，重新规划学习内容和方向，意在解决学生真正关心的问题。我享受这种拥抱未知和变化的过程，这样的调整更能调动学生的积极性。在较为宽松的氛围里，学生的学习热情和创造力可以尽情释放。

二、让“开放性问题”真正开放起来

审视第一轮学习成果，学生的奇思妙想带给我很多惊喜，但其实作品本身问题不少——内容不够充实，表达不够贴切，对话衔接不够灵活。这是我在设计时没有预想到的，但是我在实践中及时采取了解决措施。

首先，我没有否定学生的想法，我认为缺憾是再好不过的学习契机。其次，我引导两组学生相互评价，指出可取和有待改进之处。大多数学生其实能够意识到自己的不足，或者在同伴的提醒下发现问题。

此外，虽然我还想补充一些建议，但我没有直接点破，而是在课后搜集了一档英语访谈类节目影像，节目主题是“Conquer the Toughest Job Season(挥别最难毕业季)”，出自上海外语频道(ICS)《说东道西》(*Culture Matters*)栏目。我事先观看视频，并设计了一系列的内容问题，为课堂讨论做准备。

(1) 开场时长多少？开场白包含哪些部分？

(2) 受邀嘉宾的身份与话题的匹配度如何？如果你有机会挑选嘉宾，你会邀请谁上节目？

(3) 访谈中，主持人提问的类型和作用是什么？

(4) 嘉宾的主要论点和支撑性论据是什么？

（5）嘉宾之间存在怎样的互动形式？

（6）通过这期节目，主持人和嘉宾向观众传递的理念是怎样的？

在之后的一次课上，我组织学生观看范例视频，要求学生寻找节目中值得自己借鉴的方面。我鼓励学生表达自己的感受，每人至少说一点。

学生A注意到主持人用了重复的方式来表达自己的感叹或疑问，并引出自己的思考；学生B发现嘉宾常常结合亲身经历谈自己的看法；学生C指出，主持人在访谈嘉宾时非常注意不喧宾夺主；学生D记得嘉宾用了很多口语化的表达，简单易懂；导引短片让学生E印象深刻，他也计划在节目制作中加入动画短片；学生F观察到了直播间的布景和灯光，主动向我申请借用学校的活动室去录制视频，以提升节目观感。学生的回答涉及主持人的控场能力、嘉宾的语言表达、后期编辑等多个方面。

自由讨论后，我将事先列好的提示问题作为自查清单发给学生，让学生勾出已解决的问题，再思考剩下的问题，之后全班交流想法，再由学生总结出好节目的要素。

初步归纳后，我让学生在原本提供的评价标准上提出修改意见，进一步明确节目评价标准，以提高最终作品的质量。对照最新标准，我启发学生做比较分析，寻找原先作品中新的提升点，从而完善作业；学生在修正的过程中能力也能得到提高。

在实施过程中，我不直接指出作品的问题，以免打击学生的积极性，而是灵活运用资源，让学生在探究、对比、分析中找出问题，发掘提升空间。很多时候教师可以尝试通过材料引出自己的观点，按此路径提出的建议，学生往往更乐意接受。

另外，我设计的内容问题都指向单元问题——一档好节目的要素是什么？如何策划一档英语谈话类节目？实践效果让我感到欣喜。今后，我要努力设计好框架问题，使其成为贯穿项目始终的支柱，给学生撑出更多的思考空间。

三、呵护创新热情，保证学生角色的主体性

在启动最终任务时，学生首先面临的挑战又是选题。我只给出一个大主题，即生活中的新兴事物。学生需要自选话题，并用一周时间完成研究背景调查报告。

每位学生至少要找到五份英语文字或影像资料，按照模板填写相应信息，包括文章或视频内容概要、材料出处等，这样可以有效地保证学生查证过信息，能够有凭有据地说服同伴，以便于确定小组选题。

我把学生最终要交给我的学习成果和过程记录称为“基础任务包”，里面包括节目提案文书、采访提纲、视频等。规定了最终成果上交日期后，我要求每组学生进行商讨，完成小组计划图，图上要清楚标明“基础任务包”内每个板块的完成时间、主负责人、参与人员及其负责的主要事项。同时，我鼓励学生将创新点纳入计划，升级项目，赢得加分。

在定稿阶段，我注意到一种常见的情况——学生写完初稿就等着教师来修改。似乎他们一贯的想法是：等老师改好稿子，自己背一背，就能去表演了。其实，和学生反复协商比起替学生拿主意更费力，但我坚持不包办代劳，保证学生在学习中的主体性。

有一次，学生提出自己无法进一步充实内容，因为找到的资源有限，某篇资料与主题趋同，但能用的实质内容很少。针对她的困惑，我先同她把文本重读了一遍，再举例说

明，点拨她如何借鉴化地用文中的观点和表达，而非生搬硬套。她豁然开朗，转换思路，再次投入修改工作。

在推进项目成果创建的过程中，我非常注意不直接告诉学生可行的表达方式，不刻板规定每一个时间节点，不代替他们做决断，而是在尊重学生想法的同时，按照项目式学习的特征给予启示和辅导，让所教和所学变得可信、可靠、可体验。因为现实中很多事并不存在标准答案，也不只有一种实现方法。

在项目化学习中，学生和教师都需要一个适应的过程。对于学生来说，项目化学习无疑是一次挑战，需要改变原本的学习观念，重寻学习路径，需要投入时间、精力、情感、资源，等等。于教师而言，要将指挥棒变为魔法棒，用趣味性和挑战性激发学生的学习动力，用任务驱动学生去思考、判断、选择，引导学生自主解决问题。课堂实践中师生的磨合，就是学生角色和教师角色慢慢发生转变的过程。实施项目化学习促进了我育人观念的更新，我愿意从观念和行动上不断尝试，感受动态变化的师生关系。希望通过身体力行，让项目化学习成为学生提升自我的有效途径。

（2021 年入编《上海市项目化学习教学指导手册·设计篇》）

20. 识"微"见远　"信"而有征

——高中阶段家长微信群使用策略初探

王敏皓

（中学语文高级教师，校学科带头人）

古语有云："欲思其利，必虑其害；欲思其成，必虑其败。"微信是一个新生事物，它作为一个公众交流的平台，利弊共存。高中学段建立家长微信群更多的是出于沟通与告知、学习与共享的目的。特别是在复杂的新高考的形势下，家长也需要与孩子一起学习，微信群就成了一个快捷的平台，但仍然避免不了群内冲突的发生。如何净化家长群，保护好学生、家长和教师自己，是当前高中班主任们亟须解决的问题。建章立制与营造和谐氛围，是摆在班主任面前的一道新课题。

一、化解"群"危机

上学期期末考试前，班中两位女生（以下简称甲、乙）因为转发、评论网上发布的言论等事情发生矛盾，在网络上有了一些言语上的冲突，后续在班级中蔓延，产生了一定的负面影响。于是，我在周五放学前把两位学生单独叫过来，了解了基本情况，并进行了初步的处理和调解。两位学生都能认识到自己的错误并答应先集中精力备考，等考完试再来寻求一个妥善的解决方法。

当时我觉得两位学生的情绪稳定，态度良好，没想到后来剧情反转。

周日下午，甲学生的妈妈突然在班级家长群里发难："×××妈妈，请你务必管好自家女儿，别再伤害我女儿了，当下先让小孩专心把书读好。"

乙学生的妈妈很茫然，追问发生了什么事情，甲妈妈说："你可以关注下你家女儿的QQ，期终考试结束，望你抽些时间，家长、老师、校长、自家孩子一起把事情妥善解决。"

乙妈妈回复："我问了情况，是你家女儿在骂老师，有同学听到，我女儿打抱不平，所以说了。"

甲妈妈："真相不是你家女儿的一面之词。"

乙妈妈："不是我女儿的一面之词，你听的也是一面之词吧！"

……

乙妈妈："我不清楚发生了什么，你一上来就这么说，我莫名其妙，如果是孩子之间的问题，我建议让孩子们自己解决。但是骂老师这种行为肯定不对，孩子们的小矛盾是小事，但是一个人最基本的礼仪教养和对别人的尊重以及家庭的教育，可是关乎一辈子的大事。"

甲妈妈(情绪激动)："骂老师？你亲耳听到了吗？你有本事说出来是谁亲耳听到的……现在群里有哪位家长站出来说自家孩子听到了？班主任听到了吗？"

……

由于是周日，我并没有及时看到这段家长间的唇枪舌剑，一直到有位家长私信我"家长群吵起来了"我才知道。前前后后看了一下两位家长的对话，都是没了解清楚情况之下的"气话"，对事件的描述都是基于自家孩子的立场，中间还不乏有些家长在里面"添油加醋"，随意评论，简直是一片混乱。

不得已，我马上在群里发了一条信息："请家长们保持理智，孩子间的矛盾不要上升为家长间的矛盾，有什么事情都要了解清楚了再评论。这个群是为了方便家校联系的，希望不要成为相互指责的平台。"之后，我还把双方家长单独拉到一个群里，并给甲妈妈打了电话，了解到原来是孩子因为家庭琐事不开心，就借着网上的事情发脾气，甚至有些过激的言行，这让家长担心起来，于是就不分青红皂白地在群里找对方家长理论，所以就有了微信群里的发难。

家长微信群里的一场纷争最终还是在线下得到了妥善解决，但是也让我感到无奈和气愤——原本是一个为了方便交流的平台却成了火药味十足的"战场"，家长个人情绪的不正当发泄影响了微信群单纯的氛围。

这也让我想起了发生在我儿子班级家长微信群里的一件事。由于上海有段时间空气质量不是很好，儿子班级的家长突发奇想，要集资在教室里安装空气净化器。一石激起千层浪，群里家长们展开了热烈的讨论——关于设备的型号、大小、费用甚至安装等问题，然而班主任却始终没有发声。我虽然是学生家长，但也是老师，我认为在班级中自费

购买空气净化设备可行性不高，同时，教室是开放的环境，空气净化的效果是微乎其微的。在家长们讨论了一天后，当晚我就在群里提出了反对的意见，当即就有几位家长附和了，事情似乎就此搁置了，一晚上，微信消息的提示音也没有再响起。第二天，有个跟我关系较好的学生家长在之前我们因为活动而拉的小群里跟我讲，不应该在大群里反对他们，应该事先跟几位家长商量一下。我当时也无法回复他们，只能沉默。几天后，我就被踢出了这个小群。

这两件事都让我备感无奈，无论是老师还是家长的身份，在家长微信群中都有许多难以言说的烦恼。

二、识“微”见远，顺势而建

对于是否建立家长微信群，我身边的班主任们也是各有想法。还记得以前的一些老班主任们，没有那么先进的技术，但依然能够将家校沟通做得很好——通过电话或面对面的交流，甚至一本小小的备忘录，也能拉近班主任和家长之间的距离。如今，我们所面对的家长已经是70后的父母了，他们许多都接受过正规系统的教育，他们中高学历、高收入者比较多，对新生事物易于认同和接受；同时，繁忙的工作和职场压力使家长们更愿意用更快捷、更方便、更高效的方式进行家校沟通。随着移动互联网应用的迅猛发展、智能手机的普及，使得人们的媒介接触行为也随之发生相应改变。微信作为移动互联网时代的产物，受众面广，使用方便。双向甚至多向交流的模式大大提升了班主任工作的效率和有效性。

受多元价值观、文化氛围以及自己学习成长经历的影响，70后父母对孩子的教育和成才更为重视。他们对教育的理解在“懂”和“不懂”之间“徘徊”，他们的教育观念在理想与现实间受到撕扯。而随着孩子步入高中阶段，与父母的距离在逐渐变远，亲子关系不再如之前和谐。70后父母发现，教育子女远不如工作得心应手，这些让他们感到更焦虑、更困惑，想放手却不敢放手，想插手却无从做起。同时，70后家长具备相对丰富的教育背景和基本的学习意识，遇到问题通常会在网上查询或参阅相关资料，甚至设法请教专业人士。这让他们对教师的信任度远远不如以前的家长，教师的话再也不是唯一的信息了，家校沟通面临着一种前所未有的挑战。班主任需要以平等的身份与家长共同探讨孩子的教育和成长，之前的飞信、MSN等单向的交流模式已经无法满足新的家校沟通需求，而教师利用家长微信群反馈学生日常生活，告知共性问题、重要通知，发布权威信息，等等，都满足了家长对孩子关注的需求，满足了家长对高中日益变化学习模式的认知，厘清了不同阶段家长需要配合完成的工作。

家长微信群的建立可以成为班主任工作的良好助力。每次带学生外出活动，我都会在家长群里实时上传一些学生的照片，家长们都感慨：“感谢老师的现场直播，我家孩子出去至今，连电话都没打回来过，只有在群里才能知道他吃得好、睡得好。”真是可怜天下父母心！新高考政策对于家长来说也是全新的课题，接踵而来的新名词，如加三选科、志愿者活动、探究活动、研究型课题、综合评价等，让家长们应接不暇，学校也不可能频繁开家长会来解释和普及这些知识，这时家长微信群就可以成为发布信息和提醒重要事项的重要媒介——班主任可以将一些权威的信息推送给家长，供家长参考，也可以帮助家长掌握重要的时间节点来完成相关工作，大大节约了时间，提高了工作效率。

三、建章立制，“信”而有征

然而，家长微信群的弊端也是显而易见的。群内家长可以互加好友，如果所有家长都能认同教师的工作，那当然没有问题，但是只要有个别家长站在教育的对立面，他就可以在群里寻找其他家长的力量，所以，跳开教师的小群就产生了，有的班级甚至有不止一个小群。这样就很容易以讹传讹，产生猜忌、怀疑。这些归根结底是对班主任的不信任，会影响班级工作的开展，这让班主任烦恼不已。

此外，一些家长的不文明行为或对自己言行的不加约束，也成为家长微信群建设与发展的阻碍。比如刷屏情况，班主任但凡提出要求、发布通知，有的家长会马上回复“谢谢老师”“老师辛苦了”，有的会简单地回复“已收到”，一个班级那么多学生，如果有的家长没有及时看到，那么教师的一些重要通知就会淹没在一片回复与奉承声中。再比如，逢年过节的祝福语，有的家长看到有人发了，唯恐自己落后，你发我发，这些也使家长微信群的交流功能减弱了。一些家长随时随地在群里发声，也极大地占用了班主任下班后的业余时间，将班主任工作的时间无限延长，班主任们也是不胜其扰。除此以外，有的家长还会在群里发布广告，或者帮自己的孩子拉票，甚至还有代购推销、组团补课的，这些行为使单纯的微信群不单纯。

家长微信群的使用利弊互现。所以，我认为在建群之时，与家长约法三章很重要，只有明确要求，建立互相约束的机制，才能净化家长微信群，使家长微信群真正成为家校交流的有效载体。

班主任在接班之初，与家长的基本信任还没有建立，此时并不适合马上建立微信群。通过一段时间的相互了解，具备基本信任之后，才是建立家长微信群的较好时机。班主任要做家长微信群的群主，将入群审核的主动权掌握在自己手中。可以利用第一次家长会的时机，班主任主动与家长建好群。要求一位学生只有一位主要参与教育的家长入群，谢绝隔代祖辈（爷爷奶奶或外公外婆）入群；禁止刷屏，教师发布的通知、要求等信息不需要回复；微信群要分享正面积极的信息，传播正能量，家长不在群里争吵，也不发布涉及人身攻击和影响班级团结的内容；不发布无关班级建设的信息，包括代购、拉票、广告等。只有在建群之初就约法三章，才能起到净化群内环境、约束家长言行的作用。

当然，在要求家长的同时，班主任也要严格要求自己。不在群里发布学生成绩、排名等信息；不在群里点名批评学生或者家长；不在群里发布有辱学生或影响学生形象的照片和其他资料（例如作业、试卷）；不在群里发布与学生和班级无关的信息；班主任要确保信息的准确性、权威性，不发错误、有误导性的信息。班主任是家长微信群的建设者，也是维护者，更是群内环境的净化者，将家长微信群建设成家校互动、平等交流的平台，提升家班共育的效能，在群内发扬优秀的家风、班风，最终助力学生成长！

当然，我们也看到一些针对教育的信息交流工具不断出现，一些学校建立了自己的企业公众号——里面有根据班级分类的“通知公告”；教师可以群发也可以单发信息给学

生，但家长之间不能互相联系。相信越来越多的工具和平台会应运而生，只要我们善加利用，它们一定能成为班主任工作的好助手！

（2021年"黄浦杯"长三角城市群"关键教育事件"二等奖）

21. 后疫情背景下完全中学班级云生态建设初探

李伊杰　倪思逸　乐声浩

（中学物理一级教师；中学语文二级教师；中学地理二级教师）

一、当前背景与问题提出

2022年春，上海新冠疫情形势严峻，自3月12日起，全市中小学全部调整为线上教学。虽然已有两年前的线上教学经验，但是学生一直在发展、状况一直在变化，班主任作为班级的第一管理者，如何更好地在线上开展德育工作，营造更加积极健康的班级生态2.0版，始终是一个重要的问题。

此文旨在回顾近两个月以来，"诚谨班主任工作坊"的各位班主任在线上教学过程中的思考与尝试，为以后可能进行的云教学与学校的混合式学习的相关研究提供一定的参考和借鉴意义。

二、线上教学面临的困难

（一）学习氛围的缺失

学生作为疫情期间居家的"孤独的学习者"，无论是在学业还是心理等方面，都需要教师的引领和家长的支持。在学校里的线下学习，有早读、午休、晚辅导等环节，有上下课的铃声等细节，学习节奏有条不紊，教师可以对出现明显异常的学生进行及时的提示和督促。而线上的学习过程，不断出现晨会缺席、互动无应答、上课期间学生打瞌睡和走神等情况；周围没有教师和同学，缺乏学习氛围——这对缺乏自律意识的学生影响极大。

（二）班集体的缺失

学校和班级作为学生共同接受教育的公共场所，与课外机构最显著的不同之处莫过于在提供优质教育资源的同时，兼顾学生的全面发展。在这个过程中，班集体的重要性不言而喻。通过班主任的班级管理与组建、各式各样的班级活动和小组活动，可以极大程度地调动学生的积极性，契合当今时代"'五育'融合"的教育需求，促成学生的全面发展。而在线上教学过程中，活动的开展难度大大增加，教学效果大打折扣。教育者如果不改变教育的方式以符合线上教学的特征，那么学生的学习体验会大幅降低，不利于其身心的全面发展。

（三）教师监管的缺失

疫情宅家期间，部分自控能力较弱的学生可能在学习上有所松懈，从而产生浮躁的心理。同时，学生在家的时间增多，和父母的接触增多，这也使得学生和父母之间的冲突增多，学生的负面情绪难以得到缓解，没有学校学习的氛围，学生自身的调节能力不足以帮助自己建立良好的心态。可以说，失去了教师这一“润滑剂”，学业压力无法调节、家庭矛盾无法避免、良好的学习习惯无法养成，学生的各方面都会出现一定的问题。

三、班级生态的在线营造

（一）意义与价值

1.“班级生态”的意义

班级生态是一个班级的灵魂，营造良好的班级生态能使学生产生积极的心理效应，增强学习的自信心，提高学习成效，也能激发教师的教学积极性。此外，课程安排与学生需求、教学目标与学生已有水准之间的适应性，都会影响学生学习的成就动机与成就需要。所以，营造班级成员之间愉快振奋的气氛、安排合适的课程、提出适度的教学目标等，对保持教育教学的良性生态平衡十分重要。

2. 在线班级生态的构建

新冠肺炎疫情防控期间，学生“停课不停学”，开启了线上教学。这一教学模式拓展了班级物理空间的时空性，从常规的班级教室拓展到了“空中班级”“云上课堂”，因此班级生态的建设也应从线下转移到线上。良好、健康的线上班级生态是建立班级的核心力量，也是提高对学生线上学习监管力度的重要手段。

初高中学生正是思想雏形开始形成的阶段，学生极易受到外界环境的影响。尤其是网络时代，信息爆炸，学生很容易迷失在信息的海洋，只有建立良好的班级生态，在这关键时期塑造学生的价值观，进行正确价值观念的引导，才能让班级氛围和谐，让身处在这个集体中的学生用正能量的眼光看待周边事物，用正能量的思维来对待学习。

（二）云联系的作用

1. 实现和学生的情感交流

在线德育工作不是简单地让学生参与课堂，而是要让学生融入课堂，作为教师要关注到学生的心理变化，对学生的负面情绪进行有效疏导，帮助学生积极面对这一情绪危机。

2. 丰富了家校沟通的内容

家校沟通的顺畅是家校教育与学生健康成长的重要保障。教师通过文字、图片、语音、作业反馈、短视频等形式提高了和家长沟通的频率，满足了家长了解和掌握孩子日常表现、学习情况等基本信息的需求，提高了家校沟通的效率。线上教学将学校的管理课堂及育人过程完整地展现在家长面前，为家长全面了解学校教育提供了契机，家校沟通的内容也更为丰富翔实，家校共育得到强化。

3. 对学生终身发展的好处

大规模在线教学为学生居家自主学习能力的培养提供了一次实践的契机。在线学习过程中，良好的学习习惯、通过各类学习工具和认知工具形成的沟通与合作能力、对互联网技术的应用能力等都会为学生适应未来社会打下基础。

（三）营造班级生态的机制与方法

1. 激发学生主体意识，自主生成线上班级制度文化

班级制度文化是指在正确的教育观念指导下，师生共同制定并完善有班级特色、能对师生的行为产生正面影响的制度体系。这一体系大体可以分为管理制度和评价制度两个部分：管理制度的教育目的在于培养学生的民主意识、责任意识、规则意识、秩序意识；评价制度的教育目的在于激发学生的主动性、自觉性、上进性。

班级制度是班级文化建设的基本保障，常规时期，各个班级都会有自己的班级制度来规范和约束学生的行为。但有了班级制度并不等同于有了班级制度文化。因为一些单向的惩罚措施、缺乏价值引导的制度都无法让学生树立正确的价值观，发挥它在班级管理上的价值。此外，线上教学也不能完全照搬线下的班级制度，而是要做出相应的改变。

同时，初高中生正处于成长发育的青春期，这一时期的学生通常有叛逆心理，对于外界强加的规则或约束他们会产生抵触情绪，甚至漠视规章制度。因此，比起教师将班级制度强加给学生，不如激发学生的主体意识，让学生自己参与到班级制度文化的建构中，这不仅仅是肯定学生决定的权利和自尊心，也是鼓励学生学会独立思考，在制定制度的过程中培养主人翁意识，直到制度的显性作用成为学生行为中约定俗成的隐性力量。

2. 建立民主平等的师生关系，拉近师生间的距离

线上教学期间，教师无法像传统教学那样运用生动的表情和抑扬顿挫的声调来与学生沟通交流，文字在表情达意上的功能被弱化，因此教师在和学生沟通时的文字语言风格显得格外重要。只有民主平等的师生关系，才能让学生产生倾诉和交流的欲望。

3. 整合社会资源，激发班级生态活力

在全民抗击疫情的特殊时期，涌现出了很多看似平凡实则非凡的人物。无论是冲锋在前的一线医护人员、警察，坚守岗位的后勤保障人员、社区工作者以及克服万难的志愿者，还是我们身边的人，他们的事例是开展班级精神文化建设最好的案例、最佳取材。晨会、午休、班会课等可以承载这一精神文化建设目标，引导学生从生活中汲取力量，在虚拟空间中营造出温暖、积极的班级精神文化氛围。通过设计这样的活动，学生不仅仅是形式上的“云上相聚”，而且是心与心的交流沟通，真正地实现了紧密的情感联系。

四、实施路径与问题解决

（一）构建网络活动平台

我校初二(4)班就开展了电台“情”歌的线上特色班级活动，借鉴电台广播节目，准备文字稿和音乐为学生们播放。这一筹备的过程不仅有教师的支持，学生也以小组形式积极踊跃地参与进来承担电台节目的制作。在全市抗击新冠疫情的特殊时期，学生以点歌

的形式传达了他们心中的祝愿。

（二）在线班级制度文化完善

我校初一年级就高度重视“云规范”的建立：指导学生制订作息表并张贴在电脑旁，检查学习环境布置，每日升国旗敬礼、奏唱国歌，晨会课要求开启摄像头行礼问好，检查服装仪表，等等。这些种种规范都让学生意识到线上上课是一件严肃认真的事情，能够促使学生以良好有序的状态进入云课堂学习。

（三）利用班委学生团队管理线上教学

班级是学校教育最基本的组织形式，是班主任进行事务管理的基本单元，更是进行在线教学的载体。线上教学期间，在“互联网＋”的语境下，教师与学生的空间距离被拉大，班主任建构线上班级管理模式开展线上班级管理，不仅突破了时间和空间的限制能及时了解学生的心声、与学生和家长进行交流沟通，还能及时了解班级活动的进展情况，并有针对性地进行调整。在线班级管理模式，与其说是现有班级管理模式的创新，不如说是为了满足学生自我成长和教师高效管理需求的探索。

班委是班主任与学生联系的纽带，是班主任管理班级的左膀右臂，他们能将学生们的想法与要求准确快速地上传给班主任，以便班主任及时回应。班委是班级的管理者，是教师教育活动的具体组织者、实施者，班级大多事情都是由他们完成的，他们是班级的核心和灵魂。班委的工作态度、自身素质、解决问题时的方式方法等，都影响着班级的精神面貌与学习风气。在开学之初，如果班主任能培养一支强有力的班委队伍，那么，他们不仅可以协助班主任完成班级工作，还能锻炼班集体的协调能力和解决问题的能力，充分调动班集体的工作积极性，使班级的班风学风焕然一新。

五、结语

在疫情“停课不停学”的大背景下，班主任的线上班级管理已逐渐成为常态。班主任是班级的组织者和管理者，也是学生线上学习的引导者。线上教学期间，班主任的管理艺术就体现在如何将利用各类途径和手段最大程度地实现班级虚拟共同体的“五育”融合，提升学生的各项素养。

“莫道浮云终蔽日，严冬过尽绽春蕾。”我们期待着很快能心无挂碍地取下口罩，再去尽情地欣赏春的艳丽，尽情地呼吸花的芳香。待到繁花似锦、枝繁叶茂时重回课堂，相信我们能更好地融合线上线下教学。让我们携起手来，相互配合，力争把这段特殊时光的工作做好。

参考文献

［1］宋灵青，许林，李雅瑄.精准在线教学＋居家学习模式：疫情时期学生学习质量提升的途径［J］.中国电化教育，2020(03)：114－122.

［2］陈银博.疫情防控下高中学生在线德育工作的实践探究［J］.赢未来，2021(25)：192－193.

［3］袁丽.在线班级文化建设的策略——“停课不停学”的班级管理创新［J］.中国教

师，2020(05)：23－25.

[4] 张贺新.在线教学模式下高校班主任的督导及管理作用[J].教育教学论坛，2021(48)：25－28.

（2022 年发表于《静安教育探索》）

22. 生涯体验促“五育”　“五育”并举助发展

——上海市民立中学生涯教育活动探索

姚伟国

我校的生涯教育秉承“六个一＋一”的模式：“六个一”指学生、教师、场景、社团、活动和课程。“一”指初高中一体化。其中，学生既是生涯教育的对象，也是生涯教育的资源。在文化流、信息流和概念流的交互作用下，形成一个适合学生生涯发展的生态系统，让学生在其中受到浸润和影响。从学生入学开始，生涯教育将陪伴他们走过在民立求学的整个过程，学生也将在潜移默化的输入和积极主动的实践中获得更好更全面的发展。

接下来，我们将从德、智、体、美、劳“五育”与生涯教育相融合的角度，与各位同人分享我们的一些想法和探索。

一、德

道德准则，只有当它们被学生自己追求、获得和亲身体验的时候，只有当它们变成学生独立的个人信念的时候，才能真正成为学生的精神财富。

——苏霍姆林斯基

民立中学不断创新德育形式，丰富德育内容，我们通过主题升旗仪式策划导录制、教室布展、礼仪教育、爱心义卖等丰富的生涯实践活动，不断提高德育工作的吸引力和感染力，以增强德育工作的针对性和实效性。

我校进行了市级课题“德育视域下微视频制作提升中学生媒介素养的思考与实践”的研究，获得了一些经验和成果——通过培育媒体生态、发挥同伴间的影响、整合并共享资源等实施策略，融合学科、结合社团、搭配活动等施行途径，实现了通过微视频制作提升中学生的媒介素养。

疫情期间，我们结合心理活动月校园云端心情故事的活动，在学生中发起了“‘疫’境中的生命成长——我的‘云端’心情故事”主题微视频创作活动，围绕在战“疫”期间，面对疫情的冲击，发生在自身或周边人的生命"云端"心理防疫抗疫故事，聚焦于对生命成长的感悟、体会、成果。活动获得了学生们的积极响应，获奖学生作品《光》的视频制作团队表示，从构思到写视频脚本和文案，再到素材的拍摄和检索，接着对视频进行剪辑、配音、加字幕……5分钟的视频背后是前前后后两周课余时间的加班加点。真正的快乐是看到成片的成就感，以及这个视频本身可以像它的名字一样，成为一道光，给大家带来一些信心和力量。

二、智

学以致用、用以促学、学用相长。

学生要做出理性的职业选择，必须要认识真实的社会，体验真实的情景。然而真实的情景一定是复杂的，提出的现实问题一定是单一学科支撑不起来的。由此，我们学校做了诸多跨学科的探索。

丰富多彩的学科活动一直是民立学子津津乐道的学业生涯中的亮色，学校每年四大节日中的科技节和人文节就是跨学科生涯体验活动的集大成者。在每年历时一个余月的人文节中，学生通过布置教室与楼道环境、录制微视频、创作情景剧等活动，经历室内设计、影视传媒、表演创作等诸多职业体验，这些体验活动的背后则是地理、历史、政治、美术、英语等多学科的综合实践运用。下半年科技节的各种科技比赛和活动，则对物理、化学、生物、地理、信息等学科的综合运用提出了挑战。问题驱动教学法（Problem-Based Learning，PBL）的项目化学习，基于实际项目，也是一场综合能力的学习考验。生涯教育和学科教学相互成就，也相互促进。

2015年起，在民立中学科技节的活动日中，"志趣园游会"专场活动热闹开园。园游会根据霍兰德职业兴趣测试进行设计，分为艺术型、社会型、企业型、研究型、现实型、常规型六个游戏活动区，每个区域分别设置了若干与此类型特征相契合的活动。辨音、寻人、决策、推理、肢体协调、找不同……在一个个特征鲜明的活动中，学生们根据自己的参与兴趣和完成情况，发现自己的职业兴趣和性格特征，并通过相关区域的海报，了解与各类型的性格特征相匹配的典型职业，作为将来选择职业的参考。

在这场大型活动的策划和组织过程中，社团的成员们研究不同职业兴趣类型的特征，开发和设计与之相关的游戏活动，制作海报介绍各类型的特征和相匹配的典型职业……不知不觉中，当前来参观的学校领导询问这是个什么活动时，他们已经可以把霍兰德职业兴趣理论深入浅出地加以讲解了。准备活动的背后，除了运用心理学的理论原理，体育、美术、音乐、语文、数学、自然等学科的知识和素养也被学生们发现并加以利用。

三、体

我深深感受到体育对我从事其他领域工作的重要意义，它对我的一生产生了极大的影响。

——钟南山

民立中学一直非常注重学生的体育教育，游泳一直是我们的特色项目，学生运动员在比赛中获得佳绩，对他们而言，这个过程也是一种体育精神——有梦想，为了梦想而坚

韧不拔、自强奋进的拼搏精神——的传递。

除了体育特长生，普通学生将来走上职业运动员道路的概率非常低，但是，与体育相关的生涯体验却是非常广阔的。校园或社会的各类运动会是体验健身保健、竞技、管理和休闲娱乐类体育职业的有效方式，运动会有其独特的丰富性和全面性，为学生营造了一个真实而具体的体育从业者所处的工作环境。参与体验的学生可以在其中选择医护保健人员、运动员、活动组织者、裁判、宣传员以及报道记者等各类角色。在学校运动会和由学校承办的“民立杯”游泳比赛中，学生们在参赛和观赛之余，就可以获得丰富的职业体验。比如：作为项目中的裁判，可以了解应该学习哪些专业知识、学到什么程度，是不是具备专业性和观察力就能保证比赛的公平公正等问题；担任赛事中的医护保健人员，尝试着向运动员解释运动过程中需要注意的不良姿势或习惯，在观察中对熟练掌握技术到何种程度才能最快速而有效地帮助运动员或者现场观众处理受伤事故有所认识；作为宣传报道人员，可以了解到如何提前搜集报道材料，确定报道主题需要参与哪些任务，赛中报道时以怎样的精神状态去为观众报道和介绍正在进行的赛事，赛后又要如何保证对运动员和项目进行客观评价，等等；还有赛事解说员、引导员、颁奖典礼的礼仪人员等也是运动赛事中非常鲜活的职业角色，学生们也能通过体验这些职业，获得丰富的知识。

一年一度的“篮球嘉年华”更是为学生搭建了自主参与社会活动的平台，充分调动每位学生的热情，营造社会化、商业化活动的氛围。学生需要从组织管理者的角度出发，思考作为举办方需要把握哪些方面的信息以及如何有效保持对实时信息的更新，了解赛事流程和项目的详细制订要点和过程，怎样安排观众，如何保障后勤工作，等等。策划投标、内容编排、个性展示、创意设计、爱心义卖、实践研究等活动，促使学生与真实的社会接触，获得更加真实的生涯体验。

生涯教育对学生的发展具有升华的促进作用，体育教育具有本质的基础作用；学生需要在更为直接具体的体验中学习生涯规划能力，也要在内涵更为丰富的信息中重视体育对自己的深远影响。体育与生涯教育的融合是相辅相成、相互成就的双赢合作。

四、美

艺术给我们插上翅膀，把我们带到很远很远的地方。

——契诃夫

美育是审美教育，是认识美、感受美的过程，也是表达美、创造美的过程。认识和感受美是学习和内化的过程，表达和创造美是输出和外化的过程。有输入才能有输出，而在输出的过程中，学生通过同伴间的学习和自我的审美再一次输入，形成双循环。在这样的循环中，学生无形中提升了对生活品质的思考，热爱生活，追求更有内涵的生活体验。

我校充分发挥了“让每一面墙壁都会说话，让每一条走廊都能育人”的独特功能。美术、科技、体育、民族、历史……学校的各个公共区域都有不同的主题，学校的校园文化建设始终坚持一个基调，那就是要让学生来美化、设计、建设学校的文化环境。学校走廊上的装饰画是学生的作品，学校楼道的墙面是学校的美术教师带着学生装饰出来的，学校里面的窨井盖也是人文节以班级为单位创作绘制的。我校的艺术教师们一直致力于将艺术学习与生活联系在一起。2019 年艺术组教研组长张莺老师领衔完成了静安区教育科学研究一般(规划)课题“基于校园文化的中学生文创产品的开发和实践研究”。通过校园文创的实践，让学生懂得生活和艺术的关系，培养学生的创意思维，提升学生的核心素养，培养他们关注身边的事物，热爱生活，成为一个有生活品位的人。学生们基于项目式学习进行校园文化挖掘，记美景、致恩师、绘校园，由表及里地感受校园文化氛围，进行文创设计。

五、劳

实现我们的奋斗目标，开创我们的美好未来，必须紧紧依靠人民、始终为了人民，必须依靠辛勤劳动、诚实劳动、创造性劳动。

——习近平

劳动是推动人类和社会不断发展的重要方式和基本力量。利用劳动的方式开展生涯教育，将两者进行融合，可以让学生在实践的过程中，充分认识到劳动的价值，让学生感受劳动的幸福感，增强学生的生活体验。

荣获第五届“中国历史文化名街”称号的陕西北路，云集了众多历史文化建筑和传奇故事的陕西南路，老宅旧里与现代化楼宇交相辉映的威海路……自 2004 年迁址以来，分别坐落于威海路 681 号及 870 号的上海市民立中学总、分部就毗邻着这些堪称老上海城市缩影的老马路，我们有着天然的地理优势去一探这些历史文化宝库的究竟。

自 2013 年起，一批又一批的民立学子在实地考察的课题中走进陕西北路，探访了多处历史文化建筑以及老字号一条街上的名品优店，大家以各自的视角，给这些老房子增添了不少的亮色和活力。

与美育有所不同的是，劳育强调的是在文创的过程中，学生们通过主题生成、创意设计、工艺体验、模型制作和反思改进等阶段，亲历文创作品从选材到成型的完整过程；接着投产，跟商家沟通、改进、制作，直到产品快递到手上；最后在各个渠道进行售卖。丰富的实践活动对发展学生劳动智慧、提高劳动技能、形成劳动价值观具有积极的推动作用。

当然，“五育”本身就不是割裂的，很多生涯活动之中，本身就囊括了丰富多维的育人内涵。生涯教育是一个内涵极为丰富的课题，我校的生涯教育也越来越多地吸纳了各方力量的参与，很多生涯活动背后都有着跨学科的指导教师团队，随着“全员导师制”的普及和深入开展，相信越来越多的教师会进一步增强生涯教育的意识，提升生涯教育的能力。我们也相信，随着越来越多富有智慧和创造力的教师加入生涯教育的队伍，生涯体验活动与德智体美劳“五育”相融合的途径一定会不断被拓宽和丰富起来，让学生们拥有更广的生涯探索的空间，更多自我发现、个性发展和自我实现的可能。

(2022 年发表于《成才与就业》)

第六板块

党建护航，赓续“为民而立”初心

上海市民立中学始终坚持将党建与教育教学改革有机融合，实施党建结合教学管理、学科德育、师资培育、教研教改、特色发展等创新实践项目质量提升工程，探索研究党建工作与教育教学业务能力融合的途径、方法、载体和机制，护航民立中学博雅教育的蓬勃发展和“为民而立”的教育初心。

民立中学用党建理念引领提升教师教育教学综合能力，依托课程建设、思政课堂教学、德育活动、科技创新、劳动实践等，全面提升教育教学质量。组织开展丰富多彩的党组织生活，健全教师培养机制，引导党员教师主动“亮身份、守承诺、明责任，创实绩”，充分发挥每一名博雅党员教师的聪明才智和先锋模范作用，为学校教育事业发展、教育质量提升、管理规范高效等贡献更多的力量，激励教师在成就事业中实现自己人生的价值，成为推动学校改革发展的骨干中坚力量，牢牢把握立德树人根本任务，真正成为一名博雅“四有”好教师。

1. 以人为本　民主管理

卢晓菁

校务公开是实现学校民主政治建设、推进依法治校的重要途径，是维护广大教职工根本利益的具体体现，是真正做到“办人民满意教育”的重大措施。深化校务公开，坚持以人为本，更有利于密切学校的党群、干群关系，有利于推进党风廉政建设，有利于学校的教育改革、发展和稳定。

作为一所刚跨过100多年历史的老校，上海市民立中学具有深厚的文化底蕴和良好的民主管理基础与氛围。学校在传承中发展，进一步完善校务公开工作，为深入践行博雅教育、提升现代化管理品质奠定良好的组织基础。

一、提高认识是基础

在现有“上海市中小学校校长负责制”体制中，在校务公开工作中，学校党组织的定位要准确，更要明确，要旗帜鲜明地体现“政治核心”和“保障监督”作用。

学校党组织要保障学校的安定团结与政治稳定，带领全校教职工深化教育改革，积极推进实施素质教育；学校党组织要加强对学校工作的政治领导，参与学校重大问题决策，支持校长依法独立负责地开展工作，保证监督学校的教育、教学和行政管理等各项任务的完成；学校党组织要领导和支持工会、共青团等群团组织和教职工代表大会（简称“教代会”）开展工作，保障教职工代表依法行使民主管理权利和履行义务，实行校务公开，发挥教代会民主管理和监督作用。

同时，我们充分认识到校务公开是充分调动教职工主人翁意识和发挥当家作主积极性、对教职工民主管理和民主监督权利的重要保障；也是提高管理者工作管理水平、办事效率、增强学校各项工作透明度的有力依托；更是提高行政班子成员、工会委员会在师生中的公信力的充分显现。

二、健全制度是保障

学校党组织要坚持把制度建设作为校务公开的基础且重要的工作来抓。学校以《民立中学校务公开工作实施方案》为依据，从三个重点制度建设来保障校务公开工作的实施。

一是坚持教代会制度。学校管理中的重要问题、决策、决议和制度都要提交教代会讨论、审议并通过，这有利于集中群众智慧，为学校做出科学的决策提供重要的支持。每次教代会上，校长均会做学校工作报告，工会主席做工会工作报告，教代会代表审议通过学校的各项决策、决议和制度。

学校在教代会闭会期间，特别执行“双月座谈会”制度，即在双数月份的第一个星期

(有重要工作可提前)召开会议,这是具有学校鲜明特色的民主管理制度。该制度通过不断实践完善,如今已经实行十多个年头了。学校党组织、工会搭建沟通平台,学校会定期和不定期地与各民主党派负责人、教代会主席团成员、工会委员等沟通,让他们了解学校每一阶段的工作内容和要求,商议学校的重要工作,广泛听取各方的意见和建议。通过"双月座谈会"制度,向群众宣传和发动学校教育教学改革举措,有利于学校发展工作思路达成共识。近年,通过"双月座谈会"的双向反馈,在教代会上审议通过了《民立中学节能减排方案》《民立中学教职工考评方案》《民立中学绩效考核实施办法》《民立中学岗位设置实施办法》《民立中学绩效工资方案》等有关学校发展和教职工切身利益的重要工作文件。实践证明,民立中学"双月座谈会"这一独特的民主管理和民主监督形式,密切了党群关系,提高了领导班子决策的民主性、科学性,调动了全校教职工的积极性,增强了责任感,促进了学校的稳定与发展。

二是坚持即时报告制度。按照"谁负责,谁通报"的原则,要求分管工作领导通过教代会、公告栏、校园网等平台,特别是利用网络完善民主监督机制。学校领导加强与教职工的互动,通过网络交流了解民情、汇聚民智、解决民生,把网络监督作为促进工作的重要抓手。建立健全网络监督信息收集、处理和快速反馈机制。及时将工作进展和工作安排进行公开。

学校党组织也大力推进并保障学校发展中的改革举措。通过党建信息化和支部网站建设,开设党员专题学习区、全校教职工论坛区,便于教师分享、听取意见,交流学习心得。充分发挥了基层党组织在推动发展、服务群众、凝聚人心、促进和谐中的作用。

三是探索有利于促进校务公开工作的考评制度。把校务公开制度与目标责任制、绩效工资制等制度结合起来。学校除年终进行全体教职工考评外,学年中还进行中层干部等考核制度。中层干部包括教研组长、年级组长等组室负责人进行述职、考评工作,请全校教职工评议并公布考评结果。促进干部负责人等加强自身学习修养,不断提高工作能力。

除此之外,学校党组织还进一步完善党务工作制度和党风廉政建设制度:确立书记是党风廉政建设第一负责人的观念,落实学校党政领导干部签订党风廉政建设责任制承诺书,扎实推进领导干部党风廉政制度的执行,充分发挥党组织的政治核心和保障监督作用。

三、强化监督是关键

强化民主监督,加强制约机制是校务公开工作取得良好成效的保证。学校大力完善工作领导体制和工作机制,由党政牵头,工会、纪检等有关组织积极配合,形成党政工齐抓共管的管理格局。为确保公开工作的真实性和有效性,学校坚持集体领导、民主决策,坚持"权力在阳光下运行、过程在阳光下运作、结果在阳光下公开"的工作机制。

我校对校务公开的内容、形式做了深入研究,从学校实际出发,关注焦点问题和重点问题,公开的内容抓住重点、热点问题,解决好难点问题。公开的程序规范,公开的内容真实有效,并接受广泛的监督。这些监督包括党内的监督、行政的监督、教代会的监督、

审计部门的监督、教职工的监督等，而且把各种形式的监督加以规范化、制度化，以保证公开的质量和效果。同时也加强师生、员工的监督作用，让教职工行使监督权利，将学校重大决策、重大改革事项、大宗物品采购、教职工关注热点、招生工作等问题公开，努力构筑源头上预防腐败的防线，从而有效地消除猜疑，为学校的发展凝聚力量提供重要的依托。

四、工作实效是核心

如何保证校务公开是真公开，出实效，这是师生、员工普遍关心的问题，也是校务公开的根本。为使校务公开真正达到预期的目的，除了一般性事务随时通过教师会议进行通报外，还需对关系重大的问题进行重点公开，如重大决策、考核评优、职称评定、绩效工资等情况。在具体操作上我们坚持做到：

1. 决策过程公开化

通过让广大教师参与决策，从而增加决策的透明度，使决策过程公开化。学校每一项重大决策的制订，首先由校务会议提出初步方案后，然后在全体教职工中听取各种意见和建议的基础上，再次进行多次完善修改、多次讨论修改，最后召开教代会讨论通过。通过教代会代表与广大教职工的接触交流，既能使教职工了解决策的过程，又能集思广益，使决策真正体现群众的意志，保证了决策的科学性，也为决策的顺利执行打下了坚实的群众基础。

2. 公开内容规范化

实行校务公开，是学校切实贯彻民主集中制，进一步健全监督制度的重要举措，同时也和学校的“三重一大”工作紧密结合，不断完善学校领导班子关于重大问题的研究决策程序，不断推进议事决策的科学化、民主化和规范化。学校根据市、区、校“三重一大”事项集体决策制度的实施办法，在校务公开执行过程中，做到公开内容明确、完善，教职工能清楚明白，并接受监督、意见和完善。

3. 公开时间及时化

每当做一项决策、解决一个重大问题等都及时地公开，让教职工早知道。

学校坚持校务公开，创建和谐博雅校园，在健全领导机制、工作机制和监督机制的同时，我校对校务公开的内容、形式做了深入研究。从学校实际出发，关注焦点问题和重点问题，坚持决策公开、标准公开、过程公开、结果公开的“四公开”原则的阳光操作，力争公开、公平、公正，使广大教职工知校情、议校事、督校务，增强他们的主人翁意识。这样最大限度地凝聚了民心，汇聚了民智，发挥了民力，学校的各项工作也能得以出色地完成，真正地实现办好人民满意的教育的目的！

上海市民立中学将始终紧扣教育改革与发展主题，不断健全校务公开工作，充分发挥党组织政治核心与保障监督作用，严格执行党风廉政建设责任制，深入推进学校博雅教育，办好让社会满意的教育。

（2014 年发表于《静安教育》）

2. 初心不改跟党走 政治生日永相伴

——上海市民立中学“五”光“十”色党龄纪念日

卢晓菁 张 彬

基层党组织是党的执政之基、力量之源。打造和创建高质量的党建品牌，彰显基层党组织的凝聚力、号召力、战斗力和组织力，是党组织的政治责任和党务工作者的重要职责。加强党建品牌建设，对于加强党的领导、提升基层党组织服务能力和组织形象、增强党的执政能力具有重要意义。

2011年，在庆祝建党90周年主题教育中，学校党组织与退休党支部联合开展“光荣在党50年”纪念章颁发仪式。会上，全体党员深深地被党龄50年的老党员始终饱含的、坚定的理想信念所感动！

每位党员，自庄严入党之日起，他的人生就犹如焕发了第二次生命，拥有了第二个生日，那就是入党纪念日！党员的政治生命属于党，每一名党员记住入党日是对党的忠诚，纪念入党日是对党的信仰。

为此，民立中学党组织积极探索以仪式教育为突破口，创新党内管理、关怀与激励机制，为整龄党员过集体党龄生日，并使这样的仪式教育成为一种长效教育机制，助推党建工作制度化、规范化、品牌化。

一、目标与思路

党的十九大报告指出，要尊崇党章，严格执行新形势下党内政治生活若干准则，增强党内政治生活的政治性、时代性、原则性、战斗性。这为新时代严肃党内政治生活提供了根本遵循，为推进全面从严治党向基层延伸指明了方向。

根据党中央精神，为贯彻落实党建工作新要求，使全面从严治党形成可遵循的制度体系和活动载体，以改革创新的精神不断推进党建工作，着力打造具有民立特色的党建工作品牌，民立党组织进行了积极的探索和创新。我们策划组织开展了以“重温入党誓词，坚定理想信念”为主题的专题组织生活，为当年是逢“5”或者逢“10”年党龄的党员举办集体党龄生日会，并取名为“‘五’光‘十’色党龄纪念日”。这更意味着，党员的学习教育活动应该是“五光十色”、具有充实而鲜明的价值内涵的。

以坚持教育党员、服务党员与激发党员发挥先锋模范作用相结合的原则组织开展党龄纪念日活动，其目的就是要强化党员意识，提醒党员时刻不忘自己的第一身份是共产党员，第一职责是为党工作，第一目标是为民谋利；引导党员无论身处什么岗位，都要不忘初心，始终前行；激励党员争做一名信念坚定讲政治、遵纪守法重党规，师德高尚做表率、爱岗敬业乐奉献，教改创新勇实践、责任担当有作为的民立博雅党员教师。

二、过程与做法

1. 我们的准备：设计定制个性贺卡，准备党龄生日礼物

党龄生日卡是温馨纪念的重要载体。作为沟通情感、升华思想的重要寄托，由党组织为过党龄生日的党员量身设计印制。生日卡的设计理念以严谨和温馨相结合，紧扣党中央的新精神、新要求以及对党员的温馨关怀，将入党誓词、党组织寄语等内容融入，充分体现了党组织的关心、用心、暖心，个性独特，极具纪念价值。

党龄生日礼物是精神家园的依托。因而，礼物主要是以提升党员阅读素养为重点的书籍。比如，2013 年第一次召开党龄纪念日活动时，我们为男教师挑选了著名哲学家、美学家李泽厚的经典之作《美的历程》，为女教师精心挑选了主持人杨澜当年的专著《幸福要回答》。这体现了党组织注重对党员教师在学术、艺术和生活涵养方面的提升，希望这样能为党员们的学习、工作、生活增值添彩。每年的书目会顺应时代发展变化而有所调整，更加贴合党员教师的学习工作和生活实际，旨在不断提升党员教师的人文素养和职业幸福感。

2. 我们的活动：党旗下，党龄生日的教师代表交流分享

自 2013 年活动启动至今，学校党组织每年定期举行党龄纪念日活动。但对于临近退休的老党员，党组织则一定要为他们提前过一次“生日”。其中，印象最为深刻的是党龄 37 年的杨新老师。在当年的党龄生日会中他异常动情，欣然寄语！他将老党员用毕生的心血为教育事业、为理想信念不懈奋斗的精神精辟地概括为“比别人多学一点、多想一点、多做一点、多流一点汗、多吃一点苦、多品尝一点寂寞、多闪现一点美德，就离成功近一点”等“十三个点”，这令全体党员动容，至今难忘；亦有 18 岁高三毕业就跨入党的门、坚定跟党走的青年教师，他们朴实的话语中，彰显出年轻党员的激情活力；更有 20 年及以上党龄的骨干教师，作为教育的中坚力量，他们所展现出的一名党员一面旗帜的先锋模范形象，让与会党员教师无不深受鼓舞和激励。这正是一堂最生动的党课教育！

(1) 党旗下，青年党员重温入党誓词

在仪式过程中，党组织安排青年党员集体宣誓，重温入党誓词，带领全体党员再次回顾党组织对自己的培养历程，始终牢记入党时的铮铮誓言，提升对党员身份的认同感、责任感和使命感，牢牢扎根博雅民立这片教育热土，求真务实、砥砺奋进，努力为党育人、为国育才。

(2) 党旗下，与会党员、发展对象、入党积极分子发表感言

党员教师们浸润在仪式活动的氛围之中，充分感受作为党员教师的那份信念坚守和执着无悔，更体会到所肩负责任之重大、使命之光荣、任务之艰巨；立志成为星星之火，凝心汇聚奋进伟力，终将实现伟大中国梦。

党组织邀请发展对象、入党积极分子、团员青年教师等参与活动，使他们身临其境真切感受身边优秀党员的先进性，树立学习的目标和榜样，时刻以党员的标准严格要求自己。近年来，在党组织的强大精神感召下，党员人数达 70 人，党员梯队发展稳定。目前共有预备党员 1 名，发展对象 1 名，入党积极分子 1 名，还有 4 位青年骨干教师积极向党组织靠拢，显示了党组织强大的凝聚力。

3. 我们的践行：积极投身于教育改革，深入践行民立博雅教育

民立中学党组织切实履行全面从严治党主体责任，深化党建引领，使全体党员理想信念更加坚定、党性更加坚强；充分发挥了党建工作在推动学校发展、服务群众、凝聚人心、促进和谐等方面的作用，使党组织真正为推动教育改革各项工作、为博雅民立的健康发展再上新台阶、再创新辉煌保驾护航。

近年来，民立中学涌现出一大批优秀党员、教师和先进集体，并先后荣获全国五一巾帼标兵、全国群众体育先进个人、上海市五一劳动奖章、上海市园丁、上海市教育系统巾帼文明岗等多项荣誉称号，并在教育、教学、科研等方面连续获得各类优异奖项；学校也连续多年获评上海市中小学行为规范示范校、首届上海市文明校园、上海市安全文明校园、首批上海市依法治校示范校、上海市优秀教师专业发展基地校等荣誉；学校党组织也获得静安区先进基层党组织、区教育系统首批党建示范点等多项荣誉称号。学校的师资力量获得学生、家长和社会的广泛认可和好评。

三、成效与启示

党建品牌建设是一项系统工程，是党建工作的有机整合和提炼升华。民立中学党组织通过品牌建设的摸索与实践，有力地推动了学校党建重点任务全面落实、难点工作取得突破、薄弱环节有效加强。

“‘五’光‘十’色党龄纪念日”活动开展至今已有 8 年，得到了学校广大党员、群众发自内心的认可和支持。党组织已为近 50 位党员过政治生日。党龄纪念日活动不仅成为了民立党员党性教育的加油站，更成为了服务党员的连心桥、优秀党员展示的大舞台。如今党龄纪念日活动已然是民立党组织凝心聚力的黏合剂，亦成为民立党建活动的特色品牌入选上海市中小学党建工作创新案例。

在品牌建设的过程中，通过不断地总结、反思、凝练，我们更加深刻地认识到，党建品牌建设工作要取得实效，首先必须要紧扣学校的中心工作。服务中心，围绕中心开展工作，是政治要求，是旗帜方向。党建品牌的建设，要紧紧围绕学校的中心工作来谋划，要融入队伍建设管理来推进，要紧密结合当前“五项管理”“双新”“双减”“全员导师制”等教改新政的贯彻落实开展；充分发挥党员教师在各项工作中的先锋模范作用，真正体现共产党员的第一身份，践行为党工作的第一职责，实现为民谋利的第一目标，从而促使围绕党建工作服务中心的切入点更加明确，品牌特色更加鲜明、成效更加显著。

其次，党建品牌建设要注重兴办实事。党建品牌建设的最终落脚点和工作重点要放在兴办实事上，要坚持用工作的实绩作为品牌宣传的口碑。以此推动学校党组织更多更好地为党员群众做好事、办实事、解难事，真正把党建品牌建设的过程转化为推动学校中心工作、服务基层党员群众、转变工作作风、提升党组织形象的过程。

逢五为党增辉来畅谈，逢十叩问本色可增减，“五”光“十”色党龄纪念日，感动弥漫，庄严写满，党旗更艳。

今年七一前夕，在即将迎来中国共产党成立 100 周年之际，党组织登门为已 90 岁高龄的离休干部黄荣梅老师颁发“光荣在党 50 年”纪念章。黄老师 16 岁入党，在党 70 多

年的光荣革命岁月中，始终一颗红心永向党。这是对党龄纪念活动的又一次升华。

新时代、新使命、新征程、新任务，基层党建贵在认真、重在基础、难在落实，必须久久为功，紧密结合教育工作实际，不断探索创新。今年正逢中国共产党百年华诞，“十四五”开局之年，民立中学党组织将不断夯实党建工作基础，丰富创新党建品牌活动的内容和载体，推出“90后”红色微党课系列，进一步拓宽并延伸党建品牌活动内涵，不断巩固党建品牌建设成效，引领学校中心工作再上新台阶；以奋发有为的精神状态奋力谱写基层党建工作新篇章，以优异成绩迎接党的二十大胜利召开！

（2018年发表于《上海市中小学校党建工作案例选编》）

3. 构博雅研训链　展党建丰富内涵

卢晓菁

党的十八大、十九大报告，全国教育大会以及上海教育大会上都明确提出立德树人是教育的根本任务；同时要加快推进教育现代化，努力到2020年总体实现目标，到2035年实现更高水平、更高质量的教育现代化。

上海市民立中学党总支以此为引领，在教育现代化技术高速发展的背景下，推进构建具有鲜明特色的“博雅研训链”党员学习教育机制的探索与实践，提升党建工作的科学化和信息化水平；也以此强化组织力建设，为教育改革做好坚强的战斗堡垒。

我们的实施途径是，在博雅民立App的智能校园建设的大环境下，构建纵向链接（以“协作研训”为主体的学习合作链，以“互助研训”为主体的研究合作链，以“差异研训”为主体的培训合作链，以“提高研训”为主体的高普合作链）、横向贯通（党员间、党群间、党工间、党团间）的线上线下联动“混合式党员学习教育模式”。

一、以“协作研训”为主体的学习合作链

党组织把党员的学习教育工作融入主题党日。以“博雅党员讲坛”的项目形式，推动各党小组内党员协作，轮流登上博雅讲坛，让学习交流的话题紧扣时事热点；也结合实际教育工作，贴近教师的心境、语境，引发共鸣。每月，党小组又会在博雅党员App上进行线上学习，并参与评论互动，形式灵活机动，使党员在工作中不误学习，在学习中提升理论修养，彰显博雅党员风范。

此外，学校党组织还提出“三联手”学习管理模式。由学校党组织、年级组长和工会

组长联手协作推进，构建并使用网络学习平台，开辟党员教师学习论坛区，特别策划上海市民立中学教师读书活动——“今天，我们读书”，也积极邀请民主党派人士参与党员学习论坛，让党群之间进行思想交流，使博雅教育理念在全体教师中达成共识、凝聚人心、推动发展、促进和谐。

二、以“互助研训”为主体的研究合作链

上海市民立中学党员较多，平均年龄趋年轻化，80后、90后党员占到全校党员数一半以上。如何让年轻的党员群体更能接受党的理论知识并把理论知识转化为教育教学实践，如何增强青年党员的凝聚力和发挥他们的先锋模范作用，成为党员教育的新话题。

民立中学党总支以推进学校教工团工作为契机，着力建设“青年党员互助共赢团队”，尝试把三尺讲台打造成党员学习、锤炼党性、提升修养的阵地，以党的“红色精神”传承系列、“一带一路”建设等为主题，首推90后党员上微党(团)课。通过这个平台与契机，让更多的年轻人聆听党的声音，感受党的教育和温暖，投身于教育事业，让党课传承红色血脉，传播城市精神，并把微党(团)课视频传至博雅网络平台，让更多的教师聆听学习，并最终达成展现党员的责任、担当和情怀的目标。民立中学教工团组织也被光荣地评为2019年区红旗团支部。下一步，党组织拟推出动画形式的数字微党(团)课供广大学生观看。

三、以“差异研训”为主体的培训合作链

教师之间的差异是一种资源。校内，总是有勤勤恳恳、兢兢业业的中老年党员教师，他们的职业发展可能到了倦怠瓶颈期，他们同样需要被理解与关怀，需要沟通。学校党组织以博雅教育理念为行动纲领，尊重党员教师的年龄差异、个性差异，在学习内容的设置上力求更适合党员教师的个性发展。党组织通过互学、互励等途径，进一步形成以“差异互助”为核心的党建氛围，探索党员分层个性化培养新路子。

比如，请他们为高中党课小组同学开展系列微型党(团)课，传递坚定理想信念的正能量；在党组织开展的“‘五’光‘十’色党龄纪念日”主题教育中，请老党员与青年党员分享自己入党、工作的感悟，激发双方的教育热情；再如，学校开辟“诚谨班主任工作坊”，老党员指导青年班主任，发挥他们的工作热度，点燃他们的心灵温度。

四、以“提高研训”为主体的高普合作链

与高校的合作，我们把这作为学校的全方位、开放式博雅党员教师发展策略的组成部分。学校党组织鼓励党员教师、骨干教师参加高校教师开设的线下共享课程和线上远程课程；聘请复旦大学、华东师范大学、上海市教育科学研究院等的教授、专家来校做讲座，让党员教师在自由宽松的环境里追寻教育教学的真谛。

高校与普教的提高研训，不仅仅是行为上的实践指导，更是理念上的沟通与提升。建立更加完善的理论基础，以共同促进学校发展。

“博雅研训链”混合式党员学习教育管理模式的推进，总支委员会是核心——商议策划学习方案；支部生活是关键——提倡形式多样，由单一化向线上、线下多元化学习方向发展；党小组是根基——党小组长落实各项学习活动，保障广大党员积极投入参加；党

(团)课是展现平台——党员亮身份、展风采，使党组织更具凝聚力、学习氛围更具辐射力、党员专业化发展走向更深入。上海市民立中学也连续获得上海市文明单位、首届上海市文明校园、上海市教师培训基地学校、静安区先进基层党组织、区教育系统首批党建示范点、“十二五”师干训先进集体等多项集体荣誉称号。

我们充分认识到高质量、高水平、专业化的党员队伍是学校发展的中坚力量，是达成立德树人教育目标的根基，是达成更高质量教育现代化的基石。这个项目只是一个起始，我们将深化党员教育的线上线下混合式学习模式，将多样内容、多元形式的学习机制带给广大党员，这也是符合党员的精神需求、事业需求以及价值需求的。

（2019 年获区教育系统党建创新实践项目一等奖）

4. 矢志奋斗　自立自强

——2021 年中国共产党精神谱系发布之“两弹一星”精神

卢晓菁

引言

习近平总书记在庆祝中国共产党成立 100 周年大会上，首次提出伟大建党精神，并强调这是中国共产党的精神之源。2021 年，党中央批准了中央宣传部梳理的第一批纳入中国共产党人精神谱系的伟大精神，在中华人民共和国成立 72 周年之际予以发布。

中国共产党人的精神谱系，从精神内容上看，是伟大建党精神在革命、建设、改革各个时期的精神形态和呈现方式，是对伟大建党精神的展开和丰富；从时间脉络上看，是对伟大建党精神的继承和发扬；从内在关系上看，是对伟大建党精神的生动演绎，而伟大建党精神同样高度凝练了这一精神谱系，是普遍与特殊、共性与个性的关系。

下面，我将从丰功伟绩、精神内涵、价值传承三个板块与大家交流分享。在社会主义建设时期形成的“两弹一星”精神，是第一批纳入中国共产党人精神谱系的伟大精神。

一、丰功伟绩

在中国共产党历史展览馆内，可以感受到浓缩的科技创新强国史。“嫦娥五号”探测器着陆器、“墨子号”量子卫星、C919 大飞机……一件件复原模型和实物展品，彰显着中国科技创新的高峰，展现出科技创新是引领发展的第一动力。而这一切的底蕴，可以追溯到“两弹一星”这一彪炳史册的成就。同时也把我们带回到那段峥嵘岁月。

20世纪五六十年代是极不寻常的时期。面对严峻的国际形势，为抵制帝国主义的武力威胁，保卫国家安全、维护世界和平，以毛泽东同志为核心的党的第一代中央领导集体，高瞻远瞩，运筹帷幄，果断做出了独立自主研制"两弹一星"的战略决策。

1960年11月5日，我国第一枚国产近程导弹"东风一号"发射成功；1970年4月24日，我国第一颗人造地球卫星"东方红一号"发射成功，中国成为第五个发射人造卫星的国家。这是中国科技工作者在党的领导下创造的辉煌伟业；这让新中国在列强环伺中站稳脚跟；这增强了我国的科技实力特别是国防实力，奠定我国在国际舞台上的重要地位！

2021年，国务院总理李克强在第十三届全国人民代表大会第四次会议开幕式做的政府工作报告中，23次提及科技，总结我国取得的科技成就，并提出2021年推进"揭榜挂帅""科技创新2030重大项目"等关于科技创新的这些关键词。这是实施创新驱动发展战略，更是"两弹一星"精神为新中国科技体制的建立和科技事业的发展做出的奠基性贡献！

二、精神内涵

如今，"两弹一星"精神已经成为中国共产党人精神谱系的重要组成部分，以24个字精要概括其精神内涵：热爱祖国、无私奉献；自力更生、艰苦奋斗；大力协同、勇于攀登。

热爱祖国、无私奉献：指的是把个人的理想与祖国的命运、把个人的志向与民族的振兴联系在一起。

1999年，中华人民共和国成立50周年前夕，一场庄严而盛大的活动在人民大会堂拉开帷幕。中共中央、国务院和中央军委为钱学森、于敏、王大珩、孙家栋等23位在"两弹一星"研制过程中做出突出贡献的科学家授予功勋奖章。直到此时，他们中的很多人才为大众所知。

"两弹一星"研制者们有着强烈的报国之志。许多功成名就、才华横溢的科学家放弃国外优厚的条件，义无反顾地回到祖国；许多研制工作者甘当无名英雄，隐姓埋名，默默奉献，有的甚至献出了宝贵的生命。譬如郭永怀，选择用血肉之躯保护得来不易的研究数据，在牺牲几十年后，他的事迹才被人们所知；还有那批把青春挥洒在大漠戈壁的科研工作者们，他们用自己的热血和生命，写就了一部为祖国为人民鞠躬尽瘁、死而后已的壮丽史诗。

在近期播放的电视剧《功勋》中，由佟大为饰演的科学家孙家栋，获得无数感动和好评。

孙家栋，中共党员，中国科学院院士，1929年4月8日出生。他是我国人造卫星技术和深空探测技术的开拓者之一。1967年，他担任中国第一颗人造地球卫星技术负责人。从事航天工作60年来，他主持研制了45颗卫星，担任我国北斗导航系统第一代和第二代工程总设计师、风云二号卫星工程总设计师，是我国月球探测工程的主要倡导者之一。2019年，国家主席习近平签署主席令，授予孙家栋"共和国勋章"，同时孙家栋入选"中国海归70年70人"榜单。

如今，我国拥有自主知识产权的科研成果层出不穷。"海斗一号"探秘万米深海；新冠疫情来袭时，我们成功分离出世界上首个新冠病毒毒株，完成病毒基因组测序，自主研

发应用多款疫苗；此刻，三位中国航天员也正在中国自己的空间站忙碌工作。2021 年 11 月 7 日，中国航天员成功出舱，中国女航天员王亚平迈出太空行走第一步。

自力更生、艰苦奋斗：指的是不辞辛劳、克服艰难、经受考验的精神。

在当时国家经济、技术基础薄弱和工作条件十分艰苦的情况下，我们的科学家自力更生，发愤图强，完全依靠自己的力量，用较少的投入和较短的时间，突破了原子弹、导弹和人造地球卫星等尖端技术，取得了举世瞩目的辉煌成就。

青海省海北藏族自治州海晏县金银滩草原，中国第一个核武器研制基地就建在这里，中国第一颗原子弹和氢弹诞生于此。这里海拔高，缺氧是常态，一年中有近半年时间处于寒冷状态，风沙还大。自然条件恶劣是很多人对这里的第一印象。

化名为“王京”的王淦昌，在这里工作了 17 年。这位优秀的核物理学家，曾作为中国代表任苏联杜布纳联合原子核研究所副所长。20 世纪 50 年代末 60 年代初，中苏关系恶化，苏联撤走了全部专家。已过知天命之年的王淦昌临危受命，回国参加原子弹研究。

在王淦昌的回忆中，从来没有对环境的抱怨，只有紧张和充实——他把所有的时间和精力都投入到研究中。他与年轻人一样，不抱怨、不等待，废寝忘食、夜以继日，对每项技术、每个数据都一丝不苟。

在电影《我和我的父辈》中，其中《诗》的单元，就是以我国研制“长征一号”火箭、发射首颗人造卫星为背景，以一个普通航天家庭为切入口，以兄妹视角来展现父母一辈艰苦奋斗、无私奉献的航天精神，并展现这种精神的一脉传承，这份饱含亲情、战友情、爱国情的家国情怀深深地感动了我们。

习近平总书记指出，科技创新成为国际战略博弈的主要战场。我们必须保持强烈的忧患意识，做好充分的思想准备和工作准备。中国仍然是发展中国家，科技水平与发达国家还有差距，特别是在若干关键技术和核心领域，我们距离世界先进水平还有很大距离。而历史经验一再告诫我们，关键和核心科技是等不来、要不来的，只有靠自己。

大力协同、勇于攀登：指的是团结一致、求真务实、大胆创新的精神。

“两弹一星”精神是爱国主义、集体主义、社会主义和科学精神的集中体现。

“两弹一星”研制开展初期，在党中央统一部署、领导下，全国抽调精兵强将参与“两弹一星”研制工作，团结协作、集中攻关。正是靠着强有力的组织系统，“东方红一号”发射时，动用了当时全国近 60%的通信线路，从试验场区到各个观察测控站，仅守卫通信线路的群众就多达 60 万人。

1982 年，《原子弹氢弹设计原理中的物理力学数学理论问题》荣获国家自然科学一等奖，由于对署名作者的人数限制，获奖人名单只列出了 9 位代表人物。彭桓武作为当年分管核武器理论研究的领导者，位列第一。按照规定，这项奖章应该授予排名第一的获奖者。彭桓武却坚决拒绝将奖章归于个人，提议由单位保存，献给为核武器事业贡献过力量的每一个人，并提笔写下 14 个字：“集体集体集集体，日新日新日日新。”

多年以后，回顾“两弹一星”事业，钱学森特别强调科研工作的计划性和组织管理的重要性。他也一贯反对别人称他为“之父”。在 1992 年 10 月 19 日的一封信中，他直言，

“称我为‘导弹之父’是不科学的”“因为导弹卫星工作是‘大科学’，是千百万人大力协同才搞得出来，只算科技负责人就有几百，哪有什么‘之父’?”。

改革开放以来，科技领域“863 计划”等相继实施。中国工程院院士、中国工程院原副院长杜祥琬曾这样评价“863 计划”：传承了“两弹一星”的成功之道，以实现国家目标作为共同的精神支柱；大力协同，学术民主，重视基础研究、学科建设和人才培养。

可以说，“两弹一星”不仅留给我们宝贵的精神财富，也留给我们协同创新的优良传统和“集中力量办大事”的法宝。

三、价值传承

中国共产党人的精神谱系，不仅是一种价值观积淀与升华的精神产物，更应该是承担形塑当下精神面貌与价值引领的政治功能。“两弹一星”精神非但没有过时，反而在今天这个高速发展的社会更加熠熠生辉，它带给我们的是整个社会繁荣而稳定发展的强大支撑与动力。

作为教育工作者，我们更要坚定把这种精神谱系研究、学习和实践转化到对《中国教育现代化 2035》落实中，转化到市、区教育教学改革的深化进程中，转化到对青年党员的日常行为规范的价值引导中，转化到培养学生吟诵经典篇章、讲述经典故事的活动中，也转化到每一次在纪念场馆、博物馆、雕塑建筑的历史叙事中。

上海市民立中学是一所有着红色基因的文化名校，是左联五烈士之一的殷夫的母校，是一所有 100 多年悠久历史的海上名校，践行着建校之初的“巍巍民立，谋祖国之强”的使命初心。

（2021 年区教育系统党史宣讲团成员开展“书记上党课”培训微党课）

5. 坚守初心担当使命 博雅仁师砥砺前行

——上海市民立中学年度“博雅教师”评选活动

张 彬

（中学体育高级教师，副书记、副校长）

一、基本情况

为全面贯彻党的十九大精神，深入落实《中共中央 国务院关于全面深化新时代教师队伍建设改革的意见》，不断加强师德师风建设，精心打造一支“师德高、师业精、师纪严”

的新时期博雅教师队伍，积极发挥优秀教师群体的示范引领作用，争做“四有”好教师。上海市民立中学结合新时代教师思想政治和师德师风建设工作重点，根据学校办学传统和工作实际，自 2017 学年起，组织开展了年度“博雅教师”评选活动，旨在选树教师优秀典型、发挥榜样示范引领作用，表彰奖励在学校建设与发展中做出重要贡献的优秀教职工。

通过评选活动的组织开展，不断强化师德师风常态化、制度化、长效化建设，在不断调整优化评选方案的基础上，给予广大教师更多的发展平台，进一步激发广大教职工的教育教学热情和创新发展动力。评选活动开展至今，涌现出了许多民立“博雅教师”先进人物，引领学校师德师风建设，带动了民立教师队伍整体素质的显著提升。

二、主要做法和成效

1. 加强组织领导，优化方案细则

为保障评选活动公开、公平、公正地开展，学校成立“博雅教师”推荐评选工作领导小组和工作专班，由书记兼校长任组长，校务会成员、工会干部、各部门、各组室负责人等为组员，全面领导评选活动的组织开展。

实施方案的制定是评选活动能否取得实效的关键，领导小组以习近平新时代中国特色社会主义思想为指导，全面贯彻党的教育方针，加强师德师风建设，培养高素质教师队伍。进一步激励广大教师落实立德树人总要求，追求高尚师德和精湛业务，争做“四有”好教师，扎根民立，安心从教、幸福从教，以为博雅民立新百年的建设和发展辛勤耕耘、努力奋斗为评选工作的指导思想。根据《民立中学办学发展规划》和《民立中学绩效工资实施方案》中关于“博雅教师”评选奖励的有关内容，研究制定出台实施方案细则，对评选活动的组织领导、被推荐人员的基本条件、推荐类别、推荐办法、程序、时间安排以及表彰奖励等都做了详细的规定和说明。在方案制订过程中，领导小组全方位、多层次地听取教职工的意见和建议，加强交流沟通，重视与时俱进，不断调整优化完善方案内容。特别是在推荐类别上，以 2022 年度评选活动为例，突出了在年度抗击新冠肺炎疫情工作中做出重要、突出贡献的抗疫、防疫志愿者，推荐类别在原有四项评选类别的基础上调整补充为成长导师、团队领袖、教改先锋、科创能手、青年菁英、志愿明星等六项，包含了学校教育教学服务管理等更多工作条线和领域，全校上下形成共识。

2. 规范推荐程序，落实好中择优

评选活动一般于每年 5 月中旬启动。领导小组在广泛听取、征询教职工意见、建议的基础上，结合学年工作实际，对方案内容进行必要的修改和调整；提交校务会议讨论、确定年度评选方案内容后，由校长室通知部署，在全校范围内广泛宣传、发动。

“博雅教师”的推荐坚持公开、公平、公正的原则，进行民主推荐提名。各部门组室采用教职工自荐、群众互荐和组室集体推荐相结合的方式，民主推荐，好中择优。经集体讨论通过后，方可上报。同时，把推荐评选“博雅教师”作为弘扬先进、树立榜样的学习过程。

在综合群众提名推荐的基础上，被推荐人选根据“博雅教师”推荐类别要求报送有关推荐材料，在全校范围内进行材料公开展示、学习、交流，学校评审工作领导小组根据“博雅教师”推荐类别人选要求，结合被推荐人的报送材料、实际工作情况等进行综合评定，确定“博雅教师”各推荐类别候选人原则上各1—2人，并在民立中学校园网上进行公示，接受社会大众监督。

3. 发挥榜样力量，引领推动发展

当选为年度“博雅教师”的教职工，学校在当年度教师节期间进行集中颁奖表彰，发放绩效奖励。“博雅教师”的优秀事迹通过校刊、校园橱窗、微信公众号等媒介进行广泛的宣传报道，展现民立博雅教师的仁师风范，为全体教师树立学习榜样。获奖教师也将作为学校参与各级各类市、区先进推荐的重要人选被提名推荐，这进一步扩大了民立“博雅教师”的社会影响力、知名度和名师品牌效应，彰显了民立博雅优秀师资队伍的整体实力。

近年来，“博雅教师”们深刻感受着来自民立温暖大家庭的关心与爱护，他们更加坚定扎根民立的心，用坚如磐石的信心、只争朝夕的劲头、坚忍不拔的毅力，勇攀高峰；用智慧和汗水诠释民立“博雅教师”的风采，将学养美德薪火相传，用信任和鼓励引导着每位学生；用勤恳和奉献锻造着民立教师队伍的整体实力，努力为实现博雅民立梦做出应有的贡献，在更多领域、更高平台取得了更加骄人的业绩。在四届评选活动中，共有30余位教职工荣获“博雅教师”殊荣，他们中多位教师又先后荣获全国五一巾帼标兵、全国群众体育先进个人、上海市教育系统三八红旗手、上海市园丁、上海市正高级教师、上海市特级教师、上海市中小学中青年教师教学评选一等奖、上海市市爱岗敬业教学比赛二等奖、静安区优秀共产党员、静安区拔尖项目人才、静安区园丁、区校学科带头人等诸多殊荣。他们中间还有多位教师被培养成为了学校部门、处室的主要负责人，教育教学科研的中坚力量、青年骨干，等等。他们以自身博雅仁师的榜样力量，感召引领更多优秀中青年教师脱颖而出，推动了民立师资队伍整体实力、素养的快速提升。

三、经验启示

教育兴则国家兴，教育强则国家强。作为教育工作者，教师身上肩负着为党育人、为国育才的神圣使命，肩负着人才兴国、人才强国的时代重任。新时代的教师应主动对标《中国教育现代化2035》、《上海教育现代化2035》和静安教育“更高品质的教育国际化”“更高水平的教育现代化”发展战略，自觉践行以立德树人为目标的新时代师德规范，以赤诚之心、奉献之心、仁爱之心投身于教育事业，努力成为师德高尚、业务精湛、视野开阔、教学相长的“四有”博雅好老师。

民立中学年度“博雅教师”评选活动是近年来学校大力推进师德师风建设的重要举措之一。活动的开展蕴含了学校深入贯彻“博雅教育”办学理念的初心和使命，彰显了学校重视和强化师资队伍建设的决心和信心，体现了学校大力打造培育良师工匠的用心和耐心，为新时代民立教师队伍的建设发展注入了强心剂。该活动已然成了学校师德师风建设的品牌项目，深受广大教职工的认可和好评，助推了学校教师队伍的整体发展，提升了师德师风建设水平。学校优秀骨干教师人才辈出，师资力量得到了学生、家长、社会的

广泛认可。

优秀教师，是一所好学校的灵魂。在民立，这些登上“博雅教师”领奖台的教师仅仅是民立优秀师资的一个缩影，民立还有着许多爱岗敬业、勤劳奉献、默默无闻的好教师。展望未来，学校将继续以教师发展为本，全方位、精心地培育打造、挖潜进位。通过不断地强化教师师德师风建设，优化评选活动管理评价机制，拓展评选领域平台，探索学生、家长参与推荐评价，创新宣传、表彰、激励方式等举措，进一步推动“博雅教师”评选活动持续深入开展；积极营造尊师重教、比学赶超的良好氛围，使之成为民立中学师德师风建设特色品牌项目；培育出更多牢牢扎根民立、倾心从教、幸福从教，追求高尚师德、引领师风的民立“博雅教师”，让他们在平凡的三尺讲台上谱写最美的园丁赞歌，成为博雅民立一道最闪亮、最亮丽的教育风景线，共同书写新时代百年民立博雅教育发展新篇章、铸就新辉煌。

（2021 年区教育系统书记培训班公开交流）

6. 让梦想照进现实

庄彧嘉

中华民族是具有非凡创造力的民族，这样一个创造了伟大文明的民族，必定能够拓展和走好自己的发展道路。实现中华民族伟大复兴的中国梦，是我们国家坚持走中国特色社会主义道路的追梦之旅。

作为教育系统基层单位的一名普通党员，我有时候难免觉得，中国梦似乎离我们很遥远，而且我们能够为中国梦的实现做点什么，似乎也没有方向。

今年，我在毕业班任教。在讲授诸葛亮的《出师表》一文时，每每读到“兴复汉室”一句，不由得感慨于诸葛亮“以天下为己任，鞠躬尽瘁，死而后已”的崇高精神，同时仿佛也明白了中国梦中所蕴含的每一朝、每一代、每一个中华儿女对祖国的深深爱恋，以及对祖国兴盛的强烈渴盼。

是的，我们渴望祖国强盛，无论是在物质生活还是精神文明方面，我们都希望能够更上一层楼。我们渴望祖国在世界上拥有更多的话语权；我们渴望经济发展、科技进步；我们渴望交通更加通畅、生活更加便捷；我们渴望蓝天白云，没有污染；我们渴望人与人之间互相信任，没有欺骗；……这些都是中国梦的一部分。只是，梦想该如何去实现？一味地想吗？不，不是这样的！作为一个平凡的中国人，一名普通党员，我们永远不能坐等梦想实现，只有每一个中国人都努力，都充满信心，未来才会在我们手上，梦想才能照进现实。

首先，我们就应当少一点抱怨，多一点激情。目前，我们的社会有着各种各样不尽如人意的地方，网上每天的吐槽帖各式各样、五花八门，人们表达着自己的质疑、不满和气愤。诚然，面对这些，我们难免愤怒，表达自己的观点也无可厚非，但我们更该反躬自省——发泄完怒火后，我们到底该何去何从。作为教育工作者，我们面对的是学生，如果一个老师每天都带着怨气走进教室，那么传递给学生的是什么？我始终相信，我们的社会会越来越好，而我们要做的就是相信我们的党、我们的国家。少抱怨、不颓丧，尽己之力，用积极、乐观、踏实的心态去工作生活，传递正能量，相信勤奋会有所收获，相信努力不会白费。

每日面对繁重琐碎的工作，人肯定会感到疲劳，有时候甚至会怀疑这样的忙碌是否有价值。特别是今年任教初三，真心感觉到压力巨大。一模考前的昏天黑地犹在眼前，练习卷连着练习卷，默写本接着默写本，疲劳、压力、沮丧让我感到举步维艰。只是，看到教室里学生们奋笔疾书的模样，看到他们求知的眼睛，想到他们未来的人生，再累我也要打起精神。我告诉自己每天必须微笑着走进教室，微笑着去对待学生们，哪怕他们学得不够理想，哪怕我万般无奈、焦躁万分，但我依然得充满激情、充满信心地去鼓励他们。因为我是老师，是学生的领路人。我要让阳光照进心里，也把阳光带给学生们。

其次，要实现中国梦，就要用发展的眼光看问题，就要不断思考与创新，不能用老经验、老办法做事。教师这个职业，是门技术活，但更是一个良心活。不去分析现代学生的学情，不去思考学生的个性化需求，一味地埋头苦干是事倍功半的。在这个日新月异的时代，学生不同了，教育技术更新了，教学理念转变了，如果我们永远不变，如何能跟得上时代潮流。对于我而言，在以往的工作中我也曾经获得过不少教育教学奖项，荣誉光环也曾让我飘飘然过，然而当我参加了上海市青年语文教师沙龙以后，听到了真正的优质课，顿感自己的渺小。

在沙龙里，市教研员要求，每次活动由两位教师执教，其余所有教师在活动之前都需完成一份文本分析，听完课后我们会进行热烈、直接、毫无保留的评课研讨。每次活动的时间都持续一个半天，有时路途遥远，而且精神压力巨大，可是我却很喜欢参加这个教学研讨沙龙。因为在那里有学习的快乐与收获，有思维的碰撞与交流，从而让自己的课堂有所改变，有所进步。没有什么比让我上出一节有意思的语文课更感到激动的了。在学习中思考，在思考中改变，在改变中提升！

终于，我渐渐明白，中国梦离我们一点也不遥远。只要我们每一个人都坚定地相信未来，保持一颗积极向上的心，脚踏实地地去实践、去探索、去创造，那么我们定能实现自己的理想。而当每一个人的理想之灯都亮起来的时候，那么中华民族伟大复兴的梦想也必将照进现实！

（2016 年获“信念·标杆”区教育系统微党课征文优秀奖）

7. 不忘初心　走进素质教育新时代

何　松

今年的冬天来得特别晚，冬至将至，校园里依然绿意满眼，也多了林荫道上落叶的缤纷。高三忙碌的学子在我面前来回穿梭，忙着语、数、英学科的答疑，却难觅往日里围上我问这问那乃至为了一个物理问题争论不休的身影。我在暖冬中打了一个寒战。

自物理学科成为学生高考等级考科目之一，每周课时量和学科总分值与先前“3+1”高考模式相比，齐刷刷地锐减，我的内心有些失落……

新高考制度来了。学生发展核心素养目标有了，学生综合素质评价、学业质量绿色评价实施了，在这教育蓬勃发展的今天，作为党员教师的我，竟然也会有课少便失落的感觉！我不禁扪心自问，教育的初心是什么？仅是为了考试和分数吗？党员教师的信仰在何处？我们心中燃烧的红烛该在哪里照亮呢？

唯在“初心”处，才有答案可寻！不忘初心、牢记使命，方得始终。共产党人的初心体现在起点时心怀的承诺与信念，体现在困境时履行的责任与担当。习近平总书记指出：“一切向前走，都不能忘记走过的路；走得再远、走到再光辉的未来，也不能忘记走过的过去。”

我是在1998年宣誓成为一名共产党员的。当时作为一名积极要求进步的热血青年教师，我以校为家，全身心投入到教育教学工作中，努力学习本学科组老教师以及不同学科组同行的成功教育教学经验，积极践行着共产党人奉献和担当的应有之义。

在那“少年不识愁滋味”的岁月里，我在陪护爱人的病房中批改高三毕业班的试卷，甩开膀子挑起奥赛辅导的“夏练三伏”，撸起袖子伏案奋笔疾书总结教育教学心得，在与学生共同成长中跳动着“青衫湿”“凯歌还”的烦恼和快乐……我想，纯真的校园生活，源于对教育事业的执着，更源于对党旗下庄严承诺的初心！

教师这份职业神圣而又常新。教师的工作是塑造灵魂、塑造生命、塑造人的工作。“三寸粉笔，三尺讲台系国运；一颗丹心，一生秉烛铸民魂”，全面贯彻党的教育方针，发展素质教育，培养德智体美劳全面发展的社会主义建设者和接班人，理应是当代每一位党员教师的初心和使命。

时代在发展，社会在进步，教育的任务已从“双基”“三维目标”内化到对“核心素养”的探索，党员教师更应该自觉把党的教育方针和政策精神贯彻到日常工作全过程，为学生的终身发展提供科学服务，为学生的核心素养提升提供有效支持。“潮平两岸阔，风正一帆悬”，带头做“四有”好教师，是我们党员教师在教育改革新时代的应尽之责和先锋之举。

作为一名有 20 多年教龄的物理教师，虽然“细推物理须行乐”是美好的，但在素质教育的新时代，我的很多物理教学积淀需要转化为新的育人能量。因为物理教学需要褪去“难繁偏旧”，需要舍弃“单兵作战”，转而重视物理观念、科学思维、实验探究和科学态度与责任的呵护和引领。这是物理教学的素养目标，更是正确的育人方向。

寒战催人清醒，育人贵在科学。高考改革的意义就在于契合当前经济社会发展对培养多样化高素质人才的更高要求，为学生的全面发展和创新实践能力的培养提供制度保障。高三物理课时的减少，解除的是物理知识的桎梏，抛弃的是学科本位的思想，迎来的却是素质教育更加灿烂的春天。

“水之积也不厚，则其负大舟也无力”“风之积也不厚，则其负大翼也无力”。教师不仅要有胜任教学的专业知识，还要有广博的知识、宽广的胸怀和广阔的视野。作为一名党员，我秉承着一辈子学做教师的情怀，踏实做事，锐意创新，不畏寒不怕苦，积极保持着一个共产党人永不懈怠、一往无前的奋斗状态。

我依据课程标准及时调整物理教学策略，努力探索基于校情的有效教学模式。同时，我还积极参加教育科学研究和校本课程建设，倾心带教青年教师，努力开发研究性学习资源，顾全大局，不计得失，勇于承担学校交付的科技辅导和研究型、探究型课程工作，以更加开阔的视野拓展着一名物理教师的职业追求。

一树葱茏源于世界上没有两片完全相同的叶子，多元评价才能成就个性化的生命精彩。当学生一篇篇关心社会、自然和自身发展的课题论文摆在我面前时，我心潮澎湃；当学生摘获由上海市科学技术委员会、上海市教育委员会等颁发的滚烫大红的“明日科技之星”证书时，我振臂高呼；当学生以科技特长生的优势被知名大学录取时，我欣喜若狂；……我想，学生应该是这样的，教师也应该是这样的。

秋去冬来，孕育着春天的生发，林荫道上离开枝头的落叶进入了新的价值空间。“落红不是无情物，化作春泥更护花”，蓄势以跃迁，我应该保持着这样不懈而绵长的精神状态。建设教育强国是中华民族伟大复兴的基础工程，今天的每一位学生都是未来实现中华民族伟大复兴中国梦的主力军，每一位教师都是打造中华民族“梦之队”的筑梦人，我们党员教师的育人事业任重而道远。

我快步走向忙碌的高三学子，问问这问问那，寻找着帮助学生的时机。我坚信“老师责任心有多大，人生舞台就有多大”，走向学生，就是走进素质教育的新时代！

（2018 年入编区教育系统微党课优秀征文集）

8. 百年恰是风华正茂

杨　田

习近平总书记指出，中国共产党立志于中华民族千秋伟业，百年恰是风华正茂。走得再远都不能忘记来时的路，站在百年华诞的重要节点上，更要回顾我们党百年来的奋斗历程，彰显党的力量。

让我们把镜头拉回到一百年前，那个黑暗时代。鸦片战争之后，中国逐步沦为半殖民地半封建社会，中国人民遭受帝国主义、封建主义、官僚资本主义的残酷压迫。

1921 年 7 月，中国共产党诞生，这是中国历史上开天辟地的大事变。从此，中国人民在斗争中有了主心骨。中国共产党领导中国人民经过 28 年浴血奋战，终于推翻了三座大山，取得了新民主主义革命胜利，建立了中华人民共和国，实现了中国从几千年封建专制政治向人民民主的伟大飞跃，中国人民从此站起来了。“没有共产党就没有新中国”，这不是一句简单的歌词，这更是中国人民基于自己的亲身实践所确认的客观真理。

新中国成立 70 多年来，中国共产党领导中国人民开展社会主义革命，建立社会主义基本制度，探索社会主义建设道路，实行改革开放，开创了中国特色社会主义伟大事业，极大地解放和发展了社会生产力，激发了广大人民群众的积极性和创造性，使人民生活水平显著提高。中国共产党团结带领全国人民，推动中国特色社会主义进入新时代，为实现中华民族伟大复兴的中国梦不懈努力。实践充分证明，中国共产党的领导是历史的选择、人民的选择，是必须长期坚持的。

“雄关漫道真如铁，而今迈步从头越。”中国共产党领导中国人民取得的一系列成就将激励我们新一代共产党员继续奋力拼搏。习近平总书记曾在学校思想政治理论课教师座谈会上提到，“思想政治理论课是落实立德树人根本任务的关键课程”“办好思想政治理论课关键在教师，关键在发挥教师的积极性、主动性、创造性”。为此，习近平总书记提出了思政课教师政治要强、情怀要深、思维要新、视野要广、自律要严、人格要正的“六要”素质新要求。作为一名年轻的思政课党员教师，我应该认真贯彻落实党和国家的教育方针，提升自身能力。

第一，政治要强。要让有信仰的人讲信仰，思政课教师必须不断增强自身理想信念，用中国共产党的指导思想武装头脑，坚持社会主义道路、坚信共产主义理想信念。只有自己信仰坚定，才能在纷繁复杂的国内国际环境中，保持清醒的头脑，也才能更有底气地引导学生学懂、弄通、做实。

第二，情怀要深。我对周恩来总理一直怀有深深的敬畏之情。因为，我的家乡在淮安，那是周总理的故乡。从小听着总理的故事长大，记忆最深的一次是我上初二那年，我们的政治老师带我们去参观周恩来纪念馆，她在给我们讲周总理的事迹时，几度落泪。她的真情感染了我，让我觉得思政课应该是有温度的，甚至是会影响学生一生的。思政课教师要有远大的家国情怀、强烈的民主意识。

第三，思维要新。“双新”背景下，思想政治课的教学内容、教学理念、教学方式等发生了深刻的变化。这就要求思政课教师基于立德树人根本任务，着力用习近平新时代中国特色社会主义思想铸魂育人，着眼于培养担当民族复兴大任的时代新人。当代中国正经历广泛而深刻的社会变革，这就需要运用辩证唯物主义和历史唯物主义基本观点，理论联系实际，认清社会发展规律，提高辩证思维能力和创新思维能力。

第四，视野要广。当今世界互联网信息化带动知识飞速发展，学生可以获取的知识途径和方式越来越多，这对教师来说是不小的挑战。作为思政课教师，不仅要加强学科本体知识理论学习，也要加强文史哲等社会科学、自然科学等其他学科知识的学习。同时还要放眼国外，要有宽广的国际视野。

第五，自律要严。思政课教师要严守党的纪律、教育教学纪律，不断增强自律意识，严格要求自己。做到课上课下一致，网上网下一致，弘扬主旋律，传递正能量，使学生树立正确的世界观、人生观、价值观。

第六，人格要正。思政课不仅教授学生知识，更是德育的主阵地。“其身正，不令而行；其身不正，虽令不从。”思政课教师必须为人师表、以身作则，成为良好道德品质的实践者和示范者。

路漫漫其修远兮，吾将上下而求索。今天，站在“十四五”开局的新起点，中国共产党人将不忘初心、牢记使命，培养德智体美劳全面发展的社会主义建设者和接班人，办好人民满意的教育。

（2021 年获区教育系统“建党百年微党课”征集一等奖）

9. 赓续时代薪火　鸣奏青春音节

王敏皓

“先天下之忧而忧，后天下之乐而乐”是范仲淹的家国情怀；用一粒种子改变世界是已故袁隆平院士的家国情怀；“我必须跑得更快，才能从病毒手里抢回更多的病人”是时任武汉市金银潭医院院长张定宇的家国情怀；……他们以自己的方式演绎和丰富着家国

情怀的内涵，使之成为中国历史上最生动、最浓重的色彩。

一代人有一代人的历史使命，我们的年轻学生们正处于历史与未来交会的时期，正处于整个中国快速发展的黄金时期，他们是未来社会的缔造者，更是未来社会风气的引领者。对于青年学子家国情怀的培养，就好像灯塔之于航船，北斗之于行者，沃土之于草木，阳光之于万物，能够引领方向，促其成长。作为一名教育工作者，我们本着立德树人的教育初心，要将家国情怀这颗种子，结合主题教育、课堂教育、实践教育等多种形式，埋植于学生的心中。

一、先贤与前辈的精神指引、社会课堂的丰富资源，是学习家国情怀的教科书

《礼记》中的“大道之行也，天下为公”，孟子曾说“天下之本在国，国之本在家，家之本在身”，无一不是把个人的价值与国家、社会、百姓的命运联系在一起。当学生们在课堂上朗读这些句子，感悟前人智慧的时候，他们一定会产生一腔热血，而教师精确的、能将历史与个人的关系阐述清楚的解读，能使这腔热血一直火热。我们教师，要利用好教材中的内容，将教材与社会、教材与学生联系起来，在潜移默化中培养学生的家国情怀。

鲁迅先生曾说：“无穷的远方，无数的人们，都和我有关。”一个心系天下、心系苍生的人，一定是一个有大爱的人。教师要用好社会这本教科书，结合社会的热点，培养学生的家国情怀。2020 年的新冠疫情，是中国和全世界人民携手合作的完美写照，如意大利佛罗伦萨市长发起的“给中国人一个拥抱”的活动，日本舞鹤市在给大连捐赠的抗疫物资上写的“青山一道同云雨，明月何曾是两乡”动情话语，等等。这些让学生们在感动的同时，也升华了他们心中的“小我”，将个人的命运与世界相通，成就一个个“大我”。

二、同伴的实践之路，是探索家国情怀的指路明灯

或许，对于先贤，学生们觉得可以仰望，但不可触摸。那么，身边同伴鲜活生动的事例，则成为一盏明灯，照亮他们的探索之路。记得在高三的班会课上，我跟学生分享了最美大学生刘智卓的故事：他带着 9 个大一的同学从上海出发，到达甘肃的大漠深处治沙。连续 5 年，将一个原本十几人的小队，发展成了 800 多人的志愿者团队。他说：“做什么并不重要，只要有能力，愿意为国家做贡献，青春就是无悔的。”学生们在听完这个故事后感动于刘智卓的坚持，更想成为一个像他一样的人。我看到学生们眼中的光芒，欣慰于他们的感悟，相信这份家国情怀一定会在他们身上留下痕迹，并成为燎原之火。

习近平总书记在纪念五四运动 100 周年大会上的讲话指出，青年是国家的未来，也是世界的未来。青年的共识，就是人类未来的方向；青年的担当，就是人类命运共同体的希望。在构建人类命运共同体的征途中，青年人自当奋勇当先，责无旁贷！

三、丰富的社会实践，是实践家国情怀的广阔舞台

对于学生而言，“寻根”是一堂不可或缺的成长课——寻找和父辈、祖辈的亲密感，重新面对过往；追溯社会、国家的光荣历史，可以在纵深的历史和广阔的世界中找到自己的坐标，思考生活的意义和未来的发展方向。

我们学校的“公民写史”是一项重要的社会实践活动。学生们运用“史由证来，证史

一致，史论结合，论从史出”的历史研究方法，通过基本的调查、文献研究、采访寻找历史素材，通过分析、归纳和思考形成自己的历史视角，把历史片段融入更大的社会历史背景，体会历史发展的规律，培养独立思考能力、创新意识，提升家国情怀。

易卜生说：“社会犹如一条船，每个人都要有掌舵的准备。”通过社会实践活动，将停留于脑海中、书本中的家国情怀具体化、形象化，将之与每位学生自身的个性结合，从而固化、深化。

“燃千灯同昼，聚星火曜原。”学校，是培养人的摇篮；教师，承担着“传道受业解惑”的职责。我认为，一个国家最好看的风景，就是这个国家的年轻人。作为教师，我们要做燃灯者，我们要做举薪人。在培养青年的路上，我们责无旁贷！

（2021 年获区教育系统“建党百年微党课”征集一等奖）

10. 学而时习促教改　汲取智慧明方向

卢晓菁

我们党的 100 年，是矢志践行初心使命的 100 年，是筚路蓝缕奠基立业的 100 年，是创造辉煌开辟未来的 100 年。回望过往的奋斗路，眺望前方的奋进路，必须把党的历史学习好、总结好，把党的成功经验传承好、发扬好。

习近平总书记说：“中国共产党人依靠学习走到今天，也必然要依靠学习走向未来。”习近平总书记这句话鞭辟入里，从历史发展的战略高度，把学习对党的重大意义做了简明而深刻的阐释。学习，是中国共产党人与生俱来的鲜明品质。

100 年前，依靠学习，一批掌握马克思主义“真火”的先进分子登上历史舞台，从此中国革命面貌焕然一新。

70 多年前，依靠学习，进京“赶考”的中国共产党人夺取新民主主义革命胜利，建立了新中国，成功实现中国历史上最深刻最伟大的社会变革。

40 多年前，依靠学习，中国共产党带领人民开启改革开放的强国之路，创造了举世瞩目的成就。

依靠学习兴起，依靠学习成长，依靠学习壮大，依靠学习走向未来，一部党领导革命、建设、改革的历史，就是一部创造性学习、创新实践的历史。越是关键点，党越强调加强学习，这是我们党的优良传统，也是强大的政治优势。

党员就带头弘扬理论联系实际的学风，更加崇尚学习，不断提升思想政治素养和能力水平，把学习成果转化为全面建设社会主义现代化国家，是实现中华民族伟大复兴的中国梦的强大力量。

一、学以明道

百年建党史，是一部汇聚人才、造就人才、壮大人才的发展史。100年来，源源不断涌现的各层各类人才，为党的事业兴旺发展发挥了重要支撑和保障作用。习近平总书记指出，办好中国的事情，关键在党，关键在人，关键在人才。

党能够从最初拥有50多名党员的组织发展成为今天拥有超过9000万名党员、超过486万个基层党组织的世界大党，一路披荆斩棘、闯关夺隘，带领人民创造举世瞩目的中国奇迹，一个重要的原因就是党始终重视人才的凝聚和培养。

我党人才的工作理念是不断丰富和发展的。百年大党积极探索的人才成长规律是把握人才工作主动权、不断提高科学化水平的重要遵循。

百年建党史，中国共产党深刻把握人才的政治性。在思想上、政治上加强人才政治引领和政治吸纳，把他们紧紧团结在党的周围。党的十九大后，又把着力聚集爱国奉献的各方面优秀人才纳入新时代党的组织路线重要内容，进一步丰富了马克思主义党建学说，巩固了阶级基础和群众基础。

百年建党史，中国共产党深刻把握人才的时代性。百年来，我党根据国内外形势的变化和人才发展现状，确立人才工作的基本思路、重点任务和重大举措。毛泽东提出“世间一切事物中，人是第一个可宝贵的”，实现任人唯贤的路线；邓小平提出建设一支“又红又专的科学技术大军”，作为摆在我们面前的一个重要任务；江泽民提出“人才是第一资源”的重要论断，大力培养高素质创新型人才；胡锦涛提出“坚持党管人才”原则，坚定不移地走人才强国之路；习近平总书记做出培养造就大批德才兼备的高素质人才、到2035年建成人才强国的重要部署。这些思想和举措，鲜明地标志着我们党对人才工作规律的认识随着时代的变化，不断跃升到新的高度。

百年建党史，中国共产党深刻把握人才的社会性。早在1939年，我们党就专门做出了大量吸收知识分子的决定，提出要“抢”知识分子的决定；在改革开放新时期，适应社会主义市场经济发展需求，我们党深化人才发展体制机制改革，从统包分配的计划分配转向市场化配置人才资源，健全人才分类评价体系，让一切劳动、技术、管理和资本的活力竞相迸发，让一切创造社会财富的涌泉充分涌流，充分体现对人才是第一资源生产力要素的深刻洞察和运用。

习近平总书记在全国组织工作会议上强调，要加快实施人才强国战略，确立人才引领发展的战略地位，努力建设一支矢志爱国奉献、勇于创新创造的优秀人才队伍。最大限度地把广大人才的报国情怀、奋斗精神、创造活力激发出来，乘势而上，全面建设社会主义现代化国家新征程，向第二个百年奋斗目标进军。

作为教育工作者，我们越来越感受到国家的发展命运和人才发展相关，更和培养人才的教育工作休戚相关。人才理念一脉相承又创新发展，这深刻回答了培养什么人、怎样培养人和为谁培养人的根本问题。当前,我国发展面临着前所未有的风险挑战,当今世界正经历着百年未有之大变革的局面,教育要落实立德树人根本任务,发展素质教育,遵循教育规律,围绕凝聚人心、完善人格、开发人力、培育人才、造福人民的工作目标,深化育人关键环节和重点领域改革,坚决扭转片面应试教育倾向,切实提高育人水平,为学生适应社会生活、接受高等教育和未来职业发展打好基础,努力培养德智体美劳全面发展的社会主义建设者和接班人。

党的十九届五中全会审议通过了《中共中央关于制定国民经济和社会发展第十四个五年规划和二〇三五年远景目标的建议》。建议中强调,坚持马克思主义在意识形态领域的指导地位,坚定文化自信,坚持以社会主义核心价值观引领文化建设,围绕举旗帜、聚民心、育新人、兴文化、展形象的使命任务,促进满足人民文化需求和增强人民精神力量相统一,推进社会主义文化强国建设。

面对新形势,只有通过不懈学习,学以明道,才能科学分析形势,把握发展大势,更好地推动所从事的教育工作。学会从全局高度准确把握,在涉及改革发展稳定的各种重大问题上,通过学习增强工作的原则性、系统性、预见性、创造性,抓住根本,突出重点,协同推进,学会从战略上思考、研究和谋划。

二、学以增智

当今时代,信息总量呈裂变式增长,新知识新事物层出不穷。习近平总书记强调,如果我们不努力提高各方面的知识素养,不自觉学习各种科学文化知识,不主动加快知识更新、优化知识结构、拓宽眼界和视野,那就难以增强本领,也没有办法赢得主动、赢得优势、赢得未来。保持思想活力,增长才识,才能富于创造性,从而避免陷入少知而迷、不知而盲的困境,更好地担负起职责和使命。贵在钻研,敏于求知。聚少成多,聚沙成塔。

一个半世纪前,当时激进主义思想家对教育的理解是建立在"什么知识最有价值"的基础上,提出教育应该为今后的生活做准备,把知识作为支持未来生活的直接工具。学者们站在社会达尔文主义立场倡导把知识训练作为教育的重要内容和价值。这些教育价值观对人类后续100多年的产业发展产生了巨大的影响力和推动力,教育为经济服务、为人的圆满生活能力服务,这已经成为大众的教育共识。

人们充分相信知识带来财富,知识改变命运,而载体是教育。20世纪后期,人们对教育的追求超过了以往任何时候,贫困家庭希望通过教育改变命运,精英家庭希望通过教育实现一代代精英的延续。学校教育成为教育的主要形态,逐步成为社会产业的重要构成,各个国家和地区尽管制度、意识形态以及文化背景各有差异,但都把办好学校视为重要职责。

由此,经济发展到一定程度,教育一定会被作为重要的社会事业指标,以衡量一个国家或者地区的综合实力。这个过程是社会发展的逻辑,或者直接地说,是经济发展的逻辑。

今天的教育,不能只用增长型的数据来验证教育的质量。作为社会科学的构成领域,教育需要更多的哲学家、伦理学家、社会学家共同合作,寻找教育发展对人类的真正

价值和意义。

人类进入 21 世纪，比过去任何时候都要清醒地认识到什么是人类进一步发展的基础和核心。和过去的发展模式相比，随着互联网的普及，今天人类关系也变得更加丰富与复杂。竞争依然是人类存在与发展的重要方式。只是，和过去不同，现代人需要考虑的是未来的竞争的存在形态及支持竞争的核心要素——有学习能力、适应能力，适宜未来的结构，是以多样性、不集中、混合、竞争和灵活合作为主要形式，是下个世纪经济和政治成功的绝对性因素。人类主动反思，把知识发展和人的发展结合，形成人类独特的生存理论，并以此作为新的学习内容。今天的教育就要在这样的理解中，思考责任，建立教育的即时性实践与未来性收益关系。

由此，学校教育要思考一个深刻的问题：什么是面向未来的有价值的知识？

也许不再是为了满足人类永无止境的需要，而不断构建的挑战自然的各类新成果。真正有价值的知识，应当是对未来人类的存在方式的思考、对人类更美好的生活的秩序界定、对人类道德品质的培养和提升。

值得关注的是，当前全球有影响力的知名企业，都愿意把企业制胜的其中一个原因归结为企业的核心价值。那些在市场上站得稳、走得远的企业，都有基本道德标准，看重员工与客户的诚信度、看重双方在市场利益的博弈中所能坚持的“公正、公平、互利”的最大值。

人类的一切伦理规范与秩序，是教育的基础内容；伦理作为学校关键的学习内容，渗透于每一门学科中，这是支撑所有学科核心素养的基础。当教师对这些有深刻的洞察与理解，那当代的师道便能作为人类精神的依托，成为人类发展的灵魂依靠。

三、学以致用

从实践创造中提炼经验，不断创新工作思路，改进工作方法。把知识确实转化为解决各种复杂问题、应对各种风险挑战的能力，转化为昂扬向上、实干兴邦的精神状态，转化为实现中国梦的具体行动。

上海市民立中学深入贯彻落实《国务院办公厅关于新时代推进普通高中育人方式改革的指导意见》《中共中央 国务院关于深化教育教学改革全面提高义务教育质量的意见》以及《深化新时代教育评价改革总体方案》等多个教改和评价的重要文件精神，并紧密围绕上海市“双新”（即新课程、新教材）改革，以发展素质教育、培育学科核心素养为导向，积极推进课改实施。

已经启动的高中阶段“双新”课改是新时代立德树人的国家意志体现，是世界教育发展新潮流。上海市民立中学是一所有 100 多年历史的区级实验性示范性高中，同时是一所完全中学，也是静安区先进基层党组织、教育系统首批党建示范点，是学校党政主要领导职责一肩挑的角色，以党建引领教育教学的新发展。我们的态度是：不等、不停、不滞；我们的行动是：“双新”课改实施从高中到初中一以贯之，完中的义务学段抓住机遇先行一步，尝试中学全学段完整思考、整体育人。我们对国家课程领导、项目研究、管理评价等进行一体化设计，开发初高中一体化问题驱动教学法（Problem-Based Learning，PBL）项目化学习课程并落地开设拓展型必修课程、推进初中低年级的学科核心素养规划课程、开设初中英语综合能力提升课程等，拓宽“双新”的内涵视角，落实校本化的“双新”实施行动，进一步推动学校高中学段高品位的新发展，同步有效推进义务阶段教育质量稳步提升。2021 年，拟推进初中“新技术、新科学”的拓展型校本课程、初中学生生涯规划课程等。

2021 年，区域率先推进普通高中分类协同发展建设要点、区域“双新”实施方案以及区域“双新”联动项目实施办法等多个重要教育改革发展文件。民立中学紧跟教育改革大潮，并深入推进。我们申报并立项三个“双新”联动项目——“指向强基计划的高中资优生培养计划”“高中英语两社新教材同学同教的研究”“提升学生核心素养课堂教与学的研究”，既结合学校已有的基础与优势，更推动学校、学生、教师的进一步发展，为国家培养优秀的创新人才而努力。

一所有教育活力的学校，它的表现维度就如同人的活力是人体健康状况的一个表征一样，有三个表现维度：生命力——通过教育系统中人的生命状态表现出来；适应性——通过教育系统在应对内外环境变化时的主动性、积极性和创造性表现出来；可持续发展——通过教育系统的现状对于未来发展的支持程度表现出来。

一个有活力的学校组织，一定是充满生命活力、对内外环境变化高度敏感且能做出及时合理反应，并且面对未来能够实现可持续发展的教育系统或组织。而教育活力的生成性是指教育活力不是教育系统或组织天生具有的，而是在真实的教育实践活动中产生和变化的，其中人为的因素起着关键作用。

民立这所学校，即将迎来 120 岁的生日，但依然朝气蓬勃、活力满满。一代代教职工、学校领头人投入教育，为民而立，矢志教育，不改初心，为国家的发展培育合格、优秀的人才。同时党员同志要带头，打起精神，努力前行，任何与之不匹配的思想和行为都要摒弃，保持清醒的政治头脑、教育头脑，不愧对教师这个光荣的称号和教育这份有意义的事业。

（2021 年获区教育系统“建党百年微党课”征集二等奖）

11. 为人民服务：永不改变的初心使命

张继英

共产党人应该坚守怎样的执政理念？

2014 年 2 月 7 日，习近平总书记在接受俄罗斯电视台专访时说：“中国共产党坚持

执政为民，人民对美好生活的向往就是我们的奋斗目标。我的执政理念，概括起来说就是：为人民服务，担当起该担当的责任。”总书记再次重申了“为人民服务”这一党的根本宗旨和初心使命。

1944年9月8日，毛泽东同志发表的《为人民服务》一文，是在一名普通战士张思德的追悼会上的演讲。

张思德，出身贫寒，18岁就参加革命，22岁加入共产党。曾经在战斗中一人夺得敌人两挺机枪，多次负伤，被人称为军中“小老虎”。经历三过草地的长征到达延安后，1944年9月5日，在陕北安塞山中烧炭，因炭窑崩塌而牺牲，牺牲时年仅29岁。张思德生前留下的唯一一张照片，一个20多岁的年轻人，看上去像一个中年农民。然而，他却拥有充满幸福感的开心笑容。这个笑容让人感受到了共产党人的高远境界和灵魂。就是这样一名普通战士，9月8日，中共中央专门为他开了追悼会，会上毛泽东为他题写了“向为人民利益而牺牲的张思德同志致敬”的挽词，并发表了演讲，这就是著名的《为人民服务》。

《为人民服务》，篇幅不长，结构清晰，内涵丰富，是体现中国共产党人根本宗旨和初心使命的不朽经典。开篇便阐述了中国共产党的根本宗旨：“我们的共产党和共产党所领导的八路军、新四军是革命的队伍，我们这个队伍是完全为着解放人民的，是彻底地为人民的利益工作的。”这里，有两个修饰词：完全，就是百分之百，共产党人除了“为人民服务”，再也没有任何别的目的；彻底，就是贯彻到底，不管在什么时候，不管做什么工作，共产党人都是为人民谋利益的。完全、彻底，就是全心全意，这里的“心”“意”就是共产党人强烈的人民情怀。

“为人民服务”的重要思想，是中国共产党人对马克思主义认识论和实践论的运用和发展，它将人民至上作为中国共产党人至高至善的价值追求。这一光辉名篇，并未随着时间推移而褪色，至今仍然具有极大的现实意义。

习近平总书记2019年考察上海时，提出“人民城市人民建，人民城市为人民”的重要理念。这正是新时代为人民服务的新使命，把为人民谋幸福、让生活更美好作为鲜明主题，将人民城市建设的工作自觉化为务实的行动。

从教育工作者的视角来看，办“人民满意的教育”便是人民城市建设的重要内容之一。坚持立德树人，着眼学生学习成长的个性化、自主性、可选择性和终身性；让人人都能享有更加公平、更高品质、更富活力的教育，感受教育的温度——这是每一位教育工作者的本职，更是广大党员教师应当承担的责任。

早在2014年，习近平总书记就提出了“四有”（有理想信念、有道德情操、有扎实学识、有仁爱之心）好老师的理念。有理想信念，就是要用自己的行动倡导社会主义核心价值观，推动学生对真善美的向往。有道德情操，就是要取法乎上、见贤思齐，成为学生道德修养的镜子。有扎实学识，就是要有扎实的教学功底和科学的教学方法，同时要具备育人和生活的智慧，能够在各个方面给学生以帮助和指导。有仁爱之心，是教育的灵魂，是用真诚拉近与学生之间的距离，用欣赏增强学生的信心，用信任保护学生的自尊。

立足“十四五”的新起点，面向未来五年乃至更长时间的上海教育改革发展蓝图已经绘就。新课标、新教材的全面实施，新时代普通高中育人方式改革的全面推进，既是挑战又是机遇。置身其中，作为一名历史教师，更感受到责任重大。历史学科是最先进行课程方案和课程标准修订研究的学科之一，更是整个人文社会学科的重要基础，承载着认识、教育、借鉴的重要社会功能。历史教师自身的理想信念、道德品质、知识储备和情感态度是实现学科育人目标的根本保障，成为“四有”好老师应当成为我们的理想与追求。

重温《为人民服务》这一经典名篇，我们共产党员更加牢记初心使命，增强“为人民服务”的宗旨意识，锤炼忠诚干净担当的政治品格。这样才能真正办出“人民满意的教育”，真正实现“为人民服务”的价值追求！

（2021 年获区教育系统“建党百年微党课”征集三等奖）

12. 中学开展党史学习教育的有效路径

——上海市民立中学开展党史学习教育的实践探索

沈淑婷
（中学政治一级教师）

【摘　要】加强中学生党史学习教育是引导中学生确立正确政治方向和远大志向、培育中学生优良品格和家国情怀的重要抓手，也是为全面建成社会主义现代化强国、培养合格建设者和可靠接班人的有效途径。上海市民立中学分析中学开展党史学习教育的价值，并从创设党史学习教育环境、创新党史学习教育形式、拓展党史学习教育内容、延伸党史学习教育空间等方面开展党史学习教育，帮助学生树立正确的世界观、人生观和价值观。

【关键词】中学；党史学习教育；理想信念；德育工作

2022 年，是中国共产主义青年团成立 100 周年，也是进入全面建设社会主义现代化国家、向第二个百年奋斗目标进军新征程的重要一年。实现中华民族伟大复兴的中国梦需要汇聚一代代青年学生的力量，而青年学生在中学阶段正处于形成正确价值观、培养良好道德品质、完善美好人格的关键时期。因此，在中学开展党史学习教育不仅是坚持党的教育方针、落实立德树人根本任务的内在要求，也是学校开展思想政治教育和德育

工作的一项重要环节。

一、中学开展党史学习教育的价值分析

1. 开展党史学习教育是帮助学生确立正确政治方向的必然要求

中国共产党的历史是一段依靠人民群众亲身实践创造出来的奋斗史。但伴随着全球互联网的高速发展，网上不乏捏造、歪曲、否定党的奋斗历史和英雄人物的现象。当代青年学生又是在信息技术高速发展的背景下成长起来的一代人，因而面对纷繁复杂的网络信息，引导学生正确判断和理解历史事件、培养学生正确的价值观念显得尤为重要。

党的历史是最生动、最具说服力的教科书。在中学阶段开展党史学习教育，通过讲述一个个真实的党史故事、革命故事和英雄故事，让中学生真正了解中国共产党的光荣奋斗史、深刻理解中国共产党的领导是历史和人民的选择，进而帮助学生在人生成长的道路上把握正确的政治方向。同时，中学生通过党史学习教育，能够感受到中国共产党为民族复兴、人民幸福做出的突出贡献，形成对祖国的认同感和归属感，培育学生的家国情怀。

2. 开展党史学习教育是锻造学生优良品格的重要抓手

中国共产党的历史是一部凝结着无数革命先烈顽强意志的艰苦创业史。中国共产党人在长期奋斗中形成了如井冈山精神、长征精神、西柏坡精神等伟大建党精神，这些精神是中华民族革命文化的重要组成部分，更是推动建设中国特色社会主义国家的强大力量。

在中学阶段开展党史学习教育，通过学习革命英烈模范事迹，引导青年学生继承和弘扬中华民族勤劳勇敢、自强不息的民族精神，进而有助于培养学生坚韧不拔、百折不挠的意志品质，使其成为锻造青年学生优良品格的有力抓手。

3. 开展党史学习教育是增强学生社会责任感的有效途径

“一代人要有一代人的使命，一代人要有一代人的担当”，中国的发展需要青年一代承担起时代使命，这就要求学校教育要明确“为谁培养人、培养什么样的人、怎样培养人”的根本问题，为党和国家的发展培养出能够堪当民族复兴大任的时代新人。社会责任感是青年学生未来走上社会必须具备的重要素养，加强对中学生社会责任感的培育也就成为了学校德育工作的重要组成部分。

中国共产党百年奋斗史充分彰显了中国青年强烈的社会责任感。革命先烈舍己为国的故事、“时代楷模”忘我奉献的精神、改革先锋攻坚克难的勇气，都是社会责任感教育的丰富素材。在中学开展党史学习教育，能够让学生从党史学习教育中汲取奋进力量，感受先辈的责任意识和担当精神，从而有利于中学生深刻认识到自身肩负的时代使命，增强学生的社会责任感。

二、中学开展党史学习教育的实践路径

1. 抓住重要节日契机，创设党史学习教育环境

中学开展党史学习教育可以利用重要节庆日、革命烈士纪念日、重大历史事件纪念日等，组织开展特色纪念活动，营造良好的校园党史学习教育环境，不断增强党史学习教

育的生机和活力。比如在国庆节前夕，学校以“辉煌七十年　灿烂中国梦”为题策划庆祝新中国70华诞系列主题教育。活动当天，殷夫广场、屋顶花园、自助图书廊、教学楼中庭等随处可见国庆张贴画，师生在校园美景中与国旗合影，洋溢着为祖国庆生的喜庆气氛。建党百年，学校又以“请党放心　强国有我”开展了形式多样的校园文化活动，预备年级的学生在换巾仪式上通过讲述伟人毛泽东的红色小故事和朗诵诗歌《少年中国说》，明确了少先队员作为新时代接班人应该扛起的责任与担当。高一年级的学生通过开展红歌献唱、历史人物介绍、党史知识竞赛等形式丰富的活动表达对祖国、对中国共产党最真挚的祝福。五四青年节，学校又以“青春心向党　建功新时代”“喜迎二十大　永远跟党走　奋进新征程”等为主题开展共青团活动，通过团史讲座、新团员入团仪式等对学生进行仪式感教育。清明节来临之际，学校以校友殷夫的革命事迹开展缅怀革命先烈活动，学生在校内殷夫广场前为校友殷夫敬献鲜花，并通过情景剧、舞蹈、朗诵等形式深刻缅怀校友殷夫。学校通过抓住重要节庆日、关键纪念日，策划举办形式多样的纪念活动，打造校园红色文化，营造出浓厚的党史学习教育和爱国主义教育的校园环境。

2. 设计学科融合活动，创新党史学习教育形式

习近平总书记在党史学习教育动员大会上的讲话指出，要注重方式方法创新。课程教学是学校教育的主阵地，而中学阶段多门学科如历史、政治、地理等都蕴含着丰富的党史学习教育内容，学科教研组通过打破学科界限、学段界限、课堂界限，将党史学习教育融入日常学科教学，设计跨学科德育活动，不仅能够达成培育学科核心素养的目标，同时通过创新党史学习教育方式，使党史学习教育走向深入，润物无声地培育学生爱党、爱国的情怀。比如学校团委携手学校英语组创建的“未来演说家”课程，课程要求学生用英语向世界讲述中国故事，学生围绕“中国传统文化”“迎接建党百年”“城市建设”等主题，自选角度进行英文演讲。学生通过向外国友人介绍中国的唐诗宋词、上海外滩的今昔对比以及上海历史街道的文化底蕴，不仅能够提升英语学科核心素养，更能加深学生对中国传统文化、城市历史文化的了解，进一步增强中国特色社会主义道路自信、理论自信、制度自信、文化自信。学校人文节传统活动“地上说政”则是由地理、政治教研组联手创建并融入了历史、语文、英语等其他学科元素的跨学科活动。在“四史”教育的背景下，近两年的活动围绕“上海百年变化”“上海历史文化名城命名35周年”等主题，学生通过教室环境布置、浸润式情景剧展演、微视频录制、文创产品设计等活动系统地展现了上海百年的变化，从而引导学生从上海的变化发展深刻感受中国共产党的历史，增强学生对党、对国家的认同感。中学阶段开展党史学习教育应充分考虑学生的学习特点和兴趣，通过跨学科活动的设计，将党史学习教育融入学科活动，充分实现党史学习教育与学科德育的同向同行，产生协同效应，才能真正激发学生学习党史的内驱力，使党史知识真正留在中学生的脑中。

3. 挖掘周边红色资源，拓展党史学习教育内容

中学开展党史学习教育还应深入挖掘校园周边红色资源，将党史学习教育的课堂与校外实践基地对接，丰富和拓展党史学习教育内容，开展以实践为基础的党史学习教育

课堂。社会实践因其能够架起学校与社会之间的联系，成为了教育改革的关键方向。中学生通过参与校外实践活动，在实践中加深对党的方针、政策的理解，体会中国特色社会主义制度优势。

学校可以把党史学习教育阵地扩展到周边的历史博物馆、革命人物纪念馆、红色文化馆等，充分发挥红色资源的育人价值。比如民立中学由于地处上海中心城区，周边具备如中共二大会址纪念馆、毛泽东旧居陈列馆、刘长胜故居等丰富的党史学习教育红色资源。学校同这些红色场馆建立长效合作机制，一方面依托学校“诚谨书院校友讲师团”项目，邀请中共一大会址纪念馆原馆长倪兴祥校友做“为有牺牲多壮志”的主题讲座，带领学生感悟中共一大代表的人生轨迹和理想信念。另一方面，学校通过建立报名、培训、见习等规范化流程培养了一批批在中共二大会址纪念馆、毛泽东旧居陈列馆做义务讲解的学生讲解员。学生通过义务讲解将先烈的精神、革命的历史准确地传递给前来场馆参观的观众，也能加深自身对党史的理解与认识。同时，学校组织学生寒暑假慰问周边威海居委的老党员和退伍军人，学生通过聆听前辈们讲述亲历中国共产党领导革命、建设和改革的故事，有助于学生学习和传承革命前辈身上的优良传统和意志品质。再者，中国共产党人身上舍己为国、忘我奉献的精神品质也是中华民族宝贵的精神财富，学校通过组建诚谨学生志愿者团队，组织学生在世界志愿者日、学习雷锋日等重要节日，为低年级学生、威海社区和南京西路街道居民等义务宣讲红色文化，弘扬红色精神和传承红色基因。

中学开展党史学习教育应坚持实践育人、协同育人的原则，充分开发和利用周边红色教育资源，通过组织各类社会实践活动拓宽党史学习教育的空间，在充分发挥党史学习教育育人功能的同时培育学生适应终身发展和社会发展需要的必备品格和关键能力。

4. 借助信息技术力量，延伸党史学习教育空间

当今社会信息技术的不断发展，使得学生获取资讯、传播信息越来越便捷。微信、短视频等新媒体对学生的日常和学习生活影响日渐增大，这就要求学校教育教学工作理念必须发生相应转变。信息技术在为教育改革带来深刻影响的同时，也对德育工作提出了新的要求。《国家中长期教育改革和发展规划纲要(2010—2020 年)》提出，要把德育渗透于中学育人的各个环节，对于德育形式需要创新，德育内容需要丰富，并稳步提高德育工作的时尚性和感染力，进而实现德育工作的针对性和实效性。因此，在中学开展党史学习教育也应积极借助现代信息技术力量，延伸党史学习教育的空间。

比如，以学校不一样的升旗仪式为例，学生自主开展升旗仪式并以视频的形式完成升旗仪式的录播是学校德育工作特色之一。学生以班级为单位，围绕每学期的升旗仪式主题如“建党百年砥砺奋进　红色基因代代相传”“学习‘四史’　砥砺前行”“青春百年路　永远跟党走”，自主选择升旗仪式的录制视角并在前期完善策划方案、资讯以及稿件，最后综合运用学校虚拟演播室、微课制作软件等信息技术力量完成升旗仪式的录播。这一过程有助于提升新时代中学生的媒介素养。

同时，传统的党史学习教育方式往往是以教师讲述中国共产党的发展历史为主，学

生很难产生共鸣。现代信息技术的发展给创新中学党史学习教育的方式带来可能，学校可以借助信息技术力量，坚持以学生为主体，为学生搭建自由理性表达的平台，进而引导学生以自身视角挖掘党史学习教育资源，使学生从党史学习教育的接受者转变为讲授者，并且进一步延伸了校园党史学习教育的空间。

三、结语

党的十八大以来，习近平总书记多次强调在全党开展党史学习教育，要抓好青少年学习教育。中国共产党领导人民在革命、建设、改革中创造的革命文化和社会主义先进文化是中华民族极其宝贵的精神财富，是推进中国特色社会主义伟大事业的强大精神支柱。中学阶段开展党史学习教育能够引导学生从先辈奋斗史中汲取精神力量，使红色基因代代传承，增强学生对实现中华民族伟大复兴的中国梦的信念。因此，学校应通过创新教育形式、拓宽教育空间、丰富教育内容等途径完善党史学习教育，让党史学习教育成为学校德育的一项长期系统工作，为全面建成社会主义现代化强国培育合格的建设者和接班人。

参考文献

[1] 陈理.党的历史是最生动、最有说服力的教科书——深入学习《毛泽东邓小平江泽民胡锦涛关于中国共产党历史论述摘编》[J].党的文献，2021(03)：9－22.

[2] 国家中长期教育改革和发展规划纲要（2010—2020 年）[M].北京：人民出版社，2010.

（2022 年发表于《现代教学》）

后　记

1903年，祖籍福建的上海望族苏氏兄弟秉承父辈“教育救国”的遗愿和“为民而立”的办学宗旨，创办了一所有别于教会和官办学校、属于中国老百姓自己的学校——民立中学。2023年正值上海市民立中学建校120周年，120年的历史是漫长的，也是厚重的，它展现了先贤奠基和创业的不易，也提醒了继承者传承和开拓的艰辛。

百廿年民立，从风雨沧桑中走来，在兴教强国中成长。民立中学是上海市静安区公办完全中学，静安区首批实验性示范性高中，国家级体育项目（游泳）传统校、上海市见习教师规范化培训基地校、上海市立德树人实验校、上海市中小学新科学新技术创新课程平台试点校、市区两级项目化学习实践校。近年来，陆续获得上海市文明校园、上海市依法治校示范校、上海市行为规范示范校、上海市优秀教师专业发展学校、静安区先进基层党组织、全国青少年体育工作先进单位等多项荣誉称号。

近十年是民立中学砥砺奋进的十年，也是民立中学硕果累累的十年。民立人坚守教育为民初心，秉承“勤学笃行”校训，全面落实“博雅教育”理念，以教育教学研究引领博雅教育的高质量发展，在营造博雅课程育人环境、构建博雅治理育人体系、拓展博雅双线育人时空、激发博雅创新育人活力等方面进行了一系列的实践探索，博雅教师队伍的专业能力和学术水平有了进一步提升。

为喜迎民立中学120周年华诞，学校通过梳理近十年来在博雅教育新探索中坚持规划引领、坚持强师兴校的发展脉络，形成了广大民立教师在博雅教育新实践中坚持科研兴教、坚持反思成长的学术成果。学校以学术研究的形式编辑出版此著作，呈现新时代民立中学教育教学研究的新面貌。在编辑过程中，我们确定了以下三条基本思路：

一是从学术的导向性出发。我们拟定了“规划先行，引领博雅教育发展”“学术搭台，激发教师教育主张”“勤学致知，推进教育理念落地”“笃行致远，深耕学科实践研究”“敦品励学，促进学生全面发展”“党建护航，赓续‘为民而立’初心”等六个板块，旨在突出学校学术活动的整体性、协同性和自主性。

二是从学术的标准性出发。本次入编的大部分文章为在岗教师曾在专业期刊上公开发表过的论文或在市、区级以上获奖或交流的论文、课题等。限于学术评价方式、学术影响面等因素，还有一部分教师的鲜活育人经验没能提炼入编，这些学术成果是今后学校教育教学研究有待挖掘的宝藏。

三是从学术的代表性出发。在本次学术成果征集过程中，经过广泛的组织发动后，学校广大教师都递交了代表自己学术能力、反映学校博雅教育推进进程的学术成果。考虑到本书的篇幅和各板块的均衡性，一部分教师的高质量论文未能入编，这提醒学校应解决今后该如何进一步多渠道展示教师的学术成果这一问题。

卢晓菁校长作为本书的主编，规划统筹，参与拟定了本书的结构框架和选编思路；学校学术委员会主任鲍明丽老师全程参与了本书编辑出版的组织实施工作；学校科研员何松、李伊杰、乐声浩、袁媛、雷琴老师以及张甜、刘烨蕾等老师，参与了板块栏目的统稿、校对等工作。本书稿最终由卢晓菁校长审定。

在书稿编撰过程中，我们得到了静安区教育局、静安区教育学院、上海市和静安区教育学会等单位领导和专家的热切关心与精心指导，并得到了静安区教育基金会的大力支持。静安区教育局领导陈宇卿对书稿的学术价值给予了充分肯定并拨冗作序。在此对他们表示最衷心和诚挚的感谢！

同时，也要特别感谢上海市育才中学曹斌校长。曹校长在民立中学工作至 2019 年，为民立中学“博雅教育”理念的传承和发展打下了坚实基础！此外，还要感谢上海教育出版社的李祥先生在书稿的编辑加工过程中的辛勤付出！

借此机会，我们再次向一直关心、支持、帮助上海市民立中学发展的各位领导、专家、同行及社会各界人士表示衷心的感谢！

由于我们的水平有限，选编思路、文字校对等方面有不妥之处，恳请广大读者批评指正。再次诚挚感谢！

编　者
2023 年 10 月